Egbert Rumpf-Rometsch

Thomas Dräger

Die Fälle

BGB - Sachenrecht 1

Mobiliarsachenrecht

43 Fälle

Grundlagen

mit Lösungsskizzen

6. Auflage

und

Formulierungsvorschlägen

derfall fallag

Das Besondere zum Anfang

!!!!!!!!!!

Für ... und wider !

Credits

Wir danken Johannes-Theodor (Theo) Engels für den technischen Support.

Danken möchten wir auch allen, die lange und geduldig auf das Erscheinen des Buchs gewartet haben.

Verlag

Der Fall-Fallag • Egbert Rumpf-Rometsch
Gluckstr. 5, 51375 Leverkusen
www.fall-fallag.de

Druck

CPI Clausen & Bosse GmbH
Birkstr. 10, 25917 Leck

Umschlag

Marion Volkmer visuelle kommunikation, Düsseldorf

Bezug (leider nur) für den Buchhandel

SIGLOCH Distribution, Blaufelden

ISBN 978-3-932944-76-5

Rumpf-Rometsch / Dräger • Die Fälle – BGB - Sachenrecht 1 • 6. Auflage • 2021

Vorworte

Aus dem Vorwort zur 1. Auflage

„Was lange währt, wird endlich gut!"

Die bekannte Volksweisheit drängt sich auf, wenn man die Entstehungsgeschichte des Buchs betrachtet.

Ist bereits das Parallelbuch zum Immobiliarsachenrecht deutlich später als geplant erschienen (siehe das dortige Vorwort zur 1. Auflage), muss weit mehr als eine „Studentengeneration" vergeblich auf die Neuerscheinung des Buchs zum Mobiliarsachenrecht gewartet haben.

Aber endlich ist es vollbracht. Halleluja (bitte diesen Terminus streichen oder durch das Synonym einer anderen Glaubenslehre oder Weltanschauung ersetzen, falls gewünscht).

Wir haben viele viele Stunden an dem Buch gearbeitet und es – wie wir meinen – zu einem „runden" Ergebnis gebracht. ...

Das Resultat ist – wie der Paralleltitel zum Immobiliarsachenrecht – im Prinzip ein Grundlagenbuch. Dennoch sind wir an der einen oder anderen Stelle – vorzugsweise natürlich bei besonders prüfungsrelevanten Problemen – in der Darstellung bewusst recht „tief getaucht", um auch insoweit exemplarisch Übungs- und Anschauungsmaterial zu liefern.

Köln und Cottbus, im Nachtaumel der vorgezogenen Bundestagswahl 2005

Egbert Rumpf-Rometsch
Thomas Dräger

Aus dem Vorwort zur 3. Auflage

...
So sind beispielsweise unsere Ausführungen zur Rolle des Kfz-Briefs (EU-Zulassungsbescheinigung Teil II) beim rechtsgeschäftlichen Erwerb von Eigentum an Kraftfahrzeugen sinnvoll ergänzt worden. Auch zum Eigentumserwerb kraft Gesetzes gemäß § 937 BGB (Ersitzung) haben wir Erhellendes hinzugefügt.

Köln und Cottbus, kurz nach der Rückkehr der Dioxin-Panik im Frühjahr 2011

Egbert Rumpf-Rometsch
Thomas Dräger

Vorworte

Aus dem Vorwort zur 4. Auflage

...
Es gibt immer wieder neue Phänomene, deren rechtliche Bewertung dann auch in Klausuren eine Rolle spielt. Zu diesen Erscheinungen zählt beispielsweise das sogenannte Containern (Mülltauchen), das wir im Zusammenhang mit § 959 BGB aufgegriffen haben. ...

Köln und Cottbus, im ausnahmsweise epidemieskandalfreien Frühjahr 2014

Egbert Rumpf-Rometsch
Thomas Dräger

Vorwort zur 6. Auflage

In dem weitgehend statischen Gebiet des Sachenrechts halten sich die Änderungen auch für die 6. Auflage in überschaubaren Grenzen.

Eine wichtige Entscheidung zu § 935 BGB ist berücksichtigt worden (BGH NJW 2020, 3711 ff). Mit Blick auf § 950 BGB (Verarbeitung) haben wir die Ausführungen ergänzt, weil das Speichern von Informationen auf fremden Datenträgern in Ausbildung und Prüfung verstärkt thematisiert wird.

Daneben gibt es wieder einige redaktionelle Verbesserungen.

Für Lob und/oder Kritik könnt ihr – wie immer – die unten angegebene E-Mail-Adresse nutzen.

Leverkusen und Cottbus, im Frühjahr 2021
          nach dem unwürdigen Abgang von Donald Trump

Egbert Rumpf-Rometsch
Thomas Dräger

Kontakt: lobundtadel@fall-fallag.de
www.fall-fallag.de

Inhaltsverzeichnis

Einführung in die Handhabung des Buches 9
Einführung in die Fallbearbeitungstechnik 11

Alle Fälle auf einmal 21

- **Eigentum** - Erwerb durch Rechtsgeschäft 21
- **Eigentum** - Erwerb kraft Gesetzes 28
- Pfandrecht 30
- Sicherungsübereignung 31
- Anwartschaftsrecht 32
- Eigentümer-Besitzer-Verhältnis 33

Eigentum - Erwerb durch Rechtsgeschäft

Eine kleine Einführung 36

Fall 1 38
　　Eigentumserwerb vom Berechtigten gemäß § 929 S. 1 (Grundfall)

Fall 2 43
　　Eigentumserwerb vom Berechtigten gemäß § 929 S. 1; Besitz

Fall 3 48
　　Eigentumserwerb vom Berechtigten gemäß § 929 S. 1; Wirksamkeit
　　der Einigung; Abstraktionsprinzip

Fall 4 52
　　Eigentumserwerb vom Berechtigten gemäß § 929 S. 1; Übergabe

Fall 5 57
　　Eigentumserwerb vom Berechtigten gemäß § 929 S. 1; Übergabe;
　　Geheißerwerb

Fall 6 60
　　Eigentumserwerb vom Berechtigten gemäß § 929 S. 1; Einigsein im
　　Zeitpunkt der Vollendung des Erwerbstatbestands; Widerruf; Recht
　　zum Besitz gemäß § 986 I 1

Fall 7 64
　　Eigentumserwerb vom Nichtberechtigten gemäß §§ 929 S. 1, 932 I 1
　　(Grundfall)

Fall 8 70
　　Eigentumserwerb vom Nichtberechtigten gemäß §§ 929 S. 1, 932 I 1;
　　Gutgläubigkeit des Erwerbers; Bösgläubigkeit vor Übergabe

Inhaltsverzeichnis

Fall 9 75
Eigentumserwerb vom Nichtberechtigten gemäß §§ 929 S. 1, 932 I 1; Abhandenkommen

Fall 10 80
Eigentumserwerb vom Nichtberechtigten gemäß §§ 929 S. 1, 932 I 1; Gutgläubigkeit und Geheißerwerb

Fall 11 87
Eigentumserwerb vom Berechtigten gemäß § 929 S. 2 (Grundfall)

Fall 12 94
Eigentumserwerb vom Nichtberechtigten gemäß §§ 929 S. 2, 932 I 2 (Grundfall)

Fall 13 100
Eigentumserwerb vom Berechtigten gemäß §§ 929 S. 1, 930 (Grundfall)

Fall 14 107
Eigentumserwerb vom Berechtigten gemäß §§ 929 S. 1, 930; Besitzmittlungsverhältnis

Fall 15 111
Eigentumserwerb vom Nichtberechtigten gemäß §§ 929 S. 1, 930, 933 (Grundfall)

Fall 16 117
Eigentumserwerb vom Nichtberechtigten gemäß §§ 929 S. 1, 930, 933; Übergabe; Besitzergreifung

Fall 17 124
Eigentumserwerb vom Berechtigten gemäß §§ 929 S. 1, 931 (Grundfall)

Fall 18 129
Eigentumserwerb vom Berechtigten gemäß §§ 929 S. 1, 931; Herausgabeanspruch

Fall 19 134
Eigentumserwerb vom Nichtberechtigten gemäß §§ 929 S. 1, 931, 934 (Grundfall)

Fall 20 140
Eigentumserwerb vom Nichtberechtigten gemäß §§ 929 S. 1, 931, 934 Var. 1

Fall 21 148
Eigentumserwerb vom Nichtberechtigten gemäß §§ 929 S. 1, 931, 934 Var. 2

Inhaltsverzeichnis

Eigentum - Erwerb kraft Gesetzes

Eine kleine Einführung 154

Fall 22 155
    Eigentumserwerb durch Ersitzung gemäß § 937

Fall 23 161
    Eigentumserwerb durch Verbindung mit einem Grundstück gemäß § 946

Fall 24 165
    Eigentumserwerb durch Verarbeitung gemäß § 950 I 1

Fall 25 169
    Eigentumserwerb an Kfz-Papieren entsprechend § 952 II

Fall 26 174
    Eigentumserwerb durch Trennung gemäß § 956 I 1

Fall 27 178
    Eigentumserwerb durch Aneignung gemäß § 958 I; § 90a

Fall 28 184
    Eigentumserwerb des Finders gemäß §§ 973 I, 965

Pfandrecht

Eine kleine Einführung 189

Fall 29 190
    Originärer Erwerb des vertraglichen Pfandrechts an einer beweglichen Sache gemäß §§ 1204, 1205

Fall 30 194
    Eigentumserwerb durch rechtmäßige Veräußerung des Pfandes gemäß § 1242 I; Eigentumserwerb bei fehlendem Pfandrecht gemäß § 1244

Fall 31 198
    Pfandrecht als Recht zum Besitz; Möglichkeit des gutgläubigen Erwerbs eines gesetzlichen Pfandrechts (§ 647)

Fall 32 202
    Pfandrecht an einer Forderung (§§ 1273 ff); Erwerb des Pfandrechts an einer Sache durch dingliche Surrogation gemäß § 1287 S. 1

Sicherungseigentum

Eine kleine Einführung 207

Inhaltsverzeichnis

Fall 33 208
    Eigentumserwerb vom Berechtigten gemäß §§ 929 S. 1, 930; Sicherungsabrede als Recht zum Besitz

Fall 34 213
    Eigentumserwerb vom Berechtigten gemäß §§ 929 S. 1, 930; Bestimmtheit der zu übereignenden Sachen

Anwartschaftsrecht

Eine kleine Einführung 216

Fall 35 217
    Erwerb des Anwartschaftsrechts; Eigentumsvorbehalt (§ 449 I)

Fall 36 221
    Anwartschaftsrecht als Recht zum Besitz i.S.d. § 986

Eigentümer-Besitzer-Verhältnis

Eine kleine Einführung 226

Fall 37 227
    Vindikationslage gemäß §§ 985, 986 (Grundfall)

Fall 38 231
    Herausgabe von Nutzungen (Wertersatz) gemäß § 987

Fall 39 237
    Schadensersatz gemäß §§ 989, 990 I; bösgläubiger Besitzer

Fall 40 244
    Herausgabe von Nutzungen (Wertersatz) gemäß § 987; Nicht-mehr-Berechtigter

Fall 41 249
    Herausgabe von Nutzungen (Wertersatz) gemäß § 987; Besonderheit bei § 991 I

Fall 42 256
    Schadensersatz gemäß §§ 991 II, 989

Fall 43 263
    Verwendungsersatz gemäß § 994 I

Aufbauschemata 270
Gesetzesverzeichnis 308
Sachverzeichnis 310

Eine Gebrauchsanleitung

Einführung in die Handhabung des Buches

Eine ernste Aufforderung: Ihr solltet – nein müsst – immer die genannten **Vorschriften lesen**. Denn die Zauberworte für eine effektive Arbeitsweise heißen „aktives Lernen". Rein passives Konsumieren bringt kaum Erfolge.

Wir bedienen uns einer einfachen **Zitierweise:** Von uns ohne Gesetzesbezeichnung genannte Normen sind solche des BGB. Wenn Vorschriften außerhalb des BGB genannt werden, geschieht dies mit der jeweiligen Gesetzesbezeichnung (z.B. § 242 StGB). Wir zitieren Absätze mit römischen Ziffern (z.B. § 960 *III*). Die Bezeichnung einzelner Sätze erfolgt durch arabische Ziffern (z.B. § 433 I *1* oder § 929 *S. 1*). Gegebenenfalls wird ein Halbsatz (Hs.), eine Alternative (Alt.), eine Variante (Var.) oder eine Nummer (Nr.) zitiert. Vorsicht ist mit der Bezeichnung „Alternative" (Alt.) geboten. Genau genommen ist diese Bezeichnung nur dann zutreffend, wenn das Gesetz nicht mehr als zwei Modalitäten vorsieht (z.B. „§ 812 I 1 Alt. 1" uns „§812 I 1 Alt. 2").

Zunächst solltet ihr euch intensiv mit unserer allgemeinen *Einführung in die Fallbearbeitungstechnik* beschäftigen. Die meisten der darin enthaltenen Ratschläge werden euch auch außerhalb des Bürgerlichen Rechts zugute kommen.

Unter der Bezeichnung **Alle Fälle auf einmal** folgt eine Zusammenstellung sämtlicher Sachverhalte. Dadurch könnt ihr der Versuchung besser widerstehen, übereilt in die jeweilige Lösungsskizze und/oder den Formulierungsvorschlag zu schauen. Macht euch immer zuerst eigene Gedanken! Im Idealfall solltet ihr nicht nur eine Lösungsskizze entwerfen, sondern auch eine Formulierung zu Papier bringen.

Im Anschluss an die Sachverhalte folgt der Hauptteil. Dort findet ihr die folgende bewährte Struktur vor:

Fall – Lösungsskizze – Formulierungsvorschlag – Fazit

Zuerst erscheint der jeweilige **Sachverhalt** noch einmal, damit ihr nicht immer wieder zum Anfang des Buches zurückblättern müsst.

Bereits in der **Lösungsskizze** findet eine Schwerpunktsetzung statt. Wir führen jeweils alle Prüfungspunkte auf, die problematischen Merkmale werden aber schon in der Skizze umfangreicher behandelt.

Eine Gebrauchsanleitung

Der *Formulierungsvorschlag* ist – wie schon die Bezeichnung verrät – ein Vorschlag. Nehmt den Begriff wörtlich: Unsere Formulierung ist ein Vorschlag, nicht mehr und nicht weniger. Wir möchten euch vermitteln, wie eine gelungene Formulierung aussehen kann. Im Gegensatz zu anderen Autoren mischen wir jedoch keine lehrbuchartigen Ausführungen in den Formulierungsvorschlag, weil die in einer Klausur oder Hausarbeit nichts zu suchen haben.

Im jeweiligen *Fazit* greifen wir die Schwerpunkte des betreffenden Falles noch einmal auf. Hier finden sich Erläuterungen zu Aufbaufragen und juristischen Finessen. Kurzum: Im Fazit werden wissenswerte Aspekte erläutert, die sich nicht schon erschöpfend aus der Lösungsskizze und/oder dem Formulierungsvorschlag ergeben. Die klare Trennung zwischen Formulierungsvorschlag und Fazit hat natürlich auch für den jeweiligen Sprachstil Folgen. Im Fazit werdet ihr des Öfteren eine etwas saloppere Ausdrucksweise antreffen, die im Rahmen einer Klausur oder Hausarbeit als „unwissenschaftlich" verpönt ist.

Die Fälle sind *nach* den schon aus dem Inhaltsverzeichnis ersichtlichen *Kategorien unterteilt*. Grundsätzlich werden Probleme innerhalb der einzelnen Kategorien nicht abstrakt behandelt, sondern in konkrete Fall-Lösungen eingebunden. Fälle zum *Eigentumserwerb durch Rechtsgeschäft* und zum *Eigentumserwerb kraft Gesetzes* eröffnen den bunten Reigen. Es folgen Fälle zum Bereich *Pfandrecht*, zum *Sicherungseigentum* und zum *Anwartschaftsrecht*. Fälle zum *Eigentümer-Besitzer-Verhältnis (EBV)* ergänzen den Einstieg ins Mobiliarsachenrecht und runden den Themenkreis ab.

Im Anschluss an die Fälle folgen die wichtigsten *Aufbauschemata*, die eine übersichtliche Kurzaufbereitung ermöglichen und das „Baukastenprinzip" zusätzlich verdeutlichen sollen.

Das *Gesetzesverzeichnis* und das *Sachverzeichnis* beschließen das Buch.

Jetzt geht es los ...

Fallbearbeitungstechnik

Einführung in die Fallbearbeitungstechnik

Wenn ihr Anfänger im Jura-Dschungel seid, solltet ihr euch mit den folgenden Seiten zur Fallbearbeitungstechnik beschäftigen. Immer wieder. Es nützt!

Eine gute Arbeit lebt von der **Schwerpunktsetzung**, vom **Stil** und der **Argumentation**.

Die Darstellung macht's!!

Was ihr in dieser Hinsicht beherrscht, kommt euch in jeder Klausur oder Hausarbeit zugute. Dagegen begegnet euch ein mühevoll auswendig gelernter Meinungsstreit unter Umständen nie wieder. In der immer weiter steigenden Flut der juristischen Einzelprobleme kann man sich letztlich nur durch eine fundierte Fallbearbeitungstechnik über Wasser halten.

Worum geht es ?

In der Klausur oder Hausarbeit soll ein Fall gutachterlich gelöst werden. Das klingt völlig banal, wird aber oft genug nicht beachtet. Es geht nicht darum, möglichst viel Wissen in Form von Meinungsstreitigkeiten abzuladen. Wer auf die „Ich weiß was"-Tour kommt, fängt sich Randbemerkungen wie „Fallbezug?" oder „überflüssige Lehrbuchausführungen" ein.

Auf Streitfragen darf nur eingegangen werden, wenn es für die Fall-Lösung darauf ankommt.

Häufig liegt der Schwerpunkt der Arbeit auf der Auswertung der im Sachverhalt enthaltenen Angaben, nicht auf dem leidigen Abspulen von Meinungsstreitigkeiten.

Wie gehe ich an die Sache heran ?

- Die Erfassung des Sachverhalts

Zunächst einmal muss also der Sachverhalt gründlich erfasst werden. Das gelingt nur bei sehr kurzen und übersichtlichen Klausuren durch einmaliges Durchlesen. In aller Regel solltet ihr den **Text** mindestens zweimal oder besser dreimal **aufmerksam lesen**. Viele bearbeiten das Aufgabenblatt schon in diesem Stadium mit allen möglichen **Markierungen**, **Einteilungen** und **Randbemerkungen**.

Das ist nicht unbedenklich:

In der Regel enthält der Sachverhalt keine überflüssigen Passagen. Es besteht die Gefahr, dass vor lauter Konzentration auf die hervorgehobenen Teile Wichtiges unter den Tisch fällt. Vor allem aber könnt ihr zum Zeitpunkt der Erst- oder Zweitlektüre eines unbekannten Falls noch gar nicht zielsicher entscheiden, was nun besonders wichtig ist. Die Fehlerquote kann ziemlich hoch liegen.

Einführung in die

Außerdem darf bezweifelt werden, dass die Angelegenheit durch – womöglich vielfarbige – Markierungen wirklich übersichtlicher wird.

Wer es partout nicht lassen kann, sollte sich jedenfalls der genannten Nachteile bewusst sein.

Besonders zu beachten sind natürlich **Fallfragen** und **Bearbeitungshinweise**. Manchmal wird allgemein nach der Rechtslage gefragt. Dann sind alle infrage kommenden Anspruchsgrundlagen zu überdenken. Häufig ist jedoch nur ein bestimmter Anspruch zu prüfen. Mitunter ist die Prüfung bestimmter Ansprüche ausgeschlossen. Der Bearbeitungshinweis kann auch den Ausschluss einzelner rechtlicher Möglichkeiten betreffen. Dabei kann es z.b. um Leistungsverweigerungs- oder Zurückbehaltungsrechte des Anspruchsgegners gehen.

Die – gar nicht so seltene – **Missachtung** solcher Hinweise erregt den Unmut des Korrektors, *sollte* also *tunlichst vermieden werden*. Achtet darauf!

- Die Suche nach den Anspruchsgrundlagen

Nichts ist ärgerlicher, als einen einschlägigen Anspruch zu übersehen! Deshalb sollte nicht vorschnell mit der gedanklichen Prüfung der auf den ersten Blick infrage kommenden Normen begonnen werden.

Einigermaßen einfach gestaltet sich das Auffinden der „richtigen" Anspruchsgrundlage, wenn eine konkrete Fallfrage gestellt wird (etwa: „Hat X gegen Y einen Anspruch auf Herausgabe"). Dann ist eine zur Frage „passende" Norm aufzufinden, z.B. § 985, wenn diese nicht bereits in der Fallfrage genannt ist. Das kann recht schnell gelingen, wenn ihr euch wiederholt mit dem **Inhaltsverzeichnis des BGB** beschäftigt habt.

Sollte allerdings allgemein nach der Rechtslage gefragt werden, beginnt der Spaß. Ihr müsst dann überlegen, *wer / von wem / was / woraus* haben möchte. Laut Sachverhalt erschließt sich in der Regel ganz schnell, *wer* etwas *von wem* haben möchte. Auch *was* der eine vom anderen haben will, bereitet überwiegend keine Schwierigkeiten. Das kann etwa die Übereignung einer Sache, die Kaufpreiszahlung, Schadensersatz in Geld, die Herausgabe einer Sache oder ... oder ... sein. *Woraus*, also aus welcher Norm bzw. aus welchem Paragraf der Anspruchsteller seinen Anspruch herleitet, ist manchmal gar nicht so einfach herauszufinden.

Die Lösungsskizze / Zeiteinteilung

Das Erstellen einer sauberen **Lösungsskizze** wird oft vernachlässigt. Sie ist die Basis der späteren Klausur und muss *möglichst detailliert, vor allem aber vollständig* sein.

Erst wenn der Fall von vorne bis hinten skizziert ist, kann in der Reinschrift eine vernünftige Schwerpunktsetzung erfolgen. Deswegen ist von der **Unsitte des „Drauflosschreibens"** klar abzuraten. Hinter diesem stark verbreiteten Verhalten steht wohl

Fallbearbeitungstechnik

der auf den ersten Blick beruhigende Gedanke, schon mal etwas zu Papier gebracht zu haben.

Das ist deshalb gefährlich, weil im noch nicht durchdachten Teil der Arbeit die Hauptschwerpunkte liegen können. „Frühschreiber" merken das dann zu spät. Das Ergebnis ist eine Arbeit, die zum Ende hin bestenfalls immer dünner wird, schlimmstenfalls ganze Teile der Prüfung gar nicht mehr enthält.

Lasst euch also nicht von den Nachbarn verunsichern, die schon mehrere Seiten geschrieben haben, während ihr noch mit der Lösungsskizze beschäftigt seid. *Abgerechnet wird zum Schluss!!*

Wann spätestens mit dem Schreiben der Klausur begonnen werden sollte, kann nicht pauschal beantwortet werden. Hier zählen individuelle Erfahrungswerte.

Als *Faustformel* mag die sogenannte *Drittelregel* dienen:

Auf jeden Fall mindestens das erste Drittel der Bearbeitungszeit für die Skizze verwenden. Andererseits spätestens nach Ablauf von zwei Dritteln der Bearbeitungszeit mit dem Schreiben beginnen, sonst werdet ihr nicht fertig (Oh Ärger).

Bei den Überlegungen zur Lösungsskizze muss der *Sachverhalt genau im Auge behalten* werden. Bei einem gut gestellten Fall hat jeder Teil seine Bedeutung. Überflüssige Füllpassagen sind wie gesagt recht selten.

Deshalb ist es sehr hilfreich, folgende *Kontrollüberlegung* anzustellen:

Habe ich den gesamten Sachverhalt in die Lösungsskizze einbezogen? Wenn ja, spricht einiges für die Vollständigkeit der Lösung (nicht notwendig für die Richtigkeit).

Oder umgekehrt: Kann eine bestimmte Textpassage ersatzlos gestrichen werden, ohne dass es sich auf meine Lösung auswirkt? Wenn ja, muss die Lösung im Hinblick auf den betreffenden Teil überdacht werden.

Der Gesamtaufbau

Bereits beim Erstellen der Lösungsskizze solltet ihr euch über den Aufbau klar werden. Oft spielen in einem Fall eine ganze Reihe von Personen mit. Dann ist genau darauf zu achten, **wer gegen wen welche Ansprüche** geltend macht oder machen kann. Das ergibt sich – wie gesagt – aus der Fallfrage und aus eventuellen Bearbeitungshinweisen.

Wenn ganz allgemein nach der Rechtslage gefragt ist, kann es sich anbieten, nach Personen zu gliedern. Es kann aber auch sinnvoll sein, verschiedene zeitliche Abschnitte getrennt zu betrachten und innerhalb der Abschnitte eine Gliederung nach Personen vorzunehmen.

Einführung in die

Die Darstellung im Allgemeinen

- Die äußere Form

Hierzu gibt es nicht so furchtbar viel zu sagen. Dass die **Schrift** in der Klausur **möglichst leserlich** sein sollte, kann sich jeder denken. Wer also eine Sauklaue hat, sollte nach Möglichkeit daran arbeiten. Schreibt **nicht mit Bleistift**, damit werden üblicherweise die Korrekturbemerkungen gemacht. Lasst **genügend Rand**, sonst gilt das Motto „Kein Rand – keine Randbemerkungen". Beschreibt die **Blätter** nur **einseitig und nummeriert** sie. Wenn ihr die Seiten in der Hektik der letzten Sekunden vor Abgabe in der falschen Reihenfolge zusammengeheftet habt, fällt dem Korrektor so die Zuordnung leichter. An einer fehlenden Unterschrift ist wohl noch keine Klausur oder Hausarbeit gescheitert. Versucht trotzdem daran zu denken. Für die erste juristische Prüfung (Examen) müsst ihr euch die Unterschrift im Übrigen wieder abgewöhnen. Dort werden die Arbeiten anonym unter einer Kennziffer geschrieben.

- Gutachtenstil

Von euch wird in der Klausur – wie auch in Hausarbeiten – der anfänglich stark gewöhnungsbedürftige **Gutachtenstil** erwartet. Er besteht aus vier Schritten, die anhand eines bewusst einfachen Beispiels verdeutlicht werden sollen:

1. Schritt: Frage aufwerfen
„Fraglich ist, ob der Anspruchsgegner Y Besitzer der Sache ist."

2. Schritt: Voraussetzung bzw. Definition
„Besitzer einer Sache ist gemäß § 854 I, wer die tatsächliche Gewalt über die Sache ausübt."

3. Schritt: Subsumtion
„Y übt die tatsächliche Gewalt über das Auto aus."

4. Schritt: Ergebnis
„Also ist Y Besitzer der Sache."

Um Missverständnissen vorzubeugen: Wenn ein unproblematischer Normalfall vorliegt, wirkt es albern, den umständlichen Gutachtenstil anzuwenden. Man beschränkt sich dann auf eine **kurze Feststellung**. Das ist vom Fallsteller durchaus vorgesehen. Die Bearbeitungszeit ist so bemessen, dass ihr unmöglich die ganze Klausur konsequent im Gutachtenstil schreiben könnt.

Also:
Unproblematisches kurz feststellen!
Problematisches im Gutachtenstil darstellen!

Fallbearbeitungstechnik

Wenn ihr euch für den *Gutachtenstil* entschieden habt, *dann* muss er *sauber und vollständig* sein!

Also nicht: „X könnte gegen Y einen Anspruch auf Herausgabe der Sache gemäß § 985 haben. Nach § 985 muss der Anspruchsteller Eigentümer und der Anspruchsgegner Besitzer der Sache sein. Dies ist hier der Fall."

In diesem – so oder ähnlich leider sehr oft anzutreffenden – Negativbeispiel fehlt der Subsumtionsschritt und damit der Fallbezug. Das ist nichts Halbes und nichts Ganzes!

Vernachlässigt die Schwerpunktsetzung nicht! Klausuren und Hausarbeiten, in denen alles etwa gleich breit geprüft wird, nerven den Korrektor. Versetzt euch einmal in die Lage eines Korrekturassistenten, der einen Stapel mit über 50 Arbeiten vor sich liegen hat. Stellt euch seine Erleichterung vor, wenn er in der 47. Klausur oder Hausarbeit endlich einmal den geradezu erlösend knappen Satz „Der Anspruch ist durchsetzbar" liest. Das gibt einen dicken Haken am Rand, Sympathiepunkte werden eingefahren. *Wenn die Schwerpunktsetzung stimmt, wird euch die ein oder andere inhaltliche Schwäche locker verziehen!*

Die Schwierigkeit bei der ganzen Angelegenheit liegt natürlich darin, die *Spreu vom Weizen* zu *trennen*, also herauszufinden, was problematisch und was unproblematisch ist.

Das ist immer eine *unvermeidliche Gratwanderung:* Wer aus Sicht des Korrektors Unproblematisches im Gutachtenstil prüft, langweilt ihn. Wer andererseits Problematisches nur kurz feststellt, muss sich den Vorwurf des fehlenden Problembewusstseins gefallen lassen.

Es lohnt sich also, ein Fingerspitzengefühl für die richtige Schwerpunktsetzung zu entwickeln.

Im Gutachten spielt die *Wortwahl* eine entscheidende Rolle. *Warnzeichen für unangebrachten Urteilsstil* sind Wörter wie *„da", „weil" oder „denn".* Sobald über die bloße Feststellung hinaus etwas erklärt werden muss, ist der Urteilsstil tabu!

Der reine *Gutachtenstil* zeichnet sich wie gezeigt *im 1. Schritt* durch Wendungen wie *„müsste", „könnte", „möglicherweise hat" oder „in Betracht kommt"* aus. *Im Ergebnis* (4. Schritt) heißt es dann typischerweise *„also", „demnach", „somit", „damit" oder „folglich".*

Um ganz sauber zu bleiben, solltet ihr mit dem Wort *„müsste"* vorsichtig umgehen. Es ist immer dann unangebracht, wenn strukturell noch eine andere Variante in Betracht kommt.

Also nicht: „A könnte die Erklärung gemäß § 123 I anfechten. Dazu müsste er durch arglistige Täuschung zur Abgabe der Willenserklärung bestimmt worden sein."

Das ist unzutreffend, weil auch die widerrechtliche Drohung als Anfechtungsgrund in § 123 I genannt wird.

Einführung in die

Vorsicht ist geboten, wenn der Satz *mit „Es"* oder *mit „Bevor"* beginnt. In aller Regel folgen dann überflüssige Ausführungen. Auch die beliebte Einleitung *„Fraglich ist, ob ..."* sollte man jedenfalls nicht zu häufig verwenden. Meist bietet es sich stattdessen an, unmittelbar in die konkrete Prüfung des jeweiligen Merkmals einzusteigen. Das wirkt prägnanter.

Die Prüfung des einzelnen Anspruchs

- Der Obersatz

Jede Prüfung muss mit einem Obersatz beginnen. Der Obersatz sollte immer den **Anspruchsteller** und den **Anspruchsgegner**, das **Begehren** des Anspruchstellers und die dazugehörige einschlägige **Norm** enthalten:

> „X könnte gegen Y einen Anspruch auf Herausgabe der Sache gemäß § 985 haben."

Kurz: **Wer** könnte **von wem was woraus** verlangen?

Gewöhnt euch also an, *immer einen vollständigen Obersatz* zu *formulieren.*

- Der folgende Aufbau

Wir schlagen – nicht nur in diesem Buch – etwas vor, was nicht unbedingt geschrieben werden muss. Es untermauert jedoch einen klaren und systematischen Aufbau jeder Anspruchsprüfung. Nicht nur für Anfänger lohnt es sich, die folgende *Unterteilung* immer zu berücksichtigen:

> I. Anspruch entstanden?
>
> II. Anspruch untergegangen?
>
> III. Anspruch durchsetzbar?
>
> IV. Ergebnis

Die Unterteilung bietet den unermesslichen Vorteil, dass ihr viele Kleinigkeiten während einer Prüfung nicht vergesst. Voraussetzung ist allerdings, dass ihr euch einprägt, welche kleinen Schweinereien in welchem Unterteilungspunkt lauern. Deshalb mögen wir nun auf die einzelnen Unterteilungspunkte eingehen.

- „Anspruch entstanden?"

Nach dem Einstieg (Obersatz) dürft ihr die anschließende Prüfung mit dem Satz:

> „Der Anspruch müsste zunächst entstanden sein" einleiten.

Im Prüfungsunterpunkt „I. Anspruch entstanden?" findet ihr übrigens nahezu alle Problempunkte, die im Allgemeinen Teil des BGB angesiedelt sind.

Fallbearbeitungstechnik

So ist im Bereich eines vertraglichen Anspruchs, aber auch eines dinglichen Anspruchs auf Herausgabe stets die *Wirksamkeit der Willenserklärungen* zu überdenken.

Nichtigkeits- und Unwirksamkeitsgründe können Bedeutung gewinnen. Hier sei nur beispielsweise auf die *Geschäftsunfähigkeit* verwiesen.

Außerdem kann euch im Unterprüfungspunkt „Anspruch entstanden?" die Frage beschäftigen, ob die *wirksame Anfechtung* einer Willenserklärung erfolgt ist.

Wenn ihr zum Ergebnis kommt, dass der Anspruch nicht entstanden ist, heißt der nächste Prüfungsunterpunkt „II. Ergebnis". Der Anspruchsteller hat dann keinen Anspruch gegen den Anspruchsgegner. Wenn der Anspruch aber entstanden ist, geht's mit dem Prüfungspunkt „II. Anspruch untergegangen?" weiter.

- *„Anspruch untergegangen?"*

Dieser nächste Prüfungsunterpunkt wird euch im vorliegenden Buch nicht beschäftigen. Deshalb werdet ihr oft in einem kurzen Satz feststellen dürfen, dass der Anspruch nicht untergegangen ist.

Der wichtigste „allgemeine" Untergangsgrund ist die *Erfüllung*. Zu berücksichtigen sind allerdings auch die *Hinterlegung*, die *Aufrechnung*, der *Erlassvertrag*, das *negative Schuldanerkenntnis* und die *Annahme an Erfüllungs statt*. Lest hierzu die §§ 362 ff.

„Besondere" Untergangsgründe finden sich im Bereich der sogenannten *nachträglichen Unmöglichkeit* in § 275 I und in § 326 I. Dazu mehr in einem gesonderten Fall-Buch zum Schuldrecht AT.

Wenn der Anspruch untergegangen ist, endet die Prüfung im Punkt „III. Ergebnis". Wenn er nicht untergegangen ist, heißt der nächste Prüfungsunterpunkt „III. Anspruch durchsetzbar?".

- *„Anspruch durchsetzbar?"*

Bevor ihr ein Ergebnis präsentiert, solltet ihr kurz überdenken, ob der entstandene Anspruch, der nicht untergegangen ist, vielleicht – momentan oder dauernd – nicht durchsetzbar ist. Dieser Prüfungsunterpunkt wird euch im vorliegenden Buch ebenfalls nicht beschäftigen. Ihr werdet oft in einem kurzen Satz feststellen dürfen, dass der Anspruch auch durchsetzbar ist.

Ansonsten ist insbesondere ein etwaiges *Leistungsverweigerungs-* bzw. *Zurückbehaltungsrecht* zu berücksichtigen. Lest hierzu § 320, aber auch § 273.

Aber auch eine *Verjährung* kann sich als interessant erweisen. Wichtig sind hier vor allem die §§ 194 ff.

- *„Ergebnis"*

Zum Schluss folgt der Unterpunkt „IV. Ergebnis". Denkt bitte daran, genau die Frage zu beantworten, die ihr im Obersatz aufgeworfen habt.

Einführung in die

Wie stelle ich einen Meinungsstreit vorteilhaft dar?

Nicht immer müssen Meinungsstreitigkeiten gelöst werden. Das ist schon eher in Hausarbeiten der Fall. An dieser Stelle möchten wir dennoch einige **grundlegende Hinweise** geben.

Auf allen genannten Aufbauebenen können Problemschwerpunkte auftauchen. Dabei muss es sich wie bereits erwähnt keineswegs immer um Meinungsstreitigkeiten handeln. Wenn aber ein Meinungsstreit einschlägig ist, heißt das noch lange nicht, dass er auch entschieden werden muss! An dieser Stelle werden regelmäßig grobe logische Fehler gemacht.

Immer wieder liest man seitenweise von „Theorien" und ihren Vorzügen oder Nachteilen, ohne dass der Fallbezug auch nur ansatzweise hergestellt worden ist.

Ganz wichtig: Die Argumente für oder gegen eine Meinung dürfen erst ins Spiel gebracht werden, wenn die **fallbezogene Subsumtion** ergeben hat, dass die dargestellten Standpunkte zu verschiedenen Ergebnissen führen. Nicht selten besteht die Leistung gerade darin, einer Streitentscheidung aus dem Weg zu gehen. Auch dafür bringen wir viele Fallbeispiele.

Bei einer Vielzahl differenzierender Ansichten genügt oft die Auseinandersetzung mit einer bestimmten Meinung, weil die anderen im konkreten Fall auf ein übereinstimmendes Ergebnis hinauslaufen.

Kurz gesagt: **Niemals mehr entscheiden als unbedingt nötig!**

Wenn es auf eine **Streitentscheidung** ankommt, müsst ihr sie **abstrakt**, also losgelöst vom konkreten Fall treffen.

Von euch wird nicht das entscheidende, noch nie da gewesene Argument erwartet. Erst recht müsst ihr keine neuartigen Lösungswege aus dem Boden stampfen. Verlangt wird lediglich eine fundierte und **nachvollziehbare Auseinandersetzung mit den vorhandenen Argumenten**. Das gilt übrigens grundsätzlich auch für Hausarbeiten.

Bei umfangreicher Argumentation kann es sich anbieten, in einer Art **Ping-Pong-Verfahren** die Argumente einander gegenüberzustellen:

> „Für die enge Auslegung spricht ...
> Dagegen lässt sich anführen, dass ...
> Andererseits ...
> Der Gegeneinwand überzeugt wegen ... nicht."

Mit einem solchen „Schlagabtausch" setzt man sich mit den Argumenten der letztlich abgelehnten Auffassung lebendig auseinander.

Je nach Geschmack kann man aber auch die Argumente der einzelnen Auffassungen en bloc bringen, wobei sich anbietet, die später abgelehnte Argumentation zuerst darzustellen. Das wirkt überzeugender.

Fallbearbeitungstechnik

Setzt euch immer konkret mit den jeweiligen Meinungen auseinander und vermengt die Diskussion nicht zu einem Einheitsbrei. Vor allem in Hausarbeiten findet sich häufig folgende Struktur: 1. „Meinung A", 2. „Meinung B", 3. „Meinung C", 4. „Kritik und eigene Ansicht". Diese Art der Darstellung ist in Aufsätzen und Büchern beliebt, aber erfahrungsgemäß für Hausarbeiten oder gar Klausuren ungeeignet. Die Kandidaten („Das ganze Leben ist ein Quiz ...") verirren sich dabei regelmäßig im Dschungel eigener und fremder Gedankengänge.

Im Grundsatz halten wir es *nicht* für *empfehlenswert*, die *Meinungen beim Namen zu nennen.*

Also nicht:

„Der BGH vertritt die Auffassung ... / Der herrschenden Lehre zufolge ... / Die XY-Theorie besagt ..."

Eine solche Form der Darstellung ist nicht falsch, hat aber einen entscheidenden Nachteil: *Der Streit wirkt abgespult!*

Aus Sicht des Korrektors werden nur auswendig gelernte Erkenntnisse gebetsmühlenartig zu Papier gebracht, die in der Klausur ohnehin nicht belegbar sind.

Mit der Einordnung der Meinungen in Literatur und Rechtsprechung gewinnt ihr keinen Blumentopf.

Eine Berufung auf die h.l. oder den BGH ist keine *Prüfungsleistung*, die *besteht in der ansprechenden Argumentation.*

Wesentlich überzeugender ist demgegenüber die *Darstellung vom Problem her:*

„Der Gesetzestext legt eine weite Interpretation des Merkmals XY nahe."

„Aus dem Sinn und Zweck der Norm lässt sich aber ableiten, dass ..."

Derartige Formulierungen suggerieren eine *eigenständige und lebendige Herleitung* der Ansichten. Die Lösung stellt sich auf diese Weise als echte Leistung des Bearbeiters dar, sie wird im Idealfall zum Leseerlebnis für den Korrektor. Diese Vorgehensweise bietet sich übrigens *auch in Hausarbeiten* an, wobei sich dann die Vertreter der jeweiligen Auffassung zwanglos aus den Fußnoten ergeben.

Nun erwarten euch erst einmal die gesammelten Sachverhalte.

Widersteht – wenn es irgend geht – der Verlockung, nach dem Lesen eines Sachverhalts direkt in den Lösungsvorschlag zu schauen. Ihr solltet vielmehr ernsthaft versuchen, eigenständig Lösungen zu erarbeiten.

Frohes Schaffen!!!

Die Fälle nahen ...

Alle Fälle auf einmal

Eigentum
Erwerb durch Rechtsgeschäft

Fall 1

E interessiert sich für die Wasserpistolensammlung des W. Nachdem die Parteien einen diesbezüglichen Kaufvertrag geschlossen haben, einigen sie sich hinsichtlich des Eigentumsübergangs. Dann erfolgt die Übergabe an E. Dieser vermietet die Sammlung wenig später an den Fotografen B, der an einer Bildreportage über Wasserpistolen arbeitet. Nach Ablauf der vereinbarten Mietzeit verlangt E von B die Herausgabe der Pistolen nach § 985. B stellt sich auf den Standpunkt, E habe niemals Eigentum erlangt, weil er den Kaufpreis noch nicht an W gezahlt habe und verweigert die Herausgabe.

Frage: Hat E gegen B einen Herausgabeanspruch aus § 985?

Fall 2

Golfprofi G verkauft einen Satz älterer Schläger an seine Schülerin E. Nach Zahlung des Kaufpreises erhält E von G die Schläger. Weil E jedoch wegen eines Sportunfalls mindestens eine Saison lang mit dem Golfspiel aussetzen muss, vermietet sie die Schläger für die Dauer des laufenden Kalenderjahres an den Jurastudenten B. Am Ende der Saison deponiert B die Golfschläger in einem für ihn bestimmten und mittels entsprechender Schlüssel jederzeit zugänglichen Schließfach im Golf-Clubhaus. Er spekuliert darauf, dass E die Schläger auch im Folgejahr nicht nutzen können und daher nach Ablauf der Mietzeit nicht zurückverlangen werde. Nach erfreulichem Genesungsverlauf verlangt E die Golfschläger jedoch bereits im Januar von B heraus.

Frage: Hat E gegen B einen Herausgabeanspruch aus § 985?

Fall 3

E verkauft seine über alles geliebte aufblasbare Badeinsel an B. Einige Zeit später findet die Übereignung statt. Dann stellt sich heraus, dass E beim Abschluss des Kaufvertrags vorübergehend in seiner Geistestätigkeit gestört war. Dies nimmt E zum Anlass, die Badeinsel zurückzuverlangen. B will sich jedoch nicht von ihr trennen.

Frage: Hat E gegen B einen Herausgabeanspruch aus § 985?

All Together Now

Fall 4

Traktorenliebhaber E will vom Bauern T einen uralten Traktor „Lanz Bulldog" kaufen, der einige Kilometer vom Bauernhof entfernt am Rande eines Feldes steht. E sucht T auf und wird mit ihm handelseinig. Nach Zahlung des Kaufpreises sind sich E und T weiter darüber einig, dass E Eigentümer werden soll. T bemerkt gegenüber E, er könne sich den Traktor jederzeit selbst abholen, da er ja wisse, wo das Gefährt stehe. Einen Tag später entwendet der „Bulldog"-Besessene B den Traktor, sodass E ihn nicht mehr vorfindet, als er ihn abholen will. Einige Monate später erfährt E aufgrund einer Insiderinformation aus gewöhnlich gut informierten Sammlerkreisen, dass sich der Traktor bei B befindet.

Frage: Hat E gegen B einen Herausgabeanspruch aus § 985?

Fall 5

Maoist M interessiert sich seit längerer Zeit für eine Mütze des großen Vorsitzenden, die sich im Eigentum des E befindet. Endlich gibt E dem permanenten Bitten des M nach und verkauft ihm die Kopfbedeckung. Beide einigen sich hinsichtlich des Eigentumsübergangs. E bittet D, dem er die Mütze geliehen hat, diese am Ende der Leihzeit nicht ihm zurückzugeben, sondern sie M auszuhändigen. D tut, wie ihm geheißen.

Frage: Hat M Eigentum erworben?

Fall 6

Leninist L kauft von E eine Kappe seines großen Idols. Die Parteien sind sich bezüglich des Eigentumsübergangs einig. E bittet D, dem er die Kappe geliehen hat, diese am Ende der Leihzeit nicht ihm zurückzugeben, sondern sie L auszuhändigen. Kurz vor der erwarteten Übergabe erklärt E gegenüber L, er wolle die Kopfbedeckung doch nicht veräußern und fühle sich deshalb nicht mehr an die Einigung gebunden. Trotzdem wird die Kappe später von D, der vom Sinneswandel des E nichts weiß, an L ausgehändigt.

Frage: Hat E gegen L einen Herausgabeanspruch aus § 985?

Alle Fälle auf einmal

Fall 7

W ist Eigentümer einer Wasserpistolensammlung. Er vermietet die Sammlung an den Fotografen B, der an einer Bildreportage über Wasserpistolen arbeitet. Nun interessiert sich E für die Sammlung. Nachdem B und E einen diesbezüglichen Kaufvertrag geschlossen haben, einigen sie sich bezüglich des Eigentumsübergangs. Dann erfolgt die Übergabe an E. Einige Zeit später wird die Sammlung von D gestohlen, der sie per Annonce zum Kauf anbietet. E entdeckt die Anzeige und fordert von D Herausgabe der Wasserpistolen.

Frage: Hat E gegen D einen Herausgabeanspruch aus § 985 ?

Fall 8

D stiehlt dem Asienbegeisterten E ein Paket mit 5000 Räucherstäbchen. Er veräußert die Räucherstäbchen an B, der bei der Einigung über den Eigentumsübergang noch glaubt, D sei der Eigentümer, nicht mehr jedoch bei der wenige Tage später erfolgten Übergabe der Stäbchen. E erfährt durch einen Zufall, dass B Besitzer der noch unangetasteten Räucherstäbchen ist und verlangt sie heraus.

Frage: Hat E gegen B einen Herausgabeanspruch aus § 985 ?

Fall 9

Der rüstige Frührentner E vermietet sein Liegerad an M. Kurz vor Ende der vereinbarten Mietzeit stiehlt Dieb D das Rad dem M und veräußert es wenige Tage später an B, der bezüglich der Eigentümerstellung des D gutgläubig ist. Als E durch Zufall erfährt, dass B Besitzer des Rades ist, nimmt er es ihm weg. B ist empört und verlangt das Rad von E heraus.

Frage: Hat B gegen E einen Herausgabeanspruch aus § 985 ?

Fall 10

Hobbygärtner B schließt mit dem zunächst selbstständigen Händler für Gartenbedarf G im Dezember einen Kaufvertrag über eine große Menge marktüblicher Holzlatten für einen Jägerzaun. Die Parteien des Kaufvertrags verständigen sich darauf, dass die Ware gleich bezahlt wird, die Lieferung und Übereignung aber erst im Frühjahr auf Abruf des B stattfinden soll. Mit Wirkung zum Februar wird der Geschäftsbetrieb des G komplett auf E übertragen. G arbeitet bei E als leitender Angestellter weiter und ist

All Together Now

nach wie vor unter der alten Telefonnummer erreichbar. B, der von den Veränderungen nichts weiß, ruft im Mai bei G an, um die Lieferung abzurufen. B und G sind sich im Telefonat ausdrücklich darüber einig, dass das Eigentum an den nunmehr umgehend zu liefernden Holzlatten übergehen soll. G stellt den Vorgang gegenüber E als gewöhnliche Lieferverpflichtung dar. Er veranlasst im Einvernehmen mit E die Lieferung der in dessen Eigentum stehenden Holzlatten. Die Latten werden durch M, den dafür zuständigen Mitarbeiter des E ausgeliefert. Später stellt sich für E heraus, dass es aus Sicht des B um die Erfüllung eines „Altvertrags" gegangen war, den B noch mit G abgeschlossen hatte. E ist über den Vorgang verärgert und verlangt von B die gelieferten Holzlatten heraus.

Frage: Hat E gegen B einen Herausgabeanspruch aus § 985 ?

Fall 11

D stiehlt eine pinkfarbene Plexiglas-Schildkröte von E. Diese veräußert er an den bezüglich der Eigentümerstellung des D bösgläubigen B. Als E erfährt, dass sich die Schildkröte bei B befindet, äußert er gegenüber diesem, er selbst sei nicht mehr an der Figur interessiert. B könne sie deshalb behalten. B stimmt erfreut zu, weil er sich eine solche Schildkröte schon immer gewünscht hat. Wenige Tage später überlegt E es sich anders und sagt zu B, er widerrufe seine Äußerung. Dann nimmt er die Figur an sich und sucht das Weite. Der verdutzte B will die Schildkröte wiederhaben.

Frage: Hat B gegen E einen Herausgabeanspruch aus § 985 ?

Fall 12

Der Möbelhaushasser E verleiht sein selbst kreiertes „Kill Billy"-T-Shirt an X. Dieser wiederum verleiht es an B. Als B wenig später fragt, ob er das T-Shirt erwerben könne, veräußert X es an ihn. B geht dabei davon aus, dass X der Eigentümer des Kleidungsstücks ist. Nach Beendigung der Leihzeit wendet sich E bezüglich der Rückgabe des Shirts vergeblich an X und muss erfahren, dass es sich nunmehr im Besitz des B befindet. Also verlangt er das T-Shirt von B heraus.

Frage: Hat E gegen B einen Herausgabeanspruch aus § 985 ?

Alle Fälle auf einmal

Fall 13

Der im internationalen Frachtverkehr tätige Lkw-Fahrer E verschenkt seine oft gehörte 88 CDs umfassende Audio-Sammlung philosophischer Texte an seinen Sohn X und einigt sich mit ihm bezüglich des Eigentumsübergangs. Weil E einige der CDs noch einmal hören möchte, übergibt er die Sammlung noch nicht. Er schließt mit X einen bis zum 10.10. befristeten Leihvertrag. Weil E plötzlich dringend Geld benötigt, veräußert er die CDs an B. Dieser geht davon aus, dass E der Eigentümer der CDs ist. Als X sich am 11.10. an E wendet, erfährt er, dass sich die CDs nunmehr bei B befinden. Deshalb verlangt er sie von B heraus.

Frage: Hat X gegen B einen Herausgabeanspruch aus § 985?

Fall 14

Der kunstbegeisterte Rechtsanwalt R kauft in der Galerie des E ein fünf mal drei Meter großes abstraktes Gemälde des Künstlers Z mit dem Titel „Angela reitet immer noch nach Westen". R zahlt den geforderten Kaufpreis sofort. Die Parteien einigen sich über den Eigentumsübergang und vereinbaren, dass E das Bild zur Villa des R bringen soll. Am folgenden Tag veräußert E das Bild jedoch an den Schrotthändler B, der wesentlich mehr Geld dafür bezahlt als R. B nimmt das Bild sofort mit seinem Lkw mit. Als R von der Begebenheit erfährt, fordert er tobend von B die Herausgabe des Gemäldes.

Frage: Hat R gegen B einen Herausgabeanspruch aus § 985?

Fall 15

Der bewegungsbegeisterte E vermietet seine oft genutzte Hüpfburg bis zum 07.08. an V. Dieser nutzt die Gelegenheit und veräußert die Hüpfburg umgehend an K, der glaubt, V sei Eigentümer des Spielgeräts. V und K einigen sich bezüglich des Eigentumsübergangs. K zahlt den Kaufpreis sofort. Weil V die Hüpfburg noch bei einer privaten Feier nutzen will, schließen die Parteien einen Mietvertrag, der bis zum 30.07. befristet ist. Nach Ablauf der Mietzeit verlangt K von V vergeblich die Übergabe der Hüpfburg. Am 08.08. verlangt E von V die Herausgabe des Spielgeräts.

Frage: Hat E gegen V einen Herausgabeanspruch aus § 985?

All Together Now

Fall 16

Der sportbegeisterte E vermietet sein Motor-Skateboard bis zum 05.07. an V. Dieser nutzt die Gelegenheit und veräußert das Board umgehend an K, der der Ansicht ist, V sei Eigentümer des Geräts. V und K einigen sich bezüglich des Eigentumsübergangs. K zahlt den Kaufpreis sofort. Weil V das Motor-Board noch als Attraktion bei einer privaten Geburtstagsfeier nutzen will, schließen die Parteien einen Mietvertrag, der bis zum 30.06. befristet ist. Nach Ablauf der Mietzeit verlangt K von V vergeblich die Übergabe. V erklärt gegenüber K aber telefonisch, wenn er wolle, könne er sich das Skateboard abholen. Am 07.07. wird K initiativ und nimmt das im Eingangsbereich der Villa des V stehende Board an sich. Am 08.07. verlangt E, der gerade erfahren hat, bei wem sich das Skateboard befindet, von K die Herausgabe desselben.

Frage: Hat E gegen K einen Herausgabeanspruch aus § 985 ?

Fall 17

Der Not leidende E ist Eigentümer einer überlebensgroßen transportablen Justitia-Statue. Um seiner finanziellen Misere zu entkommen, vermietet er die Figur bis zum 05.05. an den vermögenden Rechtsreferendar X. Während der Mietzeit verkauft E die Statue an K. Die Parteien einigen sich bezüglich des Eigentumsübergangs. K soll sich hinsichtlich der Herausgabe des Gegenstandes an X wenden. Am 28.04. verlangt K von X die Justitia-Statue heraus.

Frage: Hat K gegen X einen Herausgabeanspruch aus § 985 ?

Fall 18

E verleiht seine antike Lure zu Ausstellungszwecken an X. Wenig später wird das Instrument dem X vom Dieb D gestohlen. E und X wissen zwar, wer die Lure gestohlen hat, jedoch nichts über deren konkreten Verbleib. Trotzdem werden sich die Parteien darüber einig, dass X dem E Geld gibt und dafür Eigentümer der Sache werden soll. E tritt im Gegenzug seinen Herausgabeanspruch gegen den Dieb D an X ab. Als X später durch Zufall erfährt, dass D sich immer noch im Besitz der Lure befindet, verlangt er Herausgabe.

Frage: Hat X gegen D einen Herausgabeanspruch aus § 985 ?

Alle Fälle auf einmal

Fall 19

V vermietet seinen fernsteuerbaren Modell-Zeppelin an M. Dieser wiederum verleiht den Zeppelin an F. Anschließend veräußert M, der plötzlich Geld benötigt, das Modell an K, der hinsichtlich der Eigentümerstellung des M gutgläubig ist. Hierbei tritt M seinen Anspruch auf Rückgabe der Leihsache gegen F an K ab. Nach Ablauf der Leihzeit verlangt K den Zeppelin von F heraus.

Frage: Hat K gegen F einen Herausgabeanspruch aus § 985 ?

Fall 20

Lebemann E verleiht seine massive Goldkette mit großem $-Anhänger an L, der im Kreis seiner Freunde glänzen will. L nutzt die Gelegenheit und übereignet die Kette zur Sicherung einer Darlehensforderung an den gutgläubigen D. L und D vereinbaren, dass L die Kette für D verwahren soll. Wenig später veräußert D die Goldkette an den gutgläubigen A. Hierbei tritt D seinen Herausgabeanspruch gegen L an A ab. Als E von den Umständen erfährt, ist er entsetzt. Er fürchtet den Verlust des ach so geliebten Schmuckstücks. Deshalb verlangt er von L sofort die Herausgabe der Goldkette.

Frage: Hat E gegen L einen Herausgabeanspruch aus § 985 ?

Fall 21

W verleiht sein fernsteuerbares Modell-Hovercraft an L. Diesem wird das Amphibienfahrzeug von D gestohlen. Anschließend veräußert L, der plötzlich Geld benötigt, das Modell an K, der hinsichtlich der Eigentümerstellung des L gutgläubig ist. Hierbei tritt L seinen Anspruch auf Wiedereinräumung des Besitzes (§ 861) gegen den Dieb an K ab. Einige Zeit später erfährt K zufällig, dass D sich im Besitz des Modells befindet, stellt ihn zur Rede und lässt sich das Fahrzeug vom nunmehr schuldbewussten D aushändigen. Nachdem W das Hovercraft nach Beendigung der Leihzeit ohne Erfolg von L herausverlangt hat und von den Umständen des Verbleibs der Sache erfährt, nutzt er einen „günstigen" Moment. K sieht gerade noch, wie W mit dem Modell von seiner Terrasse verschwindet und fluchtartig das Grundstück verlässt.

Frage: Hat K gegen W einen Herausgabeanspruch aus § 985 ?

All Together Now

Eigentum
Erwerb kraft Gesetzes

Fall 22

Dem Gitarristen E ist vor vielen Jahren bei einem Auftritt in der Kellerbar „Unter aller Sau" seine alte Framus-Gitarre gestohlen worden. E traut seinen Augen kaum, als er die durch individuelle Umbauten besonders markante Gitarre zwölf Jahre nach dem Verlust bei einem Fernsehauftritt der Country-Punk-Band „Bad Boys" wiedererkennt. Es stellt sich heraus, dass B – einer der beiden Gitarristen der „Bad Boys" – das Instrument damals bereits wenige Tage nach dem Diebstahl vom Dieb D erworben hat. Für B haben sich keinerlei Anhaltspunkte dafür ergeben, dass D nicht Eigentümer der Gitarre war.

Frage: Hat E gegen B einen Herausgabeanspruch aus § 985 ?

Fall 23

Fensterbauer F setzt im Auftrag des B auf dessen Grundstück Fensterrahmen in das in der Entstehung begriffene Haus ein. Dabei verwendet er versehentlich auch Fenster, die dem Nachbarn N gehören und die im Grenzbereich der beiden Grundstücke auf einer Palette liegen. Obwohl beide „Fenstersorten" vom selben Typ sind, erkennt N nach dem Einbau „seine" Fensterrahmen anhand der Seriennummern im Haus des B wieder.

Frage: Hat N gegen B einen Herausgabeanspruch aus § 985 ?

Fall 24

D entwendet in einer Nacht- und Nebelaktion vom Hof der Werft des E einen unbehandelten Bootsrumpf, den er an B veräußert. B nutzt den Rumpf als Basis für ein selbst gebautes Speedboot, das er unter Einsatz vieler Arbeitsstunden und mit diversen Bauteilen (Innenbordmotor, Ruderanlage, Anstrich etc.) in mühevoller Kleinarbeit fertigstellt. Kurz nach dem Stapellauf des Bootes erkennt E „seinen" Bootsrumpf wieder und verlangt – gestützt auf sein Eigentum – von B die Herausgabe. B meint demgegenüber, dass er doch allein wegen seines großen Zeit- und Kostenaufwandes Eigentümer geworden sein müsse. Der Wert des Bootsrumpfes beträgt 5.000 €, der

Alle Fälle auf einmal

Wert der weiteren verbauten Teile insgesamt 3.000 € und der Wert des fertiggestellten Speedbootes 15.000 €.

Frage: Hat B gemäß § 950 I 1 Eigentum erworben?

Fall 25

E hat vom ursprünglichen Eigentümer M ein gebrauchtes Motorrad gekauft. Nach Zahlung des Kaufpreises händigt M die Maschine samt Zündschlüsseln zum Zwecke der Übereignung an E aus. Die dazugehörige EU-Zulassungsbescheinigung Teil II (Fahrzeugbrief) hält M allerdings nicht in Händen. E soll sich die Bescheinigung bei B, dem Vater des M, abholen, der das Dokument in seinem Tresor deponiert hat. B weigert sich, die EU-Zulassungsbescheinigung auszuhändigen.

Frage: Hat E gegen B einen Herausgabeanspruch aus § 985?

Fall 26

E hat von Grundstückseigentümer V ein Getreidefeld gepachtet, das von einem Mitarbeiter des Bauern B – der die Felder verwechselt – versehentlich abgeerntet wird. Das Getreide gelangt auf diese Weise zu B.

Frage: Hat E gegen B einen Herausgabeanspruch aus § 985?

Fall 27

E hat vom ursprünglichen Eigentümer B einen Hund gekauft und sich das Tier nach Zahlung des Kaufpreises zwecks Eigentumsverschaffung von B übergeben lassen. Als E eines Tages mit dem Hund spazieren geht, kommt B des Weges. Der Hund erkennt sein altes „Herrchen" wieder, „vergisst" seine neue Heimat und läuft – sehr zum Unmut des E – begeistert auf B zu. Davon ist B seinerseits so angetan, dass er den Hund wieder mit nach Hause nimmt, um ihn zu behalten. B fühlt sich gegenüber dem Herausgabeverlangen des E im Recht, weil sich das Tier doch aus eigenem Willen von den neuen Lebensgewohnheiten im Zusammenhang mit E abgewandt habe.

Frage: Hat E gegen B einen Herausgabeanspruch aus § 985?

All Together Now

Fall 28

B ist als Aushilfskraft im privat betriebenen Spaßbad des E beschäftigt. Bei der Reinigung der Umkleideräume entdeckt B einen goldenen Anhänger in Form eines Paragrafen im Wert von 200 €, der einem unbekannten Gast versehentlich und unbemerkt hinter den Heizkörper gefallen war. Entsprechend einer für solche Fälle geltenden internen Anweisung liefert B den Anhänger bei E ab. E zeigt den Fund – wie üblich – bei der zuständigen Behörde (Fundbüro) an. Nachdem sich in der Folgezeit über die Dauer von acht Monaten hinweg kein Empfangsberechtigter gemeldet hat, nimmt B den Anhänger wieder an sich. Er meint, das gute Stück stehe ihm zu, weil er es entdeckt habe.

Frage: Hat E gegen B einen Herausgabeanspruch aus § 985 ?

Pfandrecht

Fall 29

F will seine Freundin mit einer längeren gemeinsamen Reise in die Karibik beglücken, ist aber zurzeit nicht richtig „flüssig". F wendet sich deshalb an seinen Freund P. Dieser ist zur Gewährung eines „Überbrückungskredits" bereit, beharrt jedoch auf einer Sicherheit. Man einigt sich darauf, dass F seinen Maserati als Pfand an P übergibt, da der Wagen während der Urlaubsabwesenheit ohnehin nicht von F benötigt wird. So geschieht es. Nach der Abreise des F wird der Wagen vom Hof des P gestohlen. P gelingt es, den Dieb (D) ausfindig zu machen.

Frage: Hat P gegen D einen Herausgabeanspruch, gestützt auf ein Pfandrecht ?

Fall 30

Dem E wird bei einer Urlaubsreise seine alte, überaus geliebte DVD-Kamera gestohlen. Der Dieb D verpfändet das Gerät an G, der die Kamera nach Eintritt der Pfandreife vorschriftsgemäß öffentlich versteigern lässt (§ 1235 I). Der gutgläubige Ersteigerer B trifft beim Filmen des Kölner Doms zufällig auf E, der „seine" Kamera an einem auffälligen Kratzer auf dem Gehäuse wiedererkennt.

Frage: Hat E gegen B einen Herausgabeanspruch aus § 985 ?

Alle Fälle auf einmal

Fall 31

E hat seinen Hubschrauber an L verliehen. L bringt ihn wegen einer Beschädigung am Rotor zur Reparatur in die Hubschrauber-Werkstatt des B, wobei er im eigenen Namen handelt. B hält L für den Eigentümer des Fluggeräts. Nach Ablauf der Leihzeit erfährt E von dem Vorgang und verlangt den Helikopter von B heraus. B verweigert jedoch die Herausgabe, weil er der Ansicht ist, sich mit Erfolg auf ein Werkunternehmerpfandrecht berufen zu können.

Frage: Hat E gegen B einen Herausgabeanspruch aus § 985 ?

Fall 32

K schließt mit dem Verkäufer V einen Kaufvertrag über eine antike Kommode zum Preis von 5.000 €. Da er den Kaufpreis nicht vollständig aufbringen kann, nimmt K einen Kredit in Höhe von 3.000 € bei der Bank P auf. Zur Sicherung der Rückzahlungsforderung bestellt K der Bank – unter Beachtung des § 1280 – ein Pfandrecht an der Forderung auf Übereignung der Kaufsache (§ 433 I 1). Nach Zahlung des Kaufpreises einigen sich V und K mit Zustimmung der P über den Eigentumsübergang und stellen die Kommode gemeinsam in der Wohnung des K auf. Dem vom Pech verfolgten K wird das antike Stück jedoch bei einem Wohnungseinbruch gestohlen und befindet sich nunmehr beim Dieb B. Hiervon erfährt die Bank P.

Frage: Hat die Bank P gegen B einen Herausgabeanspruch aus §§ 1227, 985 ?

Sicherungseigentum

Fall 33

Der selbstständige Pizzafahrer B möchte einen Kredit aufnehmen. Die Bank E ist zwar grundsätzlich zur Kreditgewährung bereit, verlangt aber eine Sicherheit. B schlägt seinen Trabant 601 S de Luxe vor. Weil B den Wagen für seine Pizzafahrten benötigt, scheidet die Belastung mit einem Pfandrecht aus (§ 1205 S. 1 BGB). Auf Vorschlag des Bankangestellten vereinbaren die Bank E und B daher eine Sicherungsübereignung des Wagens an die E. In diesem Zusammenhang wird nur die EU-Zulassungsbescheinigung Teil II (Fahrzeugbrief) an die Bank übergeben, damit B den Trabant weiterhin für seine gewerblichen Fahrten nutzen kann und auf diese Weise in

All Together Now

der Lage ist, die Kreditraten zurückzuzahlen. In der Folgezeit erfüllt B seine Verpflichtungen aus dem Vertragsverhältnis. Insbesondere zahlt er die Kreditraten stets pünktlich. Dennoch verlangt E das Auto heraus.

Frage: Hat E gegen B einen Herausgabeanspruch aus § 985?

Fall 34

Großhändler G möchte bei der Bank B einen Kredit aufnehmen und bietet in diesem Zusammenhang an, einen Teil seines in einem Warenlager befindlichen Warenbestands zur Sicherung an die Bank zu übereignen. So soll es geschehen. In dem Sicherungsübereignungsvertrag werden die zu übereignenden Sachen wie folgt beschrieben: „20 original verpackte Fernsehgeräte der Marke „elede", Typ „juppi 2023", Bildschirmdiagonale 70 Zoll, befindlich in dem süd-östlich gelegenen, gesonderten Raum des Warenlagers". Nach Abschluss des Sicherungsübereignungsvertrags kommen H, dem Hausjuristen der Bank, Bedenken, ob die B wirksam Sicherungseigentum erworben hat.

Frage: Hat die Bank B Sicherungseigentum erworben?

Anwartschaftsrecht

Fall 35

Jurastudent E kauft bei V einen Fallschirm, kann jedoch wegen eines finanziellen Engpasses den Kaufpreis nicht sofort zahlen. Man einigt sich vor dem Hintergrund des § 449 I auf fünf Kaufpreisraten und einen Eigentumsvorbehalt. V übergibt den Fallschirm an E. Nachdem E drei Kaufpreisraten gezahlt hat, entwendet B den Fallschirm heimlich nach einem gemeinsamen Sprung. E kommt B auf die Schliche und verlangt das Gerät von ihm heraus.

Frage: Hat E gegen B einen Herausgabeanspruch aus § 985?

Fall 36

M hat von E ein Tandem-Fahrrad gemietet, das E gehört. M gibt sich gegenüber dem Kaufinteressenten B als Eigentümer des Fahrrades aus. B kann wegen finanzieller Schwierigkeiten den Kaufpreis nicht sofort zahlen. Deshalb einigen sich M und B vor

Alle Fälle auf einmal

dem Hintergrund des § 449 I auf vier Kaufpreisraten und einen Eigentumsvorbehalt. Nachdem B zwei Kaufpreisraten gezahlt hat, erfährt er von E, dass M in seiner Eigenschaft als Mieter zu keinem Zeitpunkt Eigentümer des Tandems gewesen ist. E verlangt das Gefährt von B heraus.

Frage: Hat E gegen B einen Herausgabeanspruch aus § 985 ?

Eigentümer-Besitzer-Verhältnis

Fall 37

E verleiht sein Rennrad für die Dauer eines Tages an seinen Freund F, damit dieser an dem legendären Rennen „Rund um Finsterwalde" teilnehmen kann. F verleiht das Rennrad jedoch nach dem Wettkampf für die Dauer von drei Wochen weiter an seinen Bruder B. E will nunmehr seinerseits mit dem Rad an einem „Tagesklassiker" teilnehmen und verlangt es deshalb von B heraus. B beruft sich jedoch darauf, dass im Verhältnis zu seinem Vertragspartner (F) die Frist zur Rückgabe noch nicht abgelaufen sei.

Frage: Hat E gegen B einen Herausgabeanspruch aus § 985 ?

Fall 38

V hat dem E ein Notebook gestohlen und gibt sich gegenüber dem Kaufinteressenten B als Eigentümer aus. B kauft das Notebook, bekommt es von V ausgehändigt und nutzt es fortan. Mehr als ein Jahr nach der Weitergabe des Geräts an B erkennt E zufällig das Notebook bei B wieder und verlangt nun – neben der Herausgabe – Wertersatz für die Gebrauchsvorteile, die B durch die zwischenzeitliche Nutzung des Notebooks hatte. Zähneknirschend sieht B ein, dass er unter den gegebenen Umständen zur Herausgabe verpflichtet ist. Er ist jedoch nicht bereit, für die Nutzung Geld an E zu zahlen.

Frage: Hat E gegen B einen Wertersatzanspruch aus § 987 ?

All Together Now

Fall 39

E ist Fachhändler für Elektronikgeräte und muss entsetzt feststellen, dass ihm ein Dieb über Nacht den gesamten Laden ausgeräumt hat. Der Dieb D hat unter anderem eine Kiste mitgehen lassen, die mit wertvollen – dem E gehörenden – Digitalkameras gefüllt ist. D bietet die Kameras dem B – einem Konkurrenten des E – „hinter vorgehaltener Hand" im „Gesamtpaket" zu einem Preis an, der weit unter der Hälfte der Summe der regulären Händlereinkaufspreise liegt. B ahnt, dass es dabei „nicht mit rechten Dingen zugehen" und es sich um „heiße Ware" handeln könnte, zumal D für die Übergabe eine einsame Stelle am Waldesrand vorgeschlagen hat. B geht diesen Bedenken jedoch nicht weiter nach und erwirbt die Digitalkameras von D. B lädt die Kiste mit den Kameras in den Kofferraum seines Wagens. Er ist so begeistert von dem günstigen Geschäft, dass er sich in seiner Stammkneipe hemmungslos betrinkt. Auf dem Weg nach Hause gerät der B vor lauter Übermut durch einen alkoholisierungsbedingten Fahrfehler von der Straße ab. Der Wagen versinkt in einem Baggersee. B kann sich mit letzter Kraft ans Ufer retten, die Kameras sind jedoch zerstört. Hiervon erfährt schließlich E durch Informationen der ermittelnden Polizei.

Frage: Hat E gegen B einen Schadensersatzanspruch aus §§ 989, 990 I 1 ?

Fall 40

B hat vom Eigentümer E für die Dauer von zwei Jahren einen Boot-Anhänger gemietet. Da B nach Ablauf der Mietzeit weiterhin Bedarf für den Trailer hat, gibt er ihn in dem Bewusstsein der Überschreitung der vertraglich vereinbarten Nutzungsdauer erst verspätet an E zurück. E ist darüber verärgert und verlangt von B Zahlung für die über den zeitlichen Rahmen des Mietvertrags hinausgehenden Gebrauchsvorteile.

Frage: Hat E gegen B einen Wertersatzanspruch aus § 987 ?

Fall 41

E ist Eigentümer einer Betonmischmaschine, die ihm von D gestohlen wird. D veräußert die Maschine alsbald an den gutgläubigen M, der sie an B vermietet. B erkennt sofort, dass es sich um die dem E gestohlene Maschine handelt. Nach einiger Zeit wird E zugetragen, wo sich sein Mischer befindet. Er verlangt ihn erfolgreich von B heraus. B ist jedoch nicht bereit, für die Nutzung Geld an E zu zahlen.

Frage: Hat E gegen B einen Wertersatzanspruch aus § 987 ?

Alle Fälle auf einmal

Fall 42

E ist Eigentümer einer Dampframme, die ihm von D gestohlen wird. D veräußert die Dampframme alsbald an den gutgläubigen M, der sie an B vermietet. B kann nicht erkennen, dass es sich bei der Ramme um eine gestohlene Sache handelt. Nach einiger Zeit wird dem E zugetragen, wo sich seine Dampframme befindet. Er verlangt sie erfolgreich von B heraus. Zusätzlich verlangt er Schadensersatz für eine Beschädigung, die B leicht fahrlässig verursacht hat.

Frage: Hat E gegen B einen Schadensersatzanspruch aus §§ 987 ff?

Fall 43

V hat dem E ein Geländemotorrad gestohlen und gibt sich gegenüber dem Kaufinteressenten B unter Vorlage einer geschickt gefälschten EU-Zulassungsbescheinigung Teil II (Fahrzeugbrief) als Eigentümer aus. B kauft das Motorrad, bekommt es von V ausgehändigt und nutzt die Maschine fortan. Wegen eines Defekts am Vergaser lässt B das Motorrad in einer Fachwerkstatt reparieren. Später erkennt E das Motorrad bei B wieder und verlangt nun die Herausgabe. B ist dazu bereit, möchte aber die Reparaturkosten von E ersetzt haben.

Frage: Hat B gegen E einen Ersatzanspruch aus § 994 I?

Eigentum - Erwerb durch Rechtsgeschäft
Eine kleine Einführung

Eigentum
- Erwerb durch Rechtsgeschäft

Eine kleine Einführung

1. Vorgeplänkel

Im Mobiliarsachenrecht – das sich mit beweglichen Sachen beschäftigt – dreht sich oft alles um die Frage: *Wie erwirbt man eigentlich Eigentum?* Und der Beantwortung genau dieser Frage schenken die meisten Publikationen den größten Raum. Das ist einerseits sinnvoll, weil dadurch die Kernprobleme vermittelt werden. Andererseits ist aber zu beachten, dass *die Frage, wer denn nun Eigentümer einer beweglichen Sache ist*, in den meisten Klausuren und Hausarbeiten *innerhalb eines Anspruchs* – also nicht isoliert – *zu prüfen* ist.

2. Eigentumserwerb im Anspruchsaufbau

Den *Herausgabeanspruch* aus § 985 habt ihr bestimmt schon einmal kennengelernt. Ihr habt euch fragen müssen, ob X von Y mit Erfolg Herausgabe des Autos, der Waschmaschine, des Weihnachtsbaums oder der Kuhglocke verlangen kann.

Der Anspruch aus § 985 steht nur dem Eigentümer zu. Die Prüfung, ob der Anspruchsteller Eigentümer ist, funktioniert so: Ihr müsst euch fragen, ob der Anspruchsteller als ursprünglicher Nichteigentümer nun Eigentum erworben hat oder ob er als ursprünglicher Eigentümer das Eigentum wieder verloren hat. Das Letztere – nämlich ein Eigentumsverlust des ursprünglichen Eigentümers – ist immer dann der Fall, wenn eine andere Person Eigentum erworben hat.

Eigentum erwerben kann man strukturell auf zwei unterschiedliche Arten, nämlich vertraglich (rechtsgeschäftlich) oder gesetzlich. Klausur- bzw. hausarbeitsrelevant ist vor allem der vertragliche Bereich.

Es sind *vier rechtsgeschäftliche Erwerbsarten* vorgesehen:

- der *Erwerb nach § 929 S. 1*
- der *Erwerb nach § 929 S. 2*
- der *Erwerb nach §§ 929 S. 1, 930*
- der *Erwerb nach §§ 929 S. 1, 931*

Erwerb durch Rechtsgeschäft - Eigentum
Eine kleine Einführung

In jeder der vier Erwerbsarten gibt es *wiederum zwei Möglichkeiten* des Eigentumserwerbs, nämlich

- den *Erwerb vom Berechtigten*
- den *Erwerb vom Nichtberechtigten*

Wie ihr mit den einzelnen Erwerbsarten umgeht, werdet ihr in den folgenden Fällen sehen. Nur so viel zum Einstieg: In schriftlichen Arbeiten empfiehlt es sich, zunächst zu prüfen, ob ein Eigentumserwerb vom Berechtigten in Betracht kommt. Sollte dies mangels einer Berechtigung des Veräußerers ausscheiden, ist gleich im Anschluss daran zu erörtern, ob im speziellen Fall ein Eigentumserwerb vom Nichtberechtigten zu bejahen ist.

Und: Solltet ihr in einer Klausur oder Hausarbeit tatsächlich einmal (nur) mit der Frage konfrontiert werden, wer denn nun Eigentümer der (beweglichen) Sache ist, könnt ihr auf das hier Erlernte einfach zurückgreifen. Ihr müsst dann den Eigentumserwerb isoliert prüfen.

Los geht's!

Eigentum - Erwerb durch Rechtsgeschäft

Fall 1

E interessiert sich für die Wasserpistolensammlung des W. Nachdem die Parteien einen diesbezüglichen Kaufvertrag geschlossen haben, einigen sie sich hinsichtlich des Eigentumsübergangs. Dann erfolgt die Übergabe an E. Dieser vermietet die Sammlung wenig später an den Fotografen B, der an einer Bildreportage über Wasserpistolen arbeitet. Nach Ablauf der vereinbarten Mietzeit verlangt E von B die Herausgabe der Pistolen nach § 985. B stellt sich auf den Standpunkt, E habe niemals Eigentum erlangt, weil er den Kaufpreis noch nicht an W gezahlt habe und verweigert die Herausgabe.

Frage: Hat E gegen B einen Herausgabeanspruch aus § 985 ?

Lösungsskizze Fall 1

- E gegen B Herausgabe der Wasserpistolen gemäß § 985 ?

I. Anspruch entstanden ?

   1. Voraussetzungen des § 985 ?

     a. Anspruchsgegner (B) ist Besitzer ?
     = tatsächliche Gewalt über die Sache

     HIER (+)

     b. Anspruchsteller (E) ist Eigentümer ?

       aa. ursprünglich (−)

       bb. Eigentumserwerb des E von W gemäß § 929 S. 1 ?
       = Erwerb des E vom Berechtigten W

       (1) Einigung ?
         = dinglicher Vertrag zwischen Veräußerer und Erwerber über den Eigentumsübergang

       HIER (+)

       (2) Übergabe ?
         = Veräußerer verliert Besitz und Erwerber erlangt Besitz

       HIER (+)

       (3) Einigsein im Zeitpunkt der Vollendung des Erwerbstatbestands ?
         = keine der Willenserklärungen darf widerrufen worden sein

       HIER (+) → kein Widerruf

Fall 1

(4) Berechtigung des Veräußerers ?
= der verfügungsbefugte Eigentümer oder der Nichteigentümer, der gesetzlich verfügungsbefugt ist oder der vom Berechtigten ermächtigt ist

HIER (+) → W ist verfügungsbefugter Eigentümer

(5) also: Eigentumserwerb des E vom Berechtigten W gemäß § 929 S. 1 (+)

cc. *also: Anspruchsteller (E) ist Eigentümer* (+)

c. *also: Voraussetzungen des § 985* (+)

2. *Voraussetzungen des § 986 ?*
= Anspruchsgegner hat kein Recht zum Besitz

HIER (+) → die Mietzeit ist abgelaufen

3. *also: Anspruch entstanden* (+)

II. Anspruch untergegangen ? (−)

III. Anspruch durchsetzbar ? (+)

IV. Ergebnis:
E gegen B Herausgabe der Wasserpistolen gemäß § 985 (+)

Formulierungsvorschlag Fall 1

- E gegen B Herausgabe der Wasserpistolen gemäß § 985

E könnte gegen B einen Anspruch auf Herausgabe der Wasserpistolen gemäß § 985 haben.

I. Der Anspruch müsste entstanden sein.

1. Nach § 985 muss der Anspruchsteller Eigentümer und der Anspruchsgegner Besitzer der Sache sein.

a. Anspruchsgegner B ist Besitzer der Wasserpistolen.

b. Anspruchsteller E müsste Eigentümer der Wasserpistolen sein.

aa. Ursprünglich war er nicht Eigentümer.

bb. E könnte jedoch Eigentum vom Berechtigten W gemäß § 929 S. 1 erworben haben.

Die Parteien haben sich wirksam über den Eigentumsübergang geeinigt.

Die Sachen sind übergeben worden.

Eigentum - Erwerb durch Rechtsgeschäft

	Die Parteien waren sich auch noch im Zeitpunkt der Vollendung des Erwerbstatbestands einig.

Die Parteien waren sich auch noch im Zeitpunkt der Vollendung des Erwerbstatbestands einig.

Außerdem war der ursprüngliche Eigentümer W verfügungsbefugt, also Berechtigter.

Demnach hat E vom Berechtigten W gemäß § 929 S. 1 Eigentum erworben.

cc. Somit ist der Anspruchsteller E Eigentümer.

c. Also liegen die Voraussetzungen des § 985 vor.

2. Der Anspruchsgegner dürfte zudem kein Recht zum Besitz gemäß § 986 haben. Die Mietzeit ist abgelaufen. B hat kein Recht zum Besitz an den Sachen. Damit steht § 986 dem Anspruch auf Herausgabe nicht entgegen.

3. Demnach ist der Anspruch entstanden.

II. Der Anspruch ist nicht untergegangen.

III. Er ist auch durchsetzbar.

IV. E hat gegen B den Anspruch auf Herausgabe der Wasserpistolen gemäß § 985.

Fazit

1. Das war ein unglaublich einfacher Fall aus dem Bereich „Herausgabe einer Sache". Und er hatte und hat nur einen Sinn: Ihr solltet die Struktur eines Anspruchs aus § 985 kennenlernen. Daneben besteht ein vertraglicher Rückgewähranspruch aus § 546 I.

Das folgende Fazit ist allerdings lang und länger. Lest es bitte nicht nur einmal gründlichst durch. Es bietet eine solide Basis für alle weiteren Fälle. Die umfangreichen Informationen werden euch vielleicht „erschlagen". Nichtsdestotrotz müsst ihr euch besser jetzt als später alle Details einprägen, um die folgenden Fälle lösen zu können.

2. Wie ihr gesehen habt, müssen nicht nur die Voraussetzungen des § 985 vorliegen. Zudem ist § 986 zu beachten.

3. **Doch zunächst zu § 985:** Hiernach kann der Eigentümer vom Besitzer Herausgabe der Sache verlangen. Der Anspruchsteller muss also Eigentümer, der Anspruchsgegner muss Besitzer sein. Sinnvoll ist es, zuerst das zu prüfen, was oft unproblematisch ist. Und das ist die Frage, ob der Anspruchsgegner Besitzer der Sache ist. Im Falle einer umgekehrten Prüfung (erst Eigentümer, dann Besitzer) passiert es nämlich ach so oft, dass nach u.U. mehrseitiger Prüfung der Eigentümerstellung des Anspruchstellers vollkommen vergessen wird, die Besitzerstellung des Anspruchsgegners anzusprechen.

Erst danach wendet ihr euch der Frage zu, ob der Anspruchsteller Eigentümer der Sache ist. Bewährt hat sich in diesem Zusammenhang die sogenannte *„historische" Prüfung.* Und die habt ihr – spätestens im vorliegenden Fall –

Fall 1

kennengelernt. Wenn dem Sachverhalt zu entnehmen ist, dass der Anspruchsteller nicht von vornherein Eigentümer war, bringt ihr genau das zu Papier: „Ursprünglich war XY nicht Eigentümer." Dann wendet ihr euch der Frage zu, ob er vielleicht (später) Eigentum an der Sache erworben hat. Eigentum an einer beweglichen (oder auch unbeweglichen) Sache kann man vom Berechtigten oder vom Nichtberechtigten erwerben. Beginnen solltet ihr allerdings regelmäßig mit der Prüfung eines Eigentumserwerbs vom Berechtigten. Wenn das – eben mangels Berechtigung – nicht klappt, bleibt immer noch die Prüfung des Erwerbs vom Nichtberechtigten. Hierbei könnt ihr dann bezüglich fast aller Voraussetzungen auf die vorherige Prüfung verweisen.

4. *Eigentum* an einer beweglichen Sache kann man **vom Berechtigten gemäß § 929 S. 1** erlangen. Also müssen die Voraussetzungen der genannten Norm vorliegen.

   Zunächst muss eine *Einigung* der Vertragsschließenden vorliegen. Es handelt sich hierbei um einen dinglichen Vertrag zwischen Verkäufer und Käufer über den Eigentumsübergang. Stopp: „Dinglicher" Vertrag? Die meisten von euch können – hoffentlich – etwas mit dieser Terminologie anfangen. Der Gegenbegriff lautet „schuldrechtlicher" Vertrag. Und was bedeutet das alles? Ihr erinnert euch vielleicht an das in Deutschland geltende „Abstraktionsprinzip". Es gibt immer das schuldrechtliche Verpflichtungs- oder Kausalgeschäft, eben den schuldrechtlichen Vertrag und das dingliche Erfüllungsgeschäft, hier die Übereignung, zu der der dingliche Vertrag über den Eigentumsübergang gehört. Das schuldrechtliche Verpflichtungsgeschäft besteht aus dem Kaufvertrag gemäß § 433, in dem sich der Verkäufer verpflichtet, die Sache an den Käufer zu übereignen. Das dingliche Erfüllungsgeschäft besteht dann in eben diesem Eigentumsübergang, zu dem auch der dingliche Vertrag, die Einigung über den Eigentumsübergang gehört.

   Beim Prüfungspunkt *„Einigung"* solltet ihr an verschiedene Details denken, die allerdings nur zu problematisieren sind, wenn auch wirklich Probleme auftauchen.

   Es müssen **zwei wirksame Willenserklärungen** vorliegen. Achtet in diesem Zusammenhang darauf, ob Nichtigkeitsgründe bestehen oder ob die wirksame Anfechtung einer Willenserklärung erfolgt ist.

5. Ein *„Einigsein im Zeitpunkt der Vollendung des Erwerbstatbestands"* liegt bei der Übereignung nach § 929 S. 1 vor, wenn keine der Willenserklärungen bis zur Übergabe der Sache widerrufen wurde. Dazu später mehr.

6. Zudem muss eine *„Berechtigung des Veräußerers"* vorliegen. Der Veräußerer ist regelmäßig berechtigt, wenn er Eigentümer der Sache ist. Nicht berechtigt und damit nicht verfügungsbefugt ist somit der Nichteigentümer und auch der Eigentümer, der in seiner Verfügungsbefugnis beschränkt ist (z.B. § 80 I InsO = Insolvenzordnung; lesen!!!)

   Eine Verfügung dieser Personen ist unwirksam, wenn nicht einer der folgenden Umstände gegeben ist:

   - der an sich Nichtberechtigte ist gemäß § 185 vom Berechtigten zur Veräußerung ermächtigt

41

Eigentum - Erwerb durch Rechtsgeschäft

- der an sich Nichtberechtigte ist sonst gesetzlich verfügungsbefugt (z.b. gemäß § 80 I InsO der Insolvenzverwalter)

7. Letztlich darf der **Anspruchsgegner kein Recht zum Besitz** haben, *§ 986*. In unserem Fall hat B kein Recht zum Besitz an den Wasserpistolen, weil die Mietzeit abgelaufen ist (vgl. §§ 546 I, 535 I 1).

8. Da der Anspruchsteller Eigentümer der Wasserpistolen ist und der besitzende Anspruchsgegner kein Recht zum Besitz hat, besteht der Anspruch auf Herausgabe gemäß § 985. Entgegen der Ansicht des B kommt es wegen des oben erwähnten Abstraktionsprinzips gar nicht darauf an, ob E den Kaufpreis gezahlt hat. Die Kaufpreiszahlung ist nur die Erfüllung des schuldrechtlichen Anspruchs aus dem Verpflichtungsgeschäft (§ 433 II).

9. Das waren viele viele Details, gell? Prägt sie euch ein. Oder noch besser: Fertigt ein eigenes Schema, das ihr jederzeit erweitern könnt. Es wird euch in der Bearbeitung der folgenden Fälle unterstützen.

10. Und: Sollte euch der eine oder andere Wortlaut dieses Fazits bekannt vorgekommen sein, liegt ihr richtig. Ihr habt euch vielleicht bereits mit dem Buch „Die Fälle – Sachenrecht 2 - Immobiliarsachenrecht" beschäftigt. Dessen Fall 1 stimmt in vielen Punkten mit dem hiesigen Fall 1 überein. Das Recht der beweglichen Sachen (Mobilien) und das Recht der unbeweglichen Sachen (Immobilien) entsprechen sich zumindest teilweise.

Fall 2

Fall 2

Golfprofi G verkauft einen Satz älterer Schläger an seine Schülerin E. Nach Zahlung des Kaufpreises erhält E von G die Schläger. Weil E jedoch wegen eines Sportunfalls mindestens eine Saison lang mit dem Golfspiel aussetzen muss, vermietet sie die Schläger für die Dauer des laufenden Kalenderjahres an den Jurastudenten B. Am Ende der Saison deponiert B die Golfschläger in einem für ihn bestimmten und mittels entsprechender Schlüssel jederzeit zugänglichen Schließfach im Golf-Clubhaus. Er spekuliert darauf, dass E die Schläger auch im Folgejahr nicht nutzen können und daher nach Ablauf der Mietzeit nicht zurückverlangen werde. Nach erfreulichem Genesungsverlauf verlangt E die Golfschläger jedoch bereits im Januar von B heraus.

Frage: Hat E gegen B einen Herausgabeanspruch aus § 985 ?

Lösungsskizze Fall 2

- E gegen B Herausgabe der Golfschläger gemäß § 985 ?

I. Anspruch entstanden ?

 1. Voraussetzungen des § 985 ?

  a. Anspruchsgegner (B) ist Besitzer ?
   = tatsächliche Gewalt über die Sache

   HIER (+) → B hat mit darauf gerichtetem Willen die tatsächliche Herrschaft über die an ihn vermieteten Golfschläger begründet (§ 854 I); diesen Besitz hat B auch nicht verloren (§ 856), als er die Schläger im Schließfach deponiert hat; er ist lediglich vorübergehend daran gehindert, seine Sachherrschaft auszuüben (Fall des § 856 II)

  b. Anspruchsteller (E) ist Eigentümer ?

   aa. ursprünglich (−)

   bb. Eigentumserwerb der E von G gemäß § 929 S.1 ?
   = Erwerb der E vom Berechtigten G

    (1) Einigung ?
    = dinglicher Vertrag zwischen Veräußerer und Erwerber über den Eigentumsübergang

    HIER (+)

    (2) Übergabe ?
    = Veräußerer verliert Besitz und Erwerber erlangt Besitz

    HIER (+)

43

Eigentum - Erwerb durch Rechtsgeschäft

(3) Einigsein im Zeitpunkt der Vollendung des Erwerbstatbestands?
= keine der Willenserklärungen darf widerrufen worden sein

HIER (+) → kein Widerruf

(4) Berechtigung des Veräußerers?
= der verfügungsbefugte Eigentümer oder der Nichteigentümer, der gesetzlich verfügungsbefugt ist oder der vom Berechtigten ermächtigt ist

HIER (+) → G ist verfügungsbefugter Eigentümer

(5) also: Eigentumserwerb der E vom Berechtigten G gemäß § 929 S. 1 (+)

cc. *also: Anspruchsteller (E) ist Eigentümer* (+)

c. *also: Voraussetzungen des § 985* (+)

2. **Voraussetzungen des § 986?**
= Anspruchsgegner hat kein Recht zum Besitz

HIER (+) → die Mietzeit ist abgelaufen

3. *also: Anspruch entstanden* (+)

II. Anspruch untergegangen? (−)

III. Anspruch durchsetzbar? (+)

IV. Ergebnis:
E gegen B Herausgabe der Golfschläger gemäß § 985 (+)

| Formulierungsvorschlag Fall 2 |

- E gegen B Herausgabe der Golfschläger gemäß § 985

E könnte gegen B einen Anspruch auf Herausgabe der Golfschläger gemäß § 985 haben.

I. Der Anspruch müsste entstanden sein.

1. Nach § 985 muss der Anspruchsteller Eigentümer und der Anspruchsgegner Besitzer der Sache sein.

a. Fraglich ist, ob der Anspruchsgegner B Besitzer der Golfschläger ist. Nach § 854 I wird der Besitz durch Erlangung der tatsächlichen Sachherrschaft über die Sache – getragen von einem entsprechenden Besitzwillen – erworben. B hat als Mieter die Schläger von E entgegengenommen und damit unmittelbaren Fremdbesitz erlangt (§§ 868, 872).

Diesen Besitz könnte B gemäß § 856 I wieder verloren haben, als er die Golfschläger in dem Schließfach im Clubhaus deponiert hat. Ein Besitzverlust ist

Fall 2

gemäß § 856 II aber nicht eingetreten, wenn B nur vorübergehend an der Ausübung der Sachherrschaft gehindert ist. B übt zwar aktuell keine Sachherrschaft über die Schläger aus, könnte dies aber wegen seiner Zugangs- und Zugriffsmöglichkeit jederzeit wieder tun. Er ist im Sinne des § 856 II nur vorübergehend an der Ausübung der Sachherrschaft gehindert. B hat also den erworbenen Besitz nicht verloren.

Anspruchsgegner B ist Besitzer der Golfschläger.

b. Anspruchstellerin E müsste Eigentümerin der Schläger sein.
aa. Ursprünglich war sie nicht Eigentümerin.
bb. E könnte jedoch Eigentum vom Berechtigten G gemäß § 929 S. 1 erworben haben.

Die Parteien haben sich wirksam über den Eigentumsübergang geeinigt.

Die Sachen sind übergeben worden.

Die Parteien waren sich auch noch im Zeitpunkt der Vollendung des Erwerbstatbestands einig.

Außerdem war der ursprüngliche Eigentümer G verfügungsbefugt, also Berechtigter.

Demnach hat E vom Berechtigten G gemäß § 929 S. 1 Eigentum erworben.

cc. Somit ist die Anspruchstellerin E Eigentümerin.
c. Also liegen die Voraussetzungen des § 985 vor.
2. Der Anspruchsgegner dürfte zudem kein Recht zum Besitz gemäß § 986 haben. Die zwischen E und B vereinbarte Mietzeit ist mit dem Ende des Vorjahres abgelaufen. B hat an den Golfschlägern kein Recht zum Besitz mehr. Damit steht § 986 dem Anspruch auf Herausgabe nicht entgegen.
3. Demnach ist der Anspruch entstanden.
II. Der Anspruch ist nicht untergegangen.
III. Er ist auch durchsetzbar.
IV. E hat gegen B den Anspruch auf Herausgabe der Golfschläger gemäß § 985.

Fazit

1. Wieder war nicht nach der Rechtslage, sondern lediglich nach dem (dinglichen) Herausgabeanspruch aus § 985 gefragt. Ansonsten hättet ihr an den vertraglichen (schuldrechtlichen) Rückgewähranspruch aus dem Gebrauchsüberlassungsverhältnis denken müssen (hier Miete, § 546 I). Nach allgemeiner Auffassung (nur ganz vereinzelt bestritten) stehen die beiden Ansprüche selbstständig nebeneinander. Vertragliche Rückgewähransprüche verdrängen nicht etwa den Anspruch aus § 985.

Eigentum - Erwerb durch Rechtsgeschäft

2. Ziel des Falles war und ist es, euch den *Begriff des Besitzes* (§§ 854 ff) nahezubringen, hier konkret angesiedelt beim entsprechenden Prüfungspunkt des § 985.

   Was also ist *Besitz* überhaupt? Da hilft zunächst die *Definition* in § 854 I weiter (lesen!). Ihr seht: Beim Besitz wird an ein rein tatsächliches Verhältnis zu einer Sache angeknüpft. Damit ist der Besitz insbesondere vom Eigentum als dem umfassenden Herrschaftsrecht an einer Sache abzugrenzen (siehe zum Eigentum § 903 S. 1). Wenn also im alltäglichen Sprachgebrauch etwa von dem „Hausbesitzer" die Rede ist, meint der juristische Laie damit üblicherweise den Eigentümer. Der Besitz hingegen ist kein (Sachen-)Recht, sondern „nur" eine rechtlich geregelte Beziehung einer Person zu einer Sache, ein Rechtsverhältnis. Deshalb kann auch ein nicht Geschäftsfähiger (§ 104) durchaus Besitzer sein, wenn er herrschaftsfähig ist und den erforderlichen Willen zum Besitz aufbringen kann. Beides ist bekanntlich bereits bei Kindern möglich, die bei Weitem noch keine sieben Jahre alt sind.

   Man kann und muss Besitz nach verschiedenen *Erscheinungsformen* unterscheiden. Es gibt den *unmittelbaren* Besitz (in § 854 I beschrieben), den *mittelbaren* Besitz (§ 868; auch mehrstufig, § 871), den *Eigen*besitz und den *Fremd*besitz (§ 872), den *Mit*besitz (§ 866) und den *Teil*besitz (§ 865). Außerdem gibt es zu allem Überfluss den sogenannten *Besitzdiener*, der selbst kein Besitzer ist (§ 855).

   Ihr solltet euch schon an dieser Stelle klarmachen, dass es sich bei der Differenzierung zwischen den Erscheinungsformen des Besitzes nicht etwa um ein „akademisches Glasperlenspiel" handelt. Vielmehr kann es – wie ihr noch sehen werdet – im Einzelfall durchaus auf die Differenzierung ankommen.

3. Dieser Fall war – wie ihr sicherlich bemerkt habt – strukturell nur eine Detail-Abwandlung von Fall 1. In beiden Fällen hattet ihr es mit einem sogenannten Besitzmittlungsverhältnis zu tun (§ 868). Der Vermieter ist mittelbarer Besitzer der Mietsache, der Mieter unmittelbarer Besitzer. Der Vermieter besitzt die Sache als ihm gehörend, ist also (mittelbarer) Eigenbesitzer (§ 872). Der Mieter ist (unmittelbarer) Fremdbesitzer. Diese Zusammenhänge lassen sich weiter fortdenken, wobei der Phantasie kaum Grenzen gesetzt sind. Wie muss ein Fall aussehen, in dem eine Person zugleich mittelbarer Eigenbesitzer und unmittelbarer Fremdbesitzer ist? Schulbeispiel dafür ist der Vermieter, der zugleich Untermieter seines „eigenen" Mieters ist, etwa weil der Mieter sich über längere Zeit im Ausland aufhält.

4. Zurück zum „Fall-Aufhänger", nämlich der Voraussetzung „Besitzer" bei § 985:

   Richtet sich der Anspruch aus § 985 – wie in unserem Fall – *gegen* den *unmittelbaren Besitzer*, so kann der Eigentümer selbstverständlich die Herausgabe an sich selbst verlangen (Ausnahme § 986 I 2; lesen!).

   Richtet sich jedoch der Anspruch aus § 985 *gegen* einen *mittelbaren Besitzer*, kann der Eigentümer nach § 870 vorgehen. Er kann also Abtretung des Anspruchs des mittelbaren Besitzers gegen den unmittelbaren Besitzer an sich verlangen. Zumindest im Grundsatz – und diesen solltet ihr euch merken – kann der Eigentümer aber auch vom mittelbaren Besitzer direkt Herausgabe verlangen (vgl. § 886 ZPO).

Fall 2

5. Der Besitz ist vor allem dadurch geschützt, dass es verboten ist, ihn eigenmächtig zu entziehen oder auch nur zu stören (§ 858 „Verbotene Eigenmacht"). Im Rechtsstaat gilt eben nicht das „Faustrecht der Prärie"! Wer eine Sache von dem Besitzer herausgegeben haben möchte, muss sich erforderlichenfalls mit einer auf Herausgabe gerichteten Klage an das zuständige Gericht wenden. Er darf nicht unter Umgehung des Rechtsweges selbst aktiv werden. Daraus resultiert zweierlei:

Wer sich gegen verbotene Eigenmacht wehrt, kann sich gegebenenfalls mit Erfolg auf Selbsthilfe berufen (Rechtfertigungsgrund §§ 859 f).

Ist es zu einer Besitzentziehung gekommen, besteht – ganz unabhängig von der Eigentumslage – ein Herausgabeanspruch aus *§ 861 I* (siehe auch § 862 I). Das ist der sogenannte *possessorische Herausgabeanspruch*. Der Anspruch aus § 861 I ist eben auf den Besitz gestützt („possessio" = Besitz). Im Gegensatz hierzu ist der sogenannte *petitorische Herausgabeanspruch* aus *§ 985* auf das Eigentum des Anspruchstellers gestützt.

„Zwischen" § 985 und § 861 I stehen die in *§ 1007* geregelten Herausgabeansprüche. Sie lassen sich nicht „lupenrein" der Eigentums- oder Besitzseite zuordnen. Lest bitte § 1007 und versucht euch zunächst einmal grob einzuprägen, worum es dort geht. § 1007 wird oft übersehen. Auch wenn die dort geregelten Ansprüche ganz allgemein gesagt nur eine eher geringe eigenständige Bedeutung haben, sollte man auch § 1007 immer mit „auf dem Schirm haben".

Eigentum - Erwerb durch Rechtsgeschäft

Fall 3

E verkauft seine über alles geliebte aufblasbare Badeinsel an B. Einige Zeit später findet die Übereignung statt. Dann stellt sich heraus, dass E beim Abschluss des Kaufvertrags vorübergehend in seiner Geistestätigkeit gestört war. Dies nimmt E zum Anlass, die Badeinsel zurückzuverlangen. B will sich jedoch nicht von ihr trennen.

Frage: Hat E gegen B einen Herausgabeanspruch aus § 985 ?

Lösungsskizze Fall 3

- **E gegen B Herausgabe der Badeinsel gemäß § 985 ?**

I. Anspruch entstanden ?

   1. Voraussetzungen des § 985 ?

      a. Anspruchsgegner (B) ist Besitzer ?
      = tatsächliche Gewalt über die Sache

      HIER (+)

      b. Anspruchsteller (E) ist Eigentümer ?

        aa. ursprünglich (+)

        bb. Eigentumsverlust des E durch Eigentumserwerb des B von E gemäß § 929 S. 1 ?
        = Erwerb des B vom Berechtigten E

        (1) Einigung ?
          = dinglicher Vertrag zwischen Veräußerer und Erwerber über den Eigentumsübergang

          HIER (+) → zwar ist gemäß § 105 II Var. 2 eine im Zustand der vorübergehenden Störung der Geistestätigkeit abgegebene Willenserklärung nichtig; die Nichtigkeit betrifft jedoch laut Hinweis im Sachverhalt lediglich die Willenserklärung, die E im Rahmen des Kaufvertrags, also des schuldrechtlichen Verpflichtungsgeschäfts abgegeben hat; nicht erfasst ist das dingliche Verfügungsgeschäft, also die Übereignung (Abstraktionsprinzip!!!)

        (2) Übergabe ?
          = Veräußerer verliert Besitz und Erwerber erlangt Besitz

          HIER (+)

        (3) Einigsein im Zeitpunkt der Vollendung des Erwerbstatbestands ?
          = keine der Willenserklärungen darf widerrufen worden sein

          HIER (+) → kein Widerruf

Fall 3

(4) Berechtigung des Veräußerers ?
= der verfügungsbefugte Eigentümer oder der Nichteigentümer, der gesetzlich verfügungsbefugt ist oder der vom Berechtigten ermächtigt ist

HIER (+) → E ist verfügungsbefugter Eigentümer

(5) also: Eigentumsverlust des E durch Eigentumserwerb des B vom Berechtigten E gemäß § 929 S. 1 (+)

cc. *also: Anspruchsteller (E) ist Eigentümer* (−)

c. *also: Voraussetzungen des § 985* (−)

2. *also: Anspruch entstanden* (−)

II. Ergebnis:
E gegen B Herausgabe der Badeinsel gemäß § 985 (−)

Formulierungsvorschlag Fall 3

- E gegen B Herausgabe der Badeinsel gemäß § 985

E könnte gegen B einen Anspruch auf Herausgabe der Badeinsel gemäß § 985 haben.

I. Der Anspruch müsste entstanden sein.

1. Nach § 985 muss der Anspruchsteller Eigentümer und der Anspruchsgegner Besitzer der Sache sein.

a. Anspruchsgegner B ist Besitzer der Badeinsel.

b. Anspruchsteller E müsste Eigentümer der Badeinsel sein.

aa. Ursprünglich war er Eigentümer.

bb. Er hätte jedoch sein Eigentum verloren, wenn B seinerseits Eigentum erworben hat. In Betracht kommt ein Eigentumserwerb des B vom Berechtigten E gemäß § 929 S. 1.

Die Parteien müssten sich wirksam über den Eigentumsübergang geeinigt haben. Dazu müssten sie einen dinglichen Vertrag über den Eigentumsübergang geschlossen haben. Voraussetzung ist zunächst die Abgabe zweier wirksamer Willenserklärungen. Fraglich erscheint in diesem Zusammenhang lediglich, wie es sich auswirkt, dass E sich beim Abschluss des Kaufvertrags im Zustand der vorübergehenden Störung der Geistestätigkeit befand. Zwar ist gemäß § 105 II Var. 2 eine im Zustand der vorübergehenden Störung der Geistestätigkeit abgegebene Willenserklärung nichtig. Die Nichtigkeit betrifft hier jedoch lediglich die Willenserklärung, die E im Rahmen des Kaufvertrags, also des schuldrechtlichen Verpflichtungsgeschäfts abgegeben hat. Nicht erfasst ist das dingliche

49

Eigentum - Erwerb durch Rechtsgeschäft

Verfügungsgeschäft, also die Übereignung. Insofern liegt eine wirksame Einigung über den Eigentumsübergang vor.

Die Sache ist übergeben worden.

Die Parteien waren sich auch noch im Zeitpunkt der Vollendung des Erwerbstatbestands einig.

Außerdem war der ursprüngliche Eigentümer E verfügungsbefugt, also Berechtigter.

Demnach hat B vom Berechtigten E gemäß § 929 S. 1 Eigentum erworben. E hat also sein Eigentum verloren.

cc. Somit ist der Anspruchsteller E nicht mehr Eigentümer.

c. Also fehlt es an einer Voraussetzung des § 985.

2. Demnach besteht der Herausgabeanspruch nicht.

II. E hat gegen B keinen Anspruch auf Herausgabe der Badeinsel gemäß § 985.

Fazit

1. Das Ergebnis bereitet in der hier separiert aufbereiteten Form durchaus Bauchschmerzen. Das ist uns klar. Denn der Fall befasste sich lediglich mit dem Herausgabeanspruch nach § 985. Hätte die Fragestellung etwa „Wie ist die Rechtslage?" gelautet, wäre ein Ausflug ins Bereicherungsrecht angezeigt gewesen. Und das Bereicherungsrecht hätte zu einem Ergebnis geführt, mit dem jeder leben kann. Dort erfolgt quasi der „Ausgleich". Denn: E hat gegen B selbstverständlich einen Anspruch aus § 812 I 1 Alt. 1 auf Rückübereignung der Badeinsel, da die im Rahmen des Kaufvertrags abgegebene Willenserklärung des E nichtig ist.

2. Und noch einmal zum Anspruch aus **§ 985**: Hiernach kann der Eigentümer vom Besitzer **Herausgabe der Sache** verlangen. Der Anspruchsteller muss also Eigentümer, der Anspruchsgegner muss Besitzer sein. Wenn ihr euch der Frage zuwendet, ob der Anspruchsteller Eigentümer der Sache ist, bewährt sich in diesem Zusammenhang die sogenannte „historische" Prüfung.

Wenn dem Sachverhalt zu entnehmen ist, dass der Anspruchsteller nicht von vornherein Eigentümer war, bringt ihr genau das zu Papier: „Ursprünglich war XY nicht Eigentümer." Dann wendet ihr euch der Frage zu, ob er vielleicht (später) Eigentum an der Sache erworben hat. Diese Konstellation habt ihr in den vorigen Fällen kennengelernt.

Hier war es jedoch anders. Wenn dem Sachverhalt zu entnehmen ist, dass der Anspruchsteller ursprünglich Eigentümer war, bringt ihr eben dies zu Papier: „Ursprünglich war XY Eigentümer." Dann wendet ihr euch der Frage zu, ob er vielleicht (später) das Eigentum an der Sache verloren hat. Eigentum hat er verloren, wenn ein anderer Eigentum erworben hat. Der „andere" kann natürlich auch – wie in unserem Fall – der Anspruchsgegner sein. Hier kam ein

Fall 3

Eigentumserwerb des (Anspruchsgegners) B vom (Anspruchsteller) E in Betracht. So viel zum Prüfungsaufbau.

3. Und abermals: Eigentum an einer beweglichen Sache kann man vom Berechtigten gemäß § 929 S. 1 erlangen. Also müssen die Voraussetzungen der genannten Norm vorliegen.

   Zunächst muss eine **Einigung** der Vertragsschließenden erfolgt sein. Es handelt sich hierbei um einen dinglichen Vertrag zwischen Verkäufer und Käufer über den Eigentumsübergang.

   Noch einmal, weil's so wichtig ist: „Dinglicher" Vertrag? Das Pendant nennt sich „schuldrechtlicher" Vertrag. Und was bedeutet das alles? Ihr erinnert euch vielleicht an das in Deutschland geltende „Abstraktionsprinzip". Es gibt immer das schuldrechtliche Verpflichtungs- oder Kausalgeschäft, eben den schuldrechtlichen Vertrag und das dingliche Erfüllungsgeschäft, hier die Übereignung, zu der der dingliche Vertrag über den Eigentumsübergang gehört. Das schuldrechtliche Verpflichtungsgeschäft besteht aus dem Kaufvertrag gemäß § 433, in dem sich der Verkäufer verpflichtet, die Sache an den Käufer zu übereignen. Das dingliche Erfüllungsgeschäft besteht dann in eben diesem Eigentumsübergang, zu dem auch der dingliche Vertrag, die Einigung über den Eigentumsübergang gehört.

   Hier war nur die eben genannte „Einigung" zu überdenken. Eine wirksame Einigung besteht aus der Abgabe zweier wirksamer Willenserklärungen. Fraglich erscheint in diesem Zusammenhang lediglich, wie es sich auswirkt, dass E sich beim Kaufvertragsabschluss im Zustand der vorübergehenden Störung der Geistestätigkeit befand. Eine Willenserklärung, die im beschriebenen Zustand abgegeben wird, ist nach § 105 II Var. 2 nichtig. Die Nichtigkeit betrifft laut Angabe im Sachverhalt nur den Kaufvertrag, also das schuldrechtliche Verpflichtungsgeschäft. Nicht erfasst ist das dingliche Verfügungsgeschäft, also die Übereignung. Insofern liegt eine wirksame Einigung über den Eigentumsübergang vor.

   Denkt immer an das Abstraktionsprinzip!!!

4. Zum Verständnis: Sollet ihr in einer Klausur oder Hausarbeit mit dem Begriff **„Verkauf"** konfrontiert werden, spricht dies (nur) für den Abschluss eines Kaufvertrags, also des schuldrechtlichen Verpflichtungsgeschäfts.

   Sollte von einer **„Übereignung"** die Rede sein, bezieht sich dies nur auf die Übereignung, also das dingliche Erfüllungsgeschäft.

   Sollte von einer **„Veräußerung"** gesprochen werden, umfasst dies im Zweifel sowohl das schuldrechtliche Verpflichtungsgeschäft als auch das dingliche Erfüllungsgeschäft.

5. Bezüglich der Prüfungspunkte „Einigung", „Einigsein" und „Berechtigung" dürfte es sich lohnen, abermals ins recht umfangreiche Fazit des Falles 1 zurückzublättern. Dort findet ihr mannigfaltige Details, die euch die Lösung der nächsten Fälle erleichtern werden. Lernt die Details und den Prüfungsaufbau auswendig. Es lohnt sich!!!

Eigentum - Erwerb durch Rechtsgeschäft

Fall 4

Traktorenliebhaber E will vom Bauern T einen uralten Traktor „Lanz Bulldog" kaufen, der einige Kilometer vom Bauernhof entfernt am Rande eines Feldes steht. E sucht T auf und wird mit ihm handelseinig. Nach Zahlung des Kaufpreises sind sich E und T weiter darüber einig, dass E Eigentümer werden soll. T bemerkt gegenüber E, er könne sich den Traktor jederzeit selbst abholen, da er ja wisse, wo das Gefährt stehe. Einen Tag später entwendet der „Bulldog"-Besessene B den Traktor, sodass E ihn nicht mehr vorfindet, als er ihn abholen will. Einige Monate später erfährt E aufgrund einer Insiderinformation aus gewöhnlich gut informierten Sammlerkreisen, dass sich der Traktor bei B befindet.

Frage: Hat E gegen B einen Herausgabeanspruch aus § 985 ?

Lösungsskizze Fall 4

- E gegen B Herausgabe des Traktors gemäß § 985 ?

I. Anspruch entstanden ?

   1. Voraussetzungen des § 985 ?

      a. Anspruchsgegner (B) ist Besitzer ?
      = tatsächliche Gewalt über die Sache

      HIER (+)

      b. Anspruchsteller (E) ist Eigentümer ?

        aa. ursprünglich (-)

        bb. Eigentumserwerb des E von T gemäß § 929 S. 1 ?
        = Erwerb des E vom Berechtigten T

        (1) Einigung ?
          = dinglicher Vertrag zwischen Veräußerer und Erwerber über den Eigentumsübergang

          HIER (+)

        (2) Übergabe ?
          = Veräußerer verliert Besitz und Erwerber erlangt Besitz

          HIER (+) → ursprünglich hatte T als Veräußerer Besitz (§ 856 II); diesen Besitz hat T unter Aufgabe seiner Besitzposition auf E als Erwerber übertragen; E hat zwar nicht unmittelbar die tatsächliche Sachherrschaft erlangt (§ 854 I), es liegt aber eine rechtsgeschäftliche Einigung über den Erwerb des Besitzes an dem frei zugänglichen Traktor vor (§ 854 II)

Fall 4

(3) Einigsein im Zeitpunkt der Vollendung des Erwerbstatbestands?
= keine der Willenserklärungen darf widerrufen worden sein

HIER (+) → Übergabe hier zeitgleich mit der Einigung

(4) Berechtigung des Veräußerers?
= der verfügungsbefugte Eigentümer oder der Nichteigentümer, der gesetzlich verfügungsbefugt ist oder der vom Berechtigten ermächtigt ist

HIER (+) → T ist verfügungsbefugter Eigentümer

(5) <u>also</u>: Eigentumserwerb des E vom Berechtigten T gemäß § 929 S. 1 (+)

cc. <u>also</u>: Anspruchsteller (E) ist Eigentümer (+)

c. <u>also</u>: Voraussetzungen des § 985 (+)

2. Voraussetzungen des § 986?
= Anspruchsgegner hat kein Recht zum Besitz

HIER (+)

3. <u>also</u>: Anspruch entstanden (+)

II. Anspruch untergegangen? (–)

III. Anspruch durchsetzbar? (+)

IV. Ergebnis:
E gegen B Herausgabe des Traktors gemäß § 985 (+)

Formulierungsvorschlag Fall 4

- E gegen B Herausgabe des Traktors gemäß § 985

E könnte gegen B einen Anspruch auf Herausgabe des Traktors gemäß § 985 haben.

I. Der Anspruch müsste entstanden sein.

1. Nach § 985 muss der Anspruchsteller Eigentümer und der Anspruchsgegner Besitzer der Sache sein.

a. Anspruchsgegner B ist Besitzer des Traktors.

b. Anspruchsteller E müsste Eigentümer des Traktors sein.

aa. Ursprünglich war er nicht Eigentümer.

bb. E könnte jedoch Eigentum vom Berechtigten T gemäß § 929 S. 1 erworben haben.

Eigentum - Erwerb durch Rechtsgeschäft

Die Parteien haben sich wirksam über den Eigentumsübergang geeinigt.

Der Traktor müsste von T an E übergeben worden sein. Die dingliche Übergabe im Sinne des § 929 S. 1 bedeutet die Übertragung des Besitzes von dem Veräußerer auf den Erwerber in der Weise, dass der Veräußerer dabei jede Besitzposition aufgibt. Zur Besitzübertragung müsste also zunächst T bis zu der Einigung mit E Besitzer des Traktors gewesen sein. T hat zwar nicht mehr im Sinne des § 854 I die unmittelbare Sachherrschaft an dem Traktor ausgeübt, seit er ihn am Rande des Feldes hatte stehen lassen. Er hätte aber jedenfalls bis zu der Einigung mit E die Sachherrschaft jederzeit wieder ausüben können, sodass der Besitz des T gemäß § 856 II nicht beendet war. T war bis zu der Einigung mit E Besitzer des Traktors. Fraglich ist, ob T seinen Besitz auf E übertragen hat. E hat von T nicht unmittelbar die tatsächliche Sachherrschaft an dem „Lanz" erlangt (§ 854 I). Es kommt aber auch eine Übertragung des Besitzes gemäß § 854 II in Betracht. T und E haben sich mit der Einigung sinngemäß auch über die Besitzübertragung in der Weise geeinigt, dass es nunmehr allein E gewesen ist, der die Sachherrschaft an dem Traktor ausüben sollte, indem er sich den „Lanz" am Rande des Feldes abholt. Der Traktor ist erst am Folgetag von B entwendet worden, sodass E zum maßgeblichen Zeitpunkt der Einigung mit T auch tatsächlich in der Lage war, die Gewalt über die Sache auszuüben. Mithin hat T seinen Besitz auf E übertragen. Der Traktor ist nach alledem im Sinne des § 929 S. 1 von dem Veräußerer T an den Erwerber E übergeben worden.

Die Übergabe gemäß §§ 929 S. 1, 854 II und die dingliche Einigung im Sinne des § 929 S. 1 fanden hier zeitgleich statt, sodass sich die Parteien denklogisch im Zeitpunkt der Vollendung des Erwerbstatbestands einig waren.

Außerdem war der ursprüngliche Eigentümer T verfügungsbefugt, also Berechtigter.

Demnach hat E vom Berechtigten T gemäß § 929 S. 1 Eigentum erworben.

cc. Somit ist der Anspruchsteller E Eigentümer.

c. Also liegen die Voraussetzungen des § 985 vor.

2. Der Anspruchsgegner dürfte zudem kein Recht zum Besitz gemäß § 986 haben. Der Dieb B hat kein Recht zum Besitz an der Sache. Damit steht § 986 dem Anspruch auf Herausgabe nicht entgegen.

3. Demnach ist der Anspruch entstanden.

II. Der Anspruch ist nicht untergegangen.

III. Er ist auch durchsetzbar.

IV. E hat gegen B den Anspruch auf Herausgabe des Traktors gemäß § 985.

Fall 4

Fazit

1. Dieser Fall knüpft thematisch an Fall 2 an. Hier wie dort ging und geht es um den **Besitz**, wobei euch sicherlich die unterschiedlichen Ansatzpunkte aufgefallen sind:

   In Fall 2 war der „Besitz" als Prüfungspunkt der Voraussetzungen des § 985 problematisch. Ihr hattet es mit einer Konstellation des § 856 II zu tun. § 856 II spielt auch in Fall 4 eine Rolle, jetzt jedoch nicht im Rahmen des Prüfungspunkts „Besitz" in § 985, sondern im Rahmen des Prüfungspunkts „Eigentum" in § 985, genauer gesagt beim Eigentumserwerb vom Berechtigten, hier bei der Übergabe im Sinne des § 929 S. 1. Vergleicht hierzu bitte die Gliederungsebenen in der Lösungsskizze.

2. Was ist generell zum Merkmal **„Übergabe"** (§ 929 S. 1) zu sagen? Die bloße Einigung über den Eigentumsübergang ist nur ein Bestandteil des Erwerbstatbestands. Hinzukommen muss bei der Übereignung beweglicher Sachen im Regelfall (§ 929 S. 1) die Übergabe der Sache als sogenannter Realakt.

   Ihr werdet bald zu Fällen kommen, in denen ein Eigentumserwerb auch ohne Übergabe möglich ist, in denen die Übergabe insbesondere durch sogenannte Übergabesurrogate ersetzt wird.

   Aber bleiben wir erst einmal bei der Grundkonstellation (§ 929 S. 1): Übergabe bedeutet – kurz gesagt – einen Besitzwechsel vom Veräußerer hin zum Erwerber. Vor dem Hintergrund des sachenrechtlichen Publizitätsprinzips muss – im Grundsatz – die rechtsgeschäftliche Einigung über den Eigentumserwerb auch tatsächlich vollzogen werden. Eben dieser „Vollzug" der Einigung ist die Übergabe.

   Häufig wird übersehen, dass die Übergabe völligen Besitzverlust auf der Veräußererseite voraussetzt. Der Veräußerer darf keinen Besitz behalten, auch nicht mittelbaren Besitz oder Mitbesitz (im Bundestrainer-Jargon also in „keinschter" Weise mehr Besitz).

   An dieser Stelle bietet sich zum besseren Gesamtverständnis ein Blick über den Tellerrand des Mobiliarsachenrechts an: Wie steht es mit dem Publizitätsprinzip bei der Übereignung von Grundstücken (also Immobilien)? Die „Übergabe" ist bei Grundstücken naturgemäß kein geeigneter Realakt. Bei der Übertragung des Eigentums an einem Grundstück dient deshalb die Eintragung der Rechtsänderung in das Grundbuch als Publizitätselement (§ 873 I). Die Eintragung tritt sozusagen an die Stelle der Übergabe.

3. Der vorliegende Fall war auf eine **Sondersituation des Besitzerwerbs** zugeschnitten, nämlich die des § 854 II, des sogenannten Besitzerwerbs bzw. der **Übergabe „langer Hand"** (= „longa manu traditio").

   Damit T überhaupt Besitz übertragen konnte, musste er (ursprünglicher) Besitzer sein. In diesem Punkt unterscheidet sich der Lösungsweg des Falles 4 (über § 856 II) strukturell nicht vom Lösungsweg des Falles 2.

   Dann aber wurdet ihr mit dem „weiterführenden Teil", nämlich der **Besitzübertragung durch die bloße Einigung** bei faktischer Möglichkeit durch den Er-

55

Eigentum - Erwerb durch Rechtsgeschäft

werber (§ 854 II) konfrontiert. E ist Besitzer geworden, ohne dem Traktor im Zusammenhang mit der Übereignung und Besitzübertragung auch nur räumlich nahe gekommen zu sein.

Um Missverständnisse zu vermeiden: In Fall 4 hat eine *„echte Übergabe"* im Sinne des § 929 S. 1 stattgefunden, die eben nur **mit der Besonderheit des § 854 II** zustande gekommen ist. Mit dem Bereich der „Übergabesurrogate" hat dies alles (noch) nichts zu tun! Das ist uns eine besondere Hervorhebung wert, weil man ja vom reinen Wortsinn her nicht gleich darauf kommt, (auch) in einem solchen Fall eine „Übergabe" anzunehmen.

4. Besitz kann im Übrigen auch verschafft werden, wenn auf der Veräußerer- und/oder Erwerberseite Besitzdiener (§ 855), Besitzmittler (§ 868) oder sogenannte Geheißpersonen eingeschaltet sind. Darauf wird noch zurückzukommen sein.

5. Es war abermals nur nach dem Herausgabeanspruch aus § 985 gefragt. Macht euch aber auch Gedanken darüber, welche Herausgabeansprüche außerdem in Betracht kommen (vgl. hierzu Fall 2, Fazit 5.).

Fall 5

Fall 5

Maoist M interessiert sich seit längerer Zeit für eine Mütze des großen Vorsitzenden, die sich im Eigentum des E befindet. Endlich gibt E dem permanenten Bitten des M nach und verkauft ihm die Kopfbedeckung. Beide einigen sich hinsichtlich des Eigentumsübergangs. E bittet D, dem er die Mütze geliehen hat, diese am Ende der Leihzeit nicht ihm zurückzugeben, sondern sie M auszuhändigen. D tut, wie ihm geheißen.

Frage: Hat M Eigentum erworben?

Lösungsskizze Fall 5

- **Eigentumserwerb des M?**

I. Eigentumserwerb des M von E gemäß § 929 S. 1?
  = Erwerb des M vom Berechtigten E

  1. Einigung?
  = dinglicher Vertrag zwischen Veräußerer und Erwerber über den Eigentumsübergang

  HIER (+)

  2. Übergabe?
  = Veräußerer verliert Besitz und Erwerber erlangt Besitz

  HIER (+) → die Übergabe muss nicht unmittelbar im Verhältnis Veräußerer – Erwerber stattfinden; der unmittelbare Besitz kann von einem Dritten auf Anweisung (auf Geheiß) des Veräußerers auf den Erwerber übertragen werden (Übertragung durch eine Geheißperson); der Dritte D hat den Besitz an der Mütze auf Geheiß des Veräußerers E auf den Erwerber M übertragen

  3. Einigsein im Zeitpunkt der Vollendung des Erwerbstatbestands?
  = keine der Willenserklärungen darf widerrufen worden sein

  HIER (+) → kein Widerruf

  4. Berechtigung des Veräußerers?
  = der verfügungsbefugte Eigentümer oder der Nichteigentümer, der gesetzlich verfügungsbefugt ist oder der vom Berechtigten ermächtigt ist

  HIER (+) → E ist verfügungsbefugter Eigentümer

  5. <u>also:</u> Eigentumserwerb des M vom Berechtigten E gemäß § 929 S.1 (+)

II. Ergebnis:
  Eigentumserwerb des M (+)

Eigentum - Erwerb durch Rechtsgeschäft

Formulierungsvorschlag Fall 5

- Eigentumserwerb des M

M könnte Eigentum an der Mütze erworben haben.

I. In Betracht kommt ein Eigentumserwerb des M vom Berechtigten E gemäß § 929 S. 1.

1. Die Parteien haben sich wirksam über den Eigentumsübergang geeinigt.

2. Fraglich ist, ob eine Übergabe im Sinne des § 929 S. 1 stattgefunden hat. Hierzu muss der Veräußerer den Besitz an der Sache verlieren und der Erwerber Besitz an der Sache erlangen. Die Übergabe muss allerdings nicht unmittelbar im Verhältnis Veräußerer – Erwerber stattfinden. Der unmittelbare Besitz kann auch von einem Dritten auf Anweisung, also auf Geheiß des Veräußerers auf den Erwerber übertragen werden (Übertragung durch eine Geheißperson). Der Dritte D hat den Besitz an der Mütze auf Geheiß des Veräußerers E auf den Erwerber M übertragen. Der Veräußerer E hat den Besitz verloren, der Erwerber M Besitz an der Sache erlangt. Eine Übergabe der Sache liegt demnach vor.

3. Die Parteien waren sich auch noch im Zeitpunkt der Vollendung des Erwerbstatbestands einig.

4. Außerdem war der ursprüngliche Eigentümer E verfügungsbefugt, also Berechtigter.

5. Demnach hat M vom Berechtigten E gemäß § 929 S. 1 Eigentum erworben.

II. Also liegt ein Eigentumserwerb des M vor.

Fazit

1. Ihr habt es gemerkt. Die **Fallfrage** war ausnahmsweise eine andere, als in den vorherigen Fällen. Während dort nach dem Herausgabeanspruch aus § 985 gefragt war, solltet ihr in diesem Fall ergründen, ob ein *Eigentumserwerb* stattgefunden hat.

Das dürfte keine Probleme bereitet haben. Ihr musstet einfach einen Teil der gewohnten Prüfung aus § 985 herauslösen und mit neuen Vorzeichen versehen. Im Übrigen war die Prüfungsreihenfolge absolut identisch.

2. In unserem Fall hat der Veräußerer (E), der keinen unmittelbaren Besitz an der Sache hatte, den unmittelbaren Besitzer (D) angewiesen (geheißen) dem Erwerber den unmittelbaren Besitz zu verschaffen. Das reicht für die „Übergabe" im Rahmen der Prüfung des Eigentumserwerbs gemäß § 929 S. 1 aus. Man spricht in diesem Zusammenhang üblicherweise vom *Geheißerwerb*.

Fall 5

Achtung: Im aktuellen Fall ging es um einen Geheißerwerb und eben nicht um einen Eigentumserwerb unter Abtretung des Herausgabeanspruchs (§§ 929 S. 1, 931). Im letzteren Fall hätte der Veräußerer E seinen gegen D bestehenden Rückgabeanspruch aus dem Leihverhältnis (§ 604 I) an den Erwerber M abgetreten. Und gerade das ist eben nicht geschehen.

3. Hier seid ihr mit einer **Geheißperson** auf der **Veräußererseite** konfrontiert worden (Übergabe durch eine solche Person).

Eine andere denkbare Konstellation ist die, dass eine Geheißperson auf der **Erwerberseite** agiert. Beispiel: Der Erwerber bittet den Veräußerer, die zu übereignende Sache an eine dritte Person zu übergeben, also an eine Geheißperson.

Und eine weitere kleine Schweinerei ist denkbar: Stellt euch dazu einen Mix aus Fall 5 und der zuletzt beschriebenen Konstellation vor. Jaja, da tauchen dann eine Geheißperson auf der Veräußererseite und eine Geheißperson auf der Erwerberseite auf.

Eigentum - Erwerb durch Rechtsgeschäft

Fall 6

Leninist L kauft von E eine Kappe seines großen Idols. Die Parteien sind sich bezüglich des Eigentumsübergangs einig. E bittet D, dem er die Kappe geliehen hat, diese am Ende der Leihzeit nicht ihm zurückzugeben, sondern sie L auszuhändigen. Kurz vor der erwarteten Übergabe erklärt E gegenüber L, er wolle die Kopfbedeckung doch nicht veräußern und fühle sich deshalb nicht mehr an die Einigung gebunden. Trotzdem wird die Kappe später von D, der vom Sinneswandel des E nichts weiß, an L ausgehändigt.

Frage: Hat E gegen L einen Herausgabeanspruch aus § 985 ?

Lösungsskizze Fall 6

- E gegen L Herausgabe der Kappe gemäß § 985 ?

I. Anspruch entstanden ?

   1. Voraussetzungen des § 985 ?

      a. Anspruchsgegner (L) ist Besitzer ?
      = tatsächliche Gewalt über die Sache
      HIER (+)

      b. Anspruchsteller (E) ist Eigentümer ?

      aa. ursprünglich (+)

      bb. Eigentumsverlust des E durch Eigentumserwerb des L von E gemäß § 929 S.1 ?
      = Erwerb des L vom Berechtigten E

      (1) Einigung ?
      = dinglicher Vertrag zwischen Veräußerer und Erwerber über den Eigentumsübergang
      HIER (+)

      (2) Übergabe ?
      = Veräußerer verliert Besitz und Erwerber erlangt Besitz
      HIER (+) → die Übergabe muss nicht unmittelbar im Verhältnis Veräußerer – Erwerber stattfinden; der unmittelbare Besitz kann von einem Dritten auf Anweisung (auf Geheiß) des Veräußerers auf den Erwerber übertragen werden (Übertragung durch eine Geheißperson); der Dritte D hat den Besitz an der Kappe auf Geheiß des Veräußerers E auf den Erwerber L übertragen

Fall 6

(3) Einigsein im Zeitpunkt der Vollendung des Erwerbstatbestands ?
= keine der Willenserklärungen darf widerrufen worden sein

HIER (−) → die Einigung muss bis zur Vollendung des Erwerbstatbestands − hier also der Übergabe − fortbestehen; bis zur Übergabe ist die Einigung nach überwiegender und zutreffender Ansicht frei widerrufbar (Umkehrschluss aus §§ 873 II, 956 I 2; a.A. vertretbar), jedenfalls wenn der Widerruf dem Gegner zugeht; E hat gegenüber L noch vor der Übergabe geäußert, er wolle die Kopfbedeckung doch nicht veräußern und fühle sich deshalb nicht mehr an die Einigung gebunden; dies ist als Widerruf zu werten, der dem L auch zugegangen ist

(4) also: Eigentumsverlust des E durch Eigentumserwerb des L vom Berechtigten E gemäß § 929 S. 1 (−)

cc. *also:* Anspruchsteller (E) ist Eigentümer (+)

c. *also:* Voraussetzungen des § 985 (+)

2. **Voraussetzungen des § 986 ?**
= Anspruchsgegner hat kein Recht zum Besitz

HIER (−) → L hat ein Recht zum Besitz; ein relatives Besitzrecht resultiert aus dem Kaufvertrag zwischen L und E; der Eigentumserwerbsanspruch aus § 433 I 1 begründet ein Recht zum Besitz, wenn der Besitz im Hinblick auf den schuldrechtlichen Anspruch übertragen worden ist; L hat den Besitz an der Kappe unmittelbar von D zur Übertragung des Eigentums von E auf L erhalten; somit hat L gegenüber E ein Recht zum Besitz aus § 433 I 1

3. *also:* Anspruch entstanden (−)

II. Ergebnis:
E gegen L Herausgabe der Kappe gemäß § 985 (−)

Formulierungsvorschlag Fall 6

- E gegen L Herausgabe der Kappe gemäß § 985

E könnte gegen L einen Anspruch auf Herausgabe der Kappe gemäß § 985 haben.

I. Der Anspruch müsste entstanden sein.

1. Nach § 985 muss der Anspruchsteller Eigentümer und der Anspruchsgegner Besitzer der Sache sein.

a. Anspruchsgegner L ist Besitzer der Kappe.

b. Anspruchsteller E müsste Eigentümer der Kappe sein.

aa. Ursprünglich war er Eigentümer.

Eigentum - Erwerb durch Rechtsgeschäft

bb. Er hätte jedoch sein Eigentum verloren, wenn L seinerseits Eigentum erworben hat. In Betracht kommt ein Eigentumserwerb des L vom Berechtigten E gemäß § 929 S. 1.
Die Parteien haben sich wirksam über den Eigentumsübergang geeinigt.
Es müsste eine Übergabe im Sinne des § 929 S. 1 stattgefunden haben. Hierzu muss der Veräußerer den Besitz an der Sache verlieren und der Erwerber Besitz an der Sache erlangen. Die Übergabe muss allerdings nicht unmittelbar im Verhältnis Veräußerer – Erwerber stattfinden. Der unmittelbare Besitz kann auch von einem Dritten auf Anweisung, also auf Geheiß des Veräußerers auf den Erwerber übertragen werden (Übertragung durch eine Geheißperson). Der Dritte D hat den Besitz an der Kappe auf Geheiß des Veräußerers E auf den Erwerber L übertragen. Der Veräußerer E hat den Besitz verloren, der Erwerber L Besitz an der Sache erlangt. Eine Übergabe der Sache liegt demnach vor.

Fraglich ist, wie es sich auswirkt, dass E gegenüber L noch vor der Übergabe geäußert hat, er fühle sich nicht mehr an die Einigung gebunden. Ein Umkehrschluss aus §§ 873 II, 956 I 2 legt es nahe, den Widerruf bis zum Zeitpunkt der Vollendung des Erwerbstatbestands zuzulassen. Wenn in den §§ 873 II, 956 I 2 eine Bindungswirkung geregelt ist, so zeigt dies, dass dingliche Willenserklärungen grundsätzlich frei widerrufen werden können. Dies muss jedenfalls dann gelten, wenn der Widerruf dem Vertragspartner zugeht. Die Äußerung des E ist als Widerruf zu werten, der dem L auch zugegangen ist. Zum Zeitpunkt der Übergabe – also der Vollendung des Erwerbstatbestands – waren sich die Parteien nicht mehr einig.

Demnach hat L nicht vom Berechtigten E gemäß § 929 S. 1 Eigentum erworben. E hat also sein Eigentum auch nicht verloren.

cc. Somit ist der Anspruchsteller E nach wie vor Eigentümer.

c. Also liegen die Voraussetzungen des § 985 vor.

2. L könnte aber ein Recht zum Besitz haben (§ 986 I 1). In Betracht kommt ein relatives Besitzrecht aus dem Kaufvertrag zwischen L und E. Der Eigentumserwerbsanspruch aus § 433 I 1 begründet ein Recht zum Besitz, wenn der Besitz im Hinblick auf den schuldrechtlichen Anspruch übertragen worden ist. L hat den Besitz an der Kappe unmittelbar von D zur Übertragung des Eigentums von E auf L erhalten. Somit hat L gegenüber E ein Recht zum Besitz aus § 433 I 1.

3. Demnach ist der Anspruch nicht entstanden.

II. E hat gegen L wegen des Rechts zum Besitz (§ 986 I 1) keinen Anspruch auf Herausgabe der Kappe gemäß § 985.

Fall 6

Fazit

1. Im aktuellen Fall durftet ihr euch abermals mit dem **Geheißerwerb** beschäftigen. Sollte hierzu noch etwas unklar sein, helfen einige Blicke ins Fazit des vorigen Falles.

2. Ein Problem des Falles betraf das **Einigsein** der Parteien. L und E waren sich ursprünglich bezüglich des Eigentumsübergangs einig. Da die Übergabe erst später stattfinden sollte, handelte es sich um eine vorweggenommene (antizipierte) Einigung. Als E noch vor der Übergabe gegenüber L erklärte, er wolle die Sache doch nicht veräußern und fühle sich deshalb nicht mehr an die Einigung gebunden, waren sich die Parteien nicht mehr einig.

   Der Wortlaut des § 929 S. 1 („und beide darüber einig <u>sind</u>") weist aber darauf hin, dass das Einigsein noch zum Zeitpunkt der Übergabe (oder der Erfüllung des Übergabesurrogates) vorhanden sein muss.

   Fraglich ist deshalb, ob die Parteien an die zeitlich vorangegangene Einigung gebunden sind oder ob die Einigung bis zur Übergabe (oder der Erfüllung des Übergabesurrogates) widerrufen werden darf.

   Und das ist umstritten. Während einerseits vertreten wird, es bestehe grundsätzlich gemäß § 130 I auch im Mobiliarsachenrecht eine Bindung an die Einigung, ist nach der h.M. ein Widerruf möglich. Die Möglichkeit des **Widerrufs** der Einigung wird aus einem Umkehrschluss aus §§ 873 II, 956 I 2 (lesen!) gefolgert.

3. Ein Tipp: Arbeitet das Problem in einer Klausur relativ zügig ab. In einer Hausarbeit scheint es allerdings angezeigt, sich näher mit der Problematik auseinanderzusetzen.

4. Übrigens: Wenn ihr die einschlägigen Vorschriften – insbesondere § 873 II – gelesen habt, dürfte klar sein, dass sich das beschriebene Problem im Immobiliarsachenrecht (unbewegliche Sachen = Grundstücksrecht) anders stellt.

5. Und noch etwas zum Widerruf. Er ist unproblematisch, wenn er dem Vertragspartner zugeht. Ob es ausreicht, dass der Widerruf dem anderen Teil anderweitig erkennbar wird, ist streitig.

6. Ein weiteres Problem im Bereich des Prüfungspunktes „Einigsein" ist das folgende: Was passiert eigentlich, wenn eine der Parteien nach der Einigung, aber noch vor der Übergabe (bzw. der Erfüllung des Übergabesurrogates) stirbt oder geschäftsunfähig wird? Da sollte man doch meinen, dass dann ein Einigsein begriffslogisch ausscheidet.

   In entsprechender Anwendung des § 130 II (lesen!) ist jedoch nach wie vor von einem Einigsein auszugehen. Im Falle des Todes einer Partei besteht für die Erben die Möglichkeit des Widerrufs der Einigung, im Falle der Geschäftsunfähigkeit besteht die Möglichkeit des Widerrufs für den gesetzlichen Vertreter.

7. Am Ende der Prüfung hat sich das Blatt dann doch noch zugunsten des L gewendet. Das Recht zum Besitz (§ 986 I 1) schützt ihn vor einem Herausgabeanspruch aus § 985.

Eigentum - Erwerb durch Rechtsgeschäft

Fall 7

W ist Eigentümer einer Wasserpistolensammlung. Er vermietet die Sammlung an den Fotografen B, der an einer Bildreportage über Wasserpistolen arbeitet. Nun interessiert sich E für die Sammlung. Nachdem B und E einen diesbezüglichen Kaufvertrag geschlossen haben, einigen sie sich bezüglich des Eigentumsübergangs. Dann erfolgt die Übergabe an E. Einige Zeit später wird die Sammlung von D gestohlen, der sie per Annonce zum Kauf anbietet. E entdeckt die Anzeige und fordert von D Herausgabe der Wasserpistolen.

Frage: Hat E gegen D einen Herausgabeanspruch aus § 985 ?

Lösungsskizze Fall 7

- E gegen D Herausgabe der Wasserpistolen gemäß § 985 ?

I. Anspruch entstanden ?

　1. Voraussetzungen des § 985 ?

　　a. Anspruchsgegner (D) ist Besitzer ?
　　= tatsächliche Gewalt über die Sache

　　HIER (+)

　　b. Anspruchsteller (E) ist Eigentümer ?

　　aa. ursprünglich (−)

　　bb. Eigentumserwerb des E von B gemäß § 929 S. 1 ?
　　= Erwerb des E vom Berechtigten B

　　(1) Einigung ?
　　= dinglicher Vertrag zwischen Veräußerer und Erwerber über den Eigentumsübergang

　　HIER (+)

　　(2) Übergabe ?
　　= Veräußerer verliert Besitz und Erwerber erlangt Besitz

　　HIER (+)

　　(3) Einigsein im Zeitpunkt der Vollendung des Erwerbstatbestands ?
　　= keine der Willenserklärungen darf widerrufen worden sein

　　HIER (+) → kein Widerruf

　　(4) Berechtigung des Veräußerers ?
　　= der verfügungsbefugte Eigentümer oder der Nichteigentümer, der gesetzlich verfügungsbefugt ist oder der vom Berechtigten ermächtigt ist

Fall 7

HIER (−) → B ist weder Eigentümer noch Ermächtigter nach § 185; eine sonstige Verfügungsbefugnis ist nicht ersichtlich

(5) also: Eigentumserwerb des E vom Berechtigten B gemäß § 929 S. 1 (−)

cc. Eigentumserwerb des E von B gemäß §§ 929 S. 1, 932 I 1 ?
= Erwerb des E vom Nichtberechtigten B

(1) Einigung ? (+), s.o.

(2) Übergabe ? (+), s.o.

(3) Einigsein im Zeitpunkt der Vollendung des Erwerbstatbestands ? (+), s.o.

(4) „Berechtigungsersatz" ?
= Voraussetzungen des § 932 und kein Ausschluss nach § 935 I

(a) Rechtsgeschäftlicher Erwerb ?
= nicht durch gesetzlichen Erwerb

HIER (+)

(b) Verkehrsgeschäft ?
= bei Güteraustausch zwischen zwei Personen; nicht bei persönlicher oder wirtschaftlicher Identität des Übereignenden mit dem Erwerber

HIER (+)

(c) Legitimation des Verfügenden als Berechtigter ?
= beim gutgläubigen Erwerb nach §§ 929 S. 1, 932 I 1: Übergabe der Sache

HIER (+) → B hat die Pistolen an E übergeben

(d) Gutgläubigkeit des Erwerbers ?
= keine positive Kenntnis oder grob fahrlässige Unkenntnis vom Nichteigentum des Veräußerers bis zur Vollendung des Rechtserwerbs, § 932 II

HIER (+) → E wusste zu keinem Zeitpunkt positiv, dass der Veräußerer B nicht Eigentümer der Sache war; dies war ihm mangels entsprechender Anhaltspunkte auch nicht grob fahrlässig unbekannt

(e) kein Abhandenkommen der Sache, § 935 I ?
= kein unfreiwilliger Verlust des unmittelbaren Besitzes

HIER (+) → W hat die Wasserpistolen im Rahmen der Erfüllung des Mietvertrags freiwillig dem B ausgehändigt

(f) also: Voraussetzungen des § 932 und kein Ausschluss nach § 935 I (+)

(5) also: Eigentumserwerb des E vom Nichtberechtigten B gemäß §§ 929 S. 1, 932 I 1 (+)

Eigentum - Erwerb durch Rechtsgeschäft

    dd. <u>also</u>: Anspruchsteller (E) ist Eigentümer (+)

  c. <u>also</u>: Voraussetzungen des § 985 (+)

2. *Voraussetzungen des § 986 ?*
= Anspruchsgegner hat kein Recht zum Besitz
HIER (+)

3. *<u>also</u>: Anspruch entstanden* (+)

II. Anspruch untergegangen ? (–)

III. Anspruch durchsetzbar ? (+)

IV. Ergebnis:
E gegen D Herausgabe der Wasserpistolen gemäß § 985 (+)

Formulierungsvorschlag Fall 7

- E gegen D Herausgabe der Wasserpistolen gemäß § 985

E könnte gegen D einen Anspruch auf Herausgabe der Wasserpistolen gemäß § 985 haben.

I.   Der Anspruch müsste entstanden sein.

1.   Nach § 985 muss der Anspruchsteller Eigentümer und der Anspruchsgegner Besitzer der Sache sein.

a.   Anspruchsgegner D ist Besitzer der Wasserpistolen.

b.   Anspruchsteller E müsste Eigentümer der Wasserpistolen sein.

aa.   Ursprünglich war er nicht Eigentümer.

bb.   E könnte jedoch Eigentum vom Berechtigten B gemäß § 929 S. 1 erworben haben.

      Die Parteien haben sich wirksam über den Eigentumsübergang geeinigt.

      Die Sachen sind übergeben worden.

      Die Parteien waren sich auch noch im Zeitpunkt der Vollendung des Erwerbstatbestands einig.

      B müsste Berechtigter gewesen sein. Berechtigt ist der verfügungsbefugte Eigentümer oder der Nichteigentümer, der gesetzlich verfügungsbefugt ist oder der vom Berechtigten ermächtigt ist. B war weder Eigentümer noch Ermächtigter nach § 185. Eine sonstige Verfügungsbefugnis ist nicht ersichtlich. Somit fehlte die Berechtigung des B.

      Demnach hat E nicht vom Berechtigten B gemäß § 929 S. 1 Eigentum erworben.

Fall 7

cc. E könnte jedoch Eigentum vom Nichtberechtigten B gemäß §§ 929 S. 1, 932 I 1 erworben haben.

Die Parteien haben sich wirksam über den Eigentumsübergang geeinigt.

Die Sachen sind übergeben worden.

Die Parteien waren sich auch noch im Zeitpunkt der Vollendung des Erwerbstatbestands einig.

Fraglich ist, ob die Voraussetzungen des § 932 vorliegen und der gutgläubige Erwerb nicht nach § 935 I ausgeschlossen ist.

Es hat ein rechtsgeschäftlicher Erwerb stattgefunden.

Außerdem liegt ein Verkehrsgeschäft vor.

Die im Rahmen des gutgläubigen Erwerbs nach §§ 929 S. 1, 932 I 1 erforderliche Übergabe der Sache durch den Veräußerer an den Erwerber ist erfolgt.

Weiterhin muss der Erwerber im Zeitpunkt des Rechtserwerbs gutgläubig gewesen sein. Diesbezüglich schadet gemäß § 932 II positive Kenntnis oder grob fahrlässige Unkenntnis vom Nichteigentum des Veräußerers. E wusste zu keinem Zeitpunkt positiv, dass der Veräußerer B nicht Eigentümer der Sache war. Dies war ihm mangels entsprechender Anhaltspunkte auch nicht grob fahrlässig unbekannt. Er war somit gutgläubig.

Darüber hinaus dürften die Sachen dem Eigentümer nicht abhandengekommen sein, § 935 I 1. Abhandengekommen ist eine Sache beim unfreiwilligen Verlust des unmittelbaren Besitzes. W hat die Wasserpistolen im Rahmen der Erfüllung des Mietvertrags freiwillig dem B ausgehändigt. Mangels unfreiwilligen Verlustes des Besitzes ist ein Abhandenkommen zu verneinen.

Also liegen die Voraussetzungen des § 932 vor und der gutgläubige Erwerb ist nicht nach § 935 I ausgeschlossen.

Demnach hat E vom Nichtberechtigten B gemäß §§ 929 S. 1, 932 I 1 Eigentum erworben.

dd. Somit ist der Anspruchsteller E Eigentümer.

c. Also liegen die Voraussetzungen des § 985 vor.

2. Der Anspruchsgegner dürfte zudem kein Recht zum Besitz gemäß § 986 haben. Der Dieb D hat kein Recht zum Besitz an den Sachen. Damit steht § 986 dem Anspruch auf Herausgabe nicht entgegen.

3. Demnach ist der Anspruch entstanden.

II. Der Anspruch ist nicht untergegangen.

III. Er ist auch durchsetzbar.

IV. E hat gegen D den Anspruch auf Herausgabe der Wasserpistolen gemäß § 985.

Eigentum - Erwerb durch Rechtsgeschäft

Fazit

1. Zuerst noch einmal zum Anspruch aus § 985. Es bietet sich an (vgl. schon Fazit Fall 1), zunächst zu prüfen, ob der Anspruchsgegner Besitzer der Sache ist. Erst danach ist zu fragen, ob der Anspruchsteller Eigentümer der Sache ist.
2. Diese Prüfung solltet ihr „historisch" vornehmen. Und noch einmal zur Wiederholung:

    Wenn dem Sachverhalt zu entnehmen ist, dass der Anspruchsteller nicht von vornherein Eigentümer war, bringt ihr genau das zu Papier: „Ursprünglich war XY nicht Eigentümer." Dann wendet ihr euch der Frage zu, ob er vielleicht (später) Eigentum an der Sache erworben hat. Eigentum an einer Sache kann man vom Berechtigten oder vom Nichtberechtigten erwerben. Beginnen solltet ihr regelmäßig mit der Prüfung eines Eigentumserwerbs vom Berechtigten. Wenn das – mangels Berechtigung – nicht klappt, bleibt immer noch die Prüfung des Erwerbs vom Nichtberechtigten. Hierbei könnt ihr dann bezüglich fast aller Voraussetzungen auf die vorherige Prüfung verweisen.
3. Ihr habt es gesehen: **Eigentum an einer beweglichen Sache kann man nicht nur vom Berechtigten gemäß § 929 S. 1, sondern auch vom Nichtberechtigten gemäß §§ 929 S. 1, 932 I 1** erwerben. Also müssen die Voraussetzungen der genannten Normen vorliegen.
4. Lest zu den Prüfungspunkten „Einigung", „Übergabe" und „Einigsein im Zeitpunkt der Vollendung des Erwerbstatbestands" noch einmal das Fazit zu Fall 1. Den folgenden Prüfungspunkt „Berechtigung des Veräußerers" habt ihr im Rahmen der Prüfung des Eigentumserwerbs vom Berechtigten verneinen müssen.
5. Stattdessen ist beim Erwerb vom Nichtberechtigten **mangels** der **Berechtigung** auf einen anderen Prüfungspunkt einzugehen. Den haben wir in der Lösungsskizze *eher unjuristisch „Berechtigungsersatz"* genannt. Merkt euch diesen Terminus, aber bringt ihn nicht in der Klausur zu Papier. Ihr könnt es – wie schon im Formulierungsvorschlag aufgezeigt – etwa wie folgt ausdrücken: „Fraglich ist, ob die **Voraussetzungen des § 932** vorliegen und der gutgläubige **Erwerb nicht nach § 935 ausgeschlossen** ist." Dann wendet ihr euch den einzelnen Voraussetzungen der Norm zu, auf die ihr aber nur breiter eingehen sollet, wenn sie wirklich problematisch sind. Ansonsten dürft ihr euch – wie im Formulierungsvorschlag gesehen – auf einzelne feststellende Sätze zu den Prüfungsunterpunkten zurückziehen. Und das sind die folgenden:

    Zuerst muss ein *„rechtsgeschäftlicher Erwerb"* vorliegen. Bei gesetzlichen Erwerbstatbeständen kommt ein gutgläubiger Erwerb naturgemäß nicht in Betracht.

    Es muss sich um ein *„Verkehrsgeschäft"* handeln. Ein solches liegt beim Güteraustausch zwischen zwei Personen vor, nicht aber bei persönlicher oder wirtschaftlicher Identität des Übereignenden mit dem Erwerber.

Fall 7

Außerdem ist eine *„Legitimation des Verfügenden als Berechtigter"* gefordert. Im Rahmen des gutgläubigen Erwerbs nach §§ 929 S. 1, 932 I 1 muss der Verfügende die Sache an den Erwerber übergeben haben.

Und dann kommt ein ganz wichtiger Prüfungspunkt: Die *„Gutgläubigkeit des Erwerbers"*. Der (potenzielle) Erwerber der Sache muss im Zeitpunkt des Rechtserwerbs gutgläubig hinsichtlich der Eigentümerstellung des Veräußerers sein. In diesem Zusammenhang schadet sowohl die positive Kenntnis als auch die grob fahrlässige Unkenntnis vom Nichteigentum des Veräußerers, § 932 II. Der Erwerber ist nicht gutgläubig, wenn er entweder weiß, dass der Veräußerer nicht der Eigentümer ist oder dies grob fahrlässig übersieht. Bei entsprechenden Angaben im Sachverhalt kann es eure Aufgabe sein, anhand der konkreten Umstände des Einzelfalles zu entscheiden, ob die Unkenntnis des Erwerbers (schon) als grob fahrlässig anzusehen ist oder (noch) nicht. In der Praxis dominieren insoweit die Fälle des Gebrauchtwagenerwerbs. Wir werden selbstverständlich darauf zurückkommen.

Ein wenig anders gestaltet sich der „gute Glaube" beim gutgläubigen Erwerb von unbeweglichen Sachen (Grundstücken). Vergleicht doch einmal § 932 mit § 892.

Letztlich darf der gutgläubige Erwerb nicht durch ein Abhandenkommen der Sache ausgeschlossen sein. Der Prüfungspunkt lautet folglich *„kein Abhandenkommen der Sache, § 935 I"*. Eine Sache ist abhandengekommen beim unfreiwilligen Verlust des unmittelbaren Besitzes.

Sollten alle Voraussetzungen vorliegen, steht der Bejahung des Prüfungspunktes „Berechtigungsersatz" (Voraussetzungen des § 932 und kein Ausschluss nach § 935 I) nichts im Weg.

6. Schlussendlich darf der Anspruchsgegner kein Recht zum Besitz haben, § 986. Denkt bitte auch an diesen Prüfungspunkt, der z.B. bei Fall 6 relevant wurde. Das Recht zum Besitz wird leider im Eifer des Gefechts allzu gerne vergessen.

7. Da der Anspruchsteller nun Eigentümer der Sache ist und der Anspruchsgegner kein Recht zum Besitz hat (anders als in Fall 6), besteht der Anspruch auf Herausgabe gemäß § 985.

Eigentum - Erwerb durch Rechtsgeschäft

Fall 8

D stiehlt dem Asienbegeisterten E ein Paket mit 5000 Räucherstäbchen. Er veräußert die Räucherstäbchen an B, der bei der Einigung über den Eigentumsübergang noch glaubt, D sei der Eigentümer, nicht mehr jedoch bei der wenige Tage später erfolgten Übergabe der Stäbchen. E erfährt durch einen Zufall, dass B Besitzer der noch unangetasteten Räucherstäbchen ist und verlangt sie heraus.

Frage: Hat E gegen B einen Herausgabeanspruch aus § 985 ?

Lösungsskizze Fall 8

- **E gegen B Herausgabe der Räucherstäbchen gemäß § 985 ?**

I. Anspruch entstanden ?

   1. *Voraussetzungen des § 985 ?*

      a. *Anspruchsgegner (B) ist Besitzer ?*
      = tatsächliche Gewalt über die Sache

      HIER (+)

      b. *Anspruchsteller (E) ist Eigentümer ?*

        aa. *ursprünglich* (+)

        bb. *Eigentumsverlust des E durch Eigentumserwerb des B von D gemäß § 929 S. 1 ?*
        = Erwerb des B vom Berechtigten D

        (1) Einigung ?
        = dinglicher Vertrag zwischen Veräußerer und Erwerber über den Eigentumsübergang

        HIER (+)

        (2) Übergabe ?
        = Veräußerer verliert Besitz und Erwerber erlangt Besitz

        HIER (+)

        (3) Einigsein im Zeitpunkt der Vollendung des Erwerbstatbestands ?
        = keine der Willenserklärungen darf widerrufen worden sein

        HIER (+) → kein Widerruf

        (4) Berechtigung des Veräußerers ?
        = der verfügungsbefugte Eigentümer oder der Nichteigentümer, der gesetzlich verfügungsbefugt ist oder der vom Berechtigten ermächtigt ist

Fall 8

HIER (−) → D ist weder Eigentümer noch Ermächtigter nach § 185; eine sonstige Verfügungsbefugnis ist nicht ersichtlich

(5) also: Eigentumsverlust des E durch Eigentumserwerb des B vom Berechtigten D gemäß § 929 S.1 (−)

cc. **Eigentumsverlust des E durch Eigentumserwerb des B von D gemäß §§ 929 S.1, 932 I 1 ?**
= Erwerb des B vom Nichtberechtigten D

(1) Einigung ? (+), s.o.

(2) Übergabe ? (+), s.o.

(3) Einigsein im Zeitpunkt der Vollendung des Erwerbstatbestands ? (+), s.o.

(4) „Berechtigungsersatz" ?
= Voraussetzungen des § 932 und kein Ausschluss nach § 935 I

(a) Rechtsgeschäftlicher Erwerb ?
= nicht durch gesetzlichen Erwerb

HIER (+)

(b) Verkehrsgeschäft ?
= bei Güteraustausch zwischen zwei Personen; nicht bei persönlicher oder wirtschaftlicher Identität des Übereignenden mit dem Erwerber

HIER (+)

(c) Legitimation des Verfügenden als Berechtigter ?
= beim gutgläubigen Erwerb nach §§ 929 S.1, 932 I 1: Übergabe der Sache

HIER (+) → D hat die Räucherstäbchen an B übergeben

(d) Gutgläubigkeit des Erwerbers ?
= keine positive Kenntnis oder grob fahrlässige Unkenntnis vom Nichteigentum des Veräußerers bis zur Vollendung des Rechtserwerbs, § 932 II

HIER (−) → B wusste zwar bei der Einigung nicht, dass der Veräußerer D nicht Eigentümer der Sachen war, dies war ihm aber bei der Übergabe der Räucherstäbchen bekannt; B war somit nicht bis zur Vollendung des Rechtserwerbs gutgläubig

(e) also: (bereits) Voraussetzungen des § 932 (−)

(5) also: Eigentumsverlust des E durch Eigentumserwerb des B vom Nichtberechtigten D gemäß §§ 929 S.1, 932 I 1 (−)

dd. *also: Anspruchsteller (E) ist Eigentümer* (+)

c. *also: Voraussetzungen des § 985* (+)

Eigentum - Erwerb durch Rechtsgeschäft

2. Voraussetzungen des § 986 ?
= Anspruchsgegner hat kein Recht zum Besitz
HIER (+)

3. also: Anspruch entstanden (+)

II. Anspruch untergegangen ? (-)

III. Anspruch durchsetzbar ? (+)

IV. Ergebnis:
E gegen B Herausgabe der Räucherstäbchen gemäß § 985 (+)

Formulierungsvorschlag Fall 8

- E gegen B Herausgabe der Räucherstäbchen gemäß § 985

E könnte gegen B einen Anspruch auf Herausgabe der Räucherstäbchen gemäß § 985 haben.

I. Der Anspruch müsste entstanden sein.

1. Nach § 985 muss der Anspruchsteller Eigentümer und der Anspruchsgegner Besitzer der Sache sein.

a. Anspruchsgegner B ist Besitzer der Räucherstäbchen.

b. Anspruchsteller E müsste Eigentümer der Räucherstäbchen sein.

aa. Ursprünglich war er Eigentümer.

bb. Er hätte jedoch sein Eigentum verloren, wenn B seinerseits Eigentum erworben hat. In Betracht kommt ein Eigentumserwerb des B vom Berechtigten D gemäß § 929 S. 1.

Die Parteien haben sich wirksam über den Eigentumsübergang geeinigt.

Die Sachen sind übergeben worden.

Die Parteien waren sich auch noch im Zeitpunkt der Vollendung des Erwerbstatbestands einig.

D müsste Berechtigter gewesen sein. Berechtigt ist der verfügungsbefugte Eigentümer oder der Nichteigentümer, der gesetzlich verfügungsbefugt ist oder der vom Berechtigten ermächtigt ist. D war als Dieb weder Eigentümer noch Ermächtigter nach § 185. Eine sonstige Verfügungsbefugnis ist nicht ersichtlich. Somit fehlte die Berechtigung des D.

Demnach hat B nicht vom Berechtigten D gemäß § 929 S. 1 Eigentum erworben. E hat also auf diesem Wege sein Eigentum nicht verloren.

cc. E hätte jedoch sein Eigentum verloren, wenn B seinerseits Eigentum vom Nichtberechtigten D gemäß §§ 929 S. 1, 932 I 1 erworben hat.

Fall 8

Die Parteien haben sich wirksam über den Eigentumsübergang geeinigt.

Die Sachen sind übergeben worden.

Die Parteien waren sich auch noch im Zeitpunkt der Vollendung des Erwerbstatbestands einig.

Fraglich ist, ob die Voraussetzungen des § 932 vorliegen und der gutgläubige Erwerb nicht nach § 935 I ausgeschlossen ist.

Es hat ein rechtsgeschäftlicher Erwerb stattgefunden.

Außerdem liegt ein Verkehrsgeschäft vor.

Die im Rahmen des gutgläubigen Erwerbs nach §§ 929 S. 1, 932 I 1 erforderliche Übergabe der Sachen durch den Veräußerer an den Erwerber ist erfolgt.

Weiterhin muss der Erwerber im Zeitpunkt des Rechtserwerbs gutgläubig gewesen sein. Diesbezüglich schadet gemäß § 932 II positive Kenntnis oder grob fahrlässige Unkenntnis vom Nichteigentum des Veräußerers. B wusste zwar bei der Einigung nicht, dass der Veräußerer D nicht Eigentümer der Sachen war, dies war ihm aber bei der Übergabe der Räucherstäbchen bekannt. B war somit nicht bis zur Vollendung des Rechtserwerbs gutgläubig.

Also liegen nicht alle Voraussetzungen des § 932 vor.

Demnach hat B nicht vom Nichtberechtigten D gemäß §§ 929 S. 1, 932 I 1 Eigentum erworben. Auch auf diese Weise hat E also sein Eigentum nicht verloren.

dd. Somit ist der Anspruchsteller E nach wie vor Eigentümer.

c. Also liegen die Voraussetzungen des § 985 vor.

2. Der Anspruchsgegner hat kein Recht zum Besitz gemäß § 986.

3. Demnach ist der Anspruch entstanden.

II. Der Anspruch ist nicht untergegangen.

III. Er ist auch durchsetzbar.

IV. E hat gegen B den Anspruch auf Herausgabe der Räucherstäbchen gemäß § 985.

Fazit

1. Weil der Veräußerer weder verfügungsbefugter Eigentümer noch sonst Berechtigter war, musste der Eigentumserwerb vom Berechtigten nach § 929 S. 1 verneint werden. Anschließend war aber an einen **Erwerb vom Nichtberechtigten** gemäß §§ 929 S. 1, 932 I 1 zu denken.

2. Hier ergab sich ein Problem im Rahmen des Prüfungspunktes *„Gutgläubigkeit des Erwerbers"*.

Eigentum - Erwerb durch Rechtsgeschäft

Wichtig ist: Es schadet sowohl die **positive Kenntnis** als auch die **grob fahrlässige Unkenntnis** vom Nichteigentum des Veräußerers, § 932 II. Oder anders gesagt: Der Erwerber ist nicht gutgläubig, wenn er entweder weiß, dass der Veräußerer nicht der Eigentümer ist oder dies grob fahrlässig übersieht.

Grundsätzlich wird der gute Glaube vermutet. Eine allgemeine Nachforschungspflicht besteht nicht. Und was ist bei Verdachtsgründen hinsichtlich der Eigentümerstellung? Da kommt die grobe Fahrlässigkeit bezüglich der Unkenntnis ins Spiel. **Grob fahrlässig** handelt der Erwerber, wenn er die im Verkehr erforderliche Sorgfalt in besonders hohem Maße verletzt. In den bereits angesprochenen Fällen des **Gebrauchtwagenerwerb**s handelt in diesem Sinne regelmäßig grob fahrlässig, wer sich die EU-Zulassungsbescheinigung Teil II (Fahrzeugbrief) nicht zeigen lässt. Aber Vorsicht: Das bedeutet nicht, dass umgekehrt grobe Fahrlässigkeit zwangsläufig ausscheidet, wenn der Erwerber die einschlägigen Papiere geprüft hat und diese den Veräußerer als (aktuellen) Halter ausweisen. Es kommt immer auf die konkreten Umstände des Einzelfalls an. Wir werden darauf an geeigneter Stelle noch ausführlicher eingehen.

Ganz wichtig ist: Nur der **gute Glaube an die Eigentümerstellung** des Veräußerers ist geschützt. Ein guter Glaube an die Vertretungsmacht, an die Verfügungsbefugnis oder an die Geschäftsfähigkeit reicht grundsätzlich nicht für den Erwerb vom Nichtberechtigten.

Ausnahmsweise ist der gute Glaube an die Verfügungsbefugnis des Veräußerers dennoch geschützt. Lest hierzu bitte § 366 I HGB.

3. Zu ergründen war außerdem, **wann oder bis wann** der vom Nichtberechtigten Erwerbende **gutgläubig** sein muss. Der (potenzielle) Erwerber muss bis zur Vollendung des Rechtserwerbs gutgläubig hinsichtlich der Eigentümerstellung des Veräußerers sein. Und wann ist der Rechtserwerb vollendet? Beim gutgläubigen Erwerb gemäß §§ 929 S. 1, 932 I 1 mit Einigung und Übergabe der Sache. Weil hier der letzte Akt der Veräußerung die Übergabe der Sachen war, musste der gute Glaube eben bis zur Übergabe vorliegen. Das war aber nicht so.

Grundsätzlich muss der gute Glaube bis zur Vollendung des Rechtserwerbs gegeben sein. Es gibt jedoch eine gern genannte Ausnahme. Wenn die Übereignung nur bedingt ist (Vereinbarung eines Eigentumsvorbehalts, § 449 I) muss der gute Glaube im Zeitpunkt der Einigung und Übergabe vorliegen. Im Zeitpunkt des Eintritts der Bedingung (Vollendung des Rechtserwerbs) ist der gute Glaube nicht mehr erforderlich. Das hängt letztlich mit dem sogenannten Anwartschaftsrecht zusammen. Dazu später mehr.

4. Und es gibt weitere Standardprobleme: Wenn auf der Seite des Erwerbers ein Vertreter handelt, ist nach § 166 I bezüglich des guten Glaubens auf den Vertreter abzustellen und nicht auf den Chef (Geschäftsherrn). Das ist wichtig, wenn der Vertreter bösgläubig ist, nicht aber der Chef.

Wenn – umgekehrt – der Chef bösgläubig ist und seinen gutgläubigen Vertreter vorschickt, ist nach § 166 II hinsichtlich des guten Glaubens auf den Chef abzustellen.

Fall 9

Fall 9

Der rüstige Frührentner E vermietet sein Liegerad an M. Kurz vor Ende der vereinbarten Mietzeit stiehlt Dieb D das Rad dem M und veräußert es wenige Tage später an B, der bezüglich der Eigentümerstellung des D gutgläubig ist. Als E durch Zufall erfährt, dass B Besitzer des Rades ist, nimmt er es ihm weg. B ist empört und verlangt das Rad von E heraus.

Frage: Hat B gegen E einen Herausgabeanspruch aus § 985?

Lösungsskizze Fall 9

- **B gegen E Herausgabe des Liegerades gemäß § 985?**

I. Anspruch entstanden?

  1. *Voraussetzungen des § 985?*

     a. *Anspruchsgegner (E) ist Besitzer?*
     = tatsächliche Gewalt über die Sache

     HIER (+) → E hat das Rad wieder in Besitz genommen

     b. *Anspruchsteller (B) ist Eigentümer?*

     aa. *ursprünglich* (−)

     bb. *Eigentumserwerb des B von D gemäß § 929 S. 1?*
     = Erwerb des B vom Berechtigten D

     (1) Einigung?
     = dinglicher Vertrag zwischen Veräußerer und Erwerber über den Eigentumsübergang

     HIER (+)

     (2) Übergabe?
     = Veräußerer verliert Besitz und Erwerber erlangt Besitz

     HIER (+)

     (3) Einigsein im Zeitpunkt der Vollendung des Erwerbstatbestands?
     = keine der Willenserklärungen darf widerrufen worden sein

     HIER (+) → kein Widerruf

     (4) Berechtigung des Veräußerers?
     = der verfügungsbefugte Eigentümer oder der Nichteigentümer, der gesetzlich verfügungsbefugt ist oder der vom Berechtigten ermächtigt ist

     HIER (−) → D ist weder Eigentümer noch Ermächtigter nach § 185; eine sonstige Verfügungsbefugnis ist nicht ersichtlich

75

Eigentum - Erwerb durch Rechtsgeschäft

(5) also: Eigentumserwerb des B vom Berechtigten D gemäß § 929 S. 1 (−)

cc. Eigentumserwerb des B von D gemäß §§ 929 S. 1, 932 I 1 ?
= Erwerb des B vom Nichtberechtigten D

(1) Einigung ? (+), s.o.

(2) Übergabe ? (+), s.o.

(3) Einigsein im Zeitpunkt der Vollendung des Erwerbstatbestands ? (+), s.o.

(4) „Berechtigungsersatz" ?
= Voraussetzungen des § 932 und kein Ausschluss nach § 935 I

(a) Rechtsgeschäftlicher Erwerb ?
= nicht durch gesetzlichen Erwerb

HIER (+)

(b) Verkehrsgeschäft ?
= bei Güteraustausch zwischen zwei Personen; nicht bei persönlicher oder wirtschaftlicher Identität des Übereignenden mit dem Erwerber

HIER (+)

(c) Legitimation des Verfügenden als Berechtigter ?
= beim gutgläubigen Erwerb nach §§ 929 S. 1, 932 I 1: Übergabe der Sache

HIER (+) → D hat das Liegerad an B übergeben

(d) Gutgläubigkeit des Erwerbers ?
= keine positive Kenntnis oder grob fahrlässige Unkenntnis vom Nichteigentum des Veräußerers bis zur Vollendung des Rechtserwerbs, § 932 II

HIER (+) → B war bezüglich der Eigentümerstellung des D gutgläubig

(e) kein Abhandenkommen der Sache, § 935 I ?
= kein unfreiwilliger Verlust des unmittelbaren Besitzes

HIER (−) → zwar hat E im Rahmen der Erfüllung des Mietvertrags den unmittelbaren Besitz am Liegerad freiwillig auf M übertragen; insofern ist das Rad nicht abhandengekommen i.S.d. § 935 I 1; falls der Eigentümer nur mittelbarer Besitzer ist, darf die Sache jedoch gemäß § 935 I 2 nicht dem unmittelbaren Besitzer abhandengekommen sein; nachdem E das Rad an M übergeben hatte, war er mittelbarer Besitzer und M unmittelbarer Besitzer; dem M als unmittelbarem Besitzer ist die Sache gestohlen worden, also abhandengekommen

(f) also: zwar Voraussetzungen des § 932 (+), *aber kein Ausschluss nach § 935 I* (−)

Fall 9

(5) also: Eigentumserwerb des B vom Nichtberechtigten D gemäß §§ 929 S. 1, 932 I 1 (−)

dd. also: Anspruchsteller (B) ist Eigentümer (−)

c. also: Voraussetzungen des § 985 (−)

2. also: Anspruch entstanden (−)

II. Ergebnis:
B gegen E Herausgabe des Liegerades gemäß § 985 (−)

Formulierungsvorschlag Fall 9

- B gegen E Herausgabe des Liegerades gemäß § 985

B könnte gegen E einen Anspruch auf Herausgabe des Liegerades gemäß § 985 haben.

I. Der Anspruch müsste entstanden sein.

1. Nach § 985 muss der Anspruchsteller Eigentümer und der Anspruchsgegner Besitzer der Sache sein.

a. Anspruchsgegner E ist Besitzer des Liegerades. Er hat es wieder an sich genommen.

b. Anspruchsteller B müsste Eigentümer des Liegerades sein.

aa. Ursprünglich war er nicht Eigentümer.

bb. B könnte jedoch Eigentum vom Berechtigten D gemäß § 929 S. 1 erworben haben.

Die Parteien haben sich wirksam über den Eigentumsübergang geeinigt.

Die Sache ist übergeben worden.

Die Parteien waren sich auch noch im Zeitpunkt der Vollendung des Erwerbstatbestands einig.

D müsste Berechtigter gewesen sein. Berechtigt ist der verfügungsbefugte Eigentümer oder der Nichteigentümer, der gesetzlich verfügungsbefugt ist oder der vom Berechtigten ermächtigt ist. D war als Dieb weder Eigentümer noch Ermächtigter nach § 185. Eine sonstige Verfügungsbefugnis ist nicht ersichtlich. Somit fehlte die Berechtigung des D.

Demnach hat B nicht vom Berechtigten D gemäß § 929 S. 1 Eigentum erworben.

cc. B könnte jedoch Eigentum vom Nichtberechtigten D gemäß §§ 929 S. 1, 932 I 1 erworben haben.

Die Parteien haben sich wirksam über den Eigentumsübergang geeinigt.

Eigentum - Erwerb durch Rechtsgeschäft

Die Sache ist übergeben worden.

Die Parteien waren sich auch noch im Zeitpunkt der Vollendung des Erwerbstatbestands einig.

Fraglich ist, ob die Voraussetzungen des § 932 vorliegen und der gutgläubige Erwerb nicht nach § 935 I ausgeschlossen ist.

Es hat ein rechtsgeschäftlicher Erwerb stattgefunden.

Außerdem liegt ein Verkehrsgeschäft vor.

Die im Rahmen des gutgläubigen Erwerbs nach §§ 929 S. 1, 932 I 1 erforderliche Übergabe der Sache durch den Veräußerer an den Erwerber ist erfolgt.

Weiterhin war der Erwerber B im Zeitpunkt des Rechtserwerbs gutgläubig.

Darüber hinaus dürfte die Sache dem Eigentümer nicht abhandengekommen sein, § 935 I. Abhandengekommen ist eine Sache beim unfreiwilligen Verlust des unmittelbaren Besitzes. Zwar hat E im Rahmen der Erfüllung des Mietvertrags den unmittelbaren Besitz am Liegerad freiwillig auf M übertragen. Insofern ist das Rad nicht abhandengekommen im Sinne des § 935 I 1. Falls der Eigentümer nur mittelbarer Besitzer ist, darf die Sache jedoch gemäß § 935 I 2 nicht dem unmittelbaren Besitzer abhandengekommen sein. Nachdem E das Rad an M übergeben hatte, war er mittelbarer Besitzer und M unmittelbarer Besitzer. Dem M als unmittelbarem Besitzer ist die Sache gestohlen worden. Mithin ist das Rad abhandengekommen im Sinne des § 935 I 2.

Also liegen zwar die Voraussetzungen des § 932 vor, der gutgläubige Erwerb ist aber nach § 935 I ausgeschlossen.

Demnach hat B nicht vom Nichtberechtigten D gemäß §§ 929 S. 1, 932 I 1 Eigentum erworben.

dd. Somit ist der Anspruchsteller B nicht Eigentümer.

c. Also fehlt es an einer Voraussetzung des § 985.

2. Demnach ist der Anspruch nicht entstanden.

II. B hat gegen E keinen Anspruch auf Herausgabe des Liegerades gemäß § 985.

Fazit

1. Nach *§ 935 I 1* tritt der gutgläubige Eigentumserwerb (bei beweglichen Sachen) nicht ein, wenn die Sache dem Eigentümer gestohlen worden, verloren gegangen oder sonst abhandengekommen ist. Nach *§ 935 I 2* tritt der gutgläubige Erwerb ebenfalls nicht ein, wenn der Eigentümer zwar nur mittelbarer Besitzer der Sache ist, die Sache aber dem (unmittelbaren) Besitzer abhandengekommen ist.

   § 935 I 1 normiert, dass der gutgläubige Erwerb unter bestimmten Voraussetzungen ausgeschlossen ist. Deshalb muss der Klausurprüfungspunkt „**Kein Abhandenkommen** der Sache, ..." heißen.

Fall 9

2. Abhandengekommen ist eine Sache beim **unfreiwilligen Verlust des unmittelbaren Besitzes**. „Gestohlen" und „verloren gegangen" sind lediglich Beispiele.

   Der Verlust des unmittelbaren Besitzes kann beim Eigentümer eintreten oder bei einer Person, der der Eigentümer den unmittelbaren Besitz freiwillig überlassen hat. Unfreiwilliger Verlust bedeutet, dass dem Eigentümer bzw. der anderen Person der unmittelbare Besitz ohne – nicht unbedingt gegen – seinen bzw. ihren Willen entzogen worden ist.

   Wird der Besitzer durch **Täuschung** oder **Irrtum** zur Besitzaufgabe beeinflusst, handelt es sich um einen freiwilligen Verlust. Umstritten ist, ob die Weggabe einer Sache unter **Drohung** einen unfreiwilligen Verlust darstellt. Das wird man mit dem Argument bejahen können, dass die Abgrenzung zwischen Wegnahme und erpresster Weggabe äußerst schwerfällt.

3. Klausurprobleme finden sich unter anderem im Zusammenhang mit einem Besitzdiener (§ 855), einem Besitzmittler (§ 868), dem unmittelbaren Besitzer, der nicht Eigentümer ist oder mit Geschäftsunfähigen:

   Ein Abhandenkommen ist anzunehmen, wenn der **Besitzdiener** (§ 855) die Sache eigenmächtig aus dem Herrschaftsbereich des (eigentlichen) Besitzers entfernt, um sie für sich zu verwenden. Wer als **Kaufinteressent** eine vom Verkäufer gebilligte **unbegleitete Probefahrt** macht, ist **nicht Besitzdiener des Verkäufers**. Es fehlt an der für die Besitzdienerstellung charakteristischen Abhängigkeit. Wenn sich der Interessent also mit dem vom Verkäufer freiwillig überlassenen Fahrzeug aus dem Staub macht, **kann ein Dritter gutgläubig Eigentum erwerben**. § 935 I 1 steht dem nicht entgegen (BGH NJW 2020, 3711 ff). In solchen Fällen lohnt auch ein Blick hinüber zum Strafrecht (vgl. Die Fälle – Strafrecht BT 2, Fall 50, Fazit 7.).

   Kein Abhandenkommen liegt vor, wenn der **Besitzmittler** (§ 868) den Besitz an der Sache willentlich aufgibt. Denn der Eigentümer hat die Sache ja freiwillig dem Besitzmittler gegeben.

   Ein Abhandenkommen ist außerdem zu verneinen, wenn die Sache mit Wissen und Wollen des Eigentümers dem **unmittelbaren Besitzer** ohne dessen Willen weggenommen wird.

   Die Weggabe der Sache durch einen **Geschäftsunfähigen** stellt nach h.M. ein Abhandenkommen dar. Die Wegnahme bei einem Geschäftsunfähigen natürlich auch (unbestritten).

4. Nach § 935 II (lesen!) finden die Vorschriften des § 935 I u.a. keine Anwendung auf **Geld** (besonders klausurrelevant) und Inhaberpapiere. Achtung: Bei Geld und Inhaberpapieren ist lediglich der Prüfungspunkt „Kein Abhandenkommen …" ausgehebelt. Die vorher zu prüfenden Voraussetzungen des § 932 – und hier insbesondere der gute Glaube – müssen natürlich gegeben sein.

5. Wir hatten wie üblich nur nach dem Anspruch aus § 985 gefragt. Selbstverständlich war das Verhalten des E **verbotene Eigenmacht** (§ 858 I). Deshalb hat B gegen E einen Herausgabeanspruch aus § 861 I.

79

Eigentum - Erwerb durch Rechtsgeschäft

Fall 10

Hobbygärtner B schließt mit dem zunächst selbstständigen Händler für Gartenbedarf G im Dezember einen Kaufvertrag über eine große Menge marktüblicher Holzlatten für einen Jägerzaun. Die Parteien des Kaufvertrags verständigen sich darauf, dass die Ware gleich bezahlt wird, die Lieferung und Übereignung aber erst im Frühjahr auf Abruf des B stattfinden soll. Mit Wirkung zum Februar wird der Geschäftsbetrieb des G komplett auf E übertragen. G arbeitet bei E als leitender Angestellter weiter und ist nach wie vor unter der alten Telefonnummer erreichbar. B, der von den Veränderungen nichts weiß, ruft im Mai bei G an, um die Lieferung abzurufen. B und G sind sich im Telefonat ausdrücklich darüber einig, dass das Eigentum an den nunmehr umgehend zu liefernden Holzlatten übergehen soll. G stellt den Vorgang gegenüber E als gewöhnliche Lieferverpflichtung dar. Er veranlasst im Einvernehmen mit E die Lieferung der in dessen Eigentum stehenden Holzlatten. Die Latten werden durch M, den dafür zuständigen Mitarbeiter des E ausgeliefert. Später stellt sich für E heraus, dass es aus Sicht des B um die Erfüllung eines „Altvertrags" gegangen war, den B noch mit G abgeschlossen hatte. E ist über den Vorgang verärgert und verlangt von B die gelieferten Holzlatten heraus.

Frage: Hat E gegen B einen Herausgabeanspruch aus § 985 ?

Lösungsskizze Fall 10

- E gegen B Herausgabe der Holzlatten gemäß § 985 ?

I. Anspruch entstanden ?

   1. Voraussetzungen des § 985 ?

      a. Anspruchsgegner (B) ist Besitzer ?
      = tatsächliche Gewalt über die Sache

      HIER (+)

      b. Anspruchsteller (E) ist Eigentümer ?

        aa. ursprünglich

          HIER (+) → E hatte durch die Übertragung des Geschäftsbetriebs im Februar Eigentum erlangt

        bb. Eigentumsverlust des E durch Eigentumserwerb des B von E gemäß § 929 S.1 ?
        = Erwerb des B vom Berechtigten E

        (1) Einigung ?
          = dinglicher Vertrag zwischen Veräußerer und Erwerber über den Eigentumsübergang

Fall 10

HIER (−) → B wollte sich nicht mit E − den er gar nicht kannte − über den Eigentumsübergang einigen, sondern allein mit G; aus der Perspektive des B sollte nämlich G in Erfüllung der Verpflichtung aus dem Kaufvertrag (§ 433 I 1) übereignen

(2) also: Eigentumsverlust des E durch Eigentumserwerb des B vom Berechtigten E gemäß § 929 S. 1 (−)

cc. *Eigentumsverlust des E durch Eigentumserwerb des B von G gemäß § 929 S. 1 ?*
= Erwerb des B vom Berechtigten G

(1) Einigung ?
= dinglicher Vertrag zwischen Veräußerer und Erwerber über den Eigentumsübergang

HIER (+) → B und G haben sich in dem im Mai geführten Telefonat geeinigt

(2) Übergabe ?
= Veräußerer verliert Besitz und Erwerber erlangt Besitz

HIER (+) → die Übergabe muss nicht unmittelbar im Verhältnis Veräußerer − Erwerber stattfinden; der unmittelbare Besitz kann von einem Dritten auf Anweisung (auf Geheiß) des Veräußerers auf den Erwerber übertragen werden (Übertragung durch eine Geheißperson); der Dritte M hat den Besitz an den Holzlatten auf Geheiß des Veräußerers G auf den Erwerber B übertragen; in dieser Konstellation findet ausnahmsweise kein Besitzverlust des Veräußerers selbst statt

(3) Einigsein im Zeitpunkt der Vollendung des Erwerbstatbestands ?
= keine der Willenserklärungen darf widerrufen worden sein

HIER (+) → kein Widerruf

(4) Berechtigung des Veräußerers ?
= der verfügungsbefugte Eigentümer oder der Nichteigentümer, der gesetzlich verfügungsbefugt ist oder der vom Berechtigten ermächtigt ist

HIER (−) → G ist wegen der Übertragung des Geschäftsbetriebs nicht (mehr) Eigentümer; er ist auch nicht Ermächtigter nach § 185; eine sonstige Verfügungsbefugnis ist nicht ersichtlich

(5) also: Eigentumsverlust des E durch Eigentumserwerb des B vom Berechtigten G gemäß § 929 S. 1 (−)

dd. *Eigentumsverlust des E durch Eigentumserwerb des B von G gemäß §§ 929 S. 1, 932 I 1 ?*
= Erwerb des B vom Nichtberechtigten G

(1) Einigung ? (+), s.o.

Eigentum - Erwerb durch Rechtsgeschäft

(2) Übergabe ?
= Veräußerer verliert Besitz und Erwerber erlangt Besitz

HIER (+) → auch für den gutgläubigen Eigentumserwerb nach §§ 929 S. 1, 932 I 1 reicht es als Übergabe aus, wenn – wie hier – der Besitz auf Geheiß des nichtbesitzenden Veräußerers von einem Dritten, der unmittelbarer Besitzer ist, an den Erwerber übertragen wird (a.A. vertretbar); gegen eine solche Gleichstellung der Anforderungen an die Übergabe könnte sprechen, dass gemäß § 932 die Gutglaubenswirkung hinzutritt; der Zusammenhang der §§ 932 ff BGB mit § 1006 legt es nahe, den Besitz des Veräußerers als unabdingbare Voraussetzung speziell für den gutgläubigen Erwerb anzusehen; andererseits kann der Erwerber oft gar nicht feststellen, ob der Veräußerer die tatsächliche Sachherrschaft hat; wenn aber der Veräußerer dem Erwerber den Besitz über eine Geheißperson verschafft, stellt dies einen mindestens genauso starken Rechtsscheintatbestand dar, wie der Besitz des Veräußerers selbst; zudem spricht der Rechtsgedanke des § 934 für diese Möglichkeit der Eigentumsverschaffung

(3) Einigsein im Zeitpunkt der Vollendung des Erwerbstatbestands ? (+), s.o.

(4) „Berechtigungsersatz" ?
= Voraussetzungen des § 932 und kein Ausschluss nach § 935 I

(a) Rechtsgeschäftlicher Erwerb ?
= nicht durch gesetzlichen Erwerb

HIER (+)

(b) Verkehrsgeschäft ?
= bei Güteraustausch zwischen zwei Personen; nicht bei persönlicher oder wirtschaftlicher Identität des Übereignenden mit dem Erwerber

HIER (+)

(c) Legitimation des Verfügenden als Berechtigter ?
= beim gutgläubigen Erwerb nach §§ 929 S. 1, 932 I 1:
Übergabe der Sache

HIER (+) → M hat die Holzlatten auf Weisung des G an B übergeben

(d) Gutgläubigkeit des Erwerbers ?
= keine positive Kenntnis oder grob fahrlässige Unkenntnis vom Nichteigentum des Veräußerers bis zur Vollendung des Rechtserwerbs, § 932 II

HIER (+) → B wusste zu keinem Zeitpunkt positiv, dass der Veräußerer G nicht Eigentümer der Sache war; dies war ihm mangels entsprechender Anhaltspunkte auch nicht grob fahrlässig unbekannt

Fall 10

(e) kein Abhandenkommen der Sache, § 935 I ?
= kein unfreiwilliger Verlust des unmittelbaren Besitzes

HIER (+) → E war von G über die Lieferung informiert worden und hat B freiwillig und bewusst mit den Holzlatten beliefern lassen; dass er dies in Kenntnis des wahren Hintergrundes vermutlich nicht getan hätte, also von G getäuscht worden ist, ändert daran nichts

(f) also: Voraussetzungen des § 932 und kein Ausschluss nach § 935 I (+)

(5) also: Eigentumsverlust des E durch Eigentumserwerb des B vom Nichtberechtigten G gemäß §§ 929 S. 1, 932 I 1 (+)

ee. *also: Anspruchsteller (E) ist Eigentümer (–)*

c. *also: Voraussetzungen des § 985 (–)*

2. *also: Anspruch entstanden (–)*

II. Ergebnis:
E gegen B Herausgabe der Holzlatten gemäß § 985 (–)

Formulierungsvorschlag Fall 10

- E gegen B Herausgabe der Holzlatten gemäß § 985

E könnte gegen B einen Anspruch auf Herausgabe der Holzlatten gemäß § 985 haben.

I. Der Anspruch müsste entstanden sein.

1. Nach § 985 muss der Anspruchsteller Eigentümer und der Anspruchsgegner Besitzer der Sache sein.

a. Anspruchsgegner B ist Besitzer der Holzlatten.

b. Anspruchsteller E müsste Eigentümer der Holzlatten sein.

aa. Ursprünglich war er Eigentümer. Er hatte durch die Übertragung des Geschäftsbetriebs im Februar Eigentum erlangt.

bb. Er hätte jedoch sein Eigentum verloren, wenn B seinerseits Eigentum erworben hat. In Betracht kommt ein Eigentumserwerb des B vom Berechtigten E gemäß § 929 S. 1.

Die Parteien müssten sich wirksam über den Eigentumsübergang geeinigt haben. Dazu müssten sie einen dinglichen Vertrag über den Eigentumsübergang geschlossen haben. B wollte sich jedoch nicht mit E – den er gar nicht kannte – über den Eigentumsübergang einigen, sondern allein mit G. Aus der Perspektive des B sollte nämlich G in Erfüllung der Verpflichtung aus dem Kaufvertrag

Eigentum - Erwerb durch Rechtsgeschäft

(§ 433 I 1) übereignen. Also liegt im Verhältnis B – E keine wirksame Einigung über den Eigentumsübergang vor.

Demnach hat B nicht vom Berechtigten E gemäß § 929 S. 1 Eigentum erworben. E hat also auf diesem Wege sein Eigentum nicht verloren.

cc. E hätte jedoch sein Eigentum verloren, wenn B seinerseits Eigentum vom Berechtigten G gemäß § 929 S. 1 erworben hat.

Die Parteien haben sich in dem im Mai geführten Telefonat wirksam über den Eigentumsübergang geeinigt.

Fraglich ist, ob eine Übergabe im Sinne des § 929 S. 1 stattgefunden hat. Hierzu muss grundsätzlich der Veräußerer den Besitz an der Sache verlieren und außerdem der Erwerber Besitz an der Sache erlangen. Die Übergabe muss allerdings nicht unmittelbar im Verhältnis Veräußerer – Erwerber stattfinden. Der unmittelbare Besitz kann auch von einem Dritten auf Anweisung, also auf Geheiß des Veräußerers auf den Erwerber übertragen werden (Übertragung durch eine Geheißperson). Der Dritte M hat den Besitz an den Holzlatten auf Geheiß des Veräußerers G auf den Erwerber B übertragen. Der Erwerber B hat auf diese Weise Besitz an der Sache erlangt. In dieser Konstellation findet ausnahmsweise kein Besitzverlust des Veräußerers selbst statt. Eine Übergabe der Sachen liegt demnach vor.

Die Parteien waren sich auch noch im Zeitpunkt der Vollendung des Erwerbstatbestands einig.

G müsste Berechtigter gewesen sein. Berechtigt ist der verfügungsbefugte Eigentümer oder der Nichteigentümer, der gesetzlich verfügungsbefugt ist oder der vom Berechtigten ermächtigt ist. G war zum infrage stehenden Zeitpunkt – nämlich im Mai – wegen der bereits im Februar erfolgten Übertragung des Geschäftsbetriebs nicht mehr der Eigentümer der Holzlatten. Er war auch nicht Ermächtigter nach § 185. Eine sonstige Verfügungsbefugnis ist nicht ersichtlich. Somit fehlte die Berechtigung des G.

Demnach hat B auch nicht vom Berechtigten G gemäß § 929 S. 1 Eigentum erworben. Auch auf diese Weise hat E also sein Eigentum nicht verloren.

dd. E hätte jedoch sein Eigentum dann verloren, wenn B seinerseits Eigentum vom Nichtberechtigten G gemäß §§ 929 S. 1, 932 I 1 erworben hat.

Die Parteien haben sich wirksam über den Eigentumsübergang geeinigt.

Fraglich ist aber, ob eine Übergabe im Sinne der §§ 929 S. 1, 932 I 1 stattgefunden hat. Wie bereits gezeigt, genügt im Rahmen des § 929 S. 1 für eine Übergabe, dass der Erwerber auf Veranlassung des Veräußerers von einem Dritten (einer sogenannten Geheißperson) den Besitz an der zu übereignenden Sache erlangt. Es reicht insoweit für § 929 S. 1 aus, dass der unmittelbare Besitzer (hier M), ohne Besitzmittler des Eigentümers zu sein, auf dessen Anweisung dem Erwerber die Sache herausgibt. Fraglich ist, ob ein solcher Geheißerwerb auch im Falle des § 932 I 1 möglich ist, ob es also gerade für den gutgläubigen Eigentumserwerb nach §§ 929 S. 1, 932 I 1 als Übergabe genügt, wenn der Besitz auf Geheiß des nichtbesitzenden Veräußerers von einem Dritten, der unmittelbarer Besitzer ist, an den Erwerber übertragen wird. Gegen ei-

Fall 10

ne solche Gleichstellung der Anforderungen an die Übergabe könnte sprechen, dass im Rahmen eines Erwerbs vom Nichtberechtigten gemäß § 932 die Gutglaubenswirkung hinzutritt. Der Zusammenhang der §§ 932 ff BGB mit § 1006 legt den Gedanken nahe, den Besitz des Veräußerers als unabdingbare Voraussetzung speziell für den gutgläubigen Erwerb anzusehen. Andererseits kann der Erwerber oft gar nicht feststellen, ob der Veräußerer die tatsächliche Sachherrschaft hat. Wenn aber – aus Sicht des Erwerbers – der Veräußerer dem Erwerber den Besitz über eine Geheißperson verschafft, stellt dies einen mindestens genauso starken Rechtsscheintatbestand dar, wie der Besitz des Veräußerers selbst. Zudem lässt sich aus § 934 der allgemeine Rechtsgedanke ableiten, dass der nichtbesitzende Nichteigentümer dem gutgläubigen Erwerber Eigentum verschaffen kann, indem er die Übertragung des Eigenbesitzes von dem Drittbesitzer an den Erwerber herbeiführt. Nach alledem reicht es auch für den gutgläubigen Eigentumserwerb nach §§ 929 S. 1, 932 I 1 als Übergabe aus, wenn – wie hier – der Besitz auf Geheiß des nichtbesitzenden Veräußerers von einem Dritten, der unmittelbarer Besitzer ist, an den Erwerber übertragen wird.

Die Parteien waren sich auch noch im Zeitpunkt der Vollendung des Erwerbstatbestands einig.

Fraglich ist, ob die Voraussetzungen des § 932 vorliegen und der gutgläubige Erwerb nicht nach § 935 I ausgeschlossen ist.

Es hat ein rechtsgeschäftlicher Erwerb stattgefunden.

Außerdem liegt ein Verkehrsgeschäft vor.

Die im Rahmen des gutgläubigen Erwerbs nach §§ 929 S. 1, 932 I 1 erforderliche Übergabe der Sachen durch den Veräußerer an den Erwerber ist erfolgt. M hat die Latten auf Weisung des G an B übergeben.

Weiterhin muss der Erwerber im Zeitpunkt des Rechtserwerbs gutgläubig gewesen sein. Diesbezüglich schadet gemäß § 932 II positive Kenntnis oder grob fahrlässige Unkenntnis vom Nichteigentum des Veräußerers. B wusste zu keinem Zeitpunkt positiv, dass der Veräußerer G nicht Eigentümer der Sachen war. Dies war ihm mangels entsprechender Anhaltspunkte auch nicht grob fahrlässig unbekannt. Er war somit gutgläubig.

Darüber hinaus dürften die Sachen dem Eigentümer nicht abhandengekommen sein, § 935 I 1. Abhandengekommen ist eine Sache beim unfreiwilligen Verlust des unmittelbaren Besitzes. Der (ursprüngliche) Eigentümer E war von seinem leitenden Angestellten G über die Lieferung informiert worden. Er kannte allerdings den wahren Hintergrund nicht und ist insoweit von G getäuscht worden. Dies ändert allerdings nichts daran, dass E den B freiwillig und bewusst mit den Holzlatten hat beliefern lassen. Ein unfreiwilliger Besitzverlust des E liegt nicht vor. Die Holzlatten sind nicht im Sinne des § 935 I abhandengekommen.

Also liegen die Voraussetzungen des § 932 vor und der gutgläubige Erwerb ist nicht nach § 935 I ausgeschlossen.

Eigentum - Erwerb durch Rechtsgeschäft

	Demnach hat B vom Nichtberechtigten G gemäß §§ 929 S. 1, 932 I 1 Eigentum erworben. E hat also auf diesem Wege sein Eigentum verloren.
ee.	Somit ist der Anspruchsteller E nicht mehr Eigentümer.
c.	Also fehlt es an einer Voraussetzung des § 985.
2.	Demnach besteht der Herausgabeanspruch nicht.
II.	E hat gegen B keinen Anspruch auf Herausgabe der Holzlatten gemäß § 985.

Fazit

1. Das Kernproblem dieses Falles ist eigentlich „nur" eine Kombination aus zwei Besonderheiten, die ihr bereits in den vorangegangenen Fällen kennengelernt habt, nämlich eine Kombination aus dem sogenannten *Geheißerwerb* und dem *gutgläubigen Erwerb vom Nichtberechtigten*.

   Dennoch hat es der Fall ganz schön in sich. Grämt euch nicht allzu sehr, wenn ihr die Pointe nicht gleich erkannt habt. Auf die potenziellen Unterschiede zwischen dem Geheißerwerb vom Berechtigten und dem Geheißerwerb vom Nichtberechtigten muss man erst einmal kommen!

   Es handelt sich allerdings um ein Problem, das getrost als „Prüfungsklassiker" zu bezeichnen ist. Man kann selbstverständlich argumentativ noch wesentlich tiefer tauchen. Das bleibt aber dann realistisch gesehen doch eher der Darstellung in Hausarbeiten vorbehalten.

   Wir sind in der Sache der wohl herrschenden Meinung und ständigen Rechtsprechung gefolgt, die zumindest zu einem klaren und für sich genommen einfachen Ergebnis führt: Was als „Geheißerwerb" bei § 929 S. 1 ausreicht, genügt auch für §§ 929 S. 1, 932 I 1.

2. Habt ihr an § 935 I gedacht? Wegen der Besonderheit einer *Täuschung des Eigentümers* waren hierzu über die bloße Feststellung hinaus ein paar Worte zu verlieren (siehe schon Fall 9, Fazit 2.).

Fall 11

Fall 11

D stiehlt eine pinkfarbene Plexiglas-Schildkröte von E. Diese veräußert er an den bezüglich der Eigentümerstellung des D bösgläubigen B. Als E erfährt, dass sich die Schildkröte bei B befindet, äußert er gegenüber diesem, er selbst sei nicht mehr an der Figur interessiert. B könne sie deshalb behalten. B stimmt erfreut zu, weil er sich eine solche Schildkröte schon immer gewünscht hat. Wenige Tage später überlegt E es sich anders und sagt zu B, er widerrufe seine Äußerung. Dann nimmt er die Figur an sich und sucht das Weite. Der verdutzte B will die Schildkröte wiederhaben.

Frage: Hat B gegen E einen Herausgabeanspruch aus § 985 ?

Lösungsskizze Fall 11

- **B gegen E Herausgabe der Plexiglas-Schildkröte gemäß § 985 ?**

I. Anspruch entstanden ?

   1. Voraussetzungen des § 985 ?

      a. Anspruchsgegner (E) ist Besitzer ?
      = tatsächliche Gewalt über die Sache

      HIER (+) → E hat die Figur wieder in Besitz genommen

      b. Anspruchsteller (B) ist Eigentümer ?

        aa. ursprünglich (−)

        bb. Eigentumserwerb des B von D gemäß § 929 S.1 ?
        = Erwerb des B vom Berechtigten D

        (1) Einigung ?
        = dinglicher Vertrag zwischen Veräußerer und Erwerber über den Eigentumsübergang

        HIER (+)

        (2) Übergabe ?
        = Veräußerer verliert Besitz und Erwerber erlangt Besitz

        HIER (+)

        (3) Einigsein im Zeitpunkt der Vollendung des Erwerbstatbestands ?
        = keine der Willenserklärungen darf widerrufen worden sein

        HIER (+) → kein Widerruf

        (4) Berechtigung des Veräußerers ?
        = der verfügungsbefugte Eigentümer oder der Nichteigentümer, der gesetzlich verfügungsbefugt ist oder der vom Berechtigten ermächtigt ist

Eigentum - Erwerb durch Rechtsgeschäft

HIER (−) → D ist weder Eigentümer noch Ermächtigter nach § 185; eine sonstige Verfügungsbefugnis ist nicht ersichtlich

(5) also: Eigentumserwerb des B vom Berechtigten D gemäß § 929 S. 1 (−)

cc. **Eigentumserwerb des B von D gemäß §§ 929 S. 1, 932 I 1?**
= Erwerb des B vom Nichtberechtigten D

(1) Einigung? (+), s.o.

(2) Übergabe? (+), s.o.

(3) Einigsein im Zeitpunkt der Vollendung des Erwerbstatbestands? (+), s.o.

(4) „Berechtigungsersatz"?
= Voraussetzungen des § 932 und kein Ausschluss nach § 935 I

(a) Rechtsgeschäftlicher Erwerb?
= nicht durch gesetzlichen Erwerb

HIER (+)

(b) Verkehrsgeschäft?
= bei Güteraustausch zwischen zwei Personen; nicht bei persönlicher oder wirtschaftlicher Identität des Übereignenden mit dem Erwerber

HIER (+)

(c) Legitimation des Verfügenden als Berechtigter?
= beim gutgläubigen Erwerb nach §§ 929 S. 1, 932 I 1: Übergabe der Sache

HIER (+) → D hat die Figur an B übergeben

(d) Gutgläubigkeit des Erwerbers?
= keine positive Kenntnis oder grob fahrlässige Unkenntnis vom Nichteigentum des Veräußerers bis zur Vollendung des Rechtserwerbs, § 932 II

HIER (−) → B war bezüglich der Eigentümerstellung des D bösgläubig, also nicht gutgläubig

(e) also: (bereits) Voraussetzungen des § 932 (−)

(5) also: Eigentumserwerb des B vom Nichtberechtigten D gemäß §§ 929 S. 1, 932 I 1 (−)

dd. **Eigentumserwerb des B von E gemäß § 929 S. 1?**
= Erwerb des B vom Berechtigten E

(1) Einigung?
= dinglicher Vertrag zwischen Veräußerer und Erwerber über den Eigentumsübergang

HIER (+) → E hat gegenüber B geäußert hat, er könne die Figur behalten und B hat erfreut zugestimmt

Fall 11

(2) Übergabe ?
= Veräußerer verliert Besitz und Erwerber erlangt Besitz
HIER (−) → eine Übergabe hat im Verhältnis E − B nie stattgefunden

(3) also: Eigentumserwerb des B vom Berechtigten E gemäß § 929 S. 1 (−)

ee. *Eigentumserwerb des B von E gemäß § 929 S. 2 ?*
= Erwerb des B vom Berechtigten E

(1) Einigung ? (+), s.o.

(2) „Übergabeersatz" ?
= Voraussetzung des § 929 S. 2

(a) Erwerber war zum Zeitpunkt der Einigung bereits Besitzer ?
= unmittelbarer oder mittelbarer Besitz
HIER (+) → B war unmittelbarer Besitzer

(b) also: Voraussetzung des § 929 S. 2 (+)

(3) Einigsein im Zeitpunkt der Vollendung des Erwerbstatbestands ?
= keine der Willenserklärungen darf widerrufen worden sein

HIER (+) → die Parteien waren sich im Zeitpunkt der Vollendung des Erwerbstatbestands, nämlich bei der Einigung über den Eigentumsübergang − weil sich der Erwerber bereits im Besitz der Sache befand − einig; der nach der Einigung geäußerte „Widerruf" kommt zu spät

(4) Berechtigung des Veräußerers ?
= der verfügungsbefugte Eigentümer oder der Nichteigentümer, der gesetzlich verfügungsbefugt ist oder der vom Berechtigten ermächtigt ist

HIER (+) → E ist verfügungsbefugter Eigentümer

(5) also: Eigentumserwerb des B vom Berechtigten E gemäß § 929 S. 2 (+)

ff. *also: Anspruchsteller (B) ist Eigentümer* (+)

c. *also: Voraussetzungen des § 985* (+)

2. *Voraussetzungen des § 986 ?*
= Anspruchsgegner hat kein Recht zum Besitz

HIER (+) → ein Besitzrecht des E ist nicht ersichtlich

3. *also: Anspruch entstanden* (+)

II. Anspruch untergegangen ? (−)

III. Anspruch durchsetzbar ? (+)

IV. Ergebnis:
B gegen E Herausgabe der Plexiglas-Schildkröte gemäß § 985 (+)

Eigentum - Erwerb durch Rechtsgeschäft

Formulierungsvorschlag Fall 11

- B gegen E Herausgabe der Plexiglas-Schildkröte gemäß § 985

B könnte gegen E einen Anspruch auf Herausgabe der Plexiglas-Schildkröte gemäß § 985 haben.

I. Der Anspruch müsste entstanden sein.

1. Nach § 985 muss der Anspruchsteller Eigentümer und der Anspruchsgegner Besitzer der Sache sein.

a. Anspruchsgegner E ist Besitzer der Figur. Er hat sie wieder an sich genommen.

b. Anspruchsteller B müsste Eigentümer der Schildkröte sein.

aa. Ursprünglich war er nicht Eigentümer.

bb. B könnte jedoch Eigentum vom Berechtigten D gemäß § 929 S. 1 erworben haben.

Die Parteien haben sich wirksam über den Eigentumsübergang geeinigt.

Die Sache ist übergeben worden.

Die Parteien waren sich auch noch im Zeitpunkt der Vollendung des Erwerbstatbestands einig.

D müsste Berechtigter gewesen sein. Berechtigt ist der verfügungsbefugte Eigentümer oder der Nichteigentümer, der gesetzlich verfügungsbefugt ist oder der vom Berechtigten ermächtigt ist. D war als Dieb weder Eigentümer noch Ermächtigter nach § 185. Eine sonstige Verfügungsbefugnis ist nicht ersichtlich. Somit fehlte die Berechtigung des D.

Demnach hat B nicht vom Berechtigten D gemäß § 929 S. 1 Eigentum erworben.

cc. B könnte aber Eigentum vom Nichtberechtigten D gemäß § 929 S. 1, 932 I 1 erworben haben.

Die Parteien haben sich wirksam über den Eigentumsübergang geeinigt.

Die Sache ist übergeben worden.

Die Parteien waren sich auch noch im Zeitpunkt der Vollendung des Erwerbstatbestands einig.

Fraglich ist, ob die Voraussetzungen des § 932 vorliegen und der gutgläubige Erwerb nicht nach § 935 I ausgeschlossen ist.

Es hat ein rechtsgeschäftlicher Erwerb stattgefunden.

Außerdem liegt ein Verkehrsgeschäft vor.

Die im Rahmen des gutgläubigen Erwerbs nach §§ 929 S. 1, 932 I 1 erforderliche Übergabe der Sache durch den Veräußerer an den Erwerber ist erfolgt.

Fall 11

Weiterhin muss der Erwerber im Zeitpunkt des Rechtserwerbs gutgläubig gewesen sein. Diesbezüglich schadet gemäß § 932 II positive Kenntnis oder grob fahrlässige Unkenntnis vom Nichteigentum des Veräußerers. B war bezüglich der Eigentümerstellung des D bösgläubig, also nicht gutgläubig.

Mithin liegen nicht alle Voraussetzungen des § 932 vor.

Demnach hat B nicht vom Nichtberechtigten D gemäß §§ 929 S. 1, 932 I 1 Eigentum erworben.

dd. B könnte aber Eigentum vom Berechtigten E gemäß § 929 S. 1 erworben haben.

E hat gegenüber B geäußert hat, er könne die Figur behalten und B hat erfreut zugestimmt. Die Parteien haben sich insofern wirksam über den Eigentumsübergang geeinigt.

Es fehlt jedoch an der erforderlichen Übergabe im Verhältnis E – B.

Demnach hat B auch nicht vom Berechtigten E gemäß § 929 S. 1 Eigentum erworben.

ee. Letztlich könnte B Eigentum vom Berechtigten E gemäß § 929 S. 2 erworben haben.

Die Parteien haben sich wirksam über den Eigentumsübergang geeinigt.

Zudem müsste die Voraussetzung des § 929 S. 2 erfüllt sein.

Der Erwerber müsste zum Zeitpunkt der Einigung bereits Besitzer gewesen sein. B war zum genannten Zeitpunkt unmittelbarer Besitzer der Schildkröte.

Also ist die Voraussetzung des § 929 S. 2 erfüllt.

Die Parteien waren sich im Zeitpunkt der Vollendung des Erwerbstatbestands, nämlich bei der Einigung über den Eigentumsübergang – weil sich der Erwerber bereits im Besitz der Sache befand – einig. Der nach der Einigung geäußerte „Widerruf" kommt zu spät.

Außerdem war der ursprüngliche Eigentümer E verfügungsbefugt, also Berechtigter.

Demnach hat B vom Berechtigten E gemäß § 929 S. 2 Eigentum erworben.

ff. Somit ist der Anspruchsteller B Eigentümer.

c. Also liegen die Voraussetzungen des § 985 vor.

2. Der Anspruchsgegner dürfte zudem kein Recht zum Besitz gemäß § 986 haben. Ein Besitzrecht des E ist nicht ersichtlich. Damit steht § 986 dem Anspruch auf Herausgabe nicht entgegen.

3. Demnach ist der Anspruch entstanden.

II. Der Anspruch ist nicht untergegangen.

III. Er ist auch durchsetzbar.

IV. B hat gegen E den Anspruch auf Herausgabe der Plexiglas-Schildkröte gemäß § 985.

Eigentum - Erwerb durch Rechtsgeschäft

Fazit

1. Dies war ein Fall, der sich unter anderem mit der – hier unproblematischen – Konstellation eines Eigentumserwerbs gemäß § 929 S. 2 beschäftigte. Der **Eigentumserwerb nach § 929 S. 2** wird auch als **Übereignung kurzer Hand** bezeichnet.

   Im Fall durftet ihr euch abermals mit allen Erwerbsarten auseinandersetzen, die ihr bislang in diesem Buch kennengelernt habt.

   Im direkten Vergleich des Eigentumserwerbs gemäß § 929 S. 1 mit dem Eigentumserwerb nach § 929 S. 2 fällt vor allem ein Unterschied auf: Während im Rahmen der Prüfung des Erwerbs nach § 929 S. 1 eine „Übergabe" der Sache gefordert ist, ist im Rahmen der Prüfung des Erwerbs nach § 929 S. 2 – weil sich der Erwerber bereits im Besitz der Sache befindet – mangels einer Übergabe ein „Übergabeersatz" erforderlich. Dazu gleich mehr.

   Ansonsten sind die Prüfungspunkte der beiden Erwerbsarten identisch. Lest deshalb bitte zu den Prüfungspunkten *„Einigung", „Einigsein im Zeitpunkt der Vollendung des Erwerbstatbestands"* und *„Berechtigung des Veräußerers"* noch einmal das Fazit zu Fall 1. Die Probleme sind immer dieselben.

   Ach ja, noch einmal zurück zum Prüfungspunkt *„Einigsein im Zeitpunkt der Vollendung des Erwerbstatbestands"*. Wie ihr wisst, darf die Einigung bis zur Vollendung des Erwerbs nicht widerrufen worden sein. Schnelldenker haben längst bemerkt, dass der Prüfungspunkt an sich völlig überflüssig ist, weil die Übereignung nach § 929 S. 2 nur eine Einigung fordert. Mit erfolgter Einigung ist der Erwerbstatbestand beendet. Wann bitte soll dann wirksam widerrufen werden? Eben, gar nicht. Der Widerruf muss in solchen Konstellationen immer zu spät erfolgen. Dennoch ist es sinnvoll, mit dem Prüfungspunkt zu arbeiten und – in unproblematischen Fällen – einen kurzen Satz zu Papier zu bringen. In Fällen wie diesem habt ihr die Möglichkeit, mehrere Sätze zum „unsinnigen" Widerruf zu schreiben.

2. Wir haben den bei § 929 S. 2 zu prüfenden abweichenden Punkt in der Lösungsskizze **eher unjuristisch „Übergabeersatz"** genannt. Merkt euch diesen Terminus, aber bringt ihn nicht in der Klausur zu Papier. Ihr könnt es – wie schon im Formulierungsvorschlag aufgezeigt – etwa wie folgt ausdrücken: „Zudem müsste die **Voraussetzung des § 929 S. 2** erfüllt sein." Dann wendet ihr euch der einzigen Voraussetzung der Norm zu, auf die ihr aber nur breiter eingehen solltet, wenn sie wirklich problematisch ist. Ansonsten dürft ihr euch – wie im Formulierungsvorschlag gesehen – auf maximal zwei kurze Sätze zum Prüfungsunterpunkt zurückziehen. Lest hierzu noch einmal den Formulierungsvorschlag.

3. Der nach § 929 S. 2 Erwerbende kann und darf unmittelbarer Besitzer oder mittelbarer Besitzer der Sache sein. Er kann dem Veräußerer den Besitz sogar bis zur Übereignung vermittelt haben.

   Beachtet bitte, dass sich der Erwerber zum Zeitpunkt der Einigung im Besitz der Sache befinden muss. Gelangt er etwa erst unmittelbar nach der Einigung in den Besitz der Sache, scheidet ein Eigentumserwerb nach § 929 S. 2 aus.

Fall 11

Im Übrigen darf der Erwerber den Besitz von einer anderen Person erlangt haben oder sich den Besitz selbst verschafft haben.

4. Problematisiert wird ab und an, ob und gegebenenfalls wie der Veräußerer nach § 929 S. 2 an seinen **Besitzdiener** (§ 855) übereignen kann. Beispiel: Boss B will seinem Chauffeur C Eigentum am betagten Arbeits-Audi verschaffen. Das Problem dürfte klar sein: Da C sich als Besitzdiener eben nicht im Besitz der Sache befindet, scheidet eine Übereignung nach § 929 S. 2 logisch aus. Die Parteien müssen zuerst einen Zustand herbeiführen, der den ursprünglichen Besitzdiener zum Besitzer macht. Erst dann ist die Übereignung nach § 929 S. 2 möglich. Und? Dann können die Parteien doch gleich nach § 929 S. 1 übereignen.

Und wie funktioniert die Übereignung an den **Mitbesitzer**? Beispiel: Alleineigentümerin und Ehefrau F will ihrem Ehemann M Eigentum am gemeinsam genutzten Ferrari verschaffen. Der Veräußerer, der mit dem Erwerber Mitbesitz an der Sache hat und weiter haben will, kann dem Erwerber nach § 929 S. 2 lediglich Miteigentum verschaffen. Soll der Erwerber dagegen Alleineigentum an der Sache erlangen, muss eine Übereignung nach § 930 erfolgen. Dazu später mehr.

5. Noch einmal zurück zum Fall: Beachtet den Aufbau. Um mit dem Anspruch aus § 985 durchzudringen, muss B Eigentümer der Sache sein. Ursprünglich war er nicht Eigentümer. Es besteht dann – zumindest theoretisch – die Möglichkeit, dass der Anspruchsteller B entweder Eigentum von D oder Eigentum von E erworben hat. In solchen Konstellationen solltet ihr immer historisch prüfen. Für diesen Fall bedeutet das: Erst nachdem ihr festgestellt habt, dass eine wie immer geartete Übereignung im Verhältnis D – B scheitert, wendet ihr euch der Frage zu, ob eine Übereignung im Verhältnis E – B stattgefunden hat.

Übrigens: Selbst wenn B bezüglich der Eigentümerstellung des D gutgläubig gewesen wäre, wäre der Eigentumserwerb im Verhältnis D – B gescheitert, weil die Sache abhandengekommen war, § 935 I.

Eigentum - Erwerb durch Rechtsgeschäft

Fall 12

Der Möbelhaushasser E verleiht sein selbst kreiertes „Kill Billy"-T-Shirt an X. Dieser wiederum verleiht es an B. Als B wenig später fragt, ob er das T-Shirt erwerben könne, veräußert X es an ihn. B geht dabei davon aus, dass X der Eigentümer des Kleidungsstücks ist. Nach Beendigung der Leihzeit wendet sich E bezüglich der Rückgabe des Shirts vergeblich an X und muss erfahren, dass es sich nunmehr im Besitz des B befindet. Also verlangt er das T-Shirt von B heraus.

Frage: Hat E gegen B einen Herausgabeanspruch aus § 985 ?

Lösungsskizze Fall 12

- E gegen B Herausgabe des T-Shirts gemäß § 985 ?

I. Anspruch entstanden ?

   1. Voraussetzungen des § 985 ?

      a. Anspruchsgegner (B) ist Besitzer ?
      = tatsächliche Gewalt über die Sache

      HIER (+)

      b. Anspruchsteller (E) ist Eigentümer ?

         aa. ursprünglich (+)

         bb. Eigentumsverlust des E durch Eigentumserwerb des B von X gemäß § 929 S. 1 ?
         = Erwerb des B vom Berechtigten X

         (1) Einigung ?
         = dinglicher Vertrag zwischen Veräußerer und Erwerber über den Eigentumsübergang

         HIER (+)

         (2) Übergabe ?
         = Veräußerer verliert Besitz und Erwerber erlangt Besitz

         HIER (−) → im Rahmen des Eigentumserwerbs nach § 929 S. 1 muss die Übergabe der Sache der Einigung zeitlich nachfolgen oder gleichzeitig mit der Einigung erfolgen; zum Zeitpunkt der Einigung befand sich B jedoch bereits im Besitz der Sache

         (3) <u>also</u>: Eigentumsverlust des E durch Eigentumserwerb des B vom Berechtigten X gemäß § 929 S. 1 (−)

Fall 12

cc. Eigentumsverlust des E durch Eigentumserwerb des B von X gemäß § 929 S. 2 ?
= Erwerb des B vom Berechtigten X

(1) Einigung ? (+), s.o.

(2) „Übergabeersatz" ?
= Voraussetzung des § 929 S. 2

   (a) Erwerber war zum Zeitpunkt der Einigung bereits Besitzer ?
   = unmittelbarer oder mittelbarer Besitz
       HIER (+) → B war unmittelbarer Besitzer

   (b) also: Voraussetzung des § 929 S. 2 (+)

(3) Einigsein im Zeitpunkt der Vollendung des Erwerbstatbestands ?
= keine der Willenserklärungen darf widerrufen worden sein
       HIER (+) → kein Widerruf

(4) Berechtigung des Veräußerers ?
= der verfügungsbefugte Eigentümer oder der Nichteigentümer, der gesetzlich verfügungsbefugt ist oder der vom Berechtigten ermächtigt ist
       HIER (−) → X ist weder Eigentümer noch Ermächtigter nach § 185; eine sonstige Verfügungsbefugnis ist nicht ersichtlich

(5) also: Eigentumsverlust des E durch Eigentumserwerb des B vom Berechtigten X gemäß § 929 S. 2 (−)

dd. Eigentumsverlust des E durch Eigentumserwerb des B von X gemäß §§ 929 S. 2, 932 I 2 ?
= Erwerb des B vom Nichtberechtigten X

(1) Einigung ? (+), s.o.

(2) „Übergabeersatz" ?
= Voraussetzungen des § 929 S. 2
       HIER (+) → s.o.

(3) Einigsein im Zeitpunkt der Vollendung des Erwerbstatbestands ? (+), s.o.

(4) „Berechtigungsersatz" ?
= Voraussetzungen des § 932 und kein Ausschluss nach § 935 I

   (a) Rechtsgeschäftlicher Erwerb ?
   = nicht durch gesetzlichen Erwerb
       HIER (+)

   (b) Verkehrsgeschäft ?
   = bei Güteraustausch zwischen zwei Personen; nicht bei persönlicher oder wirtschaftlicher Identität des Übereignenden mit dem Erwerber
       HIER (+)

Eigentum - Erwerb durch Rechtsgeschäft

(c) Legitimation des Verfügenden als Berechtigter?
= beim gutgläubigen Erwerb nach §§ 929 S. 2, 932 I 2:
Erwerber muss den Besitz vom Veräußerer erlangt haben

HIER (+) → B hat den Besitz von X erlangt

(d) Gutgläubigkeit des Erwerbers?
= keine positive Kenntnis oder grob fahrlässige Unkenntnis vom Nichteigentum des Veräußerers bis zur Vollendung des Rechtserwerbs, § 932 II

HIER (+) → B wusste zu keinem Zeitpunkt positiv, dass der Veräußerer X nicht Eigentümer der Sache war; dies war ihm mangels entsprechender Anhaltspunkte auch nicht grob fahrlässig unbekannt

(e) kein Abhandenkommen der Sache, § 935 I?
= kein unfreiwilliger Verlust des unmittelbaren Besitzes

HIER (+) → E hat das T-Shirt im Rahmen der Erfüllung des Leihvertrags freiwillig dem X ausgehändigt

(f) <u>also</u>: Voraussetzungen des § 932 und kein Ausschluss nach § 935 I (+)

(5) <u>also</u>: Eigentumsverlust des E durch Eigentumserwerb des B vom Nichtberechtigten X gemäß §§ 929 S. 2, 932 I 2 (+)

ee. <u>also</u>: Anspruchsteller (E) ist Eigentümer (–)

c. <u>also</u>: Voraussetzungen des § 985 (–)

2. <u>also</u>: Anspruch entstanden (–)

II. Ergebnis:
E gegen B Herausgabe des T-Shirts gemäß § 985 (–)

Formulierungsvorschlag Fall 12

- E gegen B Herausgabe des T-Shirts gemäß § 985

E könnte gegen B einen Anspruch auf Herausgabe des T-Shirts gemäß § 985 haben.

I. Der Anspruch müsste entstanden sein.

1. Nach § 985 muss der Anspruchsteller Eigentümer und der Anspruchsgegner Besitzer der Sache sein.

a. Anspruchsgegner B ist Besitzer des T-Shirts.

b. Anspruchsteller E müsste Eigentümer des T-Shirts sein.

aa. Ursprünglich war er Eigentümer.

Fall 12

bb. Er hätte jedoch sein Eigentum verloren, wenn B seinerseits Eigentum erworben hat. In Betracht kommt ein Eigentumserwerb des B vom Berechtigten X gemäß § 929 S. 1.

Die Parteien haben sich wirksam über den Eigentumsübergang geeinigt.

Im Rahmen des Eigentumserwerbs nach § 929 S. 1 muss die Übergabe der Sache der Einigung zeitlich nachfolgen oder gleichzeitig mit der Einigung erfolgen. Zum Zeitpunkt der Einigung befand sich B jedoch bereits im Besitz der Sache. Also ist das T-Shirt schon vor der Einigung übergeben worden.

Demnach hat B nicht vom Berechtigten X gemäß § 929 S. 1 Eigentum erworben. E hat auf diesem Wege sein Eigentum nicht verloren.

cc. E hätte jedoch sein Eigentum verloren, wenn B seinerseits Eigentum vom Berechtigten X gemäß § 929 S. 2 erworben hat.

Die Parteien haben sich wirksam über den Eigentumsübergang geeinigt.

Zudem müsste die Voraussetzung des § 929 S. 2 erfüllt sein.

Der Erwerber müsste zum Zeitpunkt der Einigung bereits Besitzer gewesen sein. B war zum genannten Zeitpunkt unmittelbarer Besitzer des T-Shirts.

Also ist die Voraussetzung des § 929 S. 2 erfüllt.

Die Parteien waren sich im Zeitpunkt der Vollendung des Erwerbstatbestands einig.

X müsste Berechtigter gewesen sein. Berechtigt ist der verfügungsbefugte Eigentümer oder der Nichteigentümer, der gesetzlich verfügungsbefugt ist oder der vom Berechtigten ermächtigt ist. X war weder Eigentümer noch Ermächtigter nach § 185. Eine sonstige Verfügungsbefugnis ist nicht ersichtlich. Somit fehlte die Berechtigung des X.

Demnach hat B auch nicht vom Berechtigten X gemäß § 929 S. 2 Eigentum erworben. Auch auf diese Weise hat E sein Eigentum nicht verloren.

dd. E hätte jedoch sein Eigentum verloren, wenn B seinerseits Eigentum vom Nichtberechtigten X gemäß §§ 929 S. 2, 932 I 2 erworben hat.

Die Parteien haben sich wirksam über den Eigentumsübergang geeinigt.

B war zum Zeitpunkt der Einigung Besitzer der Sache.

Die Parteien waren sich im Zeitpunkt der Vollendung des Erwerbstatbestands einig.

Fraglich ist, ob die Voraussetzungen des § 932 vorliegen und der gutgläubige Erwerb nicht nach § 935 I ausgeschlossen ist.

Es hat ein rechtsgeschäftlicher Erwerb stattgefunden.

Außerdem liegt ein Verkehrsgeschäft vor.

Die im Rahmen des gutgläubigen Erwerbs nach §§ 929 S. 2, 932 I 2 erforderliche Besitzerlangung des Erwerbers vom Veräußerer ist erfolgt.

Eigentum - Erwerb durch Rechtsgeschäft

Weiterhin muss der Erwerber im Zeitpunkt des Rechtserwerbs gutgläubig gewesen sein. Diesbezüglich schadet gemäß § 932 II positive Kenntnis oder grob fahrlässige Unkenntnis vom Nichteigentum des Veräußerers. B wusste zu keinem Zeitpunkt positiv, dass der Veräußerer X nicht Eigentümer der Sache war. Dies war ihm mangels entsprechender Anhaltspunkte auch nicht grob fahrlässig unbekannt. Er war somit gutgläubig.

Darüber hinaus dürfte die Sache dem Eigentümer nicht abhandengekommen sein, § 935 I 1. Abhandengekommen ist eine Sache beim unfreiwilligen Verlust des unmittelbaren Besitzes. E hat das T-Shirt im Rahmen der Erfüllung des Leihvertrags freiwillig dem X ausgehändigt. Mangels unfreiwilligen Verlustes des Besitzes ist ein Abhandenkommen zu verneinen.

Also liegen die Voraussetzungen des § 932 vor und der gutgläubige Erwerb ist nicht nach § 935 I ausgeschlossen.

Demnach hat B vom Nichtberechtigten X gemäß §§ 929 S. 2, 932 I 2 Eigentum erworben. E hat also auf diesem Wege sein Eigentum verloren.

ee. Somit ist der Anspruchsteller E nicht mehr Eigentümer.

c. Also fehlt es an einer Voraussetzung des § 985.

2. Demnach besteht der Herausgabeanspruch nicht.

II. E hat gegen B keinen Anspruch auf Herausgabe des T-Shirts gemäß § 985.

Fazit

1. Zur Wiederholung: Nach *§ 985* kann der Eigentümer vom Besitzer *Herausgabe der Sache* verlangen. Der Anspruchsteller muss also Eigentümer, der Anspruchsgegner muss Besitzer sein.

   Wenn dem Sachverhalt zu entnehmen ist, dass der Anspruchsteller nicht von vornherein Eigentümer war, bringt ihr genau das zu Papier. Dann wendet ihr euch der Frage zu, ob er vielleicht (später) Eigentum an der Sache erworben hat.

   Hier war es jedoch anders. Wenn dem Sachverhalt zu entnehmen ist, dass der Anspruchsteller ursprünglich Eigentümer war, bringt ihr eben dies zu Papier. Dann wendet ihr euch der Frage zu, ob er vielleicht (später) das Eigentum an der Sache verloren hat. Eigentum kann er verloren haben, wenn ein anderer Eigentum erworben hat. Diesen Aufbau habt ihr in Fall 3 erstmals kennengelernt.

2. Weil der Veräußerer X weder verfügungsbefugter Eigentümer noch sonst Berechtigter war, musstet ihr einen Eigentumserwerb des B vom Berechtigten gemäß § 929 S. 2 verneinen. Also kam nur noch ein *Erwerb vom Nichtberechtigten* gemäß §§ 929 S. 2, 932 I 2 in Betracht.

   Vergleicht diesen Fall (Erwerb vom Nichtberechtigten nach §§ 929 S. 2, 932 I 2 mit Fall 7 (Erwerb vom Nichtberechtigten nach §§ 929 S. 1, 932 I 1) und lest

Fall 12

noch einmal den vorigen Fall 11 (Erwerb vom Berechtigten gemäß § 929 S. 2). Na? Baukasten, Baukasten!

3. Der Erwerb vom Nichtberechtigten gemäß §§ 929 S. 2, 932 I 2 funktioniert im Aufbau zunächst so, wie der Erwerb vom Berechtigten nach § 929 S. 2. Spätestens seit dem vorigen Fall wisst ihr, dass dort die Voraussetzungen „Einigung", „Übergabeersatz" (hier: Erwerber war zum Zeitpunkt der Einigung bereits Besitzer) und „Einigsein im Zeitpunkt der Vollendung des Erwerbstatbestands" zu prüfen sind. Den dann folgenden Prüfungspunkt „Berechtigung des Veräußerers" habt ihr im Rahmen der Prüfung des Eigentumserwerbs vom Berechtigten verneinen müssen.

4. Stattdessen ist beim Erwerb vom Nichtberechtigten – wie seit Fall 7 bekannt – *mangels* der *Berechtigung* auf einen anderen Prüfungspunkt einzugehen. Den haben wir in der Lösungsskizze abermals *eher unjuristisch „Berechtigungsersatz"* genannt. Merkt euch diesen Terminus, aber bringt ihn nicht in der Klausur zu Papier. Ihr könnt es – wie schon im Formulierungsvorschlag aufgezeigt – etwa wie folgt ausdrücken: „Fraglich ist, ob die *Voraussetzungen des § 932* vorliegen und der gutgläubige Erwerb *nicht nach § 935 ausgeschlossen* ist." Dann wendet ihr euch den einzelnen Voraussetzungen der Norm zu, auf die ihr aber nur breiter eingehen solltet, wenn sie wirklich problematisch sind. Ansonsten dürft ihr euch – wie im Formulierungsvorschlag gesehen – auf einzelne feststellende Sätze zu den folgenden Prüfungsunterpunkten zurückziehen.

Wie beim Erwerb vom Nichtberechtigten nach §§ 929 S. 1, 932 I 1 (Fall 7) sind beim Erwerb vom Nichtberechtigten nach §§ 929 S. 2, 932 I 2 die Prüfungsunterpunkte *„rechtsgeschäftlicher Erwerb"*, *„Verkehrsgeschäft"*, *„Legitimation des Verfügenden als Berechtigter"*, *„Gutgläubigkeit des Erwerbers"* und *„kein Abhandenkommen der Sache, § 935 I"* zu prüfen.

Bezüglich fast aller Voraussetzungen dürft ihr auf die Ausführungen zu den Fällen 7 ff zurückgreifen. Im Prüfungsunterpunkt *„Legitimation des Verfügenden als Berechtigter"* ist die Voraussetzung aber eine andere. Hier ist selbstverständlich nicht die Übergabe der Sache erforderlich. Vielmehr muss der Erwerber – der sich ja bereits im Besitz der Sache befindet – den Besitz vom Veräußerer oder zumindest auf dessen Veranlassung erlangt haben.

Und: Die *„Gutgläubigkeit des Erwerbers"* muss bis zur Vollendung des Rechtserwerbs vorhanden sein. Das ist hier nicht die Übergabe der Sache, sondern die Einigung über den Eigentumsübergang.

Eigentum - Erwerb durch Rechtsgeschäft

Fall 13

Der im internationalen Frachtverkehr tätige Lkw-Fahrer E verschenkt seine oft gehörte 88 CDs umfassende Audio-Sammlung philosophischer Texte an seinen Sohn X und einigt sich mit ihm bezüglich des Eigentumsübergangs. Weil E einige der CDs noch einmal hören möchte, übergibt er die Sammlung noch nicht. Er schließt mit X einen bis zum 10.10. befristeten Leihvertrag. Weil E plötzlich dringend Geld benötigt, veräußert er die CDs an B. Dieser geht davon aus, dass E der Eigentümer der CDs ist. Als X sich am 11.10. an E wendet, erfährt er, dass sich die CDs nunmehr bei B befinden. Deshalb verlangt er sie von B heraus.

Frage: Hat X gegen B einen Herausgabeanspruch aus § 985 ?

Lösungsskizze Fall 13

- **X gegen B Herausgabe der CDs gemäß § 985 ?**

I. Anspruch entstanden ?

   1. Voraussetzungen des § 985 ?

      a. Anspruchsgegner (B) ist Besitzer ?
      = tatsächliche Gewalt über die Sache

      HIER (+)

      b. Anspruchsteller (X) ist Eigentümer ?

        aa. ursprünglich (−)

        bb. Eigentumserwerb des X von E gemäß § 929 S. 1 ?
        = Erwerb des X vom Berechtigten E

        (1) Einigung ?
        = dinglicher Vertrag zwischen Veräußerer und Erwerber über den Eigentumsübergang

        HIER (+)

        (2) Übergabe ?
        = Veräußerer verliert Besitz und Erwerber erlangt Besitz

        HIER (−) → E und X haben vereinbart, dass E die CDs noch behält; eine Übergabe hat nicht stattgefunden

        (3) also: Eigentumserwerb des X vom Berechtigten E gemäß § 929 S. 1 (−)

        cc. Eigentumserwerb des X von E gemäß §§ 929 S. 1, 930 ?
        = Erwerb des X vom Berechtigten E

        (1) Einigung ? (+), s.o.

Fall 13

(2) „Übergabeersatz" ?
= Voraussetzungen des § 930

(a) Veräußerer ist Besitzer geblieben ?
= unmittelbarer oder mittelbarer Besitz

HIER (+) → E ist unmittelbarer Besitzer geblieben

(b) Besitzmittlungsverhältnis zwischen Veräußerer u. Erwerber ?
= Verhältnis i.S.d. § 868

HIER (+) → E und X haben einen Leihvertrag (§ 598) geschlossen, also ein „ähnliches Verhältnis" i.S.d. § 868 vereinbart; dadurch hat X mittelbaren Besitz an den CDs erlangt.

(c) Fremdbesitzerwillen des Veräußerers ?
= Willen, für den Erwerber zu besitzen

HIER (+) → E wollte für X besitzen

(d) <u>also</u>: Voraussetzungen des § 930 (+)

(3) Einigsein im Zeitpunkt der Vollendung des Erwerbstatbestands ?
= keine der Willenserklärungen darf widerrufen worden sein

HIER (+) → kein Widerruf

(4) Berechtigung des Veräußerers ?
= der verfügungsbefugte Eigentümer oder der Nichteigentümer, der gesetzlich verfügungsbefugt ist oder der vom Berechtigten ermächtigt ist

HIER (+) → E ist verfügungsbefugter Eigentümer

(5) <u>also</u>: Eigentumserwerb des X vom Berechtigten E gemäß §§ 929 S.1, 930 (+)

dd. Eigentumsverlust des X durch Eigentumserwerb des B von E gemäß § 929 S.1 ?
= Erwerb des B vom Berechtigten E

(1) Einigung ?
= dinglicher Vertrag zwischen Veräußerer und Erwerber über den Eigentumsübergang

HIER (+)

(2) Übergabe ?
= Veräußerer verliert Besitz und Erwerber erlangt Besitz

HIER (+)

(3) Einigsein im Zeitpunkt der Vollendung des Erwerbstatbestands ?
= keine der Willenserklärungen darf widerrufen worden sein

HIER (+) → kein Widerruf

Eigentum - Erwerb durch Rechtsgeschäft

(4) Berechtigung des Veräußerers ?
= der verfügungsbefugte Eigentümer oder der Nichteigentümer, der gesetzlich verfügungsbefugt ist oder der vom Berechtigten ermächtigt ist

HIER (−) → E war wegen der bereits erfolgten Veräußerung der CDs an X (s.o.) nicht mehr deren Eigentümer; er war auch nicht Ermächtigter nach § 185; eine sonstige Verfügungsbefugnis ist nicht ersichtlich

(5) also: Eigentumsverlust des X durch Eigentumserwerb des B vom Berechtigten E gemäß § 929 S. 1 (−)

ee. Eigentumsverlust des X durch Eigentumserwerb des B von E gemäß §§ 929 S. 1, 932 I 1 ?
= Erwerb des B vom Nichtberechtigten E

(1) Einigung ? (+), s.o.

(2) Übergabe ? (+), s.o.

(3) Einigsein im Zeitpunkt der Vollendung des Erwerbstatbestands ? (+), s.o.

(4) „Berechtigungsersatz" ?
= Voraussetzungen des § 932 und kein Ausschluss nach § 935 I

(a) Rechtsgeschäftlicher Erwerb ?
= nicht durch gesetzlichen Erwerb

HIER (+)

(b) Verkehrsgeschäft ?
= bei Güteraustausch zwischen zwei Personen; nicht bei persönlicher oder wirtschaftlicher Identität des Übereignenden mit dem Erwerber

HIER (+)

(c) Legitimation des Verfügenden als Berechtigter ?
= beim gutgläubigen Erwerb nach §§ 929 S. 1, 932 I 1: Übergabe der Sache

HIER (+) → E hat die CDs an B übergeben

(d) Gutgläubigkeit des Erwerbers ?
= keine positive Kenntnis oder grob fahrlässige Unkenntnis vom Nichteigentum des Veräußerers bis zur Vollendung des Rechtserwerbs, § 932 II

HIER (+) → B war bezüglich der Eigentümerstellung des E gutgläubig

(e) kein Abhandenkommen der Sache, § 935 I ?
= kein unfreiwilliger Verlust des unmittelbaren Besitzes

HIER (+) → X hat im Rahmen der Erfüllung des Leihvertrags den unmittelbaren Besitz an den CDs freiwillig bei E belassen; inso-

Fall 13

fern sind die CDs nicht abhandengekommen i.S.d. § 935 I 1; falls der Eigentümer nur mittelbarer Besitzer ist, darf die Sache jedoch gemäß § 935 I 2 nicht dem unmittelbaren Besitzer abhandengekommen sein; nachdem X die CDs bei E belassen hat, war er mittelbarer Besitzer und E unmittelbarer Besitzer; E als unmittelbarer Besitzer hat die CDs freiwillig dem B gegeben; die Sachen sind also nicht abhandengekommen

(f) also: Voraussetzungen des § 932 und kein Ausschluss nach § 935 I (+)

(5) also: Eigentumsverlust des X durch Eigentumserwerb des B vom Nichtberechtigten E gemäß §§ 929 S. 1, 932 I 1 (+)

ff. also: Anspruchsteller (X) ist Eigentümer (−)

c. also: Voraussetzungen des § 985 (−)

2. also: Anspruch entstanden (−)

II. Ergebnis:
X gegen B Herausgabe der CDs gemäß § 985 (−)

Formulierungsvorschlag Fall 13

- X gegen B Herausgabe der CDs gemäß § 985

X könnte gegen B einen Anspruch auf Herausgabe der CDs gemäß § 985 haben.

I. Der Anspruch müsste entstanden sein.

1. Nach § 985 muss der Anspruchsteller Eigentümer und der Anspruchsgegner Besitzer der Sache sein.

a. Anspruchsgegner B ist Besitzer der CDs.

b. Anspruchsteller X müsste Eigentümer der CDs sein.

aa. Ursprünglich war er nicht Eigentümer.

bb. X könnte jedoch Eigentum vom Berechtigten E gemäß § 929 S. 1 erworben haben.

Die Parteien haben sich wirksam über den Eigentumsübergang geeinigt.

Eine Übergabe der CDs hat aber nicht stattgefunden. Die Parteien haben vereinbart, dass E die CDs noch behält.

Demnach hat X nicht vom Berechtigten E gemäß § 929 S. 1 Eigentum erworben.

cc. X könnte Eigentum vom Berechtigten E gemäß §§ 929 S. 1, 930 erworben haben.

Eigentum - Erwerb durch Rechtsgeschäft

Die Parteien haben sich wirksam über den Eigentumsübergang geeinigt.

Zudem müssten die Voraussetzungen des § 930 erfüllt sein.

Zunächst müsste der Veräußerer im Besitz der Sachen geblieben sein. E ist unmittelbarer Besitzer der CDs geblieben.

Außerdem müssten der Veräußerer und der Erwerber ein Besitzmittlungsverhältnis vereinbart haben, durch das der Erwerber den mittelbaren Besitz an den Sachen erlangt hat. Als Besitzmittlungsverhältnis kommt ein solches im Sinne des § 868 in Betracht. E und X haben einen Leihvertrag (§ 598) geschlossen, also ein „ähnliches Verhältnis" im Sinne des § 868 vereinbart. Dadurch hat X mittelbaren Besitz an den CDs erlangt.

Letztlich müsste der Veräußerer den Willen gehabt haben, die veräußerten Sachen für den Erwerber zu besitzen. E wollte die CDs für X besitzen, er hatte somit den erforderlichen Fremdbesitzerwillen.

Also sind die Voraussetzungen des § 930 erfüllt.

Die Parteien waren sich im Zeitpunkt der Vollendung des Erwerbstatbestands einig.

Außerdem war der ursprüngliche Eigentümer E verfügungsbefugt, also Berechtigter.

Demnach hat X vom Berechtigten E gemäß §§ 929 S. 1, 930 Eigentum erworben.

dd. X hätte jedoch sein Eigentum wieder verloren, wenn B seinerseits Eigentum erworben hat. In Betracht kommt ein Eigentumserwerb des B vom Berechtigten E gemäß § 929 S. 1.

Die Parteien haben sich wirksam über den Eigentumsübergang geeinigt.

Die Sachen sind übergeben worden.

Die Parteien waren sich auch noch im Zeitpunkt der Vollendung des Erwerbstatbestands einig.

E müsste Berechtigter gewesen sein. Berechtigt ist der verfügungsbefugte Eigentümer oder der Nichteigentümer, der gesetzlich verfügungsbefugt ist oder der vom Berechtigten ermächtigt ist. E war wegen der bereits erfolgten Übereignung der CDs an X (s.o.) nicht mehr deren Eigentümer. Er war auch nicht Ermächtigter nach § 185. Eine sonstige Verfügungsbefugnis ist nicht ersichtlich. Somit fehlte die Berechtigung des E.

Demnach hat B nicht vom Berechtigten E gemäß § 929 S. 1 Eigentum erworben. X hat also auf diesem Wege sein Eigentum nicht verloren.

ee. X hätte jedoch sein Eigentum dann verloren, wenn B seinerseits Eigentum vom Nichtberechtigten E gemäß §§ 929 S. 1, 932 I 1 erworben hat.

Die Parteien haben sich wirksam über den Eigentumsübergang geeinigt.

Die Sachen sind übergeben worden.

Fall 13

Die Parteien waren sich auch noch im Zeitpunkt der Vollendung des Erwerbstatbestands einig.

Fraglich ist, ob die Voraussetzungen des § 932 vorliegen und der gutgläubige Erwerb nicht nach § 935 I ausgeschlossen ist.

Es hat ein rechtsgeschäftlicher Erwerb stattgefunden.

Außerdem liegt ein Verkehrsgeschäft vor.

Die im Rahmen des gutgläubigen Erwerbs nach §§ 929 S. 1, 932 I 1 erforderliche Übergabe der Sachen durch den Veräußerer an den Erwerber ist erfolgt.

Weiterhin war der Erwerber B im Zeitpunkt des Rechtserwerbs gutgläubig.

Darüber hinaus dürften die Sachen dem Eigentümer nicht abhandengekommen sein, § 935 I. Abhandengekommen ist eine Sache beim unfreiwilligen Verlust des unmittelbaren Besitzes. X hat im Rahmen der Erfüllung des Leihvertrags den unmittelbaren Besitz an den CDs freiwillig bei E belassen. Insofern sind die CDs nicht abhandengekommen im Sinne des § 935 I 1. Falls der Eigentümer nur mittelbarer Besitzer ist, darf die Sache jedoch gemäß § 935 I 2 nicht dem unmittelbaren Besitzer abhandengekommen sein. Nachdem X die CDs bei E belassen hat, war er mittelbarer Besitzer und E unmittelbarer Besitzer. E als unmittelbarer Besitzer hat die CDs freiwillig dem B gegeben. Die Sachen sind also nicht abhandengekommen.

Also liegen die Voraussetzungen des § 932 vor und der gutgläubige Erwerb ist nicht nach § 935 I ausgeschlossen.

Demnach hat B vom Nichtberechtigten E gemäß §§ 929 S. 1, 932 I 1 Eigentum erworben. X hat also sein Eigentum auf diese Weise verloren.

ff. Somit ist der Anspruchsteller X nicht mehr Eigentümer.

c. Also fehlt es an einer Voraussetzung des § 985.

2. Demnach besteht der Herausgabeanspruch nicht.

II. X hat gegen B keinen Anspruch auf Herausgabe der CDs gemäß § 985.

Fazit

1. Der Fall war und ist eine gute Übung. Einerseits musstet ihr euch mit unterschiedlichen Erwerbsmöglichkeiten auseinandersetzen, andererseits galt es, die unterschiedlichen Erwerbsformen in der richtigen Reihenfolge zu prüfen.

2. Ihr habt abermals eine neue Möglichkeit kennengelernt, Eigentum vom Berechtigten zu erlangen, nämlich nach §§ 929 S. 1, 930. Die Erwerbsform gestattet es dem Veräußerer, nach wie vor im Besitz der zu veräußernden Sache zu bleiben. Mit dieser Erwerbsform werdet ihr insbesondere im Bereich der Sicherungsübereignung konfrontiert werden. Dazu erst später mehr. Hier soll es lediglich darum gehen, euch mit Grundlagen zum Erwerb nach §§ 929 S. 1, 930 zu füttern.

Eigentum - Erwerb durch Rechtsgeschäft

Der Erwerb nach §§ 929 S. 1, 930 gestaltet sich ähnlich wie der Erwerb nach § 929 S. 1. Aber das habt ihr sicherlich bereits bemerkt. Wann ein Erwerb nach §§ 929 S. 1, 930 sinnvoll erscheint, beschreibt das Gesetz. Wenn der Veräußerer im Besitz der Sache ist (und vorerst noch bleiben will) kann die Übergabe ersetzt werden. Dazu gleich mehr.

Wie beim Erwerb nach § 929 S. 1 ist eine *„Einigung"* erforderlich. Lest dazu das Fazit zu Fall 1.

Anstatt der bei § 929 S. 1 gefragten „Übergabe" ist hier ein *„Übergabeersatz"* gefordert. Merkt euch diesen Terminus, aber bringt ihn nicht in der Klausur zu Papier. Ihr könnt es – wie schon im Formulierungsvorschlag aufgezeigt – etwa wie folgt ausdrücken: „Zudem müssten die **Voraussetzungen des § 930** erfüllt sein." Dann wendet ihr euch den einzelnen Voraussetzungen der Norm zu, auf die ihr aber nur breiter eingehen solltet, wenn sie wirklich problematisch sind. Zunächst muss der Veräußerer – unmittelbarer oder mittelbarer – **Besitzer geblieben** sein. Außerdem muss ein **Besitzmittlungsverhältnis** i.S.d. § 868 zwischen Veräußerer und Erwerber existieren. Lest hierzu unbedingt die Auflistung in der genannten Norm. Die in diesem Fall angesprochene Leihe (vgl. §§ 598 ff) ist ein „ähnliches Verhältnis". Letztlich ist ein **Fremdbesitzerwille des Veräußerers** gefordert.

Bezüglich der Voraussetzung *„Einigsein im Zeitpunkt der Vollendung des Erwerbstatbestands"* dürft ihr auf die Ausführungen der Fälle 1 ff zurückgreifen. Die Vollendung des Erwerbstatbestands tritt – mangels einer Übergabe – ein, wenn sich die Parteien über den Eigentumsübergang geeinigt haben und das in § 930 geforderte Besitzmittlungsverhältnis vereinbart haben.

Bezüglich der Voraussetzung *„Berechtigung des Veräußerers"* dürft ihr ebenfalls auf die Ausführungen der Fälle 1 ff zurückgreifen.

3. Und nun zum Aufbau dieses Falles, der insofern kompliziert war, als ihr mit einer derartigen Konstellation bislang nicht konfrontiert worden seid. Damit X mit dem Herausgabeanspruch aus § 985 durchdringt, muss er Eigentümer der Sachen sein. Ursprünglich war er nicht Eigentümer. Das war lapidar festzustellen. Anschließend war zu prüfen, ob X Eigentum erworben hat. Das konntet ihr bejahen. Dann war zu prüfen, ob X das Eigentum wieder verloren hat, weil ein Dritter Eigentum erlangt hat. Das konntet ihr ebenfalls bejahen.

Wichtig ist: In solchen Fällen solltet ihr immer historisch prüfen. Sonst könnt ihr ganz mächtig ins Schwimmen kommen.

Fall 14

Fall 14

Der kunstbegeisterte Rechtsanwalt R kauft in der Galerie des E ein fünf mal drei Meter großes abstraktes Gemälde des Künstlers Z mit dem Titel „Angela reitet immer noch nach Westen". R zahlt den geforderten Kaufpreis sofort. Die Parteien einigen sich über den Eigentumsübergang und vereinbaren, dass E das Bild zur Villa des R bringen soll. Am folgenden Tag veräußert E das Bild jedoch an den Schrotthändler B, der wesentlich mehr Geld dafür bezahlt als R. B nimmt das Bild sofort mit seinem Lkw mit. Als R von der Begebenheit erfährt, fordert er tobend von B die Herausgabe des Gemäldes.

Frage: Hat R gegen B einen Herausgabeanspruch aus § 985?

Lösungsskizze Fall 14

- **R gegen B Herausgabe des Gemäldes gemäß § 985?**

I. Anspruch entstanden?

   1. Voraussetzungen des § 985?

   a. Anspruchsgegner (B) ist Besitzer?
   = tatsächliche Gewalt über die Sache

   HIER (+)

   b. Anspruchsteller (R) ist Eigentümer?

   aa. ursprünglich (−)

   bb. Eigentumserwerb des R von E gemäß § 929 S. 1?
   = Erwerb des R vom Berechtigten E

   (1) Einigung?
   = dinglicher Vertrag zwischen Veräußerer und Erwerber über den Eigentumsübergang

   HIER (+)

   (2) Übergabe?
   = Veräußerer verliert Besitz und Erwerber erlangt Besitz

   HIER (−) → eine Übergabe hat nicht stattgefunden

   (3) also: Eigentumserwerb des R vom Berechtigten E gemäß § 929 S. 1 (−)

   cc. Eigentumserwerb des R von E gemäß §§ 929 S. 1, 930?
   = Erwerb des R vom Berechtigten E

   (1) Einigung? (+), s.o.

Eigentum - Erwerb durch Rechtsgeschäft

(2) „Übergabeersatz"?
= Voraussetzungen des § 930

(a) Veräußerer ist Besitzer geblieben?
= unmittelbarer oder mittelbarer Besitz

HIER (+) → E ist unmittelbarer Besitzer geblieben

(b) Besitzmittlungsverhältnis zwischen Veräußerer u. Erwerber?
= Verhältnis i.S.d. § 868

HIER (−) → E und R haben keine Verwahrung (vgl. §§ 688 ff) des Gemäldes vereinbart, sondern die genauen Modalitäten für die vorgesehene Übergabe geregelt; gewollt war keine Übereignung nach §§ 929 S. 1, 930, sondern eine Übereignung nach § 929 S. 1 mit Einigung und Übergabe

(c) also: Voraussetzungen des § 930 (−)

(3) also: Eigentumserwerb des R vom Berechtigten E gemäß §§ 929 S. 1, 930 (−)

dd. also: Anspruchsteller (R) ist Eigentümer (−)

c. also: Voraussetzungen des § 985 (−)

2. *also: Anspruch entstanden (−)*

II. Ergebnis:
R gegen B Herausgabe des Gemäldes gemäß § 985 (−)

Formulierungsvorschlag Fall 14

- R gegen B Herausgabe des Gemäldes gemäß § 985

R könnte gegen B einen Anspruch auf Herausgabe des Gemäldes gemäß § 985 haben.

I. Der Anspruch müsste entstanden sein.

1. Nach § 985 muss der Anspruchsteller Eigentümer und der Anspruchsgegner Besitzer der Sache sein.

a. Anspruchsgegner B ist Besitzer des Gemäldes.

b. Anspruchsteller R müsste Eigentümer des Gemäldes sein.

aa. Ursprünglich war er nicht Eigentümer.

bb. R könnte jedoch Eigentum vom Berechtigten E gemäß § 929 S. 1 erworben haben.

Die Parteien haben sich wirksam über den Eigentumsübergang geeinigt.

Eine Übergabe des Gemäldes hat aber nicht stattgefunden.

Fall 14

Demnach hat R nicht vom Berechtigten E gemäß § 929 S. 1 Eigentum erworben.

cc. R könnte Eigentum vom Berechtigten E gemäß §§ 929 S. 1, 930 erworben haben.

Die Parteien haben sich wirksam über den Eigentumsübergang geeinigt.

Zudem müssten die Voraussetzungen des § 930 erfüllt sein.

Zunächst müsste der Veräußerer im Besitz der Sachen geblieben sein. E ist unmittelbarer Besitzer des Gemäldes geblieben.

Außerdem müssten der Veräußerer und der Erwerber ein Besitzmittlungsverhältnis vereinbart haben, durch das der Erwerber den mittelbaren Besitz an der Sache erlangt hat. Als Besitzmittlungsverhältnis kommt ein solches im Sinne des § 868 in Betracht. E und R haben keine Verwahrung des Gemäldes vereinbart, sondern die genauen Modalitäten für die vorgesehene Übergabe geregelt. Gewollt war keine Übereignung nach §§ 929 S. 1, 930, sondern eine Übereignung nach § 929 S. 1 mit Einigung und Übergabe.

Also sind nicht alle Voraussetzungen des § 930 erfüllt.

Demnach hat R nicht vom Berechtigten E gemäß §§ 929 S. 1, 930 Eigentum erworben.

dd. Somit ist der Anspruchsteller R nicht Eigentümer.

c. Also fehlt es an einer Voraussetzung des § 985.

2. Demnach ist der Anspruch nicht entstanden.

II. R hat gegen B keinen Anspruch auf Herausgabe des Gemäldes gemäß § 985.

Fazit

1. Nicht jeder Fall, der nach einer Übereignung gemäß §§ 929 S. 1, 930 „riecht", beinhaltet dann auch tatsächlich eine solche.

Hier war innerhalb der Prüfung der Voraussetzungen des § 930 zu fragen, ob die Parteien überhaupt ein **Besitzmittlungsverhältnis** vereinbart haben. Tatsächlich liegt kein Besitzmittlungsverhältnis vor. Die Parteien haben keine Verwahrung (vgl. §§ 688 ff) vereinbart, sondern lediglich eine besondere Form der Übergabe vorgesehen. Gewollt war also eine „einfache" Übereignung nach § 929 S. 1 durch Einigung und Übergabe. Die Übergabe ist jedoch nicht erfolgt.

2. Nicht gefragt, aber: Natürlich bleibt es dem armen armen Rechtsanwalt R – so ihm ein Schaden entstanden ist – unbenommen, einen Anspruch wegen Unmöglichkeit der Leistung gegen E geltend machen. E kann den vertraglichen Anspruch aus § 433 I 1 nicht (mehr) erfüllen. Nachdem er das Gemälde wirksam gemäß § 929 S. 1 an den Schrotthändler B übereignet hat, kann er das Bild nicht mehr wirksam an R übereignen. Die Übereignung ist unmöglich.

Eigentum - Erwerb durch Rechtsgeschäft

3. Noch einmal zurück zum *Besitzmittlungsverhältnis*: Wann kein Besitzmittlungsverhältnis existiert, habt ihr im Fall gesehen.

   Oft werdet ihr – wie im vorigen Fall – mit der *Vereinbarung* eines Besitzmittlungsverhältnisses i.S.d. § 868 konfrontiert. Dabei handelt es sich üblicherweise um einen der bereits in der Norm benannten Vertragstypen (lesen und Paragrafen suchen!) oder um ein „ähnliches Verhältnis", etwa die Leihe.

   Aber auch ein *vorweggenommenes Besitzmittlungsverhältnis* kann euch über den Weg laufen. Bereits bevor der Veräußerer Eigentümer und/oder Besitzer ist, kann er sich mit dem Erwerber vorab über den Eigentumsübergang einigen und vorab ein Besitzmittlungsverhältnis vereinbaren. Das kann Sinn machen, wenn der Veräußerer die zu veräußernde Sache erst noch selbst erwerben muss. Es findet dann regelmäßig ein „Durchgangserwerb" des Veräußerers statt.

   Obwohl § 930 von der Vereinbarung eines Besitzmittlungsverhältnisses spricht, reicht ein *gesetzliches Besitzmittlungsverhältnis* aus. Wenn schon ein gesetzliches Verhältnis (z.B. die eheliche Lebensgemeinschaft, vgl. § 1353) existiert, aufgrund dessen eine Person für eine andere besitzt, reicht der Wille der Parteien, dass die veräußernde Person aufgrund des Verhältnisses Besitzmittler sein soll.

Fall 15

Fall 15

Der bewegungsbegeisterte E vermietet seine oft genutzte Hüpfburg bis zum 07.08. an V. Dieser nutzt die Gelegenheit und veräußert die Hüpfburg umgehend an K, der glaubt, V sei Eigentümer des Spielgeräts. V und K einigen sich bezüglich des Eigentumsübergangs. K zahlt den Kaufpreis sofort. Weil V die Hüpfburg noch bei einer privaten Feier nutzen will, schließen die Parteien einen Mietvertrag, der bis zum 30.07. befristet ist. Nach Ablauf der Mietzeit verlangt K von V vergeblich die Übergabe der Hüpfburg. Am 08.08. verlangt E von V die Herausgabe des Spielgeräts.

Frage: Hat E gegen V einen Herausgabeanspruch aus § 985 ?

Lösungsskizze Fall 15

- E gegen V Herausgabe der Hüpfburg gemäß § 985 ?

I. Anspruch entstanden ?

   1. Voraussetzungen des § 985 ?

      a. Anspruchsgegner (V) ist Besitzer ?
      = tatsächliche Gewalt über die Sache

      HIER (+)

      b. Anspruchsteller (E) ist Eigentümer ?

        aa. ursprünglich (+)

        bb. Eigentumsverlust des E durch Eigentumserwerb des K von V gemäß § 929 S. 1 ?
        = Erwerb des K vom Berechtigten V

        (1) Einigung ?
        = dinglicher Vertrag zwischen Veräußerer und Erwerber über den Eigentumsübergang

        HIER (+)

        (2) Übergabe ?
        = Veräußerer verliert Besitz und Erwerber erlangt Besitz

        HIER (−) → eine Übergabe hat nicht stattgefunden

        (3) also: Eigentumsverlust des E durch Eigentumserwerb des K vom Berechtigten V gemäß § 929 S. 1 (−)

        cc. Eigentumsverlust des E durch Eigentumserwerb des K von V gemäß §§ 929 S. 1, 930 ?
        = Erwerb des K vom Berechtigten V

        (1) Einigung ? (+), s.o.

Eigentum - Erwerb durch Rechtsgeschäft

(2) „Übergabeersatz"?
= Voraussetzungen des § 930

(a) Veräußerer ist Besitzer geblieben?
= unmittelbarer oder mittelbarer Besitz

HIER (+) → V ist unmittelbarer Besitzer geblieben

(b) Besitzmittlungsverhältnis zwischen Veräußerer u. Erwerber?
= Verhältnis i.S.d. § 868

HIER (+) → V und K haben einen Mietvertrag (§ 535) geschlossen, also ein Verhältnis i.S.d. § 868 vereinbart; dadurch hat K mittelbaren Besitz an der Hüpfburg erlangt.

(c) Fremdbesitzerwillen des Veräußerers?
= Willen, für den Erwerber zu besitzen

HIER (+) → V wollte für K besitzen

(d) also: Voraussetzungen des § 930 (+)

(3) Einigsein im Zeitpunkt der Vollendung des Erwerbstatbestands?
= keine der Willenserklärungen darf widerrufen worden sein

HIER (+) → kein Widerruf

(4) Berechtigung des Veräußerers?
= der verfügungsbefugte Eigentümer oder der Nichteigentümer, der gesetzlich verfügungsbefugt ist oder der vom Berechtigten ermächtigt ist

HIER (−) → V ist weder Eigentümer noch Ermächtigter nach § 185; eine sonstige Verfügungsbefugnis ist nicht ersichtlich

(5) also: Eigentumsverlust des E durch Eigentumserwerb des K vom Berechtigten V gemäß §§ 929 S. 1, 930 (−)

dd. Eigentumsverlust des E durch Eigentumserwerb des K von V gemäß §§ 929 S. 1, 930, 933?
= Erwerb des K vom Nichtberechtigten V

(1) Einigung? (+), s.o.

(2) „Übergabeersatz"?
= Voraussetzungen des § 930

HIER (+) → s.o.

(3) Einigsein im Zeitpunkt der Vollendung des Erwerbstatbestands? (+), s.o.

(4) „Berechtigungsersatz"?
= Voraussetzungen des § 933 und kein Ausschluss nach § 935 I

(a) Rechtsgeschäftlicher Erwerb?
= nicht durch gesetzlichen Erwerb

HIER (+)

Fall 15

(b) Verkehrsgeschäft ?
= bei Güteraustausch zwischen zwei Personen; nicht bei persönlicher oder wirtschaftlicher Identität des Übereignenden mit dem Erwerber

HIER (+)

(c) Legitimation des Verfügenden als Berechtigter ?
= beim gutgläubigen Erwerb nach §§ 929 S. 1, 930, 933:
Übergabe der Sache an den Erwerber

HIER (−) → V hat die Hüpfburg nicht an K übergeben

(d) also: (bereits) Voraussetzungen des § 933 (−)

(5) also: Eigentumsverlust des E durch Eigentumserwerb des K vom Nichtberechtigten V gemäß §§ 929 S.1, 930, 933 (−)

ee. *also: Anspruchsteller (E) ist Eigentümer* (+)

c. *also: Voraussetzungen des § 985* (+)

2. *Voraussetzungen des § 986 ?*
= Anspruchsgegner hat kein Recht zum Besitz

HIER (+) → die Mietzeit im Verhältnis E − V ist abgelaufen

3. *also: Anspruch entstanden* (+)

II. Anspruch untergegangen ? (−)

III. Anspruch durchsetzbar ? (+)

IV. Ergebnis:
E gegen V Herausgabe der Hüpfburg gemäß § 985 (+)

Formulierungsvorschlag Fall 15

- E gegen V Herausgabe der Hüpfburg gemäß § 985

E könnte gegen V einen Anspruch auf Herausgabe der Hüpfburg gemäß § 985 haben.

I. Der Anspruch müsste entstanden sein.

1. Nach § 985 muss der Anspruchsteller Eigentümer und der Anspruchsgegner Besitzer der Sache sein.

a. Anspruchsgegner V ist Besitzer der Hüpfburg.

b. Anspruchsteller E müsste Eigentümer der Hüpfburg sein.

aa. Ursprünglich war er Eigentümer.

Eigentum - Erwerb durch Rechtsgeschäft

bb. E hätte jedoch sein Eigentum verloren, wenn K seinerseits Eigentum erworben hat. In Betracht kommt ein Eigentumserwerb des K vom Berechtigten V gemäß § 929 S. 1.

Die Parteien haben sich wirksam über den Eigentumsübergang geeinigt.

Eine Übergabe der Hüpfburg hat aber im Verhältnis V – K nicht stattgefunden.

Demnach hat K nicht vom Berechtigten V gemäß § 929 S. 1 Eigentum erworben. E hat also auf diesem Wege sein Eigentum nicht verloren.

cc. E hätte jedoch sein Eigentum verloren, wenn K seinerseits Eigentum vom Berechtigten V gemäß §§ 929 S. 1, 930 erworben hat.

Die Parteien haben sich wirksam über den Eigentumsübergang geeinigt.

Zudem müssten die Voraussetzungen des § 930 erfüllt sein.

Zunächst müsste der Veräußerer im Besitz der Sache geblieben sein. V ist unmittelbarer Besitzer der Hüpfburg geblieben.

Außerdem müssten der Veräußerer und der Erwerber ein Besitzmittlungsverhältnis vereinbart haben, durch das der Erwerber den mittelbaren Besitz an der Sache erlangt hat. Als Besitzmittlungsverhältnis kommt ein solches im Sinne des § 868 in Betracht. V und K haben einen Mietvertrag (§ 535) geschlossen, also ein Verhältnis im Sinne des § 868 vereinbart. Dadurch hat K mittelbaren Besitz an der Hüpfburg erlangt.

Letztlich müsste der Veräußerer den Willen gehabt haben, die veräußerte Sache für den Erwerber zu besitzen. V wollte die Hüpfburg für K besitzen, er hatte somit den erforderlichen Fremdbesitzerwillen.

Also sind die Voraussetzungen des § 930 erfüllt.

Die Parteien waren sich auch noch im Zeitpunkt der Vollendung des Erwerbstatbestands einig.

V müsste Berechtigter gewesen sein. Berechtigt ist der verfügungsbefugte Eigentümer oder der Nichteigentümer, der gesetzlich verfügungsbefugt ist oder der vom Berechtigten ermächtigt ist. V war weder Eigentümer noch Ermächtigter nach § 185. Eine sonstige Verfügungsbefugnis ist nicht ersichtlich. Somit fehlte die Berechtigung des V.

Demnach hat K nicht vom Berechtigten V gemäß §§ 929 S. 1, 930 Eigentum erworben. Auch auf diese Weise hat E sein Eigentum nicht verloren.

dd. Letztlich hätte E aber sein Eigentum dann verloren, wenn K seinerseits Eigentum vom Nichtberechtigten V gemäß §§ 929 S. 1, 930, 933 erworben hat.

Die Parteien haben sich wirksam über den Eigentumsübergang geeinigt.

Zudem sind die Voraussetzungen des § 930 erfüllt.

Die Parteien waren sich auch noch im Zeitpunkt der Vollendung des Erwerbstatbestands einig.

Fraglich ist, ob die Voraussetzungen des § 933 vorliegen und der gutgläubige Erwerb nicht nach § 935 I ausgeschlossen ist.

Fall 15

Es hat ein rechtsgeschäftlicher Erwerb stattgefunden.

Außerdem liegt ein Verkehrsgeschäft vor.

Die im Rahmen des gutgläubigen Erwerbs nach §§ 929 S. 1, 933 erforderliche Übergabe der Sache durch den Veräußerer an den Erwerber ist jedoch nicht erfolgt.

Also liegen nicht alle Voraussetzungen des § 933 vor.

Demnach hat K auch nicht vom Nichtberechtigten V gemäß §§ 929 S. 1, 930, 933 Eigentum erworben. Auch auf diesem Wege hat E somit sein Eigentum nicht verloren.

ee. Somit ist der Anspruchsteller E nach wie vor Eigentümer.

c. Also liegen die Voraussetzungen des § 985 vor.

2. Der Anspruchsgegner dürfte zudem kein Recht zum Besitz gemäß § 986 haben. Die Mietzeit im Verhältnis E – V ist abgelaufen. V hat kein Recht zum Besitz an der Sache. Damit steht § 986 dem Anspruch auf Herausgabe nicht entgegen.

3. Demnach ist der Anspruch entstanden.

II. Der Anspruch ist nicht untergegangen.

III. Er ist auch durchsetzbar.

IV. E hat gegen V den Anspruch auf Herausgabe der Hüpfburg gemäß § 985.

Fazit

1. Weil der Veräußerer V weder verfügungsbefugter Eigentümer noch sonst Berechtigter war, musstet ihr einen Eigentumserwerb des K vom Berechtigten gemäß §§ 929 S. 1, 930 verneinen. Also kam nur noch ein **Erwerb vom Nichtberechtigten** gemäß §§ 929 S. 1, 930, 933 in Betracht.

    Vergleicht diesen Fall (Erwerb vom Nichtberechtigten nach §§ 929 S. 1, 930, 933) mit Fall 7 (Erwerb vom Nichtberechtigten nach §§ 929 S. 1, 932 I 1) und lest noch einmal den vorigen Fall 14 (Erwerb vom Berechtigten gemäß §§ 929 S. 1, 930). Und wieder: Baukasten, Baukasten!

2. Der Erwerb vom Nichtberechtigten gemäß §§ 929 S. 1, 930, 933 funktioniert im Aufbau zunächst so, wie der Erwerb vom Berechtigten nach §§ 929 S. 1, 930. Spätestens seit dem vorigen Fall wisst ihr, dass dort die Voraussetzungen „Einigung", „Übergabeersatz" (hier: Veräußerer ist Besitzer geblieben / Besitzmittlungsverhältnis ... / Fremdbesitzerwille ...) und „Einigsein im Zeitpunkt der Vollendung des Erwerbstatbestands" zu prüfen sind. Den dann folgenden Prüfungspunkt „Berechtigung des Veräußerers" habt ihr im Rahmen der Prüfung des Eigentumserwerbs vom Berechtigten verneinen müssen.

Eigentum - Erwerb durch Rechtsgeschäft

3. Stattdessen ist beim Erwerb vom Nichtberechtigten – wie seit Fall 7 bekannt – *mangels* der **Berechtigung** auf einen anderen Prüfungspunkt einzugehen. Den haben wir in der Lösungsskizze wieder einmal *eher unjuristisch* „*Berechtigungsersatz*" genannt. Merkt euch diesen Terminus, aber bringt ihn nicht in der Klausur zu Papier. Ihr könnt es – wie schon im Formulierungsvorschlag aufgezeigt – etwa wie folgt ausdrücken: „Fraglich ist, ob die **Voraussetzungen des § 933** vorliegen und der gutgläubige Erwerb *nicht nach § 935 ausgeschlossen* ist." Dann wendet ihr euch den einzelnen Voraussetzungen der Norm zu, auf die ihr aber nur breiter eingehen solltet, wenn sie wirklich problematisch sind. Ansonsten dürft ihr euch auf einzelne feststellende Sätze zu den folgenden Prüfungsunterpunkten zurückziehen.

   Wie beim Erwerb vom Nichtberechtigten nach §§ 929 S. 1, 932 I 1 (Fall 7) sind beim Erwerb vom Nichtberechtigten nach §§ 929 S. 1, 930, 933 die Prüfungsunterpunkte „*rechtsgeschäftlicher Erwerb*", „*Verkehrsgeschäft*", „*Legitimation des Verfügenden als Berechtigter*", „*Gutgläubigkeit des Erwerbers*" und „*kein Abhandenkommen der Sache, § 935 I*" zu prüfen.

   Bezüglich aller Voraussetzungen dürft ihr auf die Ausführungen in den Fällen 7 ff zurückgreifen. Und zur Klarstellung: Im Prüfungsunterpunkt „**Legitimation des Verfügenden als Berechtigter**" ist die Voraussetzung – wie beim Erwerb nach §§ 929 S. 1, 932 I 1 – die Übergabe der Sache!!!

4. Hier scheiterte der Eigentumserwerb des K von V gemäß §§ 929 S. 1, 930, 933 an der fehlenden Legitimation des Veräußerers. Die zu übereignende Sache ist nicht übergeben worden.

   Nun wisst ihr spätestens seit der Lektüre dieses Fazits, wie der Eigentumserwerb gemäß §§ 929 S. 1, 930, 933 insgesamt zu prüfen ist.

Fall 16

Fall 16

Der sportbegeisterte E vermietet sein Motor-Skateboard bis zum 05.07. an V. Dieser nutzt die Gelegenheit und veräußert das Board umgehend an K, der der Ansicht ist, V sei Eigentümer des Geräts. V und K einigen sich bezüglich des Eigentumsübergangs. K zahlt den Kaufpreis sofort. Weil V das Motor-Board noch als Attraktion bei einer privaten Geburtstagsfeier nutzen will, schließen die Parteien einen Mietvertrag, der bis zum 30.06. befristet ist. Nach Ablauf der Mietzeit verlangt K von V vergeblich die Übergabe. V erklärt gegenüber K aber telefonisch, wenn er wolle, könne er sich das Skateboard abholen. Am 07.07. wird K initiativ und nimmt das im Eingangsbereich der Villa des V stehende Board an sich. Am 08.07. verlangt E, der gerade erfahren hat, bei wem sich das Skateboard befindet, von K die Herausgabe desselben.

Frage: Hat E gegen K einen Herausgabeanspruch aus § 985 ?

Lösungsskizze Fall 16

- **E gegen K Herausgabe des Skateboards gemäß § 985 ?**

I. Anspruch entstanden ?

   1. Voraussetzungen des § 985 ?

      a. Anspruchsgegner (K) ist Besitzer ?
      = tatsächliche Gewalt über die Sache
      HIER (+)

      b. Anspruchsteller (E) ist Eigentümer ?

         aa. ursprünglich (+)

         bb. Eigentumsverlust des E durch Eigentumserwerb des K von V gemäß § 929 S. 1 ?
         = Erwerb des K vom Berechtigten V

         (1) Einigung ?
         = dinglicher Vertrag zwischen Veräußerer und Erwerber über den Eigentumsübergang
         HIER (+)

         (2) Übergabe ?
         = Veräußerer verliert Besitz und Erwerber erlangt Besitz
         HIER (−) → ob die Besitzergreifung durch K letztlich als Übergabe im Verhältnis V − K zu werten ist, kann an dieser Stelle dahinstehen; die Parteien haben jedenfalls keine Übergabe im Rahmen einer Übereignung nach § 929 S. 1 gewollt, sondern allenfalls eine Übereignung der Sache nach §§ 929 S. 1, 930 angestrebt, in der die Übergabe durch Vereinbarung eines Besitzkonstituts ersetzt wer-

Eigentum - Erwerb durch Rechtsgeschäft

den sollte; es ist also nicht von einer Übergabe im Rahmen einer Übereignung nach § 929 S. 1 auszugehen

(3) <u>also</u>: Eigentumsverlust des E durch Eigentumserwerb des K vom Berechtigten V gemäß § 929 S. 1 (−)

cc. Eigentumsverlust des E durch Eigentumserwerb des K von V gemäß §§ 929 S. 1, 930 ?
= Erwerb des K vom Berechtigten V

(1) Einigung ? (+), s.o.

(2) „Übergabeersatz" ?
= Voraussetzungen des § 930

(a) Veräußerer ist Besitzer geblieben ?
= unmittelbarer oder mittelbarer Besitz

HIER (+) → V ist unmittelbarer Besitzer geblieben

(b) Besitzmittlungsverhältnis zwischen Veräußerer u. Erwerber ?
= Verhältnis i.S.d. § 868

HIER (+) → V und K haben einen Mietvertrag (§ 535) geschlossen, also ein Verhältnis i.S.d. § 868 vereinbart; dadurch hat K mittelbaren Besitz an dem Skateboard erlangt.

(c) Fremdbesitzerwillen des Veräußerers ?
= Willen, für den Erwerber zu besitzen

HIER (+) → V wollte für K besitzen

(d) <u>also</u>: Voraussetzungen des § 930 (+)

(3) Einigsein im Zeitpunkt der Vollendung des Erwerbstatbestands ?
= keine der Willenserklärungen darf widerrufen worden sein

HIER (+) → kein Widerruf

(4) Berechtigung des Veräußerers ?
= der verfügungsbefugte Eigentümer oder der Nichteigentümer, der gesetzlich verfügungsbefugt ist oder der vom Berechtigten ermächtigt ist

HIER (−) → V ist weder Eigentümer noch Ermächtigter nach § 185; eine sonstige Verfügungsbefugnis ist nicht ersichtlich

(5) <u>also</u>: Eigentumsverlust des E durch Eigentumserwerb des K vom Berechtigten V gemäß §§ 929 S. 1, 930 (−)

dd. Eigentumsverlust des E durch Eigentumserwerb des K von V gemäß §§ 929 S. 1, 930, 933 ?
= Erwerb des K vom Nichtberechtigten V

(1) Einigung ? (+), s.o.

(2) „Übergabeersatz" ?
= Voraussetzungen des § 930

HIER (+) → s.o.

Fall 16

*(3) Einigsein im Zeitpunkt
der Vollendung des Erwerbstatbestands ?* (+), s.o.

(4) „Berechtigungsersatz"?
= Voraussetzungen des § 933 und kein Ausschluss nach § 935 I

(a) Rechtsgeschäftlicher Erwerb?
= nicht durch gesetzlichen Erwerb

HIER (+)

(b) Verkehrsgeschäft?
= bei Güteraustausch zwischen zwei Personen; nicht bei persönlicher oder wirtschaftlicher Identität des Übereignenden mit dem Erwerber

HIER (+)

(c) Legitimation des Verfügenden als Berechtigter?
= beim gutgläubigen Erwerb nach §§ 929 S. 1, 930, 933: Übergabe der Sache an den Erwerber

HIER (+) → zwar hat V dem K nicht in üblicher Weise Besitz an der Sache verschafft; insofern liegt keine – dem Besitzkonstitut nachfolgende – Übergabe des Skateboards vor; die Besitzergreifung des K ist aber wie eine Übergabe zu werten; V hat dem K die Möglichkeit der Abholung der Sache aufgezeigt; dies stellt eine vorher erklärte und fortbestehende Zustimmung des Veräußerers V mit einer Wegnahme dar

(d) Gutgläubigkeit des Erwerbers?
= keine positive Kenntnis oder grob fahrlässige Unkenntnis vom Nichteigentum des Veräußerers bis zur Vollendung des Rechtserwerbs, § 932 II

HIER (+) → K wusste zu keinem Zeitpunkt positiv, dass der Veräußerer V nicht Eigentümer der Sache war; dies war ihm mangels entsprechender Anhaltspunkte auch nicht grob fahrlässig unbekannt

(e) kein Abhandenkommen der Sache, § 935 I?
= kein unfreiwilliger Verlust des unmittelbaren Besitzes

HIER (+) → E hat das Skateboard im Rahmen der Erfüllung des Mietvertrags freiwillig dem V ausgehändigt

(f) also: Voraussetzungen des § 933 und kein Ausschluss nach § 935 I (+)

(5) also: Eigentumsverlust des E durch Eigentumserwerb des K vom Nichtberechtigten V gemäß §§ 929 S. 1, 930, 933 (+)

ee. *also: Anspruchsteller (E) ist Eigentümer* (−)

c. *also: Voraussetzungen des § 985* (−)

2. *also: Anspruch entstanden* (−)

Eigentum - Erwerb durch Rechtsgeschäft

II. Ergebnis:
E gegen K Herausgabe des Skateboards gemäß § 985 (−)

Formulierungsvorschlag Fall 16

- E gegen K Herausgabe des Skateboards gemäß § 985

E könnte gegen K einen Anspruch auf Herausgabe des Skateboards gemäß § 985 haben.

I. Der Anspruch müsste entstanden sein.

1. Nach § 985 muss der Anspruchsteller Eigentümer und der Anspruchsgegner Besitzer der Sache sein.

a. Anspruchsgegner K ist Besitzer des Skateboards.

b. Anspruchsteller E müsste Eigentümer des Boards sein.

aa. Ursprünglich war er Eigentümer.

bb. E hätte jedoch sein Eigentum verloren, wenn K seinerseits Eigentum erworben hat. In Betracht kommt ein Eigentumserwerb des K vom Berechtigten V gemäß § 929 S. 1.

Die Parteien haben sich wirksam über den Eigentumsübergang geeinigt.

Fraglich ist, ob eine Übergabe der Sache stattgefunden hat. Ob die Besitzergreifung durch K letztlich als Übergabe im Verhältnis V – K zu werten ist, kann an dieser Stelle aber dahinstehen. Die Parteien haben jedenfalls keine Übergabe im Rahmen einer Übereignung nach § 929 S. 1 gewollt, sondern allenfalls eine Übereignung der Sache nach §§ 929 S. 1, 930 angestrebt, in der die Übergabe durch Vereinbarung eines Besitzkonstituts ersetzt werden sollte. Es ist demnach nicht von einer Übergabe im Rahmen einer Übereignung nach § 929 S. 1 auszugehen.

Demnach hat K nicht vom Berechtigten V gemäß § 929 S. 1 Eigentum erworben. E hat also auf diesem Wege sein Eigentum nicht verloren.

cc. E hätte jedoch sein Eigentum verloren, wenn K seinerseits Eigentum vom Berechtigten V gemäß §§ 929 S. 1, 930 erworben hat.

Die Parteien haben sich wirksam über den Eigentumsübergang geeinigt.

Zudem müssten die Voraussetzungen des § 930 erfüllt sein.

Zunächst müsste der Veräußerer im Besitz der Sache geblieben sein. V ist unmittelbarer Besitzer des Skateboards geblieben.

Außerdem müssten der Veräußerer und der Erwerber ein Besitzmittlungsverhältnis vereinbart haben, durch das der Erwerber den mittelbaren Besitz an der Sache erlangt hat. Als Besitzmittlungsverhältnis kommt ein solches im Sinne des § 868 in Betracht. V und K haben einen Mietvertrag (§ 535) geschlossen,

Fall 16

also ein Verhältnis im Sinne des § 868 vereinbart. Dadurch hat K mittelbaren Besitz an dem Skateboard erlangt.

Letztlich müsste der Veräußerer den Willen gehabt haben, die veräußerte Sache für den Erwerber zu besitzen. V wollte das Board für K besitzen, er hatte somit den erforderlichen Fremdbesitzerwillen.

Also sind die Voraussetzungen des § 930 erfüllt.

Die Parteien waren sich auch noch im Zeitpunkt der Vollendung des Erwerbstatbestands einig.

V müsste Berechtigter gewesen sein. Berechtigt ist der verfügungsbefugte Eigentümer oder der Nichteigentümer, der gesetzlich verfügungsbefugt ist oder der vom Berechtigten ermächtigt ist. V war weder Eigentümer noch Ermächtigter nach § 185. Eine sonstige Verfügungsbefugnis ist nicht ersichtlich. Somit fehlte die Berechtigung des V.

Demnach hat K nicht vom Berechtigten V gemäß §§ 929 S. 1, 930 Eigentum erworben. Auch auf diese Weise hat E also sein Eigentum nicht verloren.

dd. Letztlich hätte E aber sein Eigentum dann verloren, wenn K seinerseits Eigentum vom Nichtberechtigten V gemäß §§ 929 S. 1, 930, 933 erworben hat.

Die Parteien haben sich wirksam über den Eigentumsübergang geeinigt.

Zudem sind die Voraussetzungen des § 930 erfüllt.

Die Parteien waren sich auch noch im Zeitpunkt der Vollendung des Erwerbstatbestands einig.

Fraglich ist, ob die Voraussetzungen des § 933 vorliegen und der gutgläubige Erwerb nicht nach § 935 I ausgeschlossen ist.

Es hat ein rechtsgeschäftlicher Erwerb stattgefunden.

Außerdem liegt ein Verkehrsgeschäft vor.

Fraglich ist, ob die im Rahmen des gutgläubigen Erwerbs nach §§ 929 S. 1, 930, 933 erforderliche Übergabe der Sache durch den Veräußerer an den Erwerber erfolgt ist. Zwar hat V dem K nicht in üblicher Weise Besitz an der Sache verschafft. Insofern liegt keine – dem Besitzkonstitut nachfolgende – Übergabe des Skateboards vor. Die Besitzergreifung des K ist aber wie eine Übergabe zu werten. V hat dem K die Möglichkeit der Abholung der Sache aufgezeigt. Dies stellt eine vorher erklärte und fortbestehende Zustimmung des Veräußerers V mit einer Wegnahme dar. Demnach ist im Ergebnis von einer Übergabe der Sache durch den Veräußerer V an den Erwerber K auszugehen.

Weiterhin war der Erwerber K im Zeitpunkt des Rechtserwerbs gutgläubig. Er wusste zu keinem Zeitpunkt positiv, dass der Veräußerer V nicht Eigentümer der Sache war. Dies war ihm mangels entsprechender Anhaltspunkte auch nicht grob fahrlässig unbekannt.

Darüber hinaus dürfte die Sache dem Eigentümer nicht abhandengekommen sein, § 935 I 1. Abhandengekommen ist eine Sache beim unfreiwilligen Verlust des unmittelbaren Besitzes. E hat das Skateboard im Rahmen der Erfüllung

Eigentum - Erwerb durch Rechtsgeschäft

des Mietvertrags freiwillig dem V ausgehändigt. Mangels unfreiwilligen Verlustes des Besitzes ist ein Abhandenkommen zu verneinen.

Also liegen die Voraussetzungen des § 933 vor und der gutgläubige Erwerb ist nicht nach § 935 I ausgeschlossen.

Demnach hat K vom Nichtberechtigten V gemäß §§ 929 S. 1, 930, 933 Eigentum erworben. E hat also auf diesem Wege sein Eigentum verloren.

ee. Somit ist der Anspruchsteller E nicht mehr Eigentümer.

c. Also fehlt es an einer Voraussetzung des § 985.

2. Demnach besteht der Herausgabeanspruch nicht.

II. E hat gegen K keinen Anspruch auf Herausgabe des Skateboards gemäß § 985.

Fazit

1. Problem des Falles war die Frage, ob eine *Besitzergreifung* letztlich *als Übergabe* zu werten ist.

Dies durfte euch jedoch nicht dazu verführen, das Problem bereits innerhalb der Prüfung eines Eigentumserwerbs vom Berechtigten gemäß § 929 S. 1 zu diskutieren. Ihr konntet das Problem dort lediglich kurz ansprechen und vermerken, dass es hier dahinstehen kann, ob die Besitzergreifung als Übergabe zu werten ist. Denn die Parteien haben keine Übergabe im Rahmen einer Übereignung nach § 929 S. 1 gewollt, sondern allenfalls eine Übereignung der Sache nach §§ 929 S. 1, 930 angestrebt, in der die Übergabe durch Vereinbarung eines Besitzkonstituts ersetzt werden sollte.

2. Nachdem eine Übereignung gemäß § 929 S. 1 im Verhältnis V – K mangels Übergabe der Sache scheitern musste, durftet ihr mit der Prüfung eines Eigentumserwerbs vom Berechtigten gemäß §§ 929 S. 1, 930 fortfahren. Ihr konntet alle Voraussetzungen des „Übergabeersatzes" bejahen, insbesondere das Vorliegen eines Besitzmittlungsverhältnisses. Zwischen den Parteien war eine Miete (vgl. §§ 535 ff) vereinbart worden. Die Übereignung nach §§ 929 S. 1, 930 scheiterte aber mangels Berechtigung des Veräußerers.

3. Weil der Veräußerer nicht Berechtigter war, kam nur noch ein *Erwerb vom Nichtberechtigten* gemäß §§ 929 S. 1, 930, 933 in Betracht. Der Aufbau einer solchen Prüfung sollte spätestens seit dem vorigen Fall bekannt sein.

Das Problem des Falles war einmal mehr im Prüfungspunkt *„Berechtigungsersatz"* zu verorten. Dort waren die Prüfungsunterpunkte *„rechtsgeschäftlicher Erwerb"*, und *„Verkehrsgeschäft"* schnell abzuarbeiten.

Heikler wurde es bei der *„Legitimation des Verfügenden als Berechtigter".* Im Rahmen des Erwerbs nach §§ 929 S. 1, 930, 933 ist gefordert, dass die zu veräußernde Sache an den Erwerber übergeben wird. Die Sache ist aber nicht übergeben worden. Vielmehr hat sie der Erwerber selbst in Besitz genommen.

Fall 16

Nach heute so gut wie einhelliger Ansicht reicht die **Besitzergreifung** durch den Erwerber aus, wenn der Veräußerer vor der Wegnahme sein **Einverständnis** mit derselben erklärt hat und die Erklärung bis zur Inbesitznahme fortwirkt. Eine erst nach der Inbesitznahme erklärte Genehmigung soll hingegen nicht ausreichen.

Die folgenden Prüfungsunterpunkte „**Gutgläubigkeit des Erwerbers**" und „**kein Abhandenkommen der Sache, § 935 I**" waren wiederum schnell abzuhaken.

Eigentum - Erwerb durch Rechtsgeschäft

Fall 17

Der Not leidende E ist Eigentümer einer überlebensgroßen transportablen Justitia-Statue. Um seiner finanziellen Misere zu entkommen, vermietet er die Figur bis zum 05.05. an den vermögenden Rechtsreferendar X. Während der Mietzeit verkauft E die Statue an K. Die Parteien einigen sich bezüglich des Eigentumsübergangs. K soll sich hinsichtlich der Herausgabe des Gegenstands an X wenden. Am 28.04. verlangt K von X die Justitia-Statue heraus.

Frage: Hat K gegen X einen Herausgabeanspruch aus § 985 ?

Lösungsskizze Fall 17

- K gegen X Herausgabe der Statue gemäß § 985 ?

I. Anspruch entstanden ?

   1. Voraussetzungen des § 985 ?

      a. Anspruchsgegner (X) ist Besitzer ?
      = tatsächliche Gewalt über die Sache

      HIER (+)

      b. Anspruchsteller (K) ist Eigentümer ?

      aa. ursprünglich (–)

      bb. Eigentumserwerb des K von E gemäß § 929 S. 1 ?
      = Erwerb des K vom Berechtigten E

      (1) Einigung ?
      = dinglicher Vertrag zwischen Veräußerer und Erwerber über den Eigentumsübergang

      HIER (+)

      (2) Übergabe ?
      = Veräußerer verliert Besitz und Erwerber erlangt Besitz

      HIER (–) → eine Übergabe hat im Verhältnis E – K nicht stattgefunden

      (3) also: Eigentumserwerb des K vom Berechtigten E gemäß § 929 S. 1 (–)

      cc. Eigentumserwerb des K von E gemäß §§ 929 S. 1, 931 ?
      = Erwerb des K vom Berechtigten E

      (1) Einigung ? (+), s.o.

Fall 17

(2) „Übergabeersatz"?
= Voraussetzungen des § 931

(a) Dritter ist Besitzer der Sache?
= unmittelbarer oder mittelbarer Besitz

HIER (+) → die Statue befindet sich im unmittelbaren Besitz des X

(b) Abtretung des Herausgabeanspruchs gegen den Dritten an den Erwerber?

HIER (+) → die Vereinbarung der Parteien, K solle sich hinsichtlich der Herausgabe des Gegenstandes an X wenden, ist als Abtretung des Rückgabeanspruchs des E gegen X aus dem Mietverhältnis gemäß § 546 I an K zu werten

(c) also: Voraussetzungen des § 931 (+)

(3) Einigsein im Zeitpunkt der Vollendung des Erwerbstatbestands?
= keine der Willenserklärungen darf widerrufen worden sein

HIER (+) → kein Widerruf

(4) Berechtigung des Veräußerers?
= der verfügungsbefugte Eigentümer oder der Nichteigentümer, der gesetzlich verfügungsbefugt ist oder der vom Berechtigten ermächtigt ist

HIER (+) → E ist verfügungsbefugter Eigentümer

(5) also: Eigentumserwerb des K vom Berechtigten E gemäß §§ 929 S. 1, 931 (+)

dd. also: Anspruchsteller (K) ist Eigentümer (+)

c. also: Voraussetzungen des § 985 (+)

2. Voraussetzungen des § 986?
= Anspruchsgegner hat kein Recht zum Besitz

HIER (−) → die Mietzeit im Verhältnis E − X ist noch nicht abgelaufen; insofern hat X ein Recht zum Besitz für die Dauer des Mietvertrags

3. also: Anspruch entstanden (−)

II. Ergebnis:
K gegen X Herausgabe der Statue gemäß § 985 (−)

Eigentum - Erwerb durch Rechtsgeschäft

Formulierungsvorschlag Fall 17

- K gegen X Herausgabe der Statue gemäß § 985

K könnte gegen X einen Anspruch auf Herausgabe der Statue gemäß § 985 haben.

I. Der Anspruch müsste entstanden sein.

1. Nach § 985 muss der Anspruchsteller Eigentümer und der Anspruchsgegner Besitzer der Sache sein.

a. Anspruchsgegner X ist Besitzer der Statue.

b. Anspruchsteller K müsste Eigentümer der Statue sein.

aa. Ursprünglich war er nicht Eigentümer.

bb. K könnte jedoch Eigentum vom Berechtigten E gemäß § 929 S. 1 erworben haben.

Die Parteien haben sich wirksam über den Eigentumsübergang geeinigt.

Eine Übergabe der Statue hat aber im Verhältnis E – K nicht stattgefunden.

Demnach hat K nicht vom Berechtigten E gemäß § 929 S. 1 Eigentum erworben.

cc. K könnte jedoch Eigentum vom Berechtigten E gemäß §§ 929 S. 1, 931 erworben haben.

Die Parteien haben sich wirksam über den Eigentumsübergang geeinigt.

Zudem müssten die Voraussetzungen des § 931 erfüllt sein.

Zum einen müsste ein Dritter Besitzer der Sache sein. Die Statue befindet sich im unmittelbaren Besitz des Dritten X.

Zum anderen müsste der Veräußerer den ihm gegen den Dritten zustehenden Herausgabeanspruch an den Erwerber abgetreten haben. Die Vereinbarung der Parteien, K solle sich hinsichtlich der Herausgabe des Gegenstandes an X wenden, ist als Abtretung des Rückgabeanspruchs des E gegen X aus dem Mietverhältnis gemäß § 546 I an K zu werten.

Also sind die Voraussetzungen des § 931 erfüllt.

Die Parteien waren sich auch noch im Zeitpunkt der Vollendung des Erwerbstatbestands einig.

Außerdem war der ursprüngliche Eigentümer E verfügungsbefugt, also Berechtigter.

Demnach hat K vom Berechtigten E gemäß §§ 929 S. 1, 931 Eigentum erworben.

dd. Somit ist der Anspruchsteller K Eigentümer.

c. Also liegen die Voraussetzungen des § 985 vor.

Fall 17

2. Der Anspruchsgegner dürfte zudem kein Recht zum Besitz gemäß § 986 haben. Die Mietzeit im Verhältnis E – X ist noch nicht abgelaufen. Insofern hat X ein Recht zum Besitz für die Dauer des Mietvertrags. Damit steht § 986 dem Anspruch auf Herausgabe entgegen.
3. Demnach ist der Anspruch nicht entstanden.

II. K hat gegen X (noch) keinen Anspruch auf Herausgabe der Statue gemäß § 985.

Fazit

1. Und wieder habt ihr eine neue Möglichkeit kennengelernt, Eigentum vom Berechtigten zu erlangen, nämlich nach **§§ 929 S. 1, 931**. Wann ein Erwerb nach §§ 929 S. 1, 931 sinnvoll erscheint, beschreibt das Gesetz. Die Erwerbsform gestattet es einem Dritten, der sich im Besitz der zu übereignenden Sache befindet, weiterhin – und zumindest für eine gewisse Zeit – Besitzer der Sache zu bleiben. Dazu gleich mehr.

2. Der Erwerb nach §§ 929 S. 1, 931 gestaltet sich ähnlich wie der Erwerb nach §§ 929 S. 1, 930. Aber auch das habt ihr sicherlich bereits bemerkt.

   Wie beim Erwerb nach § 929 S. 1 oder beim Erwerb nach §§ 929 S. 1, 930 ist eine *„Einigung"* erforderlich. Lest dazu das Fazit zu Fall 1.

   Anstatt der bei § 929 S. 1 gefragten „Übergabe" ist hier – wie beim Erwerb nach §§ 929 S. 1, 930 – ein *„Übergabeersatz"* gefordert. Merkt euch diesen Terminus, aber bringt ihn nicht in der Klausur zu Papier. Ihr könnt es – wie schon im Formulierungsvorschlag aufgezeigt – etwa wie folgt ausdrücken: „Zudem müssten die **Voraussetzungen des § 931** erfüllt sein." Dann wendet ihr euch den einzelnen Voraussetzungen der Norm zu, auf die ihr aber nur breiter eingehen solltet, wenn sie wirklich problematisch sind.

   Zunächst muss sich ein **Dritter im Besitz der Sache** befinden. Es kann sich um unmittelbaren oder um mittelbaren Besitz handeln.

   Dann muss es im Verhältnis Veräußerer – Erwerber zur **Abtretung des Herausgabeanspruchs** gegen den Dritten gekommen sein. Abtretbare Herausgabeansprüche ergeben sich insbesondere aus Verträgen, in denen der (jetzige) Veräußerer einem Dritten den Gebrauch an der (jetzt zu veräußernden) Sache gestattet hat. Denn die Sache ist zum Ende der Gebrauchszeit regelmäßig an den Gebrauchsüberlasser und jetzigen Veräußerer zurückzugeben. Ein solcher Rückgabeanspruch ergibt sich etwa bei der Miete aus § 546, bei der Pacht aus §§ 581, 546 und bei der Leihe aus § 604. Aber auch im Bereich der Verwahrung ist ein Herausgabeanspruch normiert. Dort ergibt sich der Rückgabeanspruch aus § 695. Bezüglich der Abtretung verweisen wir auf die §§ 398 ff. Bitte lest die Vorschriften zur Abtretung und – bei dieser Gelegenheit – auch die Vorschriften zu den gerade aufgeführten Vertragstypen. Es nützt ungemein!

Eigentum - Erwerb durch Rechtsgeschäft

Bezüglich der Voraussetzung *"Einigsein im Zeitpunkt der Vollendung des Erwerbstatbestands"* dürft ihr auf die Ausführungen der Fälle 1 ff zurückgreifen. Die Vollendung des Erwerbstatbestands tritt – mangels einer Übergabe – ein, wenn sich die Parteien über den Eigentumsübergang geeinigt haben und die in § 931 geforderte Abtretung des Herausgabeanspruchs erfolgt ist.

Bezüglich der Voraussetzung *"Berechtigung des Veräußerers"* dürft ihr ebenfalls auf die Ausführungen der Fälle 1 ff zurückgreifen.

Fall 18

Fall 18

E verleiht seine antike Lure zu Ausstellungszwecken an X. Wenig später wird das Instrument dem X vom Dieb D gestohlen. E und X wissen zwar, wer die Lure gestohlen hat, jedoch nichts über deren konkreten Verbleib. Trotzdem werden sich die Parteien darüber einig, dass X dem E Geld gibt und dafür Eigentümer der Sache werden soll. E tritt im Gegenzug seinen Herausgabeanspruch gegen den Dieb D an X ab. Als X später durch Zufall erfährt, dass D sich immer noch im Besitz der Lure befindet, verlangt er Herausgabe.

Frage: Hat X gegen D einen Herausgabeanspruch aus § 985 ?

Lösungsskizze Fall 18

- X gegen D Herausgabe der Lure gemäß § 985 ?

I. Anspruch entstanden ?

   1. Voraussetzungen des § 985 ?

      a. Anspruchsgegner (D) ist Besitzer ?
      = tatsächliche Gewalt über die Sache

      HIER (+)

      b. Anspruchsteller (X) ist Eigentümer ?

        aa. ursprünglich (−)

        bb. Eigentumserwerb des X von E gemäß § 929 S. 1 ?
        = Erwerb des X vom Berechtigten E

        (1) Einigung ?
        = dinglicher Vertrag zwischen Veräußerer und Erwerber über den Eigentumsübergang

        HIER (+)

        (2) Übergabe ?
        = Veräußerer verliert Besitz und Erwerber erlangt Besitz

        HIER (−) → eine Übergabe hat im Verhältnis E − X nicht stattgefunden

        (3) also: Eigentumserwerb des X vom Berechtigten E gemäß § 929 S. 1 (−)

        cc. Eigentumserwerb des X von E gemäß §§ 929 S. 1, 931 ?
        = Erwerb des X vom Berechtigten E

        (1) Einigung ? (+), s.o.

Eigentum - Erwerb durch Rechtsgeschäft

(2) „Übergabeersatz"?
= Voraussetzungen des § 931

(a) Dritter ist Besitzer der Sache?
= unmittelbarer oder mittelbarer Besitz

HIER (+) → die Lure befindet sich im unmittelbaren Besitz des Diebes D

(b) Abtretung des Herausgabeanspruchs gegen den Dritten an den Erwerber?

HIER (+) → E hat gegen den Dieb D einen schuldrechtlichen Anspruch auf Herausgabe der Sache (u.a.) aus § 823 I (Eigentum) bzw. aus § 823 II i.V.m. § 242 StGB; diesen Anspruch hat E an den Erwerber X abgetreten

(c) also: Voraussetzungen des § 931 (+)

(3) Einigsein im Zeitpunkt der Vollendung des Erwerbstatbestands?
= keine der Willenserklärungen darf widerrufen worden sein

HIER (+) → kein Widerruf

(4) Berechtigung des Veräußerers?
= der verfügungsbefugte Eigentümer oder der Nichteigentümer, der gesetzlich verfügungsbefugt ist oder der vom Berechtigten ermächtigt ist

HIER (+) → E ist verfügungsbefugter Eigentümer

(5) also: Eigentumserwerb des X vom Berechtigten E gemäß §§ 929 S. 1, 931 (+)

dd. *also*: Anspruchsteller (X) ist Eigentümer (+)

c. *also*: Voraussetzungen des § 985 (+)

2. Voraussetzungen des § 986?
= Anspruchsgegner hat kein Recht zum Besitz

HIER (+)

3. *also*: Anspruch entstanden (+)

II. Anspruch untergegangen? (−)

III. Anspruch durchsetzbar? (+)

IV. Ergebnis:
X gegen D Herausgabe der Lure gemäß § 985 (+)

Fall 18

Formulierungsvorschlag Fall 18

- X gegen D Herausgabe der Lure gemäß § 985

X könnte gegen D einen Anspruch auf Herausgabe der Lure gemäß § 985 haben.

I. Der Anspruch müsste entstanden sein.

1. Nach § 985 muss der Anspruchsteller Eigentümer und der Anspruchsgegner Besitzer der Sache sein.

a. Anspruchsgegner D ist Besitzer der Lure.

b. Anspruchsteller X müsste Eigentümer der Lure sein.

aa. Ursprünglich war er nicht Eigentümer.

bb. X könnte jedoch Eigentum vom Berechtigten E gemäß § 929 S. 1 erworben haben.

Die Parteien haben sich wirksam über den Eigentumsübergang geeinigt.

Eine Übergabe der Lure hat aber im Verhältnis E – X nicht stattgefunden.

Demnach hat X nicht vom Berechtigten E gemäß § 929 S. 1 Eigentum erworben.

cc. X könnte jedoch Eigentum vom Berechtigten E gemäß §§ 929 S. 1, 931 erworben haben.

Die Parteien haben sich wirksam über den Eigentumsübergang geeinigt.

Zudem müssten die Voraussetzungen des § 931 erfüllt sein.

Zum einen müsste ein Dritter Besitzer der Sache sein. Die Lure befindet sich im unmittelbaren Besitz des Dritten D.

Zum anderen müsste der Veräußerer den ihm gegen den Dritten zustehenden Herausgabeanspruch an den Erwerber abgetreten haben. E hat gegen den Dieb D (u.a.) einen schuldrechtlichen Anspruch auf Herausgabe der Sache gemäß § 823 I bzw. aus § 823 II i.V.m. § 242 StGB. Diesen Anspruch hat E an den Erwerber X abgetreten.

Also sind die Voraussetzungen des § 931 erfüllt.

Die Parteien waren sich auch noch im Zeitpunkt der Vollendung des Erwerbstatbestands einig.

Außerdem war der ursprüngliche Eigentümer E verfügungsbefugt, also Berechtigter.

Demnach hat X vom Berechtigten E gemäß §§ 929 S. 1, 931 Eigentum erworben.

dd. Somit ist der Anspruchsteller X Eigentümer.

c. Also liegen die Voraussetzungen des § 985 vor.

Eigentum - Erwerb durch Rechtsgeschäft

2. Der Anspruchsgegner dürfte zudem kein Recht zum Besitz gemäß § 986 haben. Der Dieb D hat kein Recht zum Besitz an der Sache. Damit steht § 986 dem Anspruch auf Herausgabe nicht entgegen.

3. Demnach ist der Anspruch entstanden.

II. Der Anspruch ist nicht untergegangen.

III. Er ist auch durchsetzbar.

IV. X hat gegen D den Anspruch auf Herausgabe der Lure gemäß § 985.

Fazit

1. Wenn euch der Eigentumserwerb gemäß §§ 929 S. 1, 931 noch nicht allzu klar sein sollte, lohnen mehrere Blicke ins Fazit des vorigen Falles. Dort wie hier war ein sauberer Aufbau der Lösung gefragt.

2. Es gab lediglich einen Prüfungspunkt, bei dem ihr richtig aufpassen musstet, um die Lösung nicht zu „versemmeln".

   Innerhalb der Prüfung des Eigentumserwerbs gemäß §§ 929 S. 1, 931 ist beim „Übergabeersatz" u.a. zu ermitteln, ob eine **„Abtretung des Herausgabeanspruchs gegen den Dritten an den Erwerber"** erfolgt ist.

   Hier ist der allzu oberflächliche Bearbeiter geneigt, als Herausgabeanspruch den § 985 zu benennen. Vorsicht: Der Anspruch gemäß § 985 scheidet als abzutretender Herausgabeanspruch aus. Denn den Anspruch aus § 985 kann nur der Eigentümer geltend machen. Der Anspruch ist mit dem Eigentum verbunden, er erwächst aus dem Eigentum und ist eben nicht geeignet, durch Abtretung erst Eigentum zu schaffen.

   Abtretbar sind aber alle **schuldrechtlichen Ansprüche**, die (auch) auf Herausgabe gerichtet sind. Im Verhältnis Eigentümer – Dieb sind etwa der Anspruch aus § 823 I und der Anspruch aus § 823 II (etwa i.V.m. § 242 StGB) interessant. Diese Ansprüche sind auf Schadensersatz gerichtet. § 249 I stellt klar, wie Schadensersatz grundsätzlich zu leisten ist: Es soll der Zustand hergestellt werden, der bestehen würde, wenn der zum Ersatz verpflichtende Umstand nicht eingetreten wäre. Und wie ist das zu erreichen? Natürlich durch die Herausgabe der (gestohlenen) Sache.

   Wenn ein solcher Anspruch abgetreten wird und die restlichen Voraussetzungen vorliegen, wird der Erwerber gemäß §§ 929 S. 1, 931 Eigentümer der Sache und kann jetzt – und wirklich erst jetzt – als Eigentümer den Herausgabeanspruch aus § 985 gegen den Dieb geltend machen.

3. Und was ist, wenn der Eigentümer gar keinen schuldrechtlichen Herausgabeanspruch gegen den aktuellen Besitzer hat? Das ist etwa dann der Fall, wenn der Dieb die Sache – natürlich wegen des Abhandenkommens der Sache nicht wirksam – an eine andere Person weiterveräußert. Wie kann der Eigentümer dann Eigentum an einen Erwerbsinteressenten übertragen?

Fall 18

In einem derartigen Fall soll – mangels eines abtretbaren Anspruchs – ausnahmsweise die **bloße Einigung über den Eigentumsübergang** genügen, um eine wirksame Übereignung herbeizuführen. Denn der Herausgabeanspruch aus § 985 kann nicht abgetreten werden (s.o.). Und der Herausgabeanspruch aus § 823 ist gegen den (schädigenden) Dieb gerichtet.

Eigentum - Erwerb durch Rechtsgeschäft

Fall 19

V vermietet seinen fernsteuerbaren Modell-Zeppelin an M. Dieser wiederum verleiht den Zeppelin an F. Anschließend veräußert M, der plötzlich Geld benötigt, das Modell an K, der hinsichtlich der Eigentümerstellung des M gutgläubig ist. Hierbei tritt M seinen Anspruch auf Rückgabe der Leihsache gegen F an K ab. Nach Ablauf der Leihzeit verlangt K den Zeppelin von F heraus.

Frage: Hat K gegen F einen Herausgabeanspruch aus § 985 ?

Lösungsskizze Fall 19

- K gegen F Herausgabe des Zeppelins gemäß § 985 ?

I. Anspruch entstanden ?

   1. Voraussetzungen des § 985 ?

      a. Anspruchsgegner (F) ist Besitzer ?
      = tatsächliche Gewalt über die Sache

      HIER (+)

      b. Anspruchsteller (K) ist Eigentümer ?

         aa. ursprünglich (−)

         bb. Eigentumserwerb des K von M gemäß § 929 S. 1 ?
         = Erwerb des K vom Berechtigten M

         (1) Einigung ?
         = dinglicher Vertrag zwischen Veräußerer und Erwerber über den Eigentumsübergang

         HIER (+)

         (2) Übergabe ?
         = Veräußerer verliert Besitz und Erwerber erlangt Besitz

         HIER (−) → es gibt keine Übergabe im Verhältnis M − K

         (3) also: Eigentumserwerb des K vom Berechtigten M gemäß § 929 S. 1 (−)

         cc. Eigentumserwerb des K von M gemäß §§ 929 S. 1, 931 ?
         = Erwerb des K vom Berechtigten M

         (1) Einigung ? (+), s.o.

         (2) „Übergabeersatz" ?
         = Voraussetzungen des § 931

Fall 19

(a) Dritter ist Besitzer der Sache ?
= unmittelbarer oder mittelbarer Besitz

HIER (+) → F ist unmittelbarer Besitzer des Zeppelins

(b) Abtretung des Herausgabeanspruchs gegen den Dritten an den Erwerber ?

HIER (+) → M hat seinen Anspruch auf Rückgabe der Leihsache gemäß § 604 I gegen F an K abgetreten

(c) <u>also</u>: Voraussetzungen des § 931 (+)

(3) Einigsein im Zeitpunkt der Vollendung des Erwerbstatbestands ?
= keine der Willenserklärungen darf widerrufen worden sein

HIER (+) → kein Widerruf

(4) Berechtigung des Veräußerers ?
= der verfügungsbefugte Eigentümer oder der Nichteigentümer, der gesetzlich verfügungsbefugt ist oder der vom Berechtigten ermächtigt ist

HIER (−) → M ist weder Eigentümer noch Ermächtigter nach § 185; eine sonstige Verfügungsbefugnis ist nicht ersichtlich

(5) <u>also</u>: Eigentumserwerb des K vom Berechtigten M gemäß §§ 929 S. 1, 931 (−)

dd. Eigentumserwerb des K von M gemäß §§ 929 S. 1, 931, 934 ?
= Erwerb des K vom Nichtberechtigten M

(1) Einigung ? (+), s.o.

(2) „Übergabeersatz" ?
= Voraussetzungen des § 931

HIER (+) → s.o.

(3) Einigsein im Zeitpunkt der Vollendung des Erwerbstatbestands ? (+), s.o.

(4) „Berechtigungsersatz" ?
= Voraussetzungen des § 934 und kein Ausschluss nach § 935 I

(a) Rechtsgeschäftlicher Erwerb ?
= nicht durch gesetzlichen Erwerb

HIER (+)

(b) Verkehrsgeschäft ?
= bei Güteraustausch zwischen zwei Personen; nicht bei persönlicher oder wirtschaftlicher Identität des Übereignenden mit dem Erwerber

HIER (+)

Eigentum - Erwerb durch Rechtsgeschäft

(c) Legitimation des Verfügenden als Berechtigter?
= beim gutgläubigen Erwerb nach §§ 929 S. 1, 931, 934 Var. 1: Abtretung des Herausgabeanspruchs

HIER (+) → Veräußerer M ist mittelbarer Besitzer des Zeppelins, den er an F verliehen hat; M hat seinen Anspruch auf Rückgabe der Leihsache gemäß § 604 I gegen F an K abgetreten

(d) Gutgläubigkeit des Erwerbers?
= keine positive Kenntnis oder grob fahrlässige Unkenntnis vom Nichteigentum des Veräußerers bis zur Vollendung des Rechtserwerbs, § 932 II

HIER (+) → K war gutgläubig

(e) kein Abhandenkommen der Sache, § 935 I?
= kein unfreiwilliger Verlust des unmittelbaren Besitzes

HIER (+) → der ursprüngliche Eigentümer V hat den Zeppelin im Rahmen der Erfüllung des Mietvertrags freiwillig dem M ausgehändigt

(f) also: Voraussetzungen des § 934 und kein Ausschluss nach § 935 I (+)

(5) also: Eigentumserwerb des K vom Nichtberechtigten M gemäß §§ 929 S. 1, 931, 934 Var. 1 (+)

ee. *also: Anspruchsteller (K) ist Eigentümer* (+)

c. *also: Voraussetzungen des § 985* (+)

2. **Voraussetzungen des § 986?**
= Anspruchsgegner hat kein Recht zum Besitz

HIER (+) → die Leihzeit im Verhältnis M – F ist abgelaufen

3. *also: Anspruch entstanden* (+)

II. Anspruch untergegangen? (–)

III. Anspruch durchsetzbar? (+)

IV. Ergebnis:
K gegen F Herausgabe des Zeppelins gemäß § 985 (+)

Fall 19

Formulierungsvorschlag Fall 19

- K gegen F Herausgabe des Zeppelins gemäß § 985

K könnte gegen F einen Anspruch auf Herausgabe des Zeppelins gemäß § 985 haben.

I. Der Anspruch müsste entstanden sein.

1. Nach § 985 muss der Anspruchsteller Eigentümer und der Anspruchsgegner Besitzer der Sache sein.

a. Anspruchsgegner F ist Besitzer des Zeppelins.

b. Anspruchsteller K müsste Eigentümer des Zeppelins sein.

aa. Ursprünglich war er nicht Eigentümer.

bb. K könnte jedoch Eigentum vom Berechtigten M gemäß § 929 S. 1 erworben haben.

Die Parteien haben sich wirksam über den Eigentumsübergang geeinigt.

Eine Übergabe des Zeppelins hat aber im Verhältnis M – K nicht stattgefunden.

Demnach hat K nicht vom Berechtigten M gemäß § 929 S. 1 Eigentum erworben.

cc. K könnte jedoch Eigentum vom Berechtigten M gemäß §§ 929 S. 1, 931 erworben haben.

Die Parteien haben sich wirksam über den Eigentumsübergang geeinigt.

Zudem müssten die Voraussetzungen des § 931 erfüllt sein.

Zum einen müsste ein Dritter Besitzer der Sache sein. Der Zeppelin befindet sich im unmittelbaren Besitz des Dritten F.

Zum anderen müsste der Veräußerer den ihm gegen den Dritten zustehenden Herausgabeanspruch an den Erwerber abgetreten haben. Der Veräußerer M hat seinen Anspruch auf Rückgabe der Leihsache gemäß § 604 I gegen den Dritten F an den Erwerber K abgetreten.

Also sind die Voraussetzungen des § 931 erfüllt.

Die Parteien waren sich auch noch im Zeitpunkt der Vollendung des Erwerbstatbestands einig.

M müsste Berechtigter gewesen sein. Berechtigt ist der verfügungsbefugte Eigentümer oder der Nichteigentümer, der gesetzlich verfügungsbefugt ist oder der vom Berechtigten ermächtigt ist. M war weder Eigentümer noch Ermächtigter nach § 185. Eine sonstige Verfügungsbefugnis ist nicht ersichtlich. Somit fehlte die Berechtigung des M.

Demnach hat K nicht vom Berechtigten M gemäß §§ 929 S. 1, 931 Eigentum erworben.

Eigentum - Erwerb durch Rechtsgeschäft

dd. Letztlich könnte K Eigentum vom Nichtberechtigten M gemäß §§ 929 S. 1, 931, 934 erworben haben.

Die Parteien haben sich wirksam über den Eigentumsübergang geeinigt.

Zudem sind die Voraussetzungen des § 931 erfüllt.

Die Parteien waren sich auch noch im Zeitpunkt der Vollendung des Erwerbstatbestands einig.

Fraglich ist, ob die Voraussetzungen des § 934 vorliegen und der gutgläubige Erwerb nicht nach § 935 I ausgeschlossen ist.

Es hat ein rechtsgeschäftlicher Erwerb stattgefunden.

Außerdem liegt ein Verkehrsgeschäft vor.

Im Rahmen des gutgläubigen Erwerbs nach §§ 929 S. 1, 931, 934 Var. 1 muss der Veräußerer mittelbarer Besitzer der Sache sein. Zudem muss eine Abtretung des Herausgabeanspruchs an den Erwerber erfolgt sein. Der Veräußerer M ist mittelbarer Besitzer des Zeppelins, den er an F verliehen hat. M hat seinen Anspruch auf Rückgabe der Leihsache gemäß § 604 I gegen F an K abgetreten.

K war bezüglich der Eigentümerstellung des M gutgläubig.

Darüber hinaus dürfte die Sache dem Eigentümer nicht abhandengekommen sein, § 935 I 1. Abhandengekommen ist eine Sache beim unfreiwilligen Verlust des unmittelbaren Besitzes. Der ursprüngliche Eigentümer V hat den Zeppelin im Rahmen der Erfüllung des Mietvertrags freiwillig dem M ausgehändigt. Mangels unfreiwilligen Verlustes des Besitzes ist ein Abhandenkommen zu verneinen.

Also liegen die Voraussetzungen des § 934 vor und der gutgläubige Erwerb ist nicht nach § 935 I ausgeschlossen.

Demnach hat K vom Nichtberechtigten M gemäß §§ 929 S. 1, 931, 934 Var. 1 Eigentum erworben.

ee. Somit ist der Anspruchsteller K Eigentümer.

c. Also liegen die Voraussetzungen des § 985 vor.

2. Der Anspruchsgegner dürfte zudem kein Recht zum Besitz gemäß § 986 haben. Die Leihzeit im Verhältnis M – F ist abgelaufen. F hat kein Recht zum Besitz an der Sache. Damit steht § 986 dem Anspruch auf Herausgabe nicht entgegen.

3. Demnach ist der Anspruch entstanden.

II. Der Anspruch ist nicht untergegangen.

III. Er ist auch durchsetzbar.

IV. K hat gegen F den Anspruch auf Herausgabe des Zeppelins gemäß § 985.

Fall 19

Fazit

1. Weil der Veräußerer M weder verfügungsbefugter Eigentümer noch sonst Berechtigter war, musstet ihr einen Eigentumserwerb des K vom Berechtigten gemäß §§ 929 S. 1, 931 verneinen. Also kam nur noch ein **Erwerb vom Nichtberechtigten** gemäß §§ 929 S. 1, 931, 934 in Betracht.

   Vergleicht diesen Fall (Erwerb vom Nichtberechtigten nach §§ 929 S. 1, 931, 934) mit Fall 15 (Erwerb vom Nichtberechtigten nach §§ 929 S. 1, 930, 933) und mit Fall 7 (Erwerb vom Nichtberechtigten nach §§ 929 S. 1, 932 I 1) und lest noch einmal den vorigen Fall 18 (Erwerb vom Berechtigten gemäß §§ 929 S. 1, 931). Und immer wieder: Baukasten, Baukasten!

2. Der Erwerb vom Nichtberechtigten gemäß §§ 929 S. 1, 931, 934 funktioniert im Aufbau zunächst so, wie der Erwerb vom Berechtigten nach §§ 929 S. 1, 931. Spätestens seit dem vorigen Fall wisst ihr, dass dort die Voraussetzungen „Einigung", „Übergabeersatz" (hier: Dritter ist Besitzer der Sache / Abtretung des Herausgabeanspruchs gegen den Dritten an den Erwerber) und „Einigsein im Zeitpunkt der Vollendung des Erwerbstatbestands" zu prüfen sind. Den dann folgenden Prüfungspunkt „Berechtigung des Veräußerers" habt ihr im Rahmen der Prüfung des Eigentumserwerbs vom Berechtigten verneinen müssen.

3. Stattdessen ist beim Erwerb vom Nichtberechtigten – wie seit Fall 7 bekannt – *mangels* der **Berechtigung** auf einen anderen Prüfungspunkt einzugehen. Den haben wir in der Lösungsskizze wieder einmal *eher unjuristisch „Berechtigungsersatz"* genannt. Merkt euch diesen Terminus, aber bringt ihn nicht in der Klausur zu Papier. Ihr könnt es – wie schon im Formulierungsvorschlag aufgezeigt – etwa wie folgt ausdrücken: „Fraglich ist, ob die **Voraussetzungen des § 934** vorliegen und der gutgläubige Erwerb *nicht nach § 935 ausgeschlossen* ist." Dann wendet ihr euch den einzelnen Voraussetzungen der Norm zu, auf die ihr aber nur breiter eingehen solltet, wenn sie wirklich problematisch sind. Ansonsten dürft ihr euch auf einzelne feststellende Sätze zu den folgenden Prüfungsunterpunkten zurückziehen.

   Wie beim Erwerb vom Nichtberechtigten nach §§ 929 S. 1, 932 I 1 (Fall 7) und beim Erwerb vom Nichtberechtigten nach §§ 929 S. 1, 930, 933 (Fall 15) sind beim Erwerb vom Nichtberechtigten nach §§ 929 S. 1, 931, 934 die Prüfungsunterpunkte *„rechtsgeschäftlicher Erwerb"*, *„Verkehrsgeschäft"*, *„Legitimation des Verfügenden als Berechtigter"*, *„Gutgläubigkeit des Erwerbers"* und *„kein Abhandenkommen der Sache, § 935 I"* zu prüfen.

   Bezüglich aller Voraussetzungen dürft ihr auf die Ausführungen in den Fällen 7 ff zurückgreifen. Und es gibt einen Unterschied: Im Prüfungsunterpunkt *„Legitimation des Verfügenden als Berechtigter"* ist nicht Übergabe der Sache Voraussetzung, sondern – im Rahmen des *§ 934 Var. 1* – die **Abtretung** des Herausgabeanspruchs!!!

Eigentum - Erwerb durch Rechtsgeschäft

Fall 20

Lebemann E verleiht seine massive Goldkette mit großem $-Anhänger an L, der im Kreis seiner Freunde glänzen will. L nutzt die Gelegenheit und übereignet die Kette zur Sicherung einer Darlehensforderung an den gutgläubigen D. L und D vereinbaren, dass L die Kette für D verwahren soll. Wenig später veräußert D die Goldkette an den gutgläubigen A. Hierbei tritt D seinen Herausgabeanspruch gegen L an A ab. Als E von den Umständen erfährt, ist er entsetzt. Er fürchtet den Verlust des ach so geliebten Schmuckstücks. Deshalb verlangt er von L sofort die Herausgabe der Goldkette.

Frage: Hat E gegen L einen Herausgabeanspruch aus § 985 ?

Lösungsskizze Fall 20

- **E gegen L Herausgabe der Goldkette gemäß § 985 ?**

I. Anspruch entstanden ?

   1. Voraussetzungen des § 985 ?

      a. Anspruchsgegner (L) ist Besitzer ?
      = tatsächliche Gewalt über die Sache

      HIER (+)

      b. Anspruchsteller (E) ist Eigentümer ?

         aa. ursprünglich (+)

         bb. Eigentumsverlust des E durch Eigentumserwerb des D von L gemäß § 929 S. 1 ?
         = Erwerb des D vom Berechtigten L

         (1) Einigung ?
         = dinglicher Vertrag zwischen Veräußerer und Erwerber über den Eigentumsübergang

         HIER (+)

         (2) Übergabe ?
         = Veräußerer verliert Besitz und Erwerber erlangt Besitz

         HIER (−) → L hat die Kette nicht an D übergeben

         (3) also: Eigentumsverlust des E durch Eigentumserwerb des D vom Berechtigten L gemäß § 929 S. 1 (−)

         cc. Eigentumsverlust des E durch Eigentumserwerb des D von L gemäß §§ 929 S. 1, 930 ?
         = Erwerb des D vom Berechtigten L

         (1) Einigung ? (+), s.o.

Fall 20

(2) „Übergabeersatz"?
= Voraussetzungen des § 930

(a) Veräußerer ist Besitzer geblieben?
= unmittelbarer oder mittelbarer Besitz

HIER (+) → L ist unmittelbarer Besitzer geblieben

(b) Besitzmittlungsverhältnis zwischen Veräußerer u. Erwerber?
= Verhältnis i.S.d. § 868

HIER (+) → L und D haben einen Verwahrungsvertrag (§ 688) geschlossen, also ein Verhältnis i.S.d. § 868 vereinbart; dadurch hat D mittelbaren Besitz an der Kette erlangt.

(c) Fremdbesitzerwillen des Veräußerers?
= Willen, für den Erwerber zu besitzen

HIER (+) → L wollte für D besitzen

(d) also: Voraussetzungen des § 930 (+)

(3) Einigsein im Zeitpunkt der Vollendung des Erwerbstatbestands?
= keine der Willenserklärungen darf widerrufen worden sein

HIER (+) → kein Widerruf

(4) Berechtigung des Veräußerers?
= der verfügungsbefugte Eigentümer oder der Nichteigentümer, der gesetzlich verfügungsbefugt ist oder der vom Berechtigten ermächtigt ist

HIER (−) → L ist weder Eigentümer noch Ermächtigter nach § 185; eine sonstige Verfügungsbefugnis ist nicht ersichtlich

(5) also: Eigentumsverlust des E durch Eigentumserwerb des D vom Berechtigten L gemäß §§ 929 S. 1, 930 (−)

dd. Eigentumsverlust des E durch Eigentumserwerb des D von L gemäß §§ 929 S. 1, 930, 933?
= Erwerb des D vom Nichtberechtigten L

(1) Einigung? (+), s.o.

(2) „Übergabeersatz"?
= Voraussetzungen des § 930

HIER (+) → s.o.

(3) Einigsein im Zeitpunkt der Vollendung des Erwerbstatbestands? (+), s.o.

(4) „Berechtigungsersatz"?
= Voraussetzungen des § 933 und kein Ausschluss nach § 935 I

(a) Rechtsgeschäftlicher Erwerb?
= nicht durch gesetzlichen Erwerb

HIER (+)

Eigentum - Erwerb durch Rechtsgeschäft

(b) Verkehrsgeschäft ?
= bei Güteraustausch zwischen zwei Personen; nicht bei persönlicher oder wirtschaftlicher Identität des Übereignenden mit dem Erwerber

HIER (+)

(c) Legitimation des Verfügenden als Berechtigter ?
= beim gutgläubigen Erwerb nach §§ 929 S. 1, 930, 933: Übergabe der Sache an den Erwerber

HIER (−) → L hat die Kette nicht an D übergeben

(d) also: (bereits) Voraussetzungen des § 933 (−)

(5) also: Eigentumsverlust des E durch Eigentumserwerb des D vom Nichtberechtigten L gemäß §§ 929 S. 1, 930, 933 (−)

ee. *Eigentumsverlust des E durch Eigentumserwerb des A von D gemäß §§ 929 S. 1, 931 ?*
= Erwerb des A vom Berechtigten D

HIER (−) → weil D nicht von L erworben hat (s.o.), kann er nicht als Berechtigter an A veräußert haben

ff. *Eigentumsverlust des E durch Eigentumserwerb des A von D gemäß §§ 929 S. 1, 931, 934 ?*
= Erwerb des A vom Nichtberechtigten D

(1) Einigung ?
= dinglicher Vertrag zwischen Veräußerer und Erwerber über den Eigentumsübergang

HIER (+)

(2) „Übergabeersatz" ?
= Voraussetzungen des § 931

(a) Dritter ist Besitzer der Sache ?
= unmittelbarer oder mittelbarer Besitz

HIER (+) → L ist unmittelbarer Besitzer der Goldkette

(b) Abtretung des Herausgabeanspruchs gegen den Dritten an den Erwerber ?

HIER (+) → D hat seinen Anspruch auf Herausgabeanspruch aus dem Verwahrungsvertrag gemäß § 695 S. 1 gegen L an A abgetreten

(c) also: Voraussetzungen des § 931 (+)

(3) Einigsein im Zeitpunkt der Vollendung des Erwerbstatbestands ?
= keine der Willenserklärungen darf widerrufen worden sein

HIER (+) → kein Widerruf

Fall 20

(4) „Berechtigungsersatz"?
  = Voraussetzungen des § 934 und kein Ausschluss nach § 935 I

  (a) Rechtsgeschäftlicher Erwerb?
  = nicht durch gesetzlichen Erwerb
  HIER (+)

  (b) Verkehrsgeschäft?
  = bei Güteraustausch zwischen zwei Personen; nicht bei persönlicher oder wirtschaftlicher Identität des Übereignenden mit dem Erwerber
  HIER (+)

  (c) Legitimation des Verfügenden als Berechtigter?
  = beim gutgläubigen Erwerb nach §§ 929 S. 1, 931, 934 Var. 1: Abtretung des Herausgabeanspruchs

  HIER (+) → Veräußerer D ist mittelbarer Besitzer der Goldkette, die L verwahrt; D hat seinen Herausgabeanspruch aus dem Verwahrungsverhältnis gegen L an A abgetreten

  (d) Gutgläubigkeit des Erwerbers?
  = keine positive Kenntnis oder grob fahrlässige Unkenntnis vom Nichteigentum des Veräußerers bis zur Vollendung des Rechtserwerbs, § 932 II
  HIER (+) → A war gutgläubig

  (e) kein Abhandenkommen der Sache, § 935 I?
  = kein unfreiwilliger Verlust des unmittelbaren Besitzes
  HIER (+) → der ursprüngliche Eigentümer E hat die Goldkette im Rahmen der Erfüllung des Leihvertrags freiwillig dem L ausgehändigt

  (f) also: Voraussetzungen des § 934 und kein Ausschluss nach § 935 I (+)

(5) also: Eigentumsverlust des E durch Eigentumserwerb des A vom Nichtberechtigten D gemäß §§ 929 S. 1, 931, 934 Var. 1 (+)

gg. also: Anspruchsteller (E) ist Eigentümer (−)

c. also: Voraussetzungen des § 985 (−)

2. also: Anspruch entstanden (−)

II. Ergebnis:
E gegen L Herausgabe der Goldkette gemäß § 985 (−)

Eigentum - Erwerb durch Rechtsgeschäft

| **Formulierungsvorschlag Fall 20** |

- E gegen L Herausgabe der Goldkette gemäß § 985

E könnte gegen L einen Anspruch auf Herausgabe der Goldkette gemäß § 985 haben.

I. Der Anspruch müsste entstanden sein.

1. Nach § 985 muss der Anspruchsteller Eigentümer und der Anspruchsgegner Besitzer der Sache sein.

a. Anspruchsgegner L ist Besitzer der Goldkette.

b. Anspruchsteller E müsste Eigentümer der Kette sein.

aa. Ursprünglich war er Eigentümer.

bb. Er hätte jedoch sein Eigentum verloren, wenn D seinerseits Eigentum erworben hat. In Betracht kommt ein Eigentumserwerb des D vom Berechtigten L gemäß § 929 S. 1.

Die Parteien haben sich wirksam über den Eigentumsübergang geeinigt.

Eine Übergabe der Kette hat aber im Verhältnis L – D nicht stattgefunden.

Demnach hat D nicht vom Berechtigten L gemäß § 929 S. 1 Eigentum erworben. E hat also auf diesem Wege sein Eigentum nicht verloren.

cc. E hätte jedoch sein Eigentum verloren, wenn D seinerseits Eigentum vom Berechtigten L gemäß §§ 929 S. 1, 930 erworben hat.

Die Parteien haben sich wirksam über den Eigentumsübergang geeinigt.

Zudem müssten die Voraussetzungen des § 930 erfüllt sein.

Zunächst müsste der Veräußerer im Besitz der Sache geblieben sein. L ist unmittelbarer Besitzer der Goldkette geblieben.

Außerdem müssten der Veräußerer und der Erwerber ein Besitzmittlungsverhältnis vereinbart haben, durch das der Erwerber den mittelbaren Besitz an der Sache erlangt hat. Als Besitzmittlungsverhältnis kommt ein solches im Sinne des § 868 in Betracht. L und D haben einen Verwahrungsvertrag (§ 688) geschlossen, also ein Verhältnis im Sinne des § 868 vereinbart. Dadurch hat D mittelbaren Besitz an der Goldkette erlangt.

Letztlich müsste der Veräußerer den Willen gehabt haben, die veräußerte Sache für den Erwerber zu besitzen. L wollte die Kette für D besitzen, er hatte somit den erforderlichen Fremdbesitzerwillen.

Also sind die Voraussetzungen des § 930 erfüllt.

Die Parteien waren sich auch noch im Zeitpunkt der Vollendung des Erwerbstatbestands einig.

L müsste Berechtigter gewesen sein. Berechtigt ist der verfügungsbefugte Eigentümer oder der Nichteigentümer, der gesetzlich verfügungsbefugt ist oder

Fall 20

der vom Berechtigten ermächtigt ist. L war weder Eigentümer noch Ermächtigter nach § 185. Eine sonstige Verfügungsbefugnis ist nicht ersichtlich. Somit fehlte die Berechtigung des L.

Demnach hat D nicht vom Berechtigten L gemäß §§ 929 S. 1, 930 Eigentum erworben. Auch auf diese Weise hat E also sein Eigentum nicht verloren.

dd. E hätte aber sein Eigentum dann verloren, wenn D seinerseits Eigentum vom Nichtberechtigten L gemäß §§ 929 S. 1, 930, 933 erworben hat.

Die Parteien haben sich wirksam über den Eigentumsübergang geeinigt.

Zudem sind die Voraussetzungen des § 930 erfüllt.

Die Parteien waren sich auch noch im Zeitpunkt der Vollendung des Erwerbstatbestands einig.

Fraglich ist, ob die Voraussetzungen des § 933 vorliegen und der gutgläubige Erwerb nicht nach § 935 I ausgeschlossen ist.

Es hat ein rechtsgeschäftlicher Erwerb stattgefunden.

Außerdem liegt ein Verkehrsgeschäft vor.

Die im Rahmen des gutgläubigen Erwerbs nach §§ 929 S. 1, 933 erforderliche Übergabe der Sache durch den Veräußerer an den Erwerber ist jedoch nicht erfolgt. L hat die Kette nicht an D übergeben.

Also liegen nicht alle Voraussetzungen des § 933 vor.

Demnach hat D auch nicht vom Nichtberechtigten L gemäß §§ 929 S. 1, 930, 933 Eigentum erworben. E hat somit auch nicht auf diese Weise sein Eigentum verloren.

ee. Außerdem wäre ein Eigentumsverlust des E eingetreten, wenn A seinerseits Eigentum von D erworben hat. Ein Eigentumserwerb des A vom Berechtigten D gemäß §§ 929 S. 1, 931 scheidet aus. Weil D nicht von L Eigentum erworben hat (s.o.) und auch sonst keine Verfügungsbefugnis oder Ermächtigung ersichtlich ist, kann D nicht als Berechtigter an A veräußert haben. Damit hat E auch nicht auf diesem Wege sein Eigentum verloren.

ff. In Betracht kommt jedoch ein Eigentumserwerb des A vom Nichtberechtigten D gemäß §§ 929 S. 1, 931, 934. Auch ein solcher Eigentumserwerb hätte zum Eigentumsverlust des E geführt.

Die Parteien haben sich wirksam über den Eigentumsübergang geeinigt.

Zudem müssten die Voraussetzungen des § 931 erfüllt sein.

Zum einen müsste ein Dritter Besitzer der Sache sein. Die Goldkette befindet sich im unmittelbaren Besitz des Dritten L.

Zum anderen müsste der Veräußerer den ihm gegen den Dritten zustehenden Herausgabeanspruch an den Erwerber abgetreten haben. Der Veräußerer D hat seinen Herausgabeanspruch aus dem Verwahrungsvertrag gemäß § 695 S. 1 gegen den Dritten L an den Erwerber A abgetreten.

Also sind die Voraussetzungen des § 931 erfüllt.

Eigentum - Erwerb durch Rechtsgeschäft

Die Parteien waren sich auch noch im Zeitpunkt der Vollendung des Erwerbstatbestands einig.

Fraglich ist, ob die Voraussetzungen des § 934 vorliegen und der gutgläubige Erwerb nicht nach § 935 I ausgeschlossen ist.

Es hat ein rechtsgeschäftlicher Erwerb stattgefunden.

Außerdem liegt ein Verkehrsgeschäft vor.

Im Rahmen des gutgläubigen Erwerbs nach §§ 929 S. 1, 931, 934 Var. 1 muss der Veräußerer mittelbarer Besitzer der Sache sein. Zudem muss eine Abtretung des Herausgabeanspruchs an den Erwerber erfolgt sein. Der Veräußerer D ist mittelbarer Besitzer der Goldkette, die L verwahrt. D hat seinen Herausgabeanspruch aus dem Verwahrungsverhältnis gegen L an A abgetreten.

A war bezüglich der Eigentümerstellung des D gutgläubig.

Darüber hinaus dürfte die Sache dem Eigentümer nicht abhandengekommen sein, § 935 I 1. Abhandengekommen ist eine Sache beim unfreiwilligen Verlust des unmittelbaren Besitzes. Der ursprüngliche Eigentümer E hat die Kette im Rahmen der Erfüllung des Leihvertrags freiwillig dem L ausgehändigt. Mangels unfreiwilligen Verlustes des Besitzes ist ein Abhandenkommen zu verneinen.

Also liegen die Voraussetzungen des § 934 vor und der gutgläubige Erwerb ist nicht nach § 935 I ausgeschlossen.

Demnach hat A vom Nichtberechtigten D gemäß §§ 929 S. 1, 931, 934 Var. 1 Eigentum erworben. E hat also auf diesem Wege sein Eigentum verloren.

gg. Somit ist der Anspruchsteller E nicht mehr Eigentümer.

c. Also fehlt es an einer Voraussetzung des § 985.

2. Demnach besteht der Herausgabeanspruch nicht.

II. E hat gegen L keinen Anspruch auf Herausgabe der Goldkette gemäß § 985.

Fazit

1. Der Fall bot eine gute Gelegenheit, nahezu alle bislang bekannten Erwerbsarten durchzuprüfen. Und er gipfelte – wie der vorige Fall – in der Prüfung eines Eigentumserwerbs nach ***§§ 929 S. 1, 931, 934.***

2. Bauchschmerzen könnte euch bereitet haben, dass D nicht Eigentümer der Sache wird, wohl aber A. Tatsächlich erscheint das Ergebnis ungerecht. Denn obwohl beide grundsätzlich dieselben Voraussetzungen erfüllen, werden sie ungleich behandelt.

   D konnte allenfalls nach §§ 929 S. 1, 930, 933 Eigentum erwerben, A hingegen allenfalls nach §§ 929 S. 1, 931, 934. ==Während § 933 unmissverständlich die Übergabe der Sache fordert, gibt sich § 934 schlussendlich mit der Abtretung==

Fall 20

des Herausgabeanspruchs zufrieden, wenn der Veräußerer mittelbarer Besitzer der Sache ist.

Über das auffällige Missverhältnis haben sich viele kluge Schreiber Gedanken gemacht. Tatsache ist: Der Gesetzgeber hält – obwohl er die umfangreiche Diskussion durchaus wahrgenommen haben dürfte – an genau diesen Regelungen fest. Zumindest in Klausuren solltet ihr deshalb an dieser Stelle kein „Diskussionsfass aufmachen", wenn nicht gerade der jeweilige Dozent darauf „herumreitet".

3. Der Fall bot eine kleine Premiere: Ihr seid hier erstmals mit der *Sicherungsübereignung* in Kontakt getreten. Das hat doch gar nicht wehgetan, oder? Die Sicherungsübereignung war lediglich zur Fallbildung erforderlich und brachte als solche keine besonderen Probleme mit sich.

Ihr werdet euch in einem gesonderten Kapitel mit der Sicherungsübereignung beschäftigen dürfen (ab Seite 207).

Eigentum - Erwerb durch Rechtsgeschäft

Fall 21

W verleiht sein fernsteuerbares Modell-Hovercraft an L. Diesem wird das Amphibienfahrzeug von D gestohlen. Anschließend veräußert L, der plötzlich Geld benötigt, das Modell an K, der hinsichtlich der Eigentümerstellung des L gutgläubig ist. Hierbei tritt L seinen Anspruch auf Wiedereinräumung des Besitzes (§ 861) gegen den Dieb an K ab. Einige Zeit später erfährt K zufällig, dass D sich im Besitz des Modells befindet, stellt ihn zur Rede und lässt sich das Fahrzeug vom nunmehr schuldbewussten D aushändigen. Nachdem W das Hovercraft nach Beendigung der Leihzeit ohne Erfolg von L herausverlangt hat und von den Umständen des Verbleibs der Sache erfährt, nutzt er einen „günstigen" Moment. K sieht gerade noch, wie W mit dem Modell von seiner Terrasse verschwindet und fluchtartig das Grundstück verlässt.

Frage: Hat K gegen W einen Herausgabeanspruch aus § 985 ?

Lösungsskizze Fall 21

- K gegen W Herausgabe des Hovercraft gemäß § 985 ?

I. Anspruch entstanden ?

   1. Voraussetzungen des § 985 ?

      a. Anspruchsgegner (W) ist Besitzer ?
      = tatsächliche Gewalt über die Sache
      HIER (+)

      b. Anspruchsteller (K) ist Eigentümer ?

        aa. ursprünglich (−)

        bb. Eigentumserwerb des K von L gemäß § 929 S. 1 ?
        = Erwerb des K vom Berechtigten L

        (1) Einigung ?
          = dinglicher Vertrag zwischen Veräußerer und Erwerber über den
            Eigentumsübergang
          HIER (+)

        (2) Übergabe ?
          = Veräußerer verliert Besitz und Erwerber erlangt Besitz
          HIER (−) → es gibt keine Übergabe im Verhältnis L − K

        (3) also: Eigentumserwerb des K vom Berechtigten L
           gemäß § 929 S. 1 (−)

Fall 21

cc. Eigentumserwerb des K von L gemäß §§ 929 S. 1, 931 ?
= Erwerb des K vom Berechtigten L

(1) Einigung ? (+), s.o.

(2) „Übergabeersatz" ?
= Voraussetzungen des § 931

(a) Dritter ist Besitzer der Sache ?
= unmittelbarer oder mittelbarer Besitz

HIER (+) → D ist zum fraglichen Zeitpunkt unmittelbarer Besitzer des Hovercraft

(b) Abtretung des Herausgabeanspruchs gegen den Dritten an den Erwerber ?

HIER (+) → L hat seinen Anspruch auf Wiedereinräumung des Besitzes gemäß § 861 I gegen den Dieb an K abgetreten

(c) also: Voraussetzungen des § 931 (+)

(3) Einigsein im Zeitpunkt der Vollendung des Erwerbstatbestands ?
= keine der Willenserklärungen darf widerrufen worden sein

HIER (+) → kein Widerruf

(4) Berechtigung des Veräußerers ?
= der verfügungsbefugte Eigentümer oder der Nichteigentümer, der gesetzlich verfügungsbefugt ist oder der vom Berechtigten ermächtigt ist

HIER (−) → L ist weder Eigentümer noch Ermächtigter nach § 185; eine sonstige Verfügungsbefugnis ist nicht ersichtlich

(5) also: Eigentumserwerb des K vom Berechtigten L gemäß §§ 929 S. 1, 931 (−)

dd. Eigentumserwerb des K von L gemäß §§ 929 S. 1, 931, 934 ?
= Erwerb des K vom Nichtberechtigten L

(1) Einigung ? (+), s.o.

(2) „Übergabeersatz" ?
= Voraussetzungen des § 931

HIER (+) → s.o.

(3) Einigsein im Zeitpunkt der Vollendung des Erwerbstatbestands ? (+), s.o.

(4) „Berechtigungsersatz" ?
= Voraussetzungen des § 934 und kein Ausschluss nach § 935 I

(a) Rechtsgeschäftlicher Erwerb ?
= nicht durch gesetzlichen Erwerb

HIER (+)

Eigentum - Erwerb durch Rechtsgeschäft

(b) Verkehrsgeschäft ?
= bei Güteraustausch zwischen zwei Personen; nicht bei persönlicher oder wirtschaftlicher Identität des Übereignenden mit dem Erwerber

HIER (+)

(c) Legitimation des Verfügenden als Berechtigter ?
= beim gutgläubigen Erwerb nach §§ 929 S.1, 931, 934 Var. 2: Erlangung des Besitzes an der Sache vom Dritten

HIER (+) → Veräußerer L ist nicht mittelbarer Besitzer des Hovercraft, nachdem ihm das Modell gestohlen wurde; deshalb reicht eine gemäß § 934 Var. 1 lediglich erforderliche Abtretung des Anspruchs nicht aus; vielmehr muss der Erwerber nach § 934 Var. 2 vom Dritten Besitz an der Sache erlangt haben; K hat sich das Modell von D aushändigen lassen, also unmittelbaren Besitz an der Sache erlangt

(d) Gutgläubigkeit des Erwerbers ?
= keine positive Kenntnis oder grob fahrlässige Unkenntnis vom Nichteigentum des Veräußerers bis zur Vollendung des Rechtserwerbs, § 932 II

HIER (+) → K war hinsichtlich der Eigentümerstellung des L auch noch bei der Besitzerlangung gutgläubig

(e) kein Abhandenkommen der Sache, § 935 I ?
= kein unfreiwilliger Verlust des unmittelbaren Besitzes

HIER (−) → zwar hat W im Rahmen der Erfüllung des Leihvertrags den unmittelbaren Besitz an dem Modell freiwillig auf L übertragen; insofern ist das Modell nicht abhandengekommen i.S.d. § 935 I 1; falls der Eigentümer nur mittelbarer Besitzer ist, darf die Sache jedoch gemäß § 935 I 2 nicht dem unmittelbaren Besitzer abhandengekommen sein; nachdem W das Modell an L übergeben hatte, war er mittelbarer Besitzer und L unmittelbarer Besitzer; dem L als unmittelbarem Besitzer ist die Sache gestohlen worden, also abhandengekommen

(f) <u>*also*</u>*: zwar Voraussetzungen des § 934 (+), aber kein Ausschluss nach § 935 I (−)*

(5) <u>also</u>: *Eigentumserwerb des K vom Nichtberechtigten L gemäß §§ 929 S.1, 931, 934 Var. 2 (−)*

ee. <u>also</u>: *Anspruchsteller (K) ist Eigentümer (−)*

c. <u>also</u>: *Voraussetzungen des § 985 (−)*

2. <u>also</u>: *Anspruch entstanden (−)*

II. Ergebnis:
K gegen W Herausgabe des Hovercraft gemäß § 985 (−)

Fall 21

Formulierungsvorschlag Fall 21

- K gegen W Herausgabe des Hovercraft gemäß § 985

K könnte gegen W einen Anspruch auf Herausgabe des Hovercraft gemäß § 985 haben.

I. Der Anspruch müsste entstanden sein.

1. Nach § 985 muss der Anspruchsteller Eigentümer und der Anspruchsgegner Besitzer der Sache sein.

a. Anspruchsgegner W ist Besitzer des Hovercraft.

b. Anspruchsteller K müsste Eigentümer des Hovercraft sein.

aa. Ursprünglich war er nicht Eigentümer.

bb. K könnte jedoch Eigentum vom Berechtigten L gemäß § 929 S. 1 erworben haben.

Die Parteien haben sich wirksam über den Eigentumsübergang geeinigt.

Eine Übergabe des Modells hat aber im Verhältnis L – K nicht stattgefunden.

Demnach hat K nicht vom Berechtigten L gemäß § 929 S. 1 Eigentum erworben.

cc. K könnte jedoch Eigentum vom Berechtigten L gemäß §§ 929 S. 1, 931 erworben haben.

Die Parteien haben sich wirksam über den Eigentumsübergang geeinigt.

Zudem müssten die Voraussetzungen des § 931 erfüllt sein.

Zum einen müsste ein Dritter Besitzer der Sache sein. Das Modell befand sich zum fraglichen Zeitpunkt im unmittelbaren Besitz des Dritten D.

Zum anderen müsste der Veräußerer den ihm gegen den Dritten zustehenden Herausgabeanspruch an den Erwerber abgetreten haben. Der Veräußerer L hat seinen Anspruch auf Wiedereinräumung des Besitzes gemäß § 861 gegen den Dieb D an den Erwerber K abgetreten.

Also sind die Voraussetzungen des § 931 erfüllt.

Die Parteien waren sich auch noch im Zeitpunkt der Vollendung des Erwerbstatbestands einig.

L müsste Berechtigter gewesen sein. Berechtigt ist der verfügungsbefugte Eigentümer oder der Nichteigentümer, der gesetzlich verfügungsbefugt ist oder der vom Berechtigten ermächtigt ist. L war weder Eigentümer noch Ermächtigter nach § 185. Eine sonstige Verfügungsbefugnis ist nicht ersichtlich. Somit fehlte die Berechtigung des L.

Demnach hat K nicht vom Berechtigten L gemäß §§ 929 S. 1, 931 Eigentum erworben.

151

Eigentum - Erwerb durch Rechtsgeschäft

dd. Letztlich könnte K Eigentum vom Nichtberechtigten L gemäß §§ 929 S. 1, 931, 934 erworben haben.

Die Parteien haben sich wirksam über den Eigentumsübergang geeinigt.

Zudem sind die Voraussetzungen des § 931 erfüllt.

Die Parteien waren sich auch noch im Zeitpunkt der Vollendung des Erwerbstatbestands einig.

Fraglich ist, ob die Voraussetzungen des § 934 vorliegen und der gutgläubige Erwerb nicht nach § 935 I ausgeschlossen ist.

Es hat ein rechtsgeschäftlicher Erwerb stattgefunden.

Außerdem liegt ein Verkehrsgeschäft vor.

Welche weitere Voraussetzung im Rahmen des gutgläubigen Erwerbs nach §§ 929 S.1, 931, 934 erfüllt sein muss, hängt davon ab, ob der Veräußerer mittelbarer Besitzer der Sache ist (Var. 1) oder nicht (Var. 2). Nachdem ihm das Modell gestohlen wurde, ist der Veräußerer L nicht mittelbarer Besitzer des Hovercraft. Deshalb reicht eine gemäß § 934 Var. 1 lediglich erforderliche Abtretung des Anspruchs nicht aus. Vielmehr muss der Erwerber nach § 934 Var. 2 vom Dritten Besitz an der Sache erlangt haben. K hat sich das Modell von D aushändigen lassen, also unmittelbaren Besitz an der Sache erlangt.

K war bezüglich der Eigentümerstellung des L auch noch bei der Besitzerlangung, also zum Zeitpunkt der Vollendung des Rechtserwerbs gutgläubig.

Darüber hinaus dürfte die Sache dem Eigentümer nicht abhandengekommen sein, § 935 I. Abhandengekommen ist eine Sache beim unfreiwilligen Verlust des unmittelbaren Besitzes. Zwar hat W im Rahmen der Erfüllung des Leihvertrags den unmittelbaren Besitz an dem Modell freiwillig auf L übertragen. Insofern ist das Modell nicht abhandengekommen im Sinne des § 935 I 1. Falls der Eigentümer nur mittelbarer Besitzer ist, darf die Sache jedoch gemäß § 935 I 2 nicht dem unmittelbaren Besitzer abhandengekommen sein. Nachdem W das Modell an L übergeben hatte, war er mittelbarer Besitzer und L unmittelbarer Besitzer. Dem L als unmittelbarem Besitzer ist die Sache gestohlen worden. Mithin ist das Modell abhandengekommen im Sinne des § 935 I 2.

Also liegen zwar die Voraussetzungen des § 934 vor, der gutgläubige Erwerb ist aber nach § 935 I ausgeschlossen.

Demnach hat K auch nicht vom Nichtberechtigten L gemäß §§ 929 S. 1, 931, 934 Var. 2 Eigentum erworben.

ee. Somit ist der Anspruchsteller K nicht Eigentümer.

c. Also fehlt es an einer Voraussetzung des § 985.

2. Demnach ist der Anspruch nicht entstanden.

II. K hat gegen W keinen Anspruch auf Herausgabe des Hovercraft-Modells gemäß § 985.

Fall 21

Fazit

1. Schaut noch einmal ins Fazit zu Fall 19. Dort könnt ihr nachlesen, welche Parallelen zwischen dem – hier relevanten – *Erwerb vom Nichtberechtigten* gemäß §§ 929 S. 1, 931, 934 und anderen Erwerbsformen existieren.
2. Der Erwerb vom Nichtberechtigten gemäß *§§ 929 S. 1, 931, 934 Var. 2* präsentiert sich mit einer Besonderheit. Wenn der Veräußerer nicht mittelbarer Besitzer der Sache ist, reicht die in § 934 Var. 1 geforderte Abtretung des Herausgabeanspruchs an den Erwerber nicht aus. Vielmehr verlangt *§ 934 Var. 2*, dass der Erwerber den Besitz an der – zu erwerbenden – Sache vom Dritten erlangt.

   Hierbei ist ausreichend, dass er entweder *unmittelbaren oder mittelbaren Besitz erlangt*. Allerdings darf sich der Erwerber den Besitz nicht eigenmächtig verschaffen.
3. Aufpassen musstet ihr im Prüfungspunkt *„kein Abhandenkommen der Sache"*. Ein Abhandenkommen ist beim unfreiwilligen Verlust des unmittelbaren Besitzes anzunehmen.

   Wenn man bezüglich des *unfreiwilligen Besitzverlust*es auf E abstellt, scheidet ein Abhandenkommen der Sache aus (vgl. § 935 I 1). W hat im Rahmen der Erfüllung des Leihvertrags den unmittelbaren Besitz an dem Modell freiwillig auf L übertragen.

   Falls der Eigentümer aber (nur) mittelbarer Besitzer ist, darf die Sache gemäß *§ 935 I 2* nicht dem unmittelbaren Besitzer abhandengekommen sein. Nach der Übergabe des Modells von W an L war nun L unmittelbarer Besitzer und W (nur noch) mittelbarer Besitzer. Dem unmittelbaren Besitzer L ist die Sache gestohlen worden, also abhandengekommen.

   Mit demselben Problem habt ihr euch erstmals in Fall 9 herumärgern dürfen.
4. Das waren die Fälle zum *rechtsgeschäftlichen Eigentumserwerb*. Und nun folgen die Fälle zum *gesetzlichen Erwerb des Eigentums*. Vamos ...

Eigentum - Erwerb kraft Gesetzes
Eine kleine Einführung

Eigentum
Erwerb kraft Gesetzes
- Eine kleine Einführung

Bisher habt ihr die unterschiedlichen Erscheinungsformen des rechtsgeschäftlichen Eigentumserwerbs kennengelernt. Dabei konntet und solltet ihr die Fälle immer wieder nach dem Baukastenprinzip lösen.

Als Gemeinsamkeit aller rechtsgeschäftlichen Eigentumserwerbstatbestände – sei es vom Berechtigten oder vom Nichtberechtigten – lässt sich zusammenfassend Folgendes herausarbeiten: Stets ist eine Einigung zwischen dem Erwerber und dem Veräußerer und zusätzlich entweder eine Übergabe oder ein Übergabeersatz (Übergabesurrogat) erforderlich.

Es gibt aber auch andere als rechtsgeschäftliche Eigentumserwerbsgründe, nämlich die sogenannten gesetzlichen Erwerbstatbestände.

Hier kommt es nicht auf eine vom Willen der Parteien bestimmte Übertragung des Eigentums an (sogenannter abgeleiteter oder derivativer Erwerb), sondern es läuft auf einen ursprünglichen (originären) Eigentumserwerb hinaus. Dominierend ist dabei ein sogenannter Realakt. Der Wille des bisherigen Eigentümers spielt keine Rolle.

Diese „willensunabhängigen" *gesetzlichen* (originären) *Eigentumserwerbstatbestände* sind in den *§§ 937 ff* geregelt.

Es sind vielfältige und von den jeweiligen Lebenssachverhalten her sehr unterschiedliche Konstellationen erfasst, bei denen ihr naturgemäß weit weniger auf den „Baukasten" zurückgreifen könnt, als dies bei den rechtsgeschäftlichen Erwerbsformen der Fall war und ist.

Zur besseren Übersicht präsentieren wir vorab eine Liste der gesetzlichen Erwerbstatbestände. Hierbei orientieren wir uns an den Untertiteln des BGB:

- *Ersitzung*, §§ 937 ff
- *Verbindung, Vermischung, Verarbeitung*, §§ 946 ff
- Eigentumserwerb durch *Trennung von Bestandteilen* („Fruchterwerb"), §§ 953 ff
- *Aneignung*, §§ 958 ff
- *Fund*, §§ 965 ff

So, das reicht erst einmal. Die Fälle, please ...

Fall 22

Fall 22

Dem Gitarristen E ist vor vielen Jahren bei einem Auftritt in der Kellerbar „Unter aller Sau" seine alte Framus-Gitarre gestohlen worden. E traut seinen Augen kaum, als er die durch individuelle Umbauten besonders markante Gitarre zwölf Jahre nach dem Verlust bei einem Fernsehauftritt der Country-Punk-Band „Bad Boys" wiedererkennt. Es stellt sich heraus, dass B – einer der beiden Gitarristen der „Bad Boys" – das Instrument damals bereits wenige Tage nach dem Diebstahl vom Dieb D erworben hat. Für B haben sich keinerlei Anhaltspunkte dafür ergeben, dass D nicht Eigentümer der Gitarre war.

Frage: Hat E gegen B einen Herausgabeanspruch aus § 985 ?

Lösungsskizze Fall 22

- E gegen B Herausgabe der Gitarre gemäß § 985 ?

I. Anspruch entstanden ?

1. Voraussetzungen des § 985 ?

a. Anspruchsgegner (B) ist Besitzer ?
= tatsächliche Gewalt über die Sache
HIER (+)

b. Anspruchsteller (E) ist Eigentümer ?

aa. ursprünglich (+)

bb. Eigentumsverlust des E durch Eigentumserwerb des B von D gemäß § 929 S. 1 ?
= Erwerb des B vom Berechtigten D

(1) Einigung ?
= dinglicher Vertrag zwischen Veräußerer und Erwerber über den Eigentumsübergang
HIER (+)

(2) Übergabe ?
= Veräußerer verliert Besitz und Erwerber erlangt Besitz
HIER (+)

(3) Einigsein im Zeitpunkt der Vollendung des Erwerbstatbestands ?
= keine der Willenserklärungen darf widerrufen worden sein
HIER (+) → kein Widerruf

155

Eigentum - Erwerb kraft Gesetzes

(4) Berechtigung des Veräußerers ?

= der verfügungsbefugte Eigentümer oder der Nichteigentümer, der gesetzlich verfügungsbefugt ist oder der vom Berechtigten ermächtigt ist

HIER (−) → D ist weder Eigentümer noch Ermächtigter nach § 185; eine sonstige Verfügungsbefugnis ist nicht ersichtlich

(5) <u>also</u>: Eigentumsverlust des E durch Eigentumserwerb des B vom Berechtigten D gemäß § 929 S. 1 (−)

cc. *Eigentumsverlust des E durch Eigentumserwerb des B von D gemäß §§ 929 S. 1, 932 I 1 ?*

= Erwerb des B vom Nichtberechtigten D

(1) Einigung ? (+), s.o.

(2) Übergabe ? (+), s.o.

(3) Einigsein im Zeitpunkt der Vollendung des Erwerbstatbestands ? (+), s.o.

(4) „Berechtigungsersatz" ?

= Voraussetzungen des § 932 und kein Ausschluss nach § 935 I

(a) Rechtsgeschäftlicher Erwerb ?

= nicht durch gesetzlichen Erwerb

HIER (+)

(b) Verkehrsgeschäft ?

= bei Güteraustausch zwischen zwei Personen; nicht bei persönlicher oder wirtschaftlicher Identität des Übereignenden mit dem Erwerber

HIER (+)

(c) Legitimation des Verfügenden als Berechtigter ?

= beim gutgläubigen Erwerb nach §§ 929 S. 1, 932 I 1: Übergabe der Sache

HIER (+) → D hat die Gitarre an B übergeben

(d) Gutgläubigkeit des Erwerbers ?

= keine positive Kenntnis oder grob fahrlässige Unkenntnis vom Nichteigentum des Veräußerers bis zur Vollendung des Rechtserwerbs, § 932 II

HIER (+) → B wusste zu keinem Zeitpunkt positiv, dass der Veräußerer D nicht Eigentümer der Sache war; dies war ihm mangels entsprechender Anhaltspunkte auch nicht grob fahrlässig unbekannt

(e) kein Abhandenkommen der Sache, § 935 I ?

= kein unfreiwilliger Verlust des unmittelbaren Besitzes

HIER (−) → unfreiwilliger Besitzverlust des (ursprünglichen) Eigentümers E durch den Diebstahl des D

Fall 22

(f) also: zwar Voraussetzungen des § 932 (+), aber kein Ausschluss nach § 935 I (–)

(5) also: Eigentumsverlust des E durch Eigentumserwerb des B vom Nichtberechtigten D gemäß §§ 929 S. 1, 932 I 1 (–)

dd. Eigentumsverlust des E durch Eigentumserwerb des B gemäß § 937 (Ersitzung) ?

(1) zehn Jahre Eigenbesitz einer beweglichen Sache, § 937 I ?
= bewegliche Sache über zehn Jahre hinweg als ihm gehörend besessen (§ 872)

HIER (+) → B ist davon ausgegangen, dass er die Gitarre seinerzeit von dem Berechtigten erworben hatte; er hielt sich über die gesamte Zeit seines Besitzes hinweg (mehr als zehn Jahre) für den Eigentümer des Instruments

(2) Gutgläubigkeit, § 932 I während der zehnjährigen Besitzdauer, § 937 II ?
= keine positive Kenntnis oder grob fahrlässige Unkenntnis des „Ersitzers" davon, dass er (vor der Vollendung des Ersitzungstatbestands) nicht Eigentümer geworden ist

HIER (+) → B ist – sinngemäß – von einem rechtsgeschäftlichen Eigentumserwerb vom Berechtigten ausgegangen; er hatte keine Anhaltspunkte dafür, dass er nicht Eigentümer geworden sein könnte

(3) also: Eigentumsverlust des E durch Eigentumserwerb des B gemäß § 937 (Ersitzung) (+)

ee. also: Anspruchsteller (E) ist Eigentümer (–)

c. also: Voraussetzungen des § 985 (–)

2. also: Anspruch entstanden (–)

II. Ergebnis:
E gegen B Herausgabe der Gitarre gemäß § 985 (–)

Formulierungsvorschlag Fall 22

- E gegen B Herausgabe der Gitarre gemäß § 985

E könnte gegen B einen Anspruch auf Herausgabe der Gitarre gemäß § 985 haben.

I. Der Anspruch müsste entstanden sein.

1. Nach § 985 muss der Anspruchsteller Eigentümer und der Anspruchsgegner Besitzer der Sache sein.

a. Anspruchsgegner B ist Besitzer der Gitarre.

b. Anspruchsteller E müsste Eigentümer der Gitarre sein.

Eigentum - Erwerb kraft Gesetzes

aa. Ursprünglich war er Eigentümer.

bb. Er hätte jedoch sein Eigentum verloren, wenn B seinerseits Eigentum erworben hat. In Betracht kommt ein Eigentumserwerb des B vom Berechtigten D gemäß § 929 S. 1.

Die Parteien haben sich wirksam über den Eigentumsübergang geeinigt.

Die Sache ist übergeben worden.

Die Parteien waren sich auch noch im Zeitpunkt der Vollendung des Erwerbstatbestands einig.

D müsste Berechtigter gewesen sein. Berechtigt ist der verfügungsbefugte Eigentümer oder der Nichteigentümer, der gesetzlich verfügungsbefugt ist oder der vom Berechtigten ermächtigt ist. D war als Dieb weder Eigentümer noch Ermächtigter nach § 185. Eine sonstige Verfügungsbefugnis ist nicht ersichtlich. Somit fehlte die Berechtigung des D.

Demnach hat B nicht vom Berechtigten D gemäß § 929 S. 1 Eigentum erworben. E hat also auf diesem Wege sein Eigentum nicht verloren.

cc. E hätte jedoch sein Eigentum verloren, wenn B seinerseits Eigentum vom Nichtberechtigten D gemäß §§ 929 S. 1, 932 I 1 erworben hat.

Die Parteien haben sich wirksam über den Eigentumsübergang geeinigt.

Die Sache ist übergeben worden.

Die Parteien waren sich auch noch im Zeitpunkt der Vollendung des Erwerbstatbestands einig.

Fraglich ist, ob die Voraussetzungen des § 932 vorliegen und der gutgläubige Erwerb nicht nach § 935 I ausgeschlossen ist.

Es hat ein rechtsgeschäftlicher Erwerb stattgefunden.

Außerdem liegt ein Verkehrsgeschäft vor.

Die im Rahmen des gutgläubigen Erwerbs nach §§ 929 S. 1, 932 I 1 erforderliche Übergabe der Sache durch den Veräußerer an den Erwerber ist erfolgt.

B war auch gutgläubig im Sinne des § 932 II.

Darüber hinaus dürfte die Sache dem Eigentümer nicht abhandengekommen sein, § 935 I 1. Abhandengekommen ist eine Sache beim unfreiwilligen Verlust des unmittelbaren Besitzes. Die Gitarre war dem ursprünglichen Eigentümer E von D gestohlen worden. Dies ist ein unfreiwilliger Besitzverlust und damit – wie die beispielhafte Aufzählung in § 935 I 1 zeigt – ein typischer Fall des Abhandenkommens.

Also liegen zwar die Voraussetzungen des § 932 vor, der gutgläubige Erwerb ist aber nach § 935 I ausgeschlossen.

Demnach hat B nicht vom Nichtberechtigten D gemäß §§ 929 S. 1, 932 I 1 Eigentum erworben. Auch auf diese Weise hat E also sein Eigentum nicht verloren.

dd. E hätte jedoch sein Eigentum verloren, wenn B seinerseits Eigentum gemäß § 937 I im Wege der Ersitzung erworben hat.

Fall 22

Dazu müsste B die Gitarre – eine bewegliche Sache – gemäß § 937 I zehn Jahre im Eigenbesitz gehabt haben. Eigenbesitzer ist gemäß § 872, wer eine Sache als ihm gehörend besitzt. B ist davon ausgegangen, dass er die Gitarre seinerzeit von D als dem Berechtigten erworben hatte. Er hielt sich über die gesamte Zeit seines Besitzes hinweg – nämlich mehr als zehn Jahre – für den Eigentümer der Gitarre. B hatte die Gitarre zehn Jahre im Eigenbesitz.

Die Ersitzung wäre gemäß § 937 II ausgeschlossen, wenn B bei dem Erwerb des Eigenbesitzes nicht in gutem Glauben gewesen wäre oder später erfahren hätte, dass ihm das Eigentum nicht zusteht. Gutgläubig ist gemäß § 932 II, wer keine positive Kenntnis oder grob fahrlässige Unkenntnis hat, hier aus Sicht des „Ersitzers" darauf bezogen, dass er vor der Vollendung des Ersitzungstatbestands nicht Eigentümer geworden ist. B ist – sinngemäß – von einem rechtsgeschäftlichen Eigentumserwerb vom Berechtigten ausgegangen, er hatte über die gesamte „Ersitzungszeit" hinweg keine Anhaltspunkte dafür, dass er nicht Eigentümer geworden sein könnte.

Demnach hat B gemäß § 937 I im Wege der Ersitzung Eigentum an der Gitarre erworben. E hat also auf diesem Wege sein Eigentum verloren.

ee. Somit ist der Anspruchsteller E nicht mehr Eigentümer.

c. Also fehlt es an einer Voraussetzung des § 985.

2. Demnach besteht der Herausgabeanspruch nicht.

II. E hat gegen B keinen Anspruch auf Herausgabe der Gitarre gemäß § 985.

Fazit

1. In den vorigen Fällen musstet ihr immer mit dem rechtsgeschäftlichen Eigentumserwerb in seinen unterschiedlichen Erscheinungsformen – sei es vom Berechtigten oder vom Nichtberechtigten – kämpfen. Hier seid ihr zum ersten Mal mit einem sogenannten **Eigentumserwerb kraft Gesetzes** konfrontiert worden, nämlich mit der **Ersitzung** nach *§ 937*.

2. Nur durch die Ersitzung nach § 937 konnte B – wegen des erheblichen Zeitablaufs – Eigentümer werden. B hatte die Gitarre von einem Dieb gekauft. Der rechtsgeschäftliche Erwerb vom Berechtigten nach § 929 S. 1 scheiterte erkennbar, weil ein Dieb niemals Berechtigter sein kann. Er ist der klassische Nichtberechtigte. Aber auch ein gutgläubiger Erwerb nach §§ 929 S. 1, 932 I 1 war vor dem Hintergrund des § 935 I zum Scheitern verurteilt. Bis hierhin lieferte der Fall eigentlich nichts Neues.

Wir haben dennoch – unserem Konzept folgend – in Lösungsskizze und Formulierungsvorschlag beide Varianten des rechtsgeschäftlichen Erwerbs „schulmäßig" durchgeprüft. Im Ernstfall (also in der Klausur mit vielen Einzelproblemen) kann es im Sinne einer stringenten Schwerpunktsetzung durchaus geboten sein, sich bei der Prüfung des Erwerbs vom Berechtigten deutlich kürzer zu fassen. Dies kann dazu führen, dass ihr in eindeutigen Fällen auch gleich mit der Prüfung des Erwerbs vom Nichtberechtigten einsteigt. Im Rah-

Eigentum - Erwerb kraft Gesetzes

men der Prüfung könnt ihr dann sehr gezielt auf § 935 I zusteuern, wenn der „Ausschluss" des gutgläubigen Erwerbs – wie im Fall – auf der Hand liegt.

Andererseits muss im Gutachten zumindest kurz herausgearbeitet werden, dass und warum ein rechtsgeschäftlicher Erwerb ausscheidet. Immerhin hat der gutgläubige Eigenbesitzer regelmäßig – und so auch hier – keine Zweifel daran, dass er rechtsgeschäftlich Eigentümer geworden ist. Dass er auf eine Ersitzung angewiesen ist, kommt ihm gar nicht in den Sinn. Auch dies spricht neben allgemeinen Erwägungen zur Gutachtentechnik dafür, in einem solchen Fall zunächst den rechtsgeschäftlichen Erwerb „abzuarbeiten" und nicht gleich auf § 937 zu „springen".

3. Nun noch ein paar Worte zur *Ersitzung (§§ 937 ff)*, die über den Fall hinausgehen: Die Idee, die hinter den Regelungen steht, ist, dass Eigentum und Besitz im Einzelfall nicht bis in alle Ewigkeit „auseinanderfallen" sollen. Das genannte Ziel steht nicht zuletzt im Einklang mit dem Rechtsgedanken des besonders in der Praxis bedeutsamen *§ 1006* (lesen!; siehe auch § 938). Angesichts des soeben geschilderten Ansatzes erscheint es nur konsequent, dass der Eigentumserwerb durch Ersitzung im Grundsatz „lastenfrei" ist (§ 945).

Für das zentrale Merkmal der Ersitzung, nämlich den *„Eigenbesitz"*, liefert uns das Gesetz in *§ 872* eine Definition (Legaldefinition; siehe allgemein zum Besitz schon Fall 2, Fazit.).

Wenn die Ersitzung einmal prüfungsrelevant ist, wird in diesem Bereich üblicherweise nicht mehr als die saubere Anwendung der einschlägigen Vorschriften erwartet.

Dabei müsst ihr natürlich die Prüfung des § 937 II auf dem Schirm haben. Anhaltspunkte für Bösgläubigkeit können beispielsweise vorliegen, wenn für ein Museum ohne Nachforschungen ein wertvoller, tatsächlich gestohlener Kunstgegenstand für einen ungewöhnlich niedrigen Preis von einem unbekannten Kunsthändler erworben wird. In so oder ähnlich gelagerten Fällen kommen dann doch einige Verdachtsmomente zusammen. Derartige Details im Sachverhalt wollen regelmäßig ausgewertet und in ihrer Gesamtheit gewürdigt werden. Sie weisen euch dann zwanglos den Weg zum entsprechenden Schwerpunkt.

Zu beachten ist, dass die *Ersitzung* unter bestimmten Umständen gehemmt oder unterbrochen ist (§§ 939 ff). *Hemmung* bedeutet, dass eine bestimmte Zeit (eben die Hemmungszeit) nicht „mitgerechnet" wird. Die *Unterbrechung* hingegen bewirkt, dass die Frist ganz neu zu laufen beginnt (§ 942; im Falle des § 937 also 10 Jahre). Dem potenziellen „Ersitzer" (Eigenbesitzer) nützt es also nichts, wenn bis zur Unterbrechung schon fast zehn Jahre verstrichen sind. Anders als bei der Hemmung fängt er im Falle der Unterbrechung wieder „bei null" an. Und dies im Übrigen auch nur, wenn denn die Unterbrechung beendet ist (§ 942 a.E.).

Wesentlich erfreulicher für den Eigenbesitzer ist demgegenüber *§ 943* (lesen). Im Falle der *Eigenbesitznachfolge* bei entsprechender Einigung mit dem Vorbesitzer profitiert der neue Eigenbesitzer („Dritter" i.S.d. § 943) von der bereits verstrichenen Zeit, die zu seinen Gunsten angerechnet wird. Eine ähnliche Regelung trifft § 944, der aber jedenfalls für das Studium wenig bedeutend ist.

Fall 23

Fall 23

Fensterbauer F setzt im Auftrag des B auf dessen Grundstück Fensterrahmen in das in der Entstehung begriffene Haus ein. Dabei verwendet er versehentlich auch Fenster, die dem Nachbarn N gehören und die im Grenzbereich der beiden Grundstücke auf einer Palette liegen. Obwohl beide „Fenstersorten" vom selben Typ sind, erkennt N nach dem Einbau „seine" Fensterrahmen anhand der Seriennummern im Haus des B wieder.

Frage: Hat N gegen B einen Herausgabeanspruch aus § 985 ?

Lösungsskizze Fall 23

- **N gegen B Herausgabe der Fensterrahmen gemäß § 985 ?**

I. Anspruch entstanden ?

   1. Voraussetzungen des § 985 ?

     a. Anspruchsgegner (B) ist Besitzer ?
     = tatsächliche Gewalt über die Sache
     HIER (+)

     b. Anspruchsteller (N) ist Eigentümer ?

       aa. ursprünglich (+)

       bb. Eigentumsverlust des N durch Eigentumserwerb des B gemäß § 946 (Verbindung mit einem Grundstück) ?

         (1) bewegliche Sache wird durch Verbindung wesentlicher Bestandteil eines Grundstücks (§§ 93 ff, 94) ?

         HIER (+) → die Fensterrahmen (vor ihrem Einbau bewegliche Sachen) sind zur Herstellung des Gebäudes eingefügt worden und damit gemäß § 94 II wesentliche Bestandteile des Hauses geworden; das Gebäude wiederum ist gemäß § 94 I 1 wesentlicher Bestandteil des Grundstücks; weder bei dem Gebäude noch bei den Fensterrahmen handelt es sich um Scheinbestandteile nach § 95

         (2) Erwerber ist Eigentümer des Grundstücks ?

         HIER (+)

         (3) <u>also</u>: Eigentumsverlust des N durch Eigentumserwerb des B gemäß § 946 (Verbindung mit einem Grundstück) (+)

       cc. <u>also</u>: Anspruchsteller (N) ist Eigentümer (–)

     c. <u>also</u>: Voraussetzungen des § 985 (–)

Eigentum - Erwerb kraft Gesetzes

2. *also*: Anspruch entstanden (-)

II. Ergebnis:
N gegen B Herausgabe der Fensterrahmen gemäß § 985 (-)

Formulierungsvorschlag Fall 23

- **N gegen B Herausgabe der Fensterrahmen gemäß § 985**

N könnte gegen B einen Anspruch auf Herausgabe der Fensterrahmen gemäß § 985 haben.

I. Der Anspruch müsste entstanden sein.

1. Nach § 985 muss der Anspruchsteller Eigentümer und der Anspruchsgegner Besitzer der Sache sein.

a. Anspruchsgegner B ist Besitzer des Hausgrundstücks und damit auch der eingebauten Fensterrahmen.

b. Anspruchsteller N müsste Eigentümer der Fensterrahmen sein.

aa. Ursprünglich war er Eigentümer.

bb. N hätte jedoch sein Eigentum verloren, wenn B seinerseits Eigentum gemäß § 946 erworben hat.

Dazu müssten die Fensterrahmen – vor ihrem Einbau bewegliche Sachen – durch Verbindung wesentlicher Bestandteil eines Grundstücks geworden sein, das im Eigentum des Erwerbers steht. Unter welchen Voraussetzungen eine Sache wesentlicher Bestandteil wird, richtet sich nach §§ 93 ff, speziell bezogen auf Grundstücke und Gebäude nach § 94. Gemäß § 94 II gehören zur Herstellung eines Gebäudes eingefügte Sachen zu den wesentlichen Bestandteilen des Gebäudes. Die Fensterrahmen sind zur Herstellung des noch nicht fertiggestellten Hauses eingesetzt worden, also wesentliche Bestandteile des Gebäudes geworden. Das Gebäude wiederum ist gemäß § 94 I 1 wesentlicher Bestandteil des Grundstücks. Die Fensterrahmen sind zum dauernden Verbleib und nicht nur zu einem vorübergehenden Zweck in das für eine dauerhafte Nutzung errichtete Gebäude eingefügt worden, sodass es sich weder bei dem Gebäude selbst noch bei den Fensterrahmen um sogenannte Scheinbestandteile im Sinne des § 95 handelt.

Das Grundstück steht im Eigentum des B.

Demnach hat B gemäß § 946 Eigentum an den Fensterrahmen erworben. N hat also sein Eigentum verloren.

cc. Somit ist der Anspruchsteller N nicht mehr Eigentümer.

c. Also fehlt es an einer Voraussetzung des § 985.

Fall 23

2. Demnach besteht der Herausgabeanspruch nicht.

II. N hat gegen B keinen Anspruch auf Herausgabe der Fensterrahmen gemäß § 985.

Fazit

1. Anders als im vorangegangenen Fall kam hier ein rechtsgeschäftlicher Erwerb überhaupt nicht in Betracht. Deshalb war bei der Frage nach dem Eigentumsverlust des N sofort auf den einschlägigen gesetzlichen Erwerbstatbestand zuzusteuern, nämlich auf § 946.

2. Nach §§ 946 ff werden die Eigentumsverhältnisse kraft Gesetzes neu geregelt, damit es nicht zu einer wirtschaftlich unsinnigen Zerschlagung von Vermögenswerten kommt, die durch Verbindung, Vermischung oder Verarbeitung zustande gekommen sind. Dies steht im Einklang mit § 93 (lesen!)

3. *§ 946* erfasst den Fall der **Verbindung** einer beweglichen Sache mit einem Grundstück. Die bewegliche Sache muss durch die Verbindung **wesentlicher Bestandteil des Grundstücks** werden. Bei dem zentralen Merkmal „wesentlicher Bestandteil" hilft das Gesetz weiter, nämlich zunächst mit einer allgemeinen Definition in § 93, die dann speziell für Grundstücke (§ 94 I) und Gebäude (§ 94 II) konkretisiert wird. Im Fall war die „saubere" Anwendung dieser Normen gefragt. Noch einmal der Reihe nach: Wir brauchen für § 946 einen wesentlichen Bestandteil des Grundstücks. Das Gebäude ist – wie *§ 94 I 1* zeigt – der klassische wesentliche Bestandteil eines Grundstücks. Und nach *§ 94 II* sind die Fensterrahmen wesentliche Bestandteile des Gebäudes, das wie gesagt seinerseits gemäß § 94 I 1 wesentlicher Bestandteil des Grundstücks ist. Die Subsumtionskette führt also von § 94 II über § 94 I 1 direkt zu § 946. Euch ist bei genauer Lektüre des Gesetzes sicherlich aufgefallen, dass es bei § 94 II im Gegensatz zu § 94 I 1 nicht auf die Festigkeit der Verbindung ankommt.

   Ganz wichtig ist, dass ihr *§ 95* nicht überseht. Hier ist der sogenannte **Scheinbestandteil** geregelt. Wie die Bezeichnung schon vermuten lässt, handelt es sich um Sachen, die auf den ersten Blick alle Voraussetzungen für einen wesentlichen Bestandteil des Grundstücks (§ 95 I) oder des Gebäudes (§ 95 II) zu erfüllen scheinen. Bei näherer Betrachtung sind sie aber doch keine wesentlichen Bestandteile, weil sie nur zu einem vorübergehenden Zweck verbunden bzw. eingefügt wurden. Typisches Beispiel ist die Sache, die der Mieter oder Pächter verbunden oder eingefügt hat. Hier ist von einem vorübergehenden Zweck i.S.d. § 95 auszugehen, weil der Mieter oder Pächter die Sachen nach Beendigung des Dauerschuldverhältnisses üblicherweise wieder trennen und mitnehmen will.

4. Falls ihr euch gefragt haben solltet, ob N nun völlig leer ausgeht, gibt *§ 951* die Antwort. B muss den Eigentumsverlust des N finanziell ausgleichen.

5. Im konkreten Fall hattet ihr es mit der Verbindung beweglicher Sachen mit einem Grundstück zu tun, also mit der Konstellation des § 946. Demgegenüber

163

Eigentum - Erwerb kraft Gesetzes

regelt *§ 947* (lesen!) die Eigentumsverhältnisse für den Fall der *Verbindung beweglicher Sachen miteinander*. Versucht – bevor ihr weiterlest – eigenständig eine logische Struktur der Norm zu erarbeiten.

Sinnvollerweise müsst ihr euch zuerst die Frage stellen, ob eine der beiden miteinander verbundenen Sachen als sogenannte *Hauptsache* anzusehen ist. Dann nämlich erwirbt gemäß § 947 II der Eigentümer der Hauptsache das Alleineigentum an der ganzen Sache. Für den Begriff der „Hauptsache" soll – wie so oft – die Verkehrsanschauung maßgeblich sein. Danach kann von einer Hauptsache nur dann die Rede sein, wenn die übrigen Bestandteile (folglich dann „Nebensachen") fehlen können, ohne dass die praktische Verwendbarkeit der (Haupt-)Sache beeinträchtigt wird. So wird zum Beispiel das aufgeklebte Plakat gegenüber der Plakattafel als bloße Nebensache angesehen, die Plakattafel mithin als Hauptsache im Sinne des § 947 II.

Ist keine der Sachen als Hauptsache anzusehen (ist also § 947 II nicht einschlägig), entsteht gemäß § 947 I Miteigentum der bisherigen Eigentümer der vormaligen Einzelsachen an der Gesamtsache, wobei sich der Miteigentumsanteil nach dem Wertverhältnis der Sachen zueinander im Zeitpunkt der Verbindung bestimmt.

6. Lest bitte abschließend auch noch *§ 948*, der auf § 947 verweist. Untrennbare *Vermischung* bezieht sich auf Flüssigkeiten oder Gase. Untrennbare *Vermengung* kommt etwa bei Getreide in Betracht.

Fall 24

Fall 24

D entwendet in einer Nacht- und Nebelaktion vom Hof der Werft des E einen unbehandelten Bootsrumpf, den er an B veräußert. B nutzt den Rumpf als Basis für ein selbst gebautes Speedboot, das er unter Einsatz vieler Arbeitsstunden und mit diversen Bauteilen (Innenbordmotor, Ruderanlage, Anstrich etc.) in mühevoller Kleinarbeit fertigstellt. Kurz nach dem Stapellauf des Bootes erkennt E „seinen" Bootsrumpf wieder und verlangt – gestützt auf sein Eigentum – von B die Herausgabe. B meint demgegenüber, dass er doch allein wegen seines großen Zeit- und Kostenaufwandes Eigentümer geworden sein müsse. Der Wert des Bootsrumpfes beträgt 5.000 €, der Wert der weiteren verbauten Teile insgesamt 3.000 € und der Wert des fertiggestellten Speedbootes 15.000 €.

Frage: Hat B gemäß § 950 I 1 Eigentum erworben?

Lösungsskizze Fall 24

- **Eigentumserwerb des B gemäß § 950 I 1 (Verarbeitung)?**

I. Herstellung einer neuen beweglich Sache?
 = Ergebnis der Verarbeitung wird von der Verkehrsauffassung als neue Sache angesehen

 HIER (+) → das fertiggestellte Speedboot erfüllt im Vergleich zu den einzelnen verarbeiteten Teilen eine eigenständige, wesentlich weitergehende Funktion

II. Erwerber ist Hersteller?
 = derjenige, in dessen Namen und in dessen wirtschaftlichem Interesse die Herstellung stattfindet

 HIER (+) → B hat das Boot selbst, im eigenen Namen und für sich selbst gebaut

III. Wert der zur Herstellung aufgewendeten Arbeit (Verarbeitungswert) ist nicht erheblich geringer als der Stoffwert?
 = Verkehrswertvergleich

 HIER (+) → der Stoffwert beträgt insgesamt (5.000 € + 3.000 € =) 8.000 €; der Verarbeitungswert beträgt (15.000 € Gesamtwert der neuen Sache – 8.000 € Stoffwert =) 7.000 €; der Verarbeitungswert ist damit zwar geringer als der Stoffwert, aber nicht erheblich geringer

IV. Ergebnis:
 Eigentumserwerb des B gemäß § 950 I 1 (Verarbeitung) (+)

Eigentum - Erwerb kraft Gesetzes

Formulierungsvorschlag Fall 24

- Eigentumserwerb des B gemäß § 950 I 1

B könnte gemäß § 950 I 1 Eigentum erworben haben.

I. Dazu müsste zunächst eine neue bewegliche Sache hergestellt worden sein.

Das ist der Fall, wenn das Ergebnis der Verarbeitung im Lichte der Verkehrsauffassung als neue Sache angesehen wird.

Mit dem von B fertiggestellten Speedboot kann man zum Freizeitvergnügen geeignete Gewässer befahren. Das Speedboot erfüllt damit im Vergleich zu den einzelnen verarbeiteten Teilen eine eigenständige, wesentlich weitergehende Funktion.

Es wird von der Verkehrsauffassung als neue (bewegliche) Sache angesehen.

Mithin ist eine neue bewegliche Sache hergestellt worden.

II. B müsste der Hersteller des Speedbootes im Sinne des § 950 I 1 sein.

Hersteller ist derjenige, in dessen Namen und in dessen wirtschaftlichem Interesse die Herstellung stattfindet.

B hat das Boot selbst, im eigenen Namen und für sich selbst gebaut.

Er ist Hersteller im Sinne des § 950 I 1.

III. Der Wert der zur Herstellung aufgewendeten Arbeit – der sogenannte Verarbeitungswert – dürfte nicht erheblich geringer sein als der Stoffwert (§ 950 I 1 Hs. 2).

Der Stoffwert setzt sich aus dem Wert des Rumpfes und dem Gesamtwert der übrigen Teile zusammen, beträgt also insgesamt (5.000 € + 3.000 € =) 8.000 €. Demgegenüber ergibt sich ein Verarbeitungswert von (15.000 € Gesamtwert der neuen Sache – 8.000 € Stoffwert =) 7.000 €. Der Verarbeitungswert ist daher fast so hoch wie der Stoffwert. Er ist etwas geringer, aber nicht erheblich geringer.

§ 950 I 1 Hs. 2 steht dem Eigentumserwerb daher nicht entgegen.

IV. B hat Eigentum gemäß § 950 I 1 erworben.

Fazit

1. Wir sind durch die konkret auf § 950 I 1 zugeschnittene Fallfrage bewusst von dem sonst üblichen Anspruchsaufbau abgewichen. Ansonsten wäre wiederum an einen rechtsgeschäftlichen Erwerb des Eigentums (an dem Bootsrumpf) zu denken gewesen. Und der scheitert natürlich an § 935 I. Insofern wäre der Fall

Fall 24

- hinsichtlich des rechtsgeschäftlichen Erwerbs – im Anspruchsaufbau exakt so zu lösen gewesen, wie bereits bei Fall 22 aufgezeigt.

2. Der Eigentumserwerb durch **Verarbeitung, § 950** geht in seinem Anwendungsbereich als Spezialregelung (lex specialis) § 947 vor (zu § 947 siehe Fall 23, Fazit 5.).

    Verarbeitung im Sinne des § 950 – also die Herstellung einer neuen Sache – ist insbesondere dann anzunehmen, wenn die hergestellte Sache eine neue, eigenständige Bezeichnung hat (z.b. Brot statt „gebackener Teig"; Stoff statt „gewebte Baumwolle").

3. In unserem Fall war die **Herstellereigenschaft** des B unproblematisch. Es kann jedoch in diesem Bereich durchaus zu Schwierigkeiten kommen. Entscheidend ist, in wessen Interesse die neue Sache hergestellt wird, nicht etwa, wer tatsächlich daran arbeitet. Deshalb ist der Werkunternehmer (§ 631) nicht Hersteller im Sinne des § 950 I 1. Er wird also nicht Eigentümer des Produktes, obwohl er es in der Terminologie des § 631 sehr wohl herstellt. Das klingt vielleicht etwas merkwürdig, ist aber systemkonform, wie ein Blick in § 647 zeigt. Die Norm zum Werkunternehmerpfandrecht (dazu später mehr) hätte keinen Sinn, wenn der Werkunternehmer gemäß § 950 I 1 Eigentümer würde.

    Zur Abrundung und Ergänzung: Wie sieht es beim Werklieferungsvertrag (§ 650; bis Ende 2017: § 651) aus? Hier stellt der „Unternehmer" die Sache im eigenen Interesse her, wenn auch mit dem Ziel der Lieferung an den Besteller. Er – der „Unternehmer" – ist in dieser Konstellation folgerichtig auch Hersteller i.S.d. § 950 I 1.

    Im Grundsatz ist weitgehend anerkannt, dass § 950 sogenanntes zwingendes Recht ist, dass also nicht wirksam etwas Abweichendes vereinbart werden kann. Wie es in der etwas angestaubten Juristensprache häufig ausdrückt wird: § 950 kann als zwingendes Recht nicht abbedungen werden.

    Dennoch lässt die herrschende Meinung und insbesondere die Rechtsprechung eine **Vereinbarung** darüber zu, wer als **Hersteller** im Sinne des § 950 anzusehen ist. Relevant wird das vor allem in den Fällen der sogenannten **Verarbeitungsklausel**. Diese sieht üblicherweise so aus, dass der Lieferant von Material mit dem Verarbeitenden vereinbart, dass er – der Lieferant – und nicht etwa der Verarbeitende sogleich Eigentümer des Endproduktes werden soll. Wirtschaftlicher Hintergrund der Verarbeitungsklausel ist, dass der Lieferant die Materialien üblicherweise unter **Eigentumsvorbehalt** (§ 449) geliefert hat und ein Eigentumsübergang kraft Gesetzes gemäß § 950 I 1 den wirtschaftlichen Interessen nicht entspräche.

    Eine solche Verarbeitungsklausel steht zumindest auf den ersten Blick im Widerspruch zu § 950. Der „Spagat" der herrschenden Meinung (a.A. selbstverständlich gut vertretbar) besteht darin, dass einerseits an dem zwingenden Charakter des § 950 I 1 im Grundsatz festgehalten wird, andererseits aber mittels eines „Kunstgriffs" diese Unabdingbarkeit auf die Rechtsfolge (Eigentumserwerb durch Verarbeitung) beschränkt wird, während man auf der Tatbestandsseite (hier beim Merkmal „Hersteller") zur Erzielung einer praxisgerechten Lösung im Einklang mit der viel zitierten Verkehrsauffassung letztlich gewisse Vereinbarungen zulässt.

167

Eigentum - Erwerb kraft Gesetzes

In diesem Bereich (§ 950 als zwingendes Recht / Handhabung der sogenannten Verarbeitungsklausel) geht es überdurchschnittlich kompliziert zu. Es ist also ganz normal, dass ihr möglicherweise nicht alles auf Anhieb verstanden habt. Andererseits sind die sich hier abspielenden Probleme dann doch zu „klassisch", als dass wir sie im Buch guten Gewissens ganz hätten weglassen können.

4. In letzter Zeit werden unter anderem im Zusammenhang mit § 950 vermehrt Fälle diskutiert, in denen es um das **Speichern von Informationen auf fremden Datenträgern** geht. Aufmerksamkeit hat vor allem ein Rechtsstreit erregt, in dem Altkanzler Kohl von ihm besprochene Tonbänder von seinem Ghostwriter herausverlangt hatte. In derartigen Fällen entsteht durch das Speichern *keine „neue bewegliche Sache"*. Das aber verlangt der Tatbestand des § 950 I 1 unmissverständlich. Folgerichtig hat der BGH in dem Kohl-Fall einen Herausgabeanspruch aus § 985 verneint (NJW 2016, 317 ff). In Teilen der Literatur wird das als formalistisch kritisiert und eine zumindest entsprechende Anwendung des § 950 I 1 befürwortet.

Fall 25

Fall 25

E hat vom ursprünglichen Eigentümer M ein gebrauchtes Motorrad gekauft. Nach Zahlung des Kaufpreises händigt M die Maschine samt Zündschlüsseln zum Zwecke der Übereignung an E aus. Die dazugehörige EU-Zulassungsbescheinigung Teil II (Fahrzeugbrief) hält M allerdings nicht in Händen. E soll sich die Bescheinigung bei B, dem Vater des M, abholen, der das Dokument in seinem Tresor deponiert hat. B weigert sich, die EU-Zulassungsbescheinigung auszuhändigen.

Frage: Hat E gegen B einen Herausgabeanspruch aus § 985 ?

Lösungsskizze Fall 25

- **E gegen B Herausgabe der EU-Zulassungsbescheinigung Teil II gemäß § 985 ?**

I. Anspruch entstanden ?

  1. Voraussetzungen des § 985 ?

   a. Anspruchsgegner (B) ist Besitzer ?
    = tatsächliche Gewalt über die Sache
    HIER (+)

   b. Anspruchsteller (E) ist Eigentümer ?

    aa. ursprünglich (−)

    bb. Eigentumserwerb des E (auch) an der Bescheinigung in entsprechender Anwendung des § 952 II durch Eigentumserwerb an dem Motorrad gemäß § 929 S.1 ?
     = Erwerb des Kfz vom Berechtigten M, der sich hier in entsprechender Anwendung des § 952 II auch auf die Bescheinigung bezieht

     (1) Möglichkeit eines derartigen Erwerbs ?
      HIER (+) → das Eigentum an einer EU-Zulassungsbescheinigung Teil II folgt dem Eigentum an dem entsprechenden Kraftfahrzeug; es entspricht der Funktion der benannten Bescheinigung und ist allgemein anerkannt, dass dieser Zusammenhang in analoger Anwendung des § 952 II besteht

     (2) Eigentumserwerb des E von M gemäß § 929 S.1 ?
      = Erwerb des E vom Berechtigten M

      (a) Einigung ?
       = dinglicher Vertrag zwischen Veräußerer und Erwerber über den Eigentumsübergang
       HIER (+)

169

Eigentum - Erwerb kraft Gesetzes

(b) Übergabe ?
= Veräußerer verliert Besitz und Erwerber erlangt Besitz

HIER (+)

(c) Einigsein im Zeitpunkt der Vollendung des Erwerbstatbestands ?
= keine der Willenserklärungen darf widerrufen worden sein

HIER (+) → kein Widerruf

(d) Berechtigung des Veräußerers ?
= der verfügungsbefugte Eigentümer oder der Nichteigentümer, der gesetzlich verfügungsbefugt ist oder der vom Berechtigten ermächtigt ist

HIER (+) → M ist verfügungsbefugter Eigentümer

(e) also: Eigentumserwerb des E vom Berechtigten M gemäß § 929 S. 1 (+)

(3) also: Eigentumserwerb des E vom Berechtigten M gemäß § 929 S. 1 (+), *der sich hier in entsprechender Anwendung des § 952 II auch auf die EU-Zulassungsbescheinigung Teil II bezieht*

cc. *also: Anspruchsteller (E) ist Eigentümer* (+)

c. *also: Voraussetzungen des § 985* (+)

2. *Voraussetzungen des § 986 ?*
= Anspruchsgegner hat kein Recht zum Besitz

HIER (+)

3. *also: Anspruch entstanden* (+)

II. Anspruch untergegangen ? (−)

III. Anspruch durchsetzbar ? (+)

IV. Ergebnis:
E gegen B Herausgabe der EU-Zulassungsbescheinigung Teil II gemäß § 985 (+)

Formulierungsvorschlag Fall 25

- E gegen B Herausgabe der EU-Zulassungsbescheinigung Teil II gemäß § 985

E könnte gegen B einen Anspruch auf Herausgabe der EU-Zulassungsbescheinigung Teil II gemäß § 985 haben.

Fall 25

I. Der Anspruch müsste entstanden sein.

1. Nach § 985 muss der Anspruchsteller Eigentümer und der Anspruchsgegner Besitzer der Sache sein.

a. Anspruchsgegner B ist Besitzer der benannten Bescheinigung.

b. Anspruchsteller E müsste Eigentümer der Sache sein.

aa. Ursprünglich war er weder Eigentümer des Motorrads noch Eigentümer der dazugehörigen EU-Zulassungsbescheinigung Teil II.

bb. Fraglich ist, ob E Eigentum auch an der Zulassungsbescheinigung erworben hat, indem er Eigentum an dem Motorrad erworben hat. Dieser gedankliche Ansatz setzt voraus, dass das Eigentum an einer solchen Bescheinigung dem Eigentum an dem entsprechenden Kraftfahrzeug folgt. Es entspricht der Funktion der EU-Zulassungsbescheinigung Teil II und ist allgemein anerkannt, dass dieser Zusammenhang in analoger Anwendung des § 952 II besteht. E hätte folglich in analoger Anwendung des § 952 II Eigentum auch an der benannten Bescheinigung erworben, wenn er Eigentümer des Motorrads geworden ist.

E könnte Eigentum an dem Motorrad vom Berechtigten M gemäß § 929 S. 1 erworben haben.

Die Parteien haben sich wirksam über den Eigentumsübergang geeinigt.

Die Maschine ist – einschließlich der Schlüssel – von M an E zum Zwecke der Übereignung übergeben worden.

Die Parteien waren sich auch noch im Zeitpunkt der Vollendung des Erwerbstatbestands einig.

Außerdem war der ursprüngliche Eigentümer M verfügungsbefugt, also Berechtigter.

Demnach hat E vom Berechtigten M gemäß § 929 S. 1 Eigentum an dem Motorrad und zugleich in analoger Anwendung des § 952 II Eigentum an der EU-Zulassungsbescheinigung Teil II erworben.

cc. Somit ist der Anspruchsteller E Eigentümer (auch) der Bescheinigung.

c. Also liegen die Voraussetzungen des § 985 vor.

2. Ein Recht des Anspruchsgegners zum Besitz gemäß § 986 ist nicht ersichtlich.

3. Demnach ist der Anspruch entstanden.

II. Der Anspruch ist nicht untergegangen.

III. Er ist auch durchsetzbar.

IV. E hat gegen B den Anspruch auf Herausgabe der EU-Zulassungsbescheinigung Teil II gemäß § 985.

Eigentum - Erwerb kraft Gesetzes

Fazit

1. Vorab: Auf Grundlage der Fahrzeug-Zulassungsverordnung (FZV) werden die Fahrzeugpapiere seit dem Jahr 2005 mit anderen Bezeichnungen ausgegeben. Bei jeder Neuzulassung oder Fahrzeug-Ummeldung gibt es eine *EU-Zulassungsbescheinigung Teil I* (§ 11 FZV / Fahrzeugschein) und eine *EU-Zulassungsbescheinigung Teil II* (§ 12 FZV / Fahrzeugbrief).

2. Das war ein praktisch wichtiger Fall zu § 952, der hier entsprechend anzuwenden war. Merksatz: „Das Recht an dem Papier folgt dem Recht aus dem Papier." Weil anerkanntermaßen *§ 952 II in analoger Anwendung* auch für die *EU-Zulassungsbescheinigung Teil II* gilt, steht und fällt das Eigentum an der Bescheinigung zwingend mit dem Eigentum an dem entsprechenden Kraftfahrzeug. Eine gesonderte Übereignung der Bescheinigung findet also nicht statt. Sie ist wegen der analogen Anwendung des § 952 II weder möglich noch nötig. Dazu passt im Übrigen, dass die Übergabe der EU-Zulassungsbescheinigung Teil II natürlich auch keine Voraussetzung für den Eigentumserwerb am Fahrzeug ist.

3. Schon der „alte" Kfz-Brief dokumentierte nicht etwa das Eigentum an dem Fahrzeug. Zu den Eigentumsverhältnissen sagte der Kfz-Brief jedenfalls unmittelbar nichts aus.

   Noch deutlicher als bei dem „alten" Kfz-Brief wird dies in der EU-Zulassungsbescheinigung Teil II. Dort heißt es nämlich: „Der Inhaber der Zulassungsbescheinigung wird nicht als Eigentümer des Fahrzeugs ausgewiesen." Das passt insbesondere zu § 12 VII 1 FZV: „Die Zulassungsbehörde entscheidet keine privatrechtlichen Sachverhalte".

4. Obwohl der EU-Zulassungsbescheinigung Teil II also keine (unmittelbare) Aussage zu den Eigentumsverhältnissen an dem betreffenden Fahrzeug zu entnehmen ist, spielt sie im Falle des rechtsgeschäftlichen Erwerbs vom Nichtberechtigten eine große Rolle. Denn: Wer ein *gebrauchtes Kraftfahrzeug* erwirbt, ist in der Regel nicht gutgläubig (§ 932 II), wenn er sich nicht die dazugehörige EU-Zulassungsbescheinigung Teil II zeigen lässt. Regelmäßig ist es so, dass der Eigentümer, der das Fahrzeug nicht selbst besitzt – üblicherweise die Kredit gebende Bank als Sicherungseigentümerin – die *EU-Zulassungsbescheinigung Teil II* in Händen hält. Wenn also der Veräußerer nicht im Besitz der EU-Zulassungsbescheinigung Teil II (Fahrzeugbrief), sondern nur der *EU-Zulassungsbescheinigung Teil I* (Fahrzeugschein) ist, liegt der Verdacht nahe, dass er nicht Eigentümer der Sache ist. Dann liegt auf Seiten des Erwerbers typischerweise zumindest grob fahrlässige Unkenntnis im Sinne des § 932 II vor.

   In unserem Fall hat sich E die EU-Zulassungsbescheinigung Teil II auch nicht zeigen lassen. Nach den Ausführungen im vorigen Absatz hätte er durchaus Grund zur Skepsis gehabt. Warum wurde in der Fall-Lösung trotzdem nicht auf das Problem möglicherweise fehlender Gutgläubigkeit eingegangen? Ganz einfach: In unserem Fall spielte die Gutgläubigkeit keine Rolle, weil E ja Eigentum an dem Motorrad vom Berechtigten erworben hat. Denn M war ursprüng-

Fall 25

lich Eigentümer des Motorrades. Auf die Gutgläubigkeit kommt es aber nur beim Erwerb vom Nichtberechtigten an.

Ganz wichtig: Die **Prüfung der Wagenpapiere** (insbesondere also der EU-Zulassungsbescheinigung Teil II, Fahrzeugbrief) ist für den guten Glauben erforderlich, aber nicht ausreichend. Lest am besten zunächst (noch einmal) Fall 8, Fazit 2. Wenn der Veräußerer durch eines der genannten Papiere als Halter ausgewiesen ist (in der Praxis oft gut gemachte Fälschungen), könnt ihr zunächst einmal nur davon ausgehen, dass der gutgläubige Erwerb nicht von vornherein ausgeschlossen ist. Wenn im Einzelfall gewichtige Umstände gegen das Eigentum des Veräußerers sprechen, nützt es dem Erwerber mit Blick auf § 932 II im Ergebnis nichts, dass er sich die EU-Zulassungsbescheinigung Teil II hat zeigen lassen. Was dabei typische Verdachtsmomente sind, kann man sich lebensnah denken. In Betracht kommen (gegebenenfalls in Kombination) etwa ein besonders niedriger Preis, besondere Eile des Veräußerers oder die Vertragsabwicklung an einem ungewöhnlichen Ort und/oder zu einer ungewöhnlichen Zeit.

Weil in den besonders bedeutsamen Fällen des *Gebrauchtwagenkaufs* so präzise differenziert werden muss, zeigen wir euch noch einmal die Möglichkeiten und Weichenstellungen der Prüfung im Zusammenhang mit § 932 II schematisch auf: Zuerst müsst ihr beim Erwerb vom Nichtberechtigten (konkret bei der Frage nach grober Fahrlässigkeit im Sinne des § 932 II) das Augenmerk darauf richten, ob sich der Erwerber die EU-Zulassungsbescheinigung Teil II hat zeigen lassen. Wenn nicht, ist regelmäßig von grober Fahrlässigkeit auszugehen. Wenn der Erwerber die Papiere jedoch geprüft und damit die Mindestvoraussetzung für den gutgläubigen Erwerb erfüllt hat, muss weiter danach differenziert werden, ob die EU-Zulassungsbescheinigung Teil II den Veräußerer als (aktuellen) Halter ausweist. Wenn nicht, hat der Erwerber grundsätzlich eine Nachforschungsobliegenheit. Er ist bösgläubig, wenn er keine (weiteren) Nachforschungen anstellt oder keine zuverlässigen Informationen erhält. Wenn die Bescheinigung den Veräußerer als Halter ausweist, ist der Erwerber angesichts der beschriebenen Prüfung der Fahrzeugpapiere grundsätzlich gutgläubig, wenn nicht im Einzelfall besondere Umstände für Bösgläubigkeit sprechen (s.o. zu den einschlägigen Verdachtsmomenten).

5. Die Konstellation des Falles hätte euch darüber nachdenken lassen können, ob B vielleicht gar nicht selbst der Besitzer der EU-Zulassungsbescheinigung Teil II ist, sondern nur Besitzdiener des M (§ 855). Der Fall war aber bei näherer Betrachtung erkennbar nicht darauf zugeschnitten, diesem Gedanken ernsthaft nachzugehen. Für eine Weisungsgebundenheit („Werkzeugeigenschaft") des B im Sinne des § 855 gab es keine Anhaltspunkte. Deshalb waren Spekulationen in diese Richtung nicht angesagt.

Eigentum - Erwerb kraft Gesetzes

Fall 26

E hat von Grundstückseigentümer V ein Getreidefeld gepachtet, das von einem Mitarbeiter des Bauern B – der die Felder verwechselt – versehentlich abgeerntet wird. Das Getreide gelangt auf diese Weise zu B.

Frage: Hat E gegen B einen Herausgabeanspruch aus § 985 ?

Lösungsskizze Fall 26

- **E gegen B Herausgabe des Getreides gemäß § 985 ?**

I. Anspruch entstanden ?
   1. *Voraussetzungen des § 985 ?*
      a. *Anspruchsgegner (B) ist Besitzer ?* (+)
      b. *Anspruchsteller (E) ist Eigentümer ?*
         aa. ursprünglich ?
         HIER (–) → E war nur Pächter des Grundstücks, nicht aber Eigentümer; vor der Trennung hat sich das Grundstückseigentum auch auf das Getreide bezogen (bis dahin war das Getreide nicht sonderrechtsfähig, vgl. § 953)

         bb. Eigentumserwerb des E an dem Getreide gemäß § 956 I 1 (Trennung) ?
         = Trennung bei Besitz des persönlich Berechtigten und Gestattung der Aneignung durch den Eigentümer

         (1) Trennung der Bestandteile ? (+)

         (2) Besitz des E ?
         HIER (+) → E war als Pächter Grundstücksbesitzer (vgl. § 856 II)

         (3) Gestattung der Aneignung ?
         HIER (+) → E war aufgrund des Pachtverhältnisses mit dem Grundstückseigentümer V die Aneignung der Erzeugnisse gestattet (§§ 585, 581 I 1)

         (4) <u>also:</u> Eigentumserwerb des E an dem Getreide gemäß § 956 I 1 (Trennung) (+)

        cc. <u>also:</u> Anspruchsteller (E) ist Eigentümer (+)
      c. <u>also:</u> *Voraussetzungen des § 985* (+)

Fall 26

2. Voraussetzungen des § 986 ?
= Anspruchsgegner hat kein Recht zum Besitz
HIER (+)

3. also: Anspruch entstanden (+)

II. Anspruch untergegangen ? (–)

III. Anspruch durchsetzbar ? (+)

IV. Ergebnis:
E gegen B Herausgabe des Getreides gemäß § 985 (+)

Formulierungsvorschlag Fall 26

- E gegen B Herausgabe des Getreides gemäß § 985

E könnte gegen B einen Anspruch auf Herausgabe des abgeernteten Getreides gemäß § 985 haben.

I. Der Anspruch müsste entstanden sein.

1. Nach § 985 muss der Anspruchsteller Eigentümer und der Anspruchsgegner Besitzer der Sache sein.

a. Anspruchsgegner B ist Besitzer des Getreides.

b. Anspruchsteller E müsste Eigentümer des Getreides sein.

aa. Ursprünglich – nämlich vor dem Abernten – war das Getreide als solches nicht sonderrechtsfähig, sondern von dem Eigentum am Grundstück erfasst. Dies zeigt sich an der Regelung in § 953, bei der von einer Sonderrechtsfähigkeit der Bestandteile erst mit der Trennung ausgegangen wird. E war nur Pächter des Grundstücks, nicht aber dessen Eigentümer. Mithin war E ursprünglich nicht Eigentümer des Getreides.

bb. E könnte jedoch Eigentum an dem Getreide durch Trennung gemäß § 956 I 1 erworben haben.

Dazu müsste er zum maßgeblichen Zeitpunkt Besitzer des Grundstücks gewesen sein und es müsste ihm die Aneignung der Bestandteile – hier der Erzeugnisse – durch den Eigentümer gestattet gewesen sein.

Als das Getreide durch Abernten von dem Grundstück getrennt worden ist, war E als Pächter Grundstücksbesitzer, selbst wenn die tatsächliche Gewalt durch den Grundstückspächter nicht permanent ausgeübt wird (§§ 854 I, 856 II).

Aufgrund des Pachtverhältnisses mit dem Grundstückseigentümer V war E – dem Charakter des Pachtvertrags entsprechend (§§ 585, 581 I 1) – die Aneignung der Erzeugnisse gestattet.

175

Eigentum - Erwerb kraft Gesetzes

      Folglich hat E Eigentum an dem Getreide durch Trennung gemäß § 956 I 1 erworben.
- *cc.* Somit ist der Anspruchsteller E Eigentümer des Getreides.
- *c.* Also liegen die Voraussetzungen des § 985 vor.
- **2.** Anspruchsgegner B hat kein Recht zum Besitz gemäß § 986.
- **3.** Demnach ist der Anspruch entstanden.
- *II.* Der Anspruch ist nicht untergegangen.
- *III.* Er ist auch durchsetzbar.
- *IV.* E hat gegen B den Anspruch auf Herausgabe des Getreides gemäß § 985.

Fazit

1. Gedanklicher Ausgangspunkt für das Verständnis der §§ 953 ff (Überschrift „Erwerb von Erzeugnissen und sonstigen Bestandteilen einer Sache") wie auch für die Lösung des Falles war und ist, dass Bestandteile einer Sache zunächst nicht sonderrechtsfähig sind (vgl. § 93), es aber mit der Trennung werden. „Bestandteil" ist dabei der Oberbegriff für „Erzeugnisse" und „sonstige Bestandteile" (vgl. auch §§ 94 I 1, 99 I, 101 Nr. 1).

   Die §§ 953 ff erfassen in bestimmten Regel-Ausnahme-Strukturen unterschiedliche Fallkonstellationen.

2. Den naheliegenden Grundsatz enthält *§ 953*: Mit dem Eintritt der Sonderrechtsfähigkeit durch *Trennung* gehören die Bestandteile einer Sache (im gesetzlichen Regelfall) dem Eigentümer der Sache.

3. *§ 954* bildet eine **Ausnahme** zu § 953. Habt ihr eine Vorstellung, woraus sich die „dingliche Berechtigung" ergeben kann? Hier ist in erster Linie an den Nießbrauch zu denken (§§ 1030 ff). Der Nießbraucher erwirbt gemäß § 954 Eigentum an den getrennten Bestandteilen, wenn sich nicht im Einzelfall aus §§ 955 ff etwas anderes ergibt.

4. Unser Fall war auf *§ 956 I 1* zugeschnitten und ein typisches Beispiel für eine persönliche Berechtigung. Die Aneignungsgestattung muss aber nicht unbedingt auf einer schuldrechtlichen Verpflichtung (wie hier auf dem Pachtvertrag) beruhen. § 957 erweitert den Anwendungsbereich des § 956.

5. Zur Ergänzung: Wie muss man sich schließlich einen Fall des *§ 955* vorstellen?

   Wenn sich beispielsweise der gutgläubige B mit dem nichtberechtigten Dieb (D) über den Eigentumsübergang bezüglich einer Kuh einigt, steht dem Erwerb vom Nichtberechtigten gemäß §§ 929 S. 1, 932 die Regelung des § 935 I entgegen. Die Kuh ist ja dem Eigentümer durch den Diebstahl abhandengekommen. Wenn die (trächtige) Kuh nun kalbt, erwirbt B als Eigenbesitzer der Kuh (§ 872) gemäß §§ 955 I 1, 90a das Eigentum an dem Kalb. § 935 ist im Be-

Fall 26

reich des gesetzlichen Eigentumserwerbs nicht anwendbar, nach h.M. konsequenterweise selbst dann nicht, wenn die „Frucht" (der Embryo) bereits beim Diebstahl vorhanden war, also an sich „mit abhandengekommen" ist.

Beachtet bei Tieren immer § 90a. Das gesamte Sachenrecht ist hier nur über den Umweg des § 90a S. 3 entsprechend anwendbar, weil Tiere gemäß § 90a S. 1 ausdrücklich keine Sachen sind. Das solltet ihr in einschlägigen Fällen (kurz!) herausarbeiten. Zu den speziell im Strafrecht mit § 90a verbundenen Problemen verweisen wir auf Die Fälle – Strafrecht BT 2 (Fall 1).

Eigentum - Erwerb kraft Gesetzes

Fall 27

E hat vom ursprünglichen Eigentümer B einen Hund gekauft und sich das Tier nach Zahlung des Kaufpreises zwecks Eigentumsverschaffung von B übergeben lassen. Als E eines Tages mit dem Hund spazieren geht, kommt B des Weges. Der Hund erkennt sein altes „Herrchen" wieder, „vergisst" seine neue Heimat und läuft – sehr zum Unmut des E – begeistert auf B zu. Davon ist B seinerseits so angetan, dass er den Hund wieder mit nach Hause nimmt, um ihn zu behalten. B fühlt sich gegenüber dem Herausgabeverlangen des E im Recht, weil sich das Tier doch aus eigenem Willen von den neuen Lebensgewohnheiten im Zusammenhang mit E abgewandt habe.

Frage: Hat E gegen B einen Herausgabeanspruch aus § 985 ?

Lösungsskizze Fall 27

- **E gegen B Herausgabe des Hundes gemäß § 985 ?**

I. Anspruch entstanden ?

   1. Voraussetzungen des § 985 ?

      a. Anspruchsgegner (B) ist Besitzer ?
      = tatsächliche Gewalt über die Sache

      HIER (+) → B übt (wieder) die tatsächliche Gewalt über den Hund aus; das Tier ist zwar gemäß § 90a S. 1 keine Sache, die für Sachen geltenden Vorschriften – so auch die §§ 985, 854 I – gelten aber für Tiere gemäß § 90a S. 3 entsprechend

      b. Anspruchsteller (E) ist Eigentümer ?

        aa. ursprünglich (–)

        bb. Eigentumserwerb des E von B gemäß §§ 929 S. 1, 90a ?
        = Erwerb des E vom Berechtigten B

          (1) Einigung ?
          = dinglicher Vertrag zwischen Veräußerer und Erwerber über den Eigentumsübergang

          HIER (+)

          (2) Übergabe ?
          = Veräußerer verliert Besitz und Erwerber erlangt Besitz

          HIER (+)

          (3) Einigsein im Zeitpunkt der Vollendung des Erwerbstatbestands ?
          = keine der Willenserklärungen darf widerrufen worden sein

          HIER (+) → kein Widerruf

Fall 27

(4) Berechtigung des Veräußerers?
   = der verfügungsbefugte Eigentümer oder der Nichteigentümer, der gesetzlich verfügungsbefugt ist oder der vom Berechtigten ermächtigt ist

   HIER (+) → B ist verfügungsbefugter Eigentümer

(5) <u>also</u>: Eigentumserwerb des E vom Berechtigten B gemäß §§ 929 S. 1, 90a (+)

cc. *Eigentumsverlust des E durch Eigentumserwerb des B gemäß §§ 958 I, 90a (Aneignung)?*
   = Begründung von Eigenbesitz an einer herrenlosen beweglichen Sache

(1) bewegliche Sache?

   HIER (+) → entsprechende Anwendung über § 90a S. 3

(2) herrenlos?
   = in niemandes Eigentum stehend

   HIER (−) → keine Eigentumsaufgabe des E gemäß §§ 959, 90a; E hatte weder die Absicht, auf das Eigentum zu verzichten noch den Willen zur Besitzaufgabe; auch keine Herrenlosigkeit gemäß § 960 III; der Hund ist kein gezähmtes Tier; damit sind nur von Natur aus wilde Tiere gemeint, die im Einzelfall durch besondere Gewöhnung an den Menschen die Gewohnheit angenommen haben, an einen bestimmten Ort zurückzukehren; der Hund ist demgegenüber ein klassisches Haustier, ein von vornherein zahmes, nicht lediglich gezähmtes Tier

(3) <u>also</u>: Eigentumsverlust des E durch Eigentumserwerb des B gemäß §§ 958 I, 90a (Aneignung) (−)

dd. *<u>also</u>: Anspruchsteller (E) ist Eigentümer (+)*

c. *<u>also</u>: Voraussetzungen des § 985 (+)*

2. *Voraussetzungen des § 986?*
   = Anspruchsgegner hat kein Recht zum Besitz

   HIER (+)

3. *<u>also</u>: Anspruch entstanden (+)*

II. Anspruch untergegangen? (−)

III. Anspruch durchsetzbar? (+)

IV. Ergebnis:
   E gegen B Herausgabe des Hundes gemäß §§ 985, 90a (+)

Eigentum - Erwerb kraft Gesetzes

Formulierungsvorschlag Fall 27

- E gegen B Herausgabe des Hundes gemäß § 985

E könnte gegen B einen Anspruch auf Herausgabe des Hundes gemäß § 985 haben.

I. Der Anspruch müsste entstanden sein.

1. Nach § 985 muss der Anspruchsteller Eigentümer und der Anspruchsgegner Besitzer der Sache sein.

a. Anspruchsgegner B hat die tatsächliche Gewalt über den Hund zurückerlangt (§ 854 I). Das Tier ist zwar gemäß § 90a S. 1 keine Sache. Nach § 90a S. 3 finden jedoch die für Sachen geltenden Vorschriften – also auch die §§ 985, 854 II – entsprechende Anwendung. B ist folglich Besitzer des Tieres, das gemäß § 90a S. 3 zumindest zivilrechtlich wie eine Sache behandelt wird.

b. Anspruchsteller E müsste Eigentümer des Tieres sein.

aa. Ursprünglich – vor dem Erwerbsvorgang – war B Eigentümer des Hundes.

bb. E könnte jedoch Eigentum vom Berechtigten B gemäß §§ 929 S. 1, 90a erworben haben.

Die Parteien haben sich wirksam über den Eigentumsübergang geeinigt.

Der Hund ist von B an E zum Zwecke der Eigentumsverschaffung übergeben worden.

Die Parteien waren sich auch noch im Zeitpunkt der Vollendung des Erwerbstatbestands einig.

Außerdem war der ursprüngliche Eigentümer B verfügungsbefugt, also Berechtigter.

Demnach hat E vom Berechtigten B gemäß §§ 929 S. 1, 90a Eigentum an dem Hund erworben.

cc. E hätte jedoch sein Eigentum an dem Tier wieder verloren, wenn B seinerseits Eigentum gemäß §§ 958 I, 90a dadurch erworben hätte, dass er den Hund erneut in Eigenbesitz genommen hat.

Dazu müsste das Tier – auf das gemäß § 90a S. 1 und 3 auch § 958 I wie auf eine bewegliche Sache entsprechend anwendbar ist – herrenlos gewesen sein.

Herrenlos ist eine Sache – bzw. hier ein Tier – wenn sie in niemandes Eigentum steht.

Zu denken ist an eine Aufgabe des Eigentums durch E gemäß §§ 959, 90a. E hatte aber offenkundig weder die Absicht, auf sein Eigentum an dem „eigenmächtig" weglaufenden Hund zu verzichten noch hatte er den Willen, den Besitz an dem Tier aufzugeben. Eine Aufgabe des Eigentums gemäß §§ 959, 90a scheidet damit aus.

Fall 27

Der Hund könnte gemäß § 960 III herrenlos geworden sein, indem er die Gewohnheit abgelegt hat, zu E zurückzukehren.

Dazu müsste der Hund ein gezähmtes Tier sein. Damit sind nur von Natur aus wilde Tiere gemeint, die im Einzelfall durch besondere Gewöhnung an den Menschen die Gewohnheit angenommen haben, an einen bestimmten Ort zurückzukehren. Der Hund ist ein klassisches Haustier, ein von vornherein zahmes, nicht lediglich in dem genannten Sinne gezähmtes Tier.

Folglich ist der Hund auch nicht gemäß § 960 III herrenlos geworden.

Das Tier war demnach unter keinem rechtlichen Gesichtspunkt herrenlos.

Ein Eigentumserwerb des B gemäß §§ 958 I, 90a hat nicht stattgefunden. E hat also sein gemäß §§ 929 S. 1, 90a erworbenes Eigentum nicht wieder an B verloren.

dd. Somit ist der Anspruchsteller E Eigentümer.

c. Also liegen die Voraussetzungen des § 985 vor.

2. Anspruchsgegner B hat kein Recht zum Besitz gemäß §§ 986, 90a.

3. Demnach ist der Anspruch entstanden.

II. Der Anspruch ist nicht untergegangen.

III. Er ist auch durchsetzbar.

IV. E hat gegen B den Anspruch auf Herausgabe des Hundes gemäß §§ 985, 90a.

Fazit

1. Auf § 90a seid ihr bereits am Ende des Fazits zum vorangegangenen Fall hingewiesen worden. Hier hattet ihr Gelegenheit, einen Fall mit einem *„Tier als Sache"* zu lösen.

Wie *§ 90a* konkret in die Darstellung eingebaut werden kann, ist sicherlich deutlich geworden. Selbstverständlich wäre es eine unangemessene Wiederholung, bei jeder neu zu prüfenden Vorschrift mit dem Merkmal „Sache", gedanklich wieder „bei null anzufangen". Im Sinne einer stringenten Darstellung mit gelungener Schwerpunktsetzung taucht die kurze Herleitung über § 90a S. 1 und 3 nur einmal zu Beginn der Prüfung auf, in unserem Anspruchsaufbau gleich bei der Anspruchsgrundlage, also bei § 985. Im Folgenden (hier bei §§ 929 S. 1, 958 I, 959, 986) wird der Besonderheit „Tier als Sache" nur noch dadurch Rechnung getragen, dass § 90a mitgenannt wird.

Bei § 960 hatte § 90a allerdings nichts zu suchen, weil sich die gesamte Norm ja mit dem rechtlichen Schicksal von Tieren befasst. Der Regelung in § 90a S. 3 bedarf es an dieser Stelle nicht.

Eigentum - Erwerb kraft Gesetzes

2. Ihr hattet es – von der kleinen Besonderheit des § 90a abgesehen – mit einem stinknormalen Fall des rechtsgeschäftlichen Erwerbs vom Berechtigten gemäß § 929 S. 1 zu tun.

3. Dann jedoch war ein gesetzlicher Erwerbstatbestand zu prüfen, nämlich die **Aneignung** gemäß **§ 958 I**. Denn B kann auf diese Weise sein (rechtsgeschäftlich) verlorenes Eigentum („gesetzlich") zurückerworben haben. Die Tatbestandsvoraussetzungen des § 958 I sind an sich recht einfach: Der Erwerber muss eine herrenlose bewegliche Sache in Eigenbesitz (§ 872) nehmen. Damit ist nach herrschender Meinung nicht etwa ein Rechtsgeschäft verbunden, weil der Eigentumserwerb gemäß § 958 I nur die gesetzliche Folge der Begründung von Eigenbesitz an einer herrenlosen Sache ist. Die Begründung von Eigenbesitz erfordert nur einen sogenannten natürlichen Willen ohne rechtsgeschäftlichen Charakter.

4. Wann aber ist eine bewegliche Sache (oder eben ein Tier) **herrenlos**? Es gibt strukturell zwei Möglichkeiten:

Das Eigentum kann gemäß § 959 aufgegeben werden (sogenannte **Dereliktion** / einseitiges Verfügungsgeschäft, also Willenserklärung). Eine solche **Eigentumsaufgabe** wird üblicherweise bei Sperrmüll angenommen, nicht aber beim Bereitstellen von Sammelgut (z.B. Altkleidersammlung). Wo liegt der Unterschied zwischen Sperrmüll und Sammelgut? Bei **Sperrmüll** ist es dem (vormaligen) Eigentümer herzlich egal, was aus den Sachen wird, während es beim **Sammelgut** von der Willensrichtung des Verfügenden her naheliegt, keine Eigentumsaufgabe im Sinne des § 959 sondern ein Übereignungsangebot (§ 929 S. 1) an die betreffende Organisation, die die Sammlung durchführt (z.B. Rotes Kreuz), anzunehmen.

In letzter Zeit wird die Dereliktion gemäß § 959 vor allem im Zusammenhang mit dem Merkmal „Fremdheit der Sache" bei § 242 I StGB diskutiert, wenn es um sogenanntes **Containern** geht (auch „Mülltauchen" oder „Dumpstern" genannt). Hat ein Supermarktinhaber das Eigentum an nicht mehr verkäuflichen Lebensmitteln aufgegeben, die in einen Müllcontainer geworfen wurden? Die Parallele zum Sperrmüll liegt nahe. Gegen einen Willen zur Eigentumsaufgabe können aber besondere Umstände sprechen, wenn z.B. der Supermarktinhaber den Abfallcontainer verschließt, weil er Umsatzeinbußen durch „freie Nutzung" der weggeworfenen Lebensmittel befürchtet. Auch wenn das nicht gerade von einer sozialen Einstellung zeugt, sind derartige Sachverhaltsangaben natürlich zu beachten und können im Ergebnis § 959 ausschließen.

In unserem Fall war eigentlich ziemlich klar, dass E das Eigentum nicht gemäß § 959 aufgegeben hat. Deshalb haben wir uns an dieser Stelle auch kurz gefasst. Vertretbar wäre es wohl auch gewesen, gar nicht auf die Dereliktion einzugehen. Aufbautechnisch haben wir § 959 im Zusammenhang mit dem Merkmal „herrenlos" als Unterpunkt zu § 958 angesiedelt. Es wäre aber auch ohne Weiteres möglich gewesen, § 959 als eigenständige Variante des (potenziellen) Eigentumsverlustes des E „gleichberechtigt" auf einer Ebene mit § 958 zu prüfen (gedankliches Obermerkmal dann „Eigentumsverlust des E").

Wilde Tiere sind von Anfang an herrenlos, solange sie sich in Freiheit befinden (§ 960 I). Sie können erneut herrenlos werden, wenn sie die Freiheit wiederer-

Fall 27

langen (§ 960 II). Schließlich können nach § 960 III auch sogenannte gezähmte Tiere herrenlos werden. Habt ihr diese etwas versteckte Regelung gesehen? Wir haben versucht, mit dem letzten Satz des Sachverhalts Problembewusstsein zu wecken.

§ 960 III schien hier als „Weg zur Herrenlosigkeit" zwar vielversprechender zu sein als § 959, war letztlich aber bereits deshalb nicht einschlägig, weil der Hund kein „gezähmtes", sondern ein zahmes Tier ist. Unter einem gezähmten Tier kann man sich etwa ein Eichhörnchen (in anderen Gefilden: eine Eichkatze) vorstellen, das – von regelmäßigen Fütterungsaktionen angelockt – irgendwann gewohnheitsmäßig immer wieder an den „gewünschten" Ort zurückkehrt. Wenn ein solches Tier die Gewohnheit dann ablegt, wird es gemäß § 960 III (wieder) herrenlos.

5. Beachtet im Einzelfall § 958 II. Als „gesetzliche Verbote" der Aneignung kommen etwa Regelungen in den Naturschutzgesetzen in Betracht. Wenn ein solches Verbot einmal fallrelevant werden sollte, werdet ihr darauf sicher mehr oder weniger deutlich hingewiesen.

6. Immer wieder gerne als besondere Kuriosität hervorgehoben: Das sogenannte Bienenrecht gemäß §§ 961 ff. Lest diese Vorschriften zur abendlichen Entspannung und stellt euch spaßeshalber die Verfolgungssituation vor.

Eigentum - Erwerb kraft Gesetzes

Fall 28

B ist als Aushilfskraft im privat betriebenen Spaßbad des E beschäftigt. Bei der Reinigung der Umkleideräume entdeckt B einen goldenen Anhänger in Form eines Paragrafen im Wert von 200 €, der einem unbekannten Gast versehentlich und unbemerkt hinter den Heizkörper gefallen war. Entsprechend einer für solche Fälle geltenden internen Anweisung liefert B den Anhänger bei E ab. E zeigt den Fund – wie üblich – bei der zuständigen Behörde (Fundbüro) an. Nachdem sich in der Folgezeit über die Dauer von acht Monaten hinweg kein Empfangsberechtigter gemeldet hat, nimmt B den Anhänger wieder an sich. Er meint, das gute Stück stehe ihm zu, weil er es entdeckt habe.

Frage: Hat E gegen B einen Herausgabeanspruch aus § 985 ?

Lösungsskizze Fall 28

- **E gegen B Herausgabe des Anhängers gemäß § 985 ?**

I. Anspruch entstanden ?

   1. Voraussetzungen des § 985 ?

      a. Anspruchsgegner (B) ist Besitzer ? (+)

      b. Anspruchsteller (E) ist Eigentümer ?

         aa. ursprünglich (–)

         bb. Eigentumserwerb des E gemäß §§ 973 I, 965 (Fund) ?
         = Eigentumserwerb des Finders einer verlorenen Sache sechs Monate nach Anzeige bei der zuständigen Behörde bei unbekannt gebliebenem Empfangsberechtigten

         (1) verlorene Sache ?
         = Besitzlosigkeit aufgrund Besitzverlustes des ursprünglichen Besitzers ohne dessen Willen

            HIER (+) → der Anhänger befand sich, nachdem er unbemerkt hinter die Heizung gefallen war und der Gast das Spaßbad verlassen hatte, nicht mehr in der generell beherrschbaren Sphäre des Gastes, dem auch der Aufenthaltsort des Anhängers nicht mehr bekannt war; zunächst auch kein Besitzerwerb des E aufgrund eines etwaigen generellen Besitzbegründungswillens an Sachen, die in den Herrschaftsbereich gelangen (vgl. § 854 I); ein solcher genereller – nicht auf einen konkreten Besitzerlangungsakt bezogen auf eine bestimmte Sache gerichteter – Besitzwille wird lebensnah nur bei entsprechenden Empfangsvorrichtungen angenommen (z.B. Briefkasten)

Fall 28

   (2) Finder ?
   = derjenige, der die verlorene Sache in seine Obhut nimmt; nicht notwendigerweise derjenige, der sie entdeckt hat

   HIER (+) → E – nicht etwa B – ist Finder im maßgeblichen Sinne des § 965 I; die Pflichten und Rechte des Finders knüpfen erst an die Ansichnahme an, nicht bereits an die Entdeckung der verlorenen Sache als solche

   (3) sechs Monate nach der Anzeige bei der zuständigen Behörde verstrichen ? (+)

   (4) kein Empfangsberechtigter bekannt geworden ? (+)

   (5) <u>also</u>: Eigentumserwerb des E gemäß §§ 973 I, 965 (Fund) (+)

   cc. <u>also</u>: *Anspruchsteller (E) ist Eigentümer* (+)

   c. <u>also</u>: *Voraussetzungen des § 985* (+)

   2. *Voraussetzungen des § 986 ?*
      = Anspruchsgegner hat kein Recht zum Besitz

      HIER (+)

   3. <u>also</u>: *Anspruch entstanden* (+)

II. *Anspruch untergegangen ?* (–)

III. *Anspruch durchsetzbar ?* (+)

IV. *Ergebnis:*
    E gegen B Herausgabe des Anhängers gemäß § 985 (+)

Formulierungsvorschlag Fall 28

- E gegen B Herausgabe des Anhängers gemäß § 985

E könnte gegen B einen Anspruch auf Herausgabe des Anhängers gemäß § 985 haben.

I. Der Anspruch müsste entstanden sein.

1. Nach § 985 muss der Anspruchsteller Eigentümer und der Anspruchsgegner Besitzer der Sache sein.

a. Anspruchsgegner B ist Besitzer des Anhängers.

b. Anspruchsteller E müsste Eigentümer des Anhängers sein.

aa. Ursprünglich war E nicht Eigentümer.

bb. E könnte jedoch Eigentum gemäß §§ 973 I, 965 erworben haben.

Eigentum - Erwerb kraft Gesetzes

Dazu müsste der Anhänger eine verlorene Sache gewesen sein, als deren Finder E anzusehen sein müsste. Zudem müssten nach der Anzeige bei der zuständigen Behörde sechs Monate abgelaufen sein, innerhalb derer der Empfangsberechtigte unbekannt geblieben ist.

Fraglich ist zunächst, ob der Anhänger den Umständen nach eine verlorene Sache im Sinne des § 965 I gewesen ist. Verlorene Sachen sind Sachen, an denen aufgrund Besitzverlustes des ursprünglichen Besitzers ohne dessen Willen kein Besitz mehr besteht.

Besitz bedeutet die tatsächliche, von einem entsprechenden Willen getragene Gewalt über eine Sache (§ 854 I).

Der Anhänger befand sich, nachdem er unbemerkt hinter die Heizung gefallen war und der Gast das Spaßbad verlassen hatte, nicht mehr in der generell beherrschbaren Sphäre des Gastes, dem auch der Aufenthaltsort des Anhängers nicht mehr bekannt war. Der Gast hat seinen Besitz ohne entsprechenden Willen verloren.

Die Sache wäre aber nur besitzlos, wenn nicht E als Betreiber des Spaßbades aufgrund eines etwaigen generellen Besitzbegründungswillens an Sachen, die in seines Herrschaftsbereich gelangen, Besitz erworben hätte (vgl. § 854 I). Es ist allgemein anerkannt, dass sich der Besitzwille nicht unbedingt auf einen konkreten, auf eine bestimmte Sache gerichteten Besitzerlangungsakt beziehen muss. Ein solcher sogenannter genereller Besitzwille wird aber lebensnah betrachtet nur bei entsprechenden Empfangsvorrichtungen angenommen, zu denen etwa Briefkästen zählen. An einer solchen Empfangsvorrichtung fehlt es hier. Ein genereller Besitzwille des E ist nicht anzunehmen.

An dem Anhänger besteht aufgrund Besitzverlustes des ursprünglichen Besitzers ohne dessen Willen kein Besitz mehr.

Es hat sich folglich um eine verlorene Sache gehandelt.

E – nicht etwa B – müsste als Finder des Anhängers anzusehen sein.

Es liegt auf den ersten Blick nahe, B für den Finder des Anhängers zu halten, da er ihn zuerst gesehen und dadurch entdeckt hat.

Wie sich aus § 965 I ergibt, zeichnet sich der Finder zumindest auch dadurch aus, dass er die verlorene Sache nicht nur entdeckt, sondern an sich nimmt. Verdeutlicht man sich vor diesem Hintergrund, welche Rechte und Pflichten mit der Eigenschaft als „Finder" verbunden sind, zeigt sich, dass eben dieses Ansichnehmen gegenüber der bloßen Entdeckung der Sache maßgeblich sein muss. Finder im Sinne der §§ 965 ff ist mithin derjenige, der die Sache in seine Obhut nimmt.

E hat den Anhänger in seine Obhut genommen, während B ihn lediglich entdeckt hat.

E – nicht B – ist mithin Finder der verlorenen Sache.

Nach der Anzeige bei der zuständigen Behörde sind sechs Monate verstrichen.

Der Empfangsberechtigte ist in dieser Zeit weder dem Finder bekannt geworden noch hat er sein Recht bei der zuständigen Behörde angemeldet.

Fall 28

	Nach alledem hat E als Finder gemäß §§ 973 I, 965 Eigentum an dem Anhänger erworben.
cc.	Somit ist der Anspruchsteller E Eigentümer.
c.	Also liegen die Voraussetzungen des § 985 vor.
2.	Anspruchsgegner B hat kein Recht zum Besitz gemäß § 986.
3.	Demnach ist der Anspruch entstanden.
II.	Der Anspruch ist nicht untergegangen.
III.	Er ist auch durchsetzbar.
IV.	E hat gegen B den Anspruch auf Herausgabe des Anhängers gemäß § 985.

Fazit

1. Der **Eigentumserwerb des Finders, § 973 I** unterscheidet sich von der Aneignung (§ 958 I) ganz wesentlich dadurch, dass beim **Fund** ein Eigentümer existiert. Die Sache ist „verloren" (besitzlos), aber nicht herrenlos.

2. Im Zentrum des Falles steht der Begriff des **Finder**s. Ganz unbefangen könnte man ohne Weiteres auf B als „Finder" tippen. Immerhin hat er den Anhänger entdeckt, im Sprachgebrauch des täglichen Lebens also auch „gefunden". Nun sind aber mit der Findereigenschaft konkrete Rechtsfolgen (Rechte und Pflichten) verbunden. Zudem deutet **§ 965 I** darauf hin, dass es zumindest auch auf das Ansichnehmen ankommen muss. Dass und warum es letztlich auf E als Finder im Rechtssinne hinauslief, haben wir insbesondere im Formulierungsvorschlag „vom Problem ausgehend" herausgearbeitet. Dies ist eine der Konstellationen, in denen zwangsläufig eine gewisse Abweichung von Lösungsskizze und Formulierungsvorschlag zustande kommt, weil der Gag im genauen Herausarbeiten der Definition eines Merkmals besteht.

3. Im Aufbau noch vor dem Finder war das Merkmal **„verlorene Sache"** zu untersuchen. Hattet ihr die Prüfung eines etwaigen generellen Besitzwillens des E auf der Rechnung? Wenn nicht, solltet ihr euch nicht grämen. Dieser Aspekt war nicht ganz einfach zu erkennen. Macht euch aber zumindest im Nachhinein (nochmals) die Struktur klar. Zur „verlorenen Sache" gehört es, dass zum Zeitpunkt der Entdeckung niemand Besitz an der Sache hat, sie also besitzlos ist. Der Ansatz des **generellen Besitzwillen**s mag euch für unseren Fall nicht sehr lebensnah vorkommen. Besitzerwerb aufgrund generellen Besitzwillens ist aber zum Beispiel für den Fall der im Paketannahmeraum niedergelegten Pakete in der Postfiliale schon seit den Zeiten des Reichsgerichts anerkannt. Hier kommt es wegen der „Empfangsvorrichtung" für den Besitz nicht etwa auf den konkreten Besitzergreifungsakt oder -willen bezogen auf ein bestimmtes Paket an.

Anders war und ist es aber in unserem Fall, wo der Gedanke des generellen Besitzwillens letztlich nicht weiterführte.

Eigentum - Erwerb kraft Gesetzes

Es gibt übrigens im *Strafrecht* ein gängiges Parallelproblem, nämlich bei der Wegnahme im Rahmen § 242 I StGB (vgl. Die Fälle – Strafrecht BT 2, Fall 6). Die Annahme eines *generellen Gewahrsamswillens* geht tendenziell noch deutlich weiter als die eines generellen Besitzwillens. Beim Gewahrsam in generell beherrschten Räumen soll es noch nicht einmal auf eine „Empfangsvorrichtung" ankommen. Unter anderem daran sieht man, dass Gewahrsam im Sinne der Wegnahme-Definition nicht „deckungsgleich" mit dem zivilrechtlichen Besitz ist.

4. Die *Wertangabe* im Sachverhalt war angesichts der für Sachen mit einem Wert von nicht mehr als 10 € geltenden Sonderregelung in *§ 973 II 1* (lesen!) von Bedeutung.

5. Falls ihr euch gefragt haben solltet, welche Ansprüche dem Finder zustehen, wenn sich der Empfangsberechtigte (also der „Verlierer") meldet, werft einen Blick in § 970 und in § 971.

Beim Verzicht des Finders auf den Erwerb des Eigentums gilt § 976.

Beachtet zum besseren Gesamtverständnis, dass mit der sachenrechtlichen Zuordnung noch nicht etwa endgültig über die Vermögensverteilung entschieden ist. Das zeigt sich hier an dem praktisch bedeutsamen § 977, der eine Ausschlussfrist für den Bereicherungsanspruch des „Verlierers" gegen den Finder enthält.

Für den sogenannten Verkehrsfund bilden die §§ 978 ff Sonderregelungen.

Wer sich zum Schatzsucher berufen fühlt, sollte schließlich auch noch einen Blick in § 984 werfen. Dabei fällt auf, dass es hier – anders als bei § 965 I („Finder der verlorenen Sache"; s.o.) – entsprechend der beim „Schatz" abweichenden Grundkonstellation um den Entdecker geht.

6. Kurze Verschnaufpause! Und dann ran an die Fälle zum Pfandrecht.

Pfandrecht
- Eine kleine Einführung

Pfandrechte spielen im Mobiliarsachenrecht alles in allem eine wesentlich geringere Rolle als im Immobiliarsachenrecht.

Vertragliche Pfandrechte werden durch einen (sachenrechtlichen) Verpfändungsvertrag begründet, sie werden „durch Rechtsgeschäft bestellt" (vgl. § 1257). Vertragliche Pfandrechte sind Sicherungsrechte, die für den Fall entstehen, dass die gesicherte Forderung – üblicherweise die Rückzahlungsforderung aus einem Kreditvertrag, § 488 I 2 – nicht erfüllt wird.

Pfandgegenstand kann – außerhalb des Immobiliarsachenrechts – eine bewegliche Sache oder ein Recht sein (§§ 1204 ff einerseits / §§ 1273 ff andererseits).

Im Gegensatz zu den vertraglichen Pfandrechten entstehen *gesetzliche Pfandrechte* nicht durch einen Verpfändungsvertrag, sondern – wie schon der Name sagt – unter bestimmten Voraussetzungen kraft Gesetzes (vgl. abermals § 1257).

Das „Schattendasein" des Pfandrechts im Wirtschaftsleben hängt damit zusammen, dass es sich (wiederum speziell im Mobiliarbereich) vielfach als nicht sinnvoll, insbesondere im Vergleich zu anderen rechtlichen Konstruktionen als weniger praktikabel erweist.

Dennoch ist vor allem ein gewisses Grundverständnis (auch) in diesem Bereich wichtig.

Deshalb präsentieren wir die folgenden vier Fälle ...

Pfandrecht

Fall 29

F will seine Freundin mit einer längeren gemeinsamen Reise in die Karibik beglücken, ist aber zurzeit nicht richtig „flüssig". F wendet sich deshalb an seinen Freund P. Dieser ist zur Gewährung eines „Überbrückungskredits" bereit, beharrt jedoch auf einer Sicherheit. Man einigt sich darauf, dass F seinen Maserati als Pfand an P übergibt, da der Wagen während der Urlaubsabwesenheit ohnehin nicht von F benötigt wird. So geschieht es. Nach der Abreise des F wird der Wagen vom Hof des P gestohlen. P gelingt es, den Dieb (D) ausfindig zu machen.

Frage: Hat P gegen D einen Herausgabeanspruch, gestützt auf ein Pfandrecht?

Lösungsskizze Fall 29

- P gegen D Herausgabe des Kfz gemäß §§ 1227, 985 ?

I. Anspruch entstanden ?

   1. Voraussetzungen der §§ 1227, 985 ?

      a. Anspruchsgegner (D) ist Besitzer ? (+)

      b. Anspruchsteller (P) ist Pfandgläubiger ?

         aa. originärer Erwerb des vertraglichen Pfandrechts an einer beweglichen Sache vom Berechtigten (F) gemäß §§ 1204, 1205 ?

           (1) Einigung über die Bestellung eines Pfandrechts ? (+)

           (2) Übergabe der (beweglichen) Pfandsache ? (+)

           (3) Einigsein über die Belastung des Eigentums zum Zeitpunkt der Übergabe ? (+)

           (4) Berechtigung des Verfügenden ?
              = der verfügungsbefugte Eigentümer der Pfandsache oder der Nichteigentümer, der gesetzlich verfügungsbefugt ist oder der vom Berechtigten ermächtigt ist

              HIER (+) → F ist verfügungsbefugter Eigentümer der Pfandsache

           (5) zu sichernde Forderung ?
              = Forderung, die eine Geldforderung ist oder in eine solche übergehen kann (vgl. § 1228 II 2)

              HIER (+) → Geldforderung gegen den Darlehensnehmer (§ 488 I 2)

           (6) <u>also</u>: originärer Erwerb des vertraglichen Pfandrechts an einer beweglichen Sache vom Berechtigten (F) gemäß §§ 1204, 1205 (+)

Fall 29

   bb. also: Anspruchsteller (P) ist Pfandgläubiger (+)

   c. also: Voraussetzungen der §§ 1227, 985 (+)

2. **Voraussetzungen des § 986 ?**
   = Anspruchsgegner hat kein Recht zum Besitz
   HIER (+)

3. *also: Anspruch entstanden* (+)

II. Anspruch untergegangen ? (−)

III. Anspruch durchsetzbar ? (+)

IV. Ergebnis:
P gegen D Herausgabe des Kfz gemäß §§ 1227, 985 (+)

Formulierungsvorschlag Fall 29

- P gegen D Herausgabe des Kfz gemäß §§ 1227, 985

P könnte gegen D einen Anspruch auf Herausgabe des Kfz gemäß §§ 1227, 985 haben.

I.   Der Anspruch müsste entstanden sein.

1.   Nach §§ 1227, 985 muss der Anspruchsteller Pfandgläubiger, der Anspruchsgegner Besitzer der Sache sein.

a.   Anspruchsgegner D ist Besitzer des Wagens.

b.   Anspruchsteller P müsste Pfandgläubiger sein.

aa.   In Betracht kommt ein originärer Erwerb des vertraglichen Pfandrechts an einer beweglichen Sache vom Berechtigten – hier nämlich von F – gemäß §§ 1204, 1205.

F und P haben sich vor dem Hintergrund der Kreditgewährung über die Bestellung eines Pfandrechts an dem Kfz geeinigt.

Diese Pfandsache ist auch von F an P übergeben worden.

F und P waren sich über die Pfandbelastung des Eigentums zum Zeitpunkt der Übergabe einig.

F müsste als Verfügender berechtigt gewesen sein. Berechtigt ist der verfügungsbefugte Eigentümer der Pfandsache oder der Nichteigentümer, der gesetzlich verfügungsbefugt ist oder der vom Berechtigten ermächtigt ist. F ist verfügungsbefugter Eigentümer der Pfandsache. Er war mithin als Verfügender berechtigt.

Pfandrecht

Der Pfandbestellung muss eine zu sichernde Forderung zugrunde liegen, die entweder eine Geldforderung ist oder aber in eine solche übergehen kann (vgl. § 1228 II 2). Die Pfandbestellung diente der Sicherung der Forderung des P auf Rückzahlung des Darlehens gemäß § 488 I 2, also der Sicherung einer Geldforderung.

Damit hat P gemäß §§ 1204, 1205 das vertragliche Pfandrecht an dem Kfz vom Berechtigten F erworben.

bb. Somit ist der Anspruchsteller P Pfandgläubiger.

c. Also liegen die Voraussetzungen der §§ 1227, 985 vor.

2. Anspruchsgegner D hat kein Recht zum Besitz gemäß § 986.

3. Demnach ist der Herausgabeanspruch entstanden.

II. Der Anspruch ist nicht untergegangen.

III. Er ist auch durchsetzbar.

IV. P hat gegen D einen Anspruch auf Herausgabe des Kfz gemäß §§ 1227, 985.

Fazit

1. Das war ein recht einfacher Fall zum Einstieg in die Welt des Pfandrechts. Es war ausdrücklich nur nach dem *Herausgabeanspruch* „gestützt auf ein Pfandrecht" gefragt. Damit war sinngemäß der Anspruch aus *§§ 1227, 985* gemeint, auf den ihr hoffentlich schon vor der Lektüre der Lösungsskizze gestoßen seid. Nicht zu prüfen waren damit insbesondere weitere sachenrechtliche Ansprüche (§§ 861 I, 1007) und deliktische Ansprüche aus § 823. Moment, kurze Zwischenüberlegung: Deliktische Schadensersatzansprüche, die auf Herausgabe einer Sache gerichtet sind? Jaja, ein solcher Herausgabeanspruch ist strukturell als Fall der Naturalrestitution ohne Weiteres möglich (§ 249 I; lesen!), auch wenn man bei Schadensersatz üblicherweise an Geldersatz denkt (§ 249 II).

§ *985* ist nicht nur in seinem unmittelbaren Anwendungsbereich (also zugunsten des Eigentümers) relevant, sondern gewährt *über Verweisungsnormen* auch anderen dinglich Berechtigten einen *Herausgabeanspruch*. Neben dem *Pfandgläubiger* (wie gesehen *§ 1227*) ist dabei vor allem an den *Nießbraucher* zu denken, *§ 1065*. Der Herausgabeanspruch des Pfandgläubigers gemäß §§ 1227, 985 kann sich übrigens durchaus auch gegen den Eigentümer der Pfandsache richten. Ein Blick in § 289 StGB zeigt zudem, wie das Strafrecht den Pfandrechtsgläubiger nicht zuletzt auch gegen den Eigentümer der Sache schützt.

2. Ihr solltet *drei Arten von Pfandrechten* an beweglichen Sachen und an Forderungen unterscheiden, nämlich *gesetzliche* Pfandrechte (vgl. §§ 1257, 647, 562 ff, 704; jeweils lesen!), *Pfändungs*pfandrechte (§ 804 ZPO) und *vertragliche* Pfandrechte.

Fall 29

3. Unser Fall bildet ein typisches Beispiel für das **vertragliche Pfandrecht**, das als sogenanntes **Faustpfandrecht** den Besitz des Pfandgläubigers erfordert. Damit ist dann auch gleich der praktische Nachteil des vertraglichen Pfandrechts als *Sicherungsmittel* angesprochen. Hier war es zufällig so, dass F den Wagen (vorübergehend) ohnehin nicht brauchte. Wie ihr euch denken könnt, ist das aber in der Praxis nicht der Normalfall. Im Gegenteil hat üblicherweise der sogenannte Sicherungsgeber (also der Kreditnehmer) ein großes Interesse daran, das Sicherungsgut zu behalten und weiterzunutzen. Deshalb ist das vertragliche Pfandrecht im Wirtschaftsleben weitgehend von der sogenannten Sicherungsübereignung verdrängt worden, auf die wir später noch zurückkommen werden.

4. Bei der Prüfung des originären Erwerbs des vertraglichen Pfandrechts an einer beweglichen Sache vom Berechtigten gemäß §§ 1204, 1205 sind euch sicherlich die weitreichenden *Parallelen zum Eigentumserwerb* vom Berechtigten aufgefallen (vgl. dazu schon Fall 1). Hier basiert vieles auf dem Baukastenprinzip (§ 1205 I 1 wie § 929 S. 1 / § 1205 I 2 wie § 929 S. 2). Es gibt aber auch einige Besonderheiten im Detail, wie der Vergleich von § 1205 II und § 931 zeigt (zusätzliche Wirksamkeitsvoraussetzung: Mitteilung an den Besitzer; lest auch § 1206).

5. Der (gutgläubige) *Pfandrechtserwerb vom Nichtberechtigten* ist ebenfalls vorgesehen. § 1207 verweist ausdrücklich auf die §§ 932, 934 und 935 (dazu bald mehr).

6. Um den Überblick zu den Formen des Pfandrechtserwerbs abzurunden, weisen wir noch auf die Möglichkeit des derivativen (abgeleiteten) Erwerbs des Pfandrechts hin. Das Pfandrecht ist im Verhältnis zu der gesicherten Forderung akzessorisch (= angelehnt / abhängig) und kann daher nicht für sich allein übertragen werden. Wenn die gesicherte Forderung übertragen wird (§ 398) „klebt" das Pfandrecht quasi an der Forderung. Das Pfandrecht geht dann kraft Gesetzes mit über (§§ 1250, 401; siehe auch § 1251).

7. Bei Eintritt der sogenannten *Verwertungsreife* oder auch *Pfandreife* (§ 1228 II 1) ist der Pfandgläubiger berechtigt, die Sache gemäß § 1228 zu „verkaufen" (siehe näher §§ 1233 ff, insbesondere §§ 1235 I, 1242 I 1, 1244, 1247; auch hierauf wird schon bald zurückzukommen sein).

8. Das (akzessorische) *Pfandrecht erlischt*, wenn die gesicherte Forderung erlischt (§ 1252), durch den „Verkauf" der Pfandsache (§ 1242 II), bei Rückgabe der Sache an den Eigentümer (§ 1253), durch gutgläubigen lastenfreien Eigentumserwerb eines Dritten (§ 936 I), durch Verzicht des Pfandrechtsinhabers (§ 1255) und schließlich im Falle der sogenannten Konsolidation (§ 1256).

Pfandrecht

Fall 30

Dem E wird bei einer Urlaubsreise seine alte, überaus geliebte DVD-Kamera gestohlen. Der Dieb D verpfändet das Gerät an G, der die Kamera nach Eintritt der Pfandreife vorschriftsgemäß öffentlich versteigern lässt (§ 1235 I). Der gutgläubige Ersteigerer B trifft beim Filmen des Kölner Doms zufällig auf E, der „seine" Kamera an einem auffälligen Kratzer auf dem Gehäuse wiedererkennt.

Frage: Hat E gegen B einen Herausgabeanspruch aus § 985 ?

Lösungsskizze Fall 30

- **E gegen B Herausgabe der DVD-Kamera gemäß § 985 ?**

I. Anspruch entstanden ?

   1. Voraussetzungen des § 985 ?

      a. Anspruchsgegner (B) ist Besitzer ? (+)

      b. Anspruchsteller (E) ist Eigentümer ?

         aa. ursprünglich (+)

         bb. Eigentumsverlust des E durch Eigentumserwerb des B gemäß § 1242 I 1 ?
         = rechtmäßige Veräußerung des Pfandes (Pfandrecht muss bestanden haben)

         (1) Pfandrecht des G ?
         = wirksame Verpfändung durch den Eigentümer der Sache (§§ 1204, 1205) oder den Nichtberechtigten (§ 1207)

            HIER (–) → D war nicht Eigentümer der Sache, sodass nur eine Verpfändung durch den Nichtberechtigungen gemäß §§ 1207, 932 ff in Betracht kommt; die in § 1207 ausdrücklich angeordnete entsprechende Anwendung des § 935 schließt die Entstehung des Pfandrechts aus, da die Sache im Sinne des § 935 I 1 abhandengekommen war

         (2) also: Eigentumsverlust des E durch Eigentumserwerb des B gemäß § 1242 I 1 (–)

         cc. Eigentumsverlust des E durch Eigentumserwerb des B gemäß § 1244 ?
         = bei fehlendem Pfandrecht des Veräußerers Veräußerung unter Beachtung der in § 1244 a.E. genannten Minimalanforderungen an gutgläubigen Erwerber (§ 935 gilt hier nicht)

         (1) kein Pfandrecht des Veräußerers ? (+), s.o. unter *bb.*

Fall 30

(2) (hier) Beachtung des § 1235 ? (+)

(3) Gutgläubigkeit des Erwerbers (B) ? (+)

(4) <u>also</u>: Eigentumsverlust des E durch Eigentumserwerb des B gemäß § 1244 (+)

dd. <u>also</u>: Anspruchsteller (E) ist Eigentümer (–)

c. <u>also</u>: Voraussetzungen des § 985 (–)

2. <u>also</u>: Anspruch entstanden (–)

II. Ergebnis:
E gegen B Herausgabe der DVD-Kamera gemäß § 985 (–)

Formulierungsvorschlag Fall 30

- E gegen B Herausgabe der DVD-Kamera gemäß § 985

E könnte gegen B einen Anspruch auf Herausgabe der DVD-Kamera gemäß § 985 haben.

I. Der Anspruch müsste entstanden sein.

1. Nach § 985 muss der Anspruchsteller Eigentümer und der Anspruchsgegner Besitzer der Sache sein.

a. Anspruchsgegner B ist Besitzer der DVD-Kamera.

b. Anspruchsteller E müsste Eigentümer der DVD-Kamera sein.

aa. Ursprünglich war er Eigentümer.

bb. Er hätte jedoch sein Eigentum verloren, wenn B seinerseits Eigentum erworben hat. In Betracht kommt ein Eigentumserwerb des B gemäß § 1242 I 1.

Dazu müsste eine rechtmäßige Veräußerung des Pfandes stattgefunden haben. Aus der Gesetzesformulierung „des Pfandes" ist abzuleiten, dass Voraussetzung für den Eigentumserwerb gemäß § 1242 I 1 ein bestehendes Pfandrecht ist.

Die Entstehung eines Pfandrechts gemäß §§ 1204, 1205 setzt voraus, dass der Verpfänder zum Zeitpunkt der Pfandbestellung Eigentümer der Pfandsache ist. Verpfänder D war nicht Eigentümer der Kamera, sodass eine wirksame Verpfändung und damit die Entstehung eines Pfandrechts gemäß §§ 1204, 1205 ausscheidet.

Es ist aber weiter daran zu denken, dass G gemäß §§ 1207, 932 ff gutgläubig ein Pfandrecht vom Nichtberechtigten erworben haben könnte. Ein solcher Erwerb ist angesichts der in § 1207 ausdrücklich angeordneten entsprechenden Anwendung des § 935 ausgeschlossen, wenn die Pfandsache im Sinne des § 935 I 1 abhandengekommen war. Die DVD-Kamera ist dem ursprünglichen

Pfandrecht

Eigentümer E gestohlen worden, ihm also im Sinne des § 935 I 1 abhandengekommen. Mithin hat G auch nicht gutgläubig gemäß §§ 1207, 932 ff ein Pfandrecht erwerben können.

Es hat demnach kein Pfandrecht an der Kamera bestanden.

Demnach hat B nicht Eigentum gemäß § 1242 I erworben. E hat also auf diesem Wege sein Eigentum nicht verloren.

cc. E hätte jedoch sein Eigentum dann verloren, wenn B seinerseits Eigentum an der Kamera gemäß § 1244 erworben hat.

Dieser Eigentumserwerbstatbestand stellt bei fehlendem Pfandrecht des Veräußerers auf die Veräußerung der Pfandsache unter Beachtung der in § 1244 am Ende genannten Minimalanforderungen an einen gutgläubigen Erwerber ab.

§ 935 wird von § 1244 – im Gegensatz zu § 1207 – wegen der besonderen Schutzwürdigkeit des Erwerbes in einer öffentlichen Versteigerung gezielt gerade nicht in Bezug genommen. Das ursprüngliche Abhandenkommen der Pfandsache (vgl. § 935 I 1) spielt speziell für § 1244 also aus wohl erwogenen Gründen nach dem dezidierten Willen des Gesetzgebers keine Rolle.

Es hat – wie bereits im Zusammenhang mit § 1242 I 1 gezeigt – kein Pfandrecht des Veräußerers G bestanden.

§ 1235 ist beachtet worden.

Der Erwerber (B) war gutgläubig im Sinne der §§ 1244, 932 II.

Demnach hat B gemäß § 1244 Eigentum erworben. E hat also auf diesem Wege sein Eigentum verloren.

dd. Somit ist der Anspruchsteller E nicht mehr Eigentümer der Kamera.

c. Also fehlt es an einer Voraussetzung des § 985.

2. Demnach besteht der Herausgabeanspruch nicht.

II. E hat gegen B keinen Anspruch auf Herausgabe der DVD-Kamera gemäß § 985.

Fazit

1. Von der **Anspruchsgrundlage** her konntet ihr hier wieder auf inzwischen Altbekanntes zurückgreifen, nämlich auf **§ 985** in seinem unmittelbaren Anwendungsbereich (auf Eigentum gestützter **Herausgabeanspruch**). E war ursprünglich Eigentümer, sodass ein Verlust durch Eigentumserwerb des B zu prüfen war. Und dabei galt es dann, den Überblick zu behalten.

2. Im Normalfall erwirbt der **Ersteigerer** das Eigentum an der Pfandsache gemäß **§ 1242 I 1**. Bei diesem Tatbestand („rechtmäßige Veräußerung des Pfandes") kommt es in erster Linie darauf an, dass überhaupt ein **Pfandrecht an der Sa-**

Fall 30

che besteht. Das ergibt sich mehr oder weniger deutlich aus dem Wortlaut („... des Pfandes") und zeigt sich darüber hinaus und nicht zuletzt an einem systematischen Vergleich mit § 1244. Weitere Voraussetzung des § 1242 I 1 ist die „rechtmäßige Veräußerung". Rechtmäßig ist die Veräußerung, wenn sie den in § 1243 I genannten Normen entspricht.

Bis zur „rechtmäßigen Veräußerung" (von der hier mangels gegenteiliger Anhaltspunkte im Sachverhalt lebensnah auszugehen gewesen wäre) sind wir aber in der Prüfung gar nicht vorgedrungen. Es hat ja – im Ergebnis eindeutig – überhaupt kein Pfandrecht an der gestohlenen Sache entstehen können.

Das Gesetz geht bei der Entstehung des Pfandrechts wiederum vom Normalfall aus, dass nämlich der **Verpfänder** Eigentümer der Sache ist (§ 1205 I 1 / „der Eigentümer"). Anders ausgedrückt: An Sachen, die dem Verpfänder nicht gehören (sogenannte schuldnerfremde Sachen), kann im Grundsatz kein Pfandrecht entstehen. Strukturell ausnahmsweise kann es jedoch zu dem bereits im Fazit zum vorangegangenen Fall (dort 5.) kurz angesprochenen gutgläubigen Pfandrechtserwerb vom Nichtberechtigten gemäß §§ 1207, 932 ff kommen. Diesem gutgläubigen Erwerb stand jedoch in unserem Fall § 935 I 1 entgegen. Ihr merkt abermals, wie die „Bausteine" ineinander greifen.

3. Einen völlig von § 1207 abweichenden Ansatz des gutgläubigen Erwerbs verfolgt *§ 1244* für den Fall, dass **kein Pfandrecht** an der als Pfand veräußerten Sache besteht (also z.B. für unseren Fall). Wo liegen die Unterschiede, wo die Gemeinsamkeiten zwischen § 1207 einerseits und § 1244 andererseits? Zunächst fällt auf, dass beide Vorschriften auf §§ 932, 934 verweisen. Während § 1207 aber darüber hinaus (auch) auf § 935 Bezug nimmt, tut dies § 1244 gerade nicht, was unserem Ersteigerer (B) letztlich zugutekommt (siehe Lösungsskizze und Formulierungsvorschlag). Bei § 1207 geht es um den guten Glauben des (potenziellen) Pfandgläubigers, während § 1244 auf den guten Glauben des Erwerbers in der öffentlichen Versteigerung abstellt. § 1207 führt zum (gutgläubigen) Pfandrechtserwerb, § 1244 hat den (gutgläubigen) Eigentumserwerb zur Folge. Wie gesagt, zwei völlig verschiedene Ansatzpunkte ...

4. Ihr sollet euch nicht entleiben, wenn euch die Lösung gerade in diesem Fall nicht gerade „zugeflogen" ist. Es war zwar letztlich „nur" saubere Gesetzesanwendung gefragt, dies aber auf einem ziemlich komplexen und schon als gehoben zu bezeichnenden Niveau.

Pfandrecht

Fall 31

E hat seinen Hubschrauber an L verliehen. L bringt ihn wegen einer Beschädigung am Rotor zur Reparatur in die Hubschrauber-Werkstatt des B, wobei er im eigenen Namen handelt. B hält L für den Eigentümer des Fluggeräts. Nach Ablauf der Leihzeit erfährt E von dem Vorgang und verlangt den Helikopter von B heraus. B verweigert jedoch die Herausgabe, weil er der Ansicht ist, sich mit Erfolg auf ein Werkunternehmerpfandrecht berufen zu können.

Frage: Hat E gegen B einen Herausgabeanspruch aus § 985 ?

Lösungsskizze Fall 31

- E gegen B Herausgabe des Hubschraubers gemäß § 985 ?

I. Anspruch entstanden ?

   1. *Voraussetzungen des § 985 ?*

      a. *Anspruchsgegner (B) ist Besitzer ?* (+)

      b. *Anspruchsteller (E) ist Eigentümer ?* (+)

      c. <u>also</u>: *Voraussetzungen des § 985* (+)

   2. *Voraussetzungen des § 986 ?*
      = Anspruchsgegner hat kein Recht zum Besitz

      HIER (+) → B hat kein Recht zum Besitz; ein Werkunternehmerpfandrecht gemäß § 647 entsteht nur an „Sachen des Bestellers"; Besteller L war aber nicht Eigentümer des Hubschraubers; auch besitzgebundene gesetzliche Pfandrechte (wie das Werkunternehmerpfandrecht) können nicht in analoger Anwendung der §§ 1207, 932 ff gutgläubig erworben werden (a.A. vertretbar); zwar finden gemäß § 1257 auf das gesetzliche Pfandrecht die Vorschriften über das vertragliche Pfandrecht entsprechende Anwendung, aber nur für das „kraft Gesetzes entstandene Pfandrecht"; an dieser Formulierung wird deutlich, dass sich speziell die Entstehung des gesetzlichen Pfandrechts nach den dafür vorgesehenen Vorschriften (hier § 647) richtet und nicht nach den allgemeinen Vorschriften über das vertragliche Pfandrecht (§§ 1204 ff); die Parallele zum vertraglichen „Faustpfandrecht" beschränkt sich bei den besitzgebundenen gesetzlichen Pfandrechten auf die rein faktische Situation (Besitzlage); § 366 III HGB ist eine handelsrechtliche Sonderregelung, die nicht überzeugend für die Interpretation des § 1257 verallgemeinert werden kann

   3. <u>also</u>: *Anspruch entstanden* (+)

II. Anspruch untergegangen ? (–)

III. Anspruch durchsetzbar ? (+)

Fall 31

IV. Ergebnis:
E gegen B Herausgabe des Hubschraubers gemäß § 985 (+)

Formulierungsvorschlag Fall 31

- E gegen B Herausgabe des Hubschraubers gemäß § 985

E könnte gegen B einen Anspruch auf Herausgabe des Helikopters gemäß § 985 haben.

I. Der Anspruch müsste entstanden sein.

1. Nach § 985 muss der Anspruchsteller Eigentümer und der Anspruchsgegner Besitzer der Sache sein.

a. Anspruchsgegner B ist Besitzer des Hubschraubers.

b. Anspruchsteller E ist Eigentümer der Sache.

c. Also liegen die Voraussetzungen des § 985 vor.

2. Der Anspruchsgegner dürfte zudem kein Recht zum Besitz gemäß § 986 haben. Der Anspruchsgegner B könnte jedoch ein Recht zum Besitz im Sinne der Norm haben, nämlich ein Werkunternehmerpfandrecht, wie es sich aus § 647 ergeben kann.

Gemäß § 647 entsteht das Unternehmerpfandrecht nur an „beweglichen Sachen des Bestellers", also an solchen Sachen, die im Eigentum des Bestellers stehen. Besteller im Sinne des Werkvertragsrechts (vgl. § 631 I) war L, der jedoch nicht Eigentümer des Hubschraubers war.

Ein Werkunternehmerpfandrecht könnte mithin nur dann entstanden sein, wenn ein solches Recht im Falle bestellerfremder Sachen in analoger Anwendung der §§ 1207, 932 ff gutgläubig erworben werden kann.

Für die Möglichkeit eines solchen gutgläubigen Erwerbs könnte auf den ersten Blick § 1257 sprechen. Nach dieser Norm finden gemäß § 1257 auf das gesetzliche Pfandrecht die Vorschriften über das vertragliche Pfandrecht entsprechende Anwendung. Das gilt aber nach dem Wortlaut des § 1257 nur für das „kraft Gesetzes entstandene Pfandrecht".

An dieser Formulierung wird deutlich, dass sich – jedenfalls nach der § 1257 zugrunde liegenden Vorstellung – speziell die Entstehung des gesetzlichen Pfandrechts ausschließlich nach den dafür im Einzelfall vorgesehenen Vorschriften richtet und nicht etwa den allgemeinen Vorschriften über das vertragliche Pfandrecht folgt.

Andererseits besteht bei besitzgebundenen gesetzlichen Pfandrechten – wie eben insbesondere dem Werkunternehmerpfandrecht – anders als bei den besitzlosen Pfandrechten eine faktische Parallele zum (vertraglichen) „Faustpfandrecht" gemäß §§ 1204 ff. Gerade das Werkunternehmerpfandrecht gemäß § 647 könnte wegen dieser Parallele als eine Art gesetzlich typisiertes Vertragspfandrecht angesehen werden.

199

Pfandrecht

Zudem deutet § 366 III HGB darauf hin, dass besitzgebundene gesetzliche Pfandrechte allgemein in entsprechender Anwendung der §§ 1207, 932 ff gutgläubig erworben werden können.

§ 366 III HGB ist aber eine handelsrechtliche Sonderregelung, die keinen verallgemeinerungsfähigen Rückschluss auf die Interpretation des § 1257 ermöglicht.

Die Parallele zwischen Unternehmerpfandrecht und „Faustpfandrecht" beschränkt sich bei näherer Betrachtung auf die rein äußerliche Lage, nämlich auf den Besitz des (potenziellen) Pfandgläubigers. Es handelt sich bei § 647 gerade nicht um eine „gesetzlich typisiertes Vertragspfandrecht", weil es für das Werkvertragsverhältnis als solches nicht auf die Eigentumsverhältnisse ankommt und gerade deshalb über das bloße Werkvertragsverhältnis hinaus nicht ohne Weiteres eine – sei es auch nur konkludente – rechtsgeschäftliche Verpfändung angenommen werden kann.

Es bleibt damit im Ergebnis bei der in § 1257 klar zum Ausdruck kommenden Wertung, dass sich nämlich speziell die Entstehung des gesetzlichen Pfandrechts ausschließlich nach den dafür im Einzelfall vorgesehenen Vorschriften (hier § 647) richtet und gerade nicht den allgemeinen Vorschriften über das vertragliche Pfandrecht (§§ 1204 ff) folgt.

Ein Werkunternehmerpfandrecht kann nach alledem nicht in analoger Anwendung der §§ 1207, 932 ff gutgläubig erworben werden.

Es ist somit kein Werkunternehmerpfandrecht des B entstanden.

B hat kein Recht zum Besitz gemäß § 986.

3. Demnach ist der Herausgabeanspruch entstanden.

II. Der Anspruch ist nicht untergegangen.

III. Er ist auch durchsetzbar.

IV. E hat gegen B den Anspruch auf Herausgabe des Hubschraubers gemäß § 985.

Fazit

1. Dieser Fall lief auf einen „Streitklassiker" hinaus, der sich auf die Frage zurückführen lässt, ob speziell bei **besitzgebundenen gesetzlichen Pfandrechten** ein **gutgläubiger Pfandrechtserwerb in analoger Anwendung der §§ 1207, 932 ff** möglich ist oder nicht.

Vorsicht: Bei **besitzlosen gesetzlichen Pfandrechten** (siehe §§ 562 ff, 581 II, 704) ist unstreitig kein gutgläubiger Erwerb möglich. Hier fehlt es schon an der Parallele zum (vertraglichen) „Faustpfandrecht" (§§ 1204 ff), die im Falle besitzgebundener Pfandrechte den gutgläubigen Erwerb überhaupt erst diskutabel macht.

Fall 31

2. Der Formulierungsvorschlag bietet ein Beispiel dafür, wie man auch im Falle eines „klassischen" Meinungsstreits die Darstellung vom Problem her aufziehen und die Argumente lebendig darstellen kann (nach dem Muster „einerseits ... / andererseits ..."). Das halten wir – jedenfalls in Klausuren – für deutlich besser als die immer etwas trocken wirkende Darstellung, die sich primär an den Vertretern der jeweiligen Auffassung orientiert („Der BGH ... / In der Literatur ..." / siehe grundsätzlich bereits Seiten 18 f).

    Wir wollen euch aber nicht verschweigen, dass die von uns favorisierte Auffassung seit langer langer Zeit in ständiger Rechtsprechung vertreten wird (vereinzelte Gegenstimmen nur in Gerichtsentscheidungen, die mittlerweile etwa 50 Jahre alt sind). Die unabhängig davon natürlich ebenfalls gut vertretbare abweichende Auffassung – derzufolge gutgläubiger Erwerb bei besitzgebundenen gesetzlichen Pfandrechten möglich ist – wird in Teilen der Literatur vertreten.

    Wie immer kommt es nicht darauf an, welche Auffassung ihr bevorzugt. Entscheidend ist vielmehr ausschließlich die Qualität der Argumentation (so sollte es jedenfalls sein). Bei einem solchen „Klassiker" geht es dann allerdings – wie oben gezeigt – ganz schön in die Tiefe. Ein bloßer *Verweis auf* den Wortlaut des *§ 1257* („gesetzlich entstandenes Pfandrecht") ist als absolute *Minimallösung* vielleicht noch akzeptabel, aber sicher nicht optimal.

3. Im Wirtschaftsleben wird das Problem typischerweise in der Form relevant, dass ein *Vorbehaltskäufer* eine Sache zur *Reparatur* bringt, in der Folgezeit den Kaufpreis nicht zahlt und dann der *Verkäufer* nach *Rücktritt* vom Vertrag (§ 449) die Sache vom Werkunternehmer herausverlangt.

    Der *Werkunternehmer* ist im Übrigen auch auf der Grundlage der hier vertretenen Auffassung zur Frage des gutgläubigen Erwerbs nicht zwangsläufig schutzlos. Zu denken ist gegenüber dem Herausgabeanspruch insbesondere an ein *Zurückbehaltungsrecht aus §§ 1000, 994*. Dafür gab es in unserem Sachverhalt aber ganz bewusst keine (hinreichenden) Anhaltspunkte. Wir wollten euch an dieser Stelle nicht noch zusätzlich mit der komplexen Welt des Eigentümer-Besitzer-Verhältnisses belasten.

4. Eine weitere Facette des Problemkreises muss hier der Vollständigkeit halber noch kurz erwähnt werden.

    Auf der Grundlage der h.M. kann – wie gesehen – das gesetzliche Pfandrecht nicht gutgläubig erworben werden.

    Lässt sich aber vielleicht über §§ 185 I, 183 (analog) der Erwerb eines *Werkunternehmerpfandrechts* konstruieren, wenn der Werkvertrag zwischen dem Nichteigentümer (Besteller) und dem Werkunternehmer mit Wissen und Wollen des Eigentümers abgeschlossen wird? Ganz kurz gesagt: Ergebnisorientiert wäre das möglicherweise wünschenswert, dogmatisch aber äußerst fragwürdig.

    Auch zur Erörterung dieser Spezialfrage gab unser Sachverhalt keinen Anlass. Er war an der betreffenden Stelle bewusst offen gehalten.

Pfandrecht

Fall 32

K schließt mit dem Verkäufer V einen Kaufvertrag über eine antike Kommode zum Preis von 5.000 €. Da er den Kaufpreis nicht vollständig aufbringen kann, nimmt K einen Kredit in Höhe von 3.000 € bei der Bank P auf. Zur Sicherung der Rückzahlungsforderung bestellt K der Bank – unter Beachtung des § 1280 – ein Pfandrecht an der Forderung auf Übereignung der Kaufsache (§ 433 I 1). Nach Zahlung des Kaufpreises einigen sich V und K mit Zustimmung der P über den Eigentumsübergang und stellen die Kommode gemeinsam in der Wohnung des K auf. Dem vom Pech verfolgten K wird das antike Stück jedoch bei einem Wohnungseinbruch gestohlen und befindet sich nunmehr beim Dieb B. Hiervon erfährt die Bank P.

Frage: Hat die Bank P gegen B einen Herausgabeanspruch aus §§ 1227, 985 ?

Lösungsskizze Fall 32

- P gegen B Herausgabe der Kommode gemäß §§ 1227, 985 ?

I. Anspruch entstanden ?

   1. Voraussetzungen der §§ 1227, 985 ?

      a. Anspruchsgegner (B) ist Besitzer ? (+)

      b. Anspruchstellerin (P) ist Pfandgläubigerin (bezogen auf die Sache) ?

         aa. originärer Erwerb des vertraglichen Pfandrechts an einer beweglichen Sache vom Berechtigten (K) gemäß §§ 1204, 1205 ?

            (1) Einigung über die Bestellung eines Pfandrechts ?

               = (hier §§ 1204 f) an einer beweglichen Sache

               HIER (–) → P und K haben sich nicht über die Bestellung eines Pfandrechts an der Sache geeinigt, die im Übrigen zum Zeitpunkt der Bestellung auch (noch) nicht im Eigentum des K stand und von diesem nicht an P übergeben worden ist (vgl. § 1205)

            (2) also: originärer Erwerb des vertraglichen Pfandrechts an einer beweglichen Sache vom Berechtigten (K) gemäß §§ 1204, 1205 (–)

         bb. Erwerb eines Pfandrechts (an der Sache) gemäß § 1287 S. 1 ?

            (1) Pfandrecht an einer Forderung (§§ 1273, 1274, 1279 ff) ?

               = Bestellung eines Pfandrechts an einer übertragbaren Forderung

               HIER (+) → K hat der P unter Beachtung des § 1280 ein Pfandrecht an der – übertragbaren – Forderung auf Übereignung der Kaufsache gemäß § 433 I 1 bestellt

Fall 32

(2) wirksame Leistung des Schuldners (V) der gesicherten Forderung ?
= (hier) Übergabe der Kaufsache und Eigentumsverschaffung (hier) mit Zustimmung der Pfandgläubigerin (§§ 433 I 1, 1281 S. 1)

(a) Übergabe ?
= Verkäufer verliert Besitz und Käufer erlangt Besitz
HIER (+)

(b) Eigentumsverschaffung ?
= Übereignung der Sache (hier) gemäß § 929 S. 1

(aa) Einigung ? (+)

(bb) Übergabe ? (+)

(cc) Einigsein im Zeitpunkt der Vollendung des Erwerbstatbestands ? (+)

(dd) Berechtigung des Veräußerers ? (+)

(ee) also: Übereignung gemäß § 929 S. 1 (+)

(c) mit Zustimmung der Pfandgläubigerin ? (+)

(d) also: wirksame Leistung des Schuldners (V) der gesicherten Forderung (+)

(3) also: Erwerb eines Pfandrechts (an der Sache) gemäß § 1287 S. 1 (+)

cc. *also: Anspruchstellerin (P) ist Pfandgläubigerin (bezogen auf die Sache) (+)*

c. *also: Voraussetzungen der §§ 1227, 985 (+)*

2. *Voraussetzungen des § 986 ?*
= Anspruchsgegner (B) hat kein Recht zum Besitz
HIER (+)

3. *also: Anspruch entstanden (+)*

II. Anspruch untergegangen ? (−)

III. Anspruch durchsetzbar ? (+)

IV. Ergebnis:
P gegen B Herausgabe der Kommode gemäß §§ 1227, 985 (+)

Pfandrecht

Formulierungsvorschlag Fall 32

- P gegen B Herausgabe der Kommode gemäß §§ 1227, 985

Die Bank P könnte gegen B einen Anspruch auf Herausgabe der Kommode gemäß §§ 1227, 985 haben.

I. Der Anspruch müsste entstanden sein.

1. Nach §§ 1227, 985 muss der Anspruchsteller Pfandgläubiger, der Anspruchsgegner Besitzer der Sache sein.

a. Anspruchsgegner B ist Besitzer der Kommode.

b. Die Anspruchstellerin P müsste – bezogen auf die herausverlangte Sache – Pfandgläubigerin sein.

aa. In Betracht kommt zunächst ein originärer Erwerb des vertraglichen Pfandrechts an einer beweglichen Sache vom Berechtigten – hier nämlich von K – gemäß §§ 1204, 1205.

Dazu müssten sich P und K über die Bestellung eines solchen Pfandrechts an einer beweglichen Sache geeinigt haben. Die Pfandrechtsbestellung bezog sich hier jedoch gerade nicht auf die Sache selbst. Diese gehörte K (noch) nicht und konnte von ihm auch nicht übergeben werden (vgl. § 1205). K stand vielmehr lediglich der schuldrechtliche Verschaffungsanspruch aus § 433 I 1 zu. Auf diese Forderung – nicht auf die Kaufsache selbst – bezog sich dann auch die Bestellung des Pfandrechts.

Damit scheidet ein originärer Erwerb des vertraglichen Pfandrechts an einer beweglichen Sache gemäß §§ 1204, 1205 aus.

bb. P könnte jedoch ein Pfandrecht an der Sache gemäß § 1287 S. 1 erworben haben.

Dazu müsste zunächst ein Pfandrecht an einer Forderung gemäß §§ 1273, 1274, 1279 ff bestellt worden sein. Wie bereits aufgezeigt haben sich P und K über die Bestellung eines Pfandrechts an dem schuldrechtlichen Verschaffungsanspruch des K gegen V aus dem Kaufvertrag (§ 433 I 1) geeinigt. Wirksamkeitsbedenken bestehen insoweit nicht. Insbesondere handelt es sich um eine übertragbare Forderung, die K auch zustand. Die in § 1280 geregelte Wirksamkeitsvoraussetzung ist ebenfalls gewahrt. Für P ist ein Pfandrecht an der Forderung des K aus § 433 I 1 bestellt worden.

Der Schuldner der gesicherten Forderung (V) müsste auf die Forderung wirksam geleistet haben. Bei einer Forderung aus § 433 I 1 besteht die zur Erfüllung (§ 362 I) geschuldete Leistung in der Übergabe und in der Eigentumsverschaffung.

Die Übergabe im Sinne des § 433 I 1 erfordert den Besitzverlust des Verkäufers und die Besitzerlangung des Käufers. Indem V und K die Kommode in der Wohnung des K aufgestellt haben, hat K Besitz erlangt und V die tatsächliche

Fall 32

Sachherrschaft und damit den Besitz verloren. Eine Übergabe im Sinne des § 433 I 1 hat stattgefunden.

Die Eigentumsverschaffung kommt hier in Form einer Übertragung des Eigentums gemäß § 929 S. 1 in Betracht.

Die Parteien haben sich wirksam über den Eigentumsübergang geeinigt.

Die Sache ist übergeben worden.

Die Parteien waren sich auch noch im Zeitpunkt der Vollendung des Erwerbstatbestands einig.

Außerdem war der ursprüngliche Eigentümer V verfügungsbefugt, also Berechtigter.

Damit hat K in Erfüllung des zugrunde liegenden Kaufvertrags wirksam von V Eigentum an der Kommode erworben. Das Eigentum ist wirksam gemäß § 929 S. 1 übertragen worden. V hat dem K Eigentum verschafft.

Durch die Zustimmung der P als Pfandgläubigerin steht die Leistung zudem im Einklang mit § 1281 S. 1.

Also hat V auf die gesicherte Forderung (§ 433 I 1) wirksam geleistet.

Demnach hat P als Gläubigerin des Pfandrechts an der Forderung angesichts der Erfüllung der gesicherten Forderung gemäß § 1287 S. 1 im Wege der sogenannten dinglichen Surrogation ein Pfandrecht an der Kommode selbst erworben.

cc. Die Anspruchstellerin P ist also – nunmehr bezogen auf die herausverlangte Sache – Pfandgläubigerin.

c. Also liegen die Voraussetzungen der §§ 1227, 985 vor.

2. Der Anspruchsgegner B hat als Dieb kein Recht zum Besitz gemäß § 986.

3. Demnach ist der Herausgabeanspruch entstanden.

II. Der Anspruch ist nicht untergegangen.

III. Er ist auch durchsetzbar.

IV. P hat gegen B einen Anspruch auf Herausgabe der Kommode gemäß §§ 1227, 985.

Fazit

1. Bei diesem Fall war wiederum das Verständnis des Trennungs- bzw. **Abstraktionsprinzip**s von elementarer Bedeutung. Mit Blick auf die rechtsgeschäftlichen Beziehungen zwischen V und K war streng zwischen dem **schuldrechtlichen Kausalgeschäft** (hier Kaufvertrag) und dem **dinglichen** (sachenrechtlichen) **Erfüllungsgeschäft** zu unterscheiden.

205

Pfandrecht

Die Lösung zeigt sehr schön, wie – bildlich gesprochen – die Zahnräder ineinander greifen.

2. Der **Herausgabeanspruch** konnte sich nicht unmittelbar aus § 985 ergeben, weil P offensichtlich nicht Eigentümerin der Sache geworden ist. Wie in Fall 29 lief es also – hier schon in der Fallfrage konkret vorgegeben – auf einen Anspruch aus ***§§ 1227, 985*** hinaus.

Anders als dort (Fall 29) ist hier aber **kein Pfandrecht an der Sache selbst** bestellt worden. Das hätte auch erkennbar nicht funktioniert, weil K ja bis zum Zeitpunkt der Pfandrechtsbestellung erst den schuldrechtlichen Kaufvertrag abgeschlossen hatte und (Abstraktionsprinzip!) weder Eigentümer geworden war noch tatsächlich zur Übergabe der Sache in der Lage gewesen war. Bei einem Blick auf § 1205 zeigt sich, dass die Bestellung eines Pfandrechts an der Kaufsache selbst kein gangbarer Weg war.

Wir haben dennoch – nicht zuletzt aus didaktischen Gründen – ein Pfandrecht an einer beweglichen Sache kurz (!) geprüft. Das wäre aber nach den Vorgaben des Falles wohl nicht zwingend erforderlich gewesen. Nicht ohne Grund haben wir uns deshalb im Formulierungsvorschlag an dieser Stelle von vornherein besonders „vorsichtig" ausgedrückt („In Betracht kommt zunächst ...").

3. Da es um die Herausgabe der Sache gemäß §§ 1227, 985 ging, musste man irgendwie den Bogen von dem Pfandrecht an der Forderung zum Pfandrecht an der Sache schlagen. Dies gelingt über § 1287 S. 1.

Wichtig: Bei **Pfandrechten an Forderungen** (§§ 1273 ff, 1279 ff) spielen immer drei Personen mit, nämlich der Pfandgläubiger (hier die Bank P), der Gläubiger der verpfändeten Forderung (hier K) und der Schuldner der verpfändeten Forderungen (hier V).

Weil Schuldner V seine Verpflichtung aus § 433 I 1 erfüllt hat, setzt sich das Pfandrecht an der Forderung an dem geleisteten Gegenstand fort (hier eben an der Sache selbst / § 1287 S. 1 / ***dingliche Surrogation***).

4. Letztlich lief dann alles auf die Prüfung hinaus, ob V seine schuldrechtliche (!) Verpflichtung aus dem Kaufvertrag erfüllt hat. Den Inhalt dieser Verpflichtung konntet und solltet ihr unmittelbar aus § 433 I 1 entnehmen. Dabei schließt sich der Kreis zum Sachenrecht wieder, weil die Frage nach der ***Eigentumsverschaffung*** im Sinne der §§ 433 I 1, 362 I nichts anderes ist, als die Prüfung der (sachenrechtlichen) Übertragung des Eigentums (hier in der einfachen Konstellation des § 929 S. 1).

5. So, spätestens jetzt dürftet ihr über ein gewisses Grundverständnis im Pfandrechtsbereich verfügen. Das gibt euch im Ernstfall Sicherheit.

Eine kleine Einführung – Sicherungsübereignung

Sicherungseigentum
- Eine kleine Einführung

In der Praxis ist die Verpfändung von beweglichen Sachen weitgehend durch die *Übereignung zur Sicherheit* ersetzt worden.

Ausgangspunkt der Überlegung ist immer eine *zu sichernde Forderung*. Meist handelt es sich um eine Forderung auf Kreditrückzahlung, § 488 I 2.

Der Schuldner der zu sichernden Forderung (Kreditnehmer) ist der sogenannte *Sicherungsgeber*. Er übereignet die Sache (das Sicherungsgut) an den Gläubiger der zu sichernden Forderung, den sogenannten *Sicherungsnehmer* (typischerweise also die Bank).

Formal wird dadurch der Sicherungsnehmer (Voll-)Eigentümer. Er darf aber mit der bei dem Sicherungsgeber verbleibenden Sache nicht einfach tun und lassen, was er will (vgl. § 903 S. 1). Vielmehr ist er durch den der Sicherungsübereignung kausal zugrunde liegenden schuldrechtlichen Vertrag (Abstraktionsprinzip; sogenannter Treuhandvertrag) verpflichtet, von seinen Eigentumsbefugnissen so lange keinen Gebrauch zu machen, wie sich der Sicherungsgeber vertragsgemäß verhält, insbesondere also die vereinbarten Kreditraten vereinbarungsgemäß zurückzahlt.

Das soll als kleines Vorgeplänkel genügen.

Auf zu den beiden folgenden Fällen!

Sicherungseigentum

Fall 33

Der selbstständige Pizzafahrer B möchte einen Kredit aufnehmen. Die Bank E ist zwar grundsätzlich zur Kreditgewährung bereit, verlangt aber eine Sicherheit. B schlägt seinen Trabant 601 S de Luxe vor. Weil B den Wagen für seine Pizzafahrten benötigt, scheidet die Belastung mit einem Pfandrecht aus (§ 1205 S. 1 BGB). Auf Vorschlag des Bankangestellten vereinbaren die Bank E und B daher eine Sicherungsübereignung des Wagens an die E. In diesem Zusammenhang wird nur die EU-Zulassungsbescheinigung Teil II (Fahrzeugbrief) an die Bank übergeben, damit B den Trabant weiterhin für seine gewerblichen Fahrten nutzen kann und auf diese Weise in der Lage ist, die Kreditraten zurückzuzahlen. In der Folgezeit erfüllt B seine Verpflichtungen aus dem Vertragsverhältnis. Insbesondere zahlt er die Kreditraten stets pünktlich. Dennoch verlangt E das Auto heraus.

Frage: Hat E gegen B einen Herausgabeanspruch aus § 985 ?

Lösungsskizze Fall 33

- E gegen B Herausgabe des Kfz gemäß § 985 ?

I. Anspruch entstanden ?

   1. Voraussetzungen des § 985 ?

      a. Anspruchsgegner (B) ist Besitzer ? (+)

      b. Anspruchsteller (E) ist Eigentümer ?

         aa. ursprünglich (−)

         bb. Eigentumserwerb der E von B gemäß § 929 S.1 ?
            = Erwerb der E vom Berechtigten B

           (1) Einigung ?
              = dinglicher Vertrag zwischen Veräußerer und Erwerber über den Eigentumsübergang
            HIER (+)

           (2) Übergabe ?
              = Veräußerer verliert Besitz und Erwerber erlangt Besitz
            HIER (−) → B und E haben vereinbart, dass B das Kfz behält; eine Übergabe hat nicht stattgefunden

           (3) also: Eigentumserwerb der E vom Berechtigten B gemäß § 929 S.1 (−)

         cc. Eigentumserwerb der E von B gemäß §§ 929 S. 1, 930 ?
            = Erwerb der E vom Berechtigten B

           (1) Einigung ? (+), s.o.

Fall 33

(2) „Übergabeersatz"?
= Voraussetzungen des § 930

(a) Veräußerer ist Besitzer geblieben?
= unmittelbarer oder mittelbarer Besitz

HIER (+) → B ist unmittelbarer Besitzer geblieben

(b) Besitzmittlungsverhältnis zwischen Veräußerer u. Erwerber?
= Verhältnis i.S.d. § 868

HIER (+) → B und E haben einen Vertrag geschlossen, der es dem B erlaubt, den Wagen weiterzunutzen; dadurch hat E mittelbaren Besitz am Kfz erlangt

(c) Fremdbesitzerwillen des Veräußerers?
= Willen, für den Erwerber zu besitzen

HIER (+) → B wollte für E besitzen

(d) also: Voraussetzungen des § 930 (+)

(3) Einigsein im Zeitpunkt der Vollendung des Erwerbstatbestands?
= keine der Willenserklärungen darf widerrufen worden sein

HIER (+) → kein Widerruf

(4) Berechtigung des Veräußerers?
= der verfügungsbefugte Eigentümer oder der Nichteigentümer, der gesetzlich verfügungsbefugt ist oder der vom Berechtigten ermächtigt ist

HIER (+) → B ist verfügungsbefugter Eigentümer

(5) also: Eigentumserwerb der E vom Berechtigten B gemäß §§ 929 S. 1, 930 (+)

dd. *also: Anspruchsteller (E) ist Eigentümer (+)*

c. *also: Voraussetzungen des § 985 (+)*

2. *Voraussetzungen des § 986?*
= Anspruchsgegner hat kein Recht zum Besitz

HIER (–) → B hat ein Recht zum Besitz, das aus der Sicherungsabrede abzuleiten ist; der Sicherungsnehmer kann die zur Sicherung übereignete Sache nicht mit Erfolg herausverlangen, solange der Sicherungsgeber seine Pflichten erfüllt; anders nur im sogenannten Verwertungsfall

3. *also: Anspruch entstanden (–)*

II. Ergebnis:
E gegen B Herausgabe des Kfz gemäß § 985 (–)

Sicherungseigentum

> **Formulierungsvorschlag Fall 33**

- E gegen B Herausgabe des Kfz gemäß § 985

E könnte gegen B einen Anspruch auf Herausgabe des Kfz gemäß § 985 haben.

I. Der Anspruch müsste entstanden sein.

1. Nach § 985 muss der Anspruchsteller Eigentümer und der Anspruchsgegner Besitzer der Sache sein.

a. Anspruchsgegner B ist nach wie vor Besitzer des Kfz.

b. Anspruchstellerin E müsste Eigentümerin des Kfz sein.

aa. Ursprünglich war sie nicht Eigentümerin.

bb. E könnte jedoch Eigentum vom Berechtigten B gemäß § 929 S. 1 erworben haben.

Die Parteien haben sich wirksam über den Eigentumsübergang geeinigt.

B und E haben jedoch vereinbart, dass B das Kfz behält. Die erforderliche Übergabe hat also nicht stattgefunden.

Demnach hat E nicht vom Berechtigten B gemäß § 929 S. 1 Eigentum erworben.

cc. E könnte Eigentum vom Berechtigten B gemäß §§ 929 S. 1, 930 erworben haben.

Die Parteien haben sich wirksam über den Eigentumsübergang geeinigt.

Zudem müssten die Voraussetzungen des § 930 erfüllt sein.

Zunächst müsste der Veräußerer im Besitz der Sache geblieben sein. B ist unmittelbarer Besitzer des Kfz geblieben.

Außerdem müssten der Veräußerer und die Erwerberin ein Besitzmittlungsverhältnis vereinbart haben, durch das die Erwerberin den mittelbaren Besitz an der Sache erlangt hat. Als Besitzmittlungsverhältnis kommt ein solches im Sinne des § 868 in Betracht. B und E haben einen Vertrag geschlossen, der es dem B erlaubt, den Wagen weiterzunutzen. Dadurch hat E mittelbaren Besitz am Kfz erlangt. Somit liegt das geforderte Besitzmittlungsverhältnis vor.

Letztlich müsste der Veräußerer den Willen gehabt haben, die veräußerte Sache für die Erwerberin zu besitzen. B wollte das Kfz für E besitzen, er hatte somit den erforderlichen Fremdbesitzwillen.

Also sind die Voraussetzungen des § 930 erfüllt.

Die Parteien waren sich auch noch im Zeitpunkt der Vollendung des Erwerbstatbestands einig.

Außerdem war der ursprüngliche Eigentümer B verfügungsbefugt, also Berechtigter.

Fall 33

	Demnach hat E vom Berechtigten B gemäß §§ 929 S. 1, 930 Eigentum erworben.
dd.	Somit ist die Anspruchstellerin E Eigentümerin.
c.	Also liegen die Voraussetzungen des § 985 vor.
2.	Der Anspruchsgegner dürfte zudem kein Recht zum Besitz gemäß § 986 haben.
	Als Recht zum Besitz kommt die Sicherungsabrede in Betracht. Nach dem Charakter des Sicherungsvertrags ist der Sicherungsgeber zur weiteren Nutzung der nur zur Sicherung übereigneten Sache berechtigt, solange er seine vertraglichen Verpflichtungen gegenüber dem Sicherungsnehmer erfüllt. B hat seine Verpflichtungen aus dem Vertragsverhältnis erfüllt, insbesondere die Kreditraten regelmäßig gezahlt. Der sogenannte Verwertungsfall ist daher nicht eingetreten. B hat somit ein Recht zum Besitz aus der Sicherungsabrede.
3.	Demnach ist der Anspruch nicht entstanden.
II.	E hat gegen B keinen Anspruch auf Herausgabe des Kfz gemäß § 985.

Fazit

1. Erinnert ihr euch? Das ***Sicherungseigentum*** haben wir im Zusammenhang mit der EU-Zulassungsbescheinigung Teil II (Fahrzeugbrief) bereits einmal kurz angesprochen (Fall 25, Fazit 4.). Und in Fall 20 ist es euch auch schon einmal über den Weg gelaufen.

Die Sicherungsübereignung ist im BGB nicht ausdrücklich geregelt. Sie ist aber im Wirtschaftsleben weitgehend an die Stelle des gesetzlich vorgesehenen Pfandrechts an beweglichen Sachen getreten. Das Pfandrecht an beweglichen Sachen verlangt eine Übergabe der Sache an den Pfandnehmer (siehe Fälle 29 und 32) und ist deshalb – wie im Sachverhalt dieses Falles angesprochen – vielfach unpraktikabel.

Deshalb ist die ***Sicherungsübereignung*** heute gewohnheitsrechtlich anerkannt. Rein dogmatisch könnte man Bedenken mit Blick auf den Typenzwang des Sachenrechts hegen. Immerhin sieht das Gesetz das Pfandrecht als einziges Sicherungsrecht an beweglichen Sachen vor. Die Rechtswirklichkeit sieht aber wie gesagt anders aus, sodass auch ihr getrost ohne Weiteres von der Zulässigkeit der Sicherungsübereignung ausgehen könnt und solltet.

2. Kurz gesagt ist die Sicherungsübereignung einer beweglichen Sache die Eigentumsübertragung mit der Abrede, die (nur) zur Sicherung übereignete Sache bei Nichterfüllung der gesicherten Forderung (aber eben nur dann) zu verwerten.

Dabei bezeichnet man die Parteien mit Blick auf das Sicherungsgut, also auf die Sache. Der ursprüngliche Eigentümer und damit Übereignende (hier B / Kreditnehmer) wird ***Sicherungsgeber*** genannt, der neue (Sicherungs-)Eigen-

Sicherungseigentum

tümer und damit Erwerber (hier E / Kreditgeber) wird **Sicherungsnehmer** genannt.

Die Konstellation der Sicherungsübereignung ähnelt derjenigen des Eigentumsvorbehalts (§ 449) und unterscheidet sich doch in wesentlichen Punkten von ihr. Eine gute Übung: Arbeitet selbstständig Gemeinsamkeiten und Unterschiede heraus! Wir werden darauf zurückkommen ...

3. Unser Fall verdeutlicht den Charakter einer Sicherungsübereignung: Das gemäß §§ 929 S. 1, 930 erworbene Eigentum des Sicherungsnehmers ist zwar „nach außen" unbeschränkt, aber im Innenverhältnis zum Sicherungsgeber durch die **Sicherungsabrede** (schuldrechtlich) begrenzt. Eben diese schuldrechtliche Begrenzung kommt dann im Prüfungsaufbau eines Herausgabeanspruches gemäß § 985 beim **Recht zum Besitz** (§ 986) zur Geltung.

4. Der von uns präsentierte Sachverhalt enthält keine näheren Angaben zur Ausgestaltung der Sicherungsabrede. Selbstverständlich läuft so etwas in der Praxis regelmäßig mit einem schriftlichen (Formular-)Vertrag. Detailprobleme können sich bei der hinreichenden Bestimmtheit des Sicherungsvertrags (Stichwort „Sammelbezeichnung") und bei der Frage nach etwaiger Sittenwidrigkeit der Sicherungsabrede mit der Folge des § 138 ergeben (Stichworte „Knebelung", „Übersicherung", „Kredittäuschung"). Einzelheiten führten an dieser Stelle zu weit.

5. Spinnen wir unseren Ausgangsfall fort: Wie wird B wieder Eigentümer des zur Sicherung an E übereigneten Fahrzeugs, wenn er sämtliche Forderungen aus dem zugrunde liegenden Darlehensvertrag erfüllt hat?

   Dann ist der Sicherungszweck weggefallen und es sind – je nach Gestaltung und Auslegung des Sicherungsvertrags (§§ 157, 133) – zwei Varianten möglich:

   Entweder sieht man im Einzelfall die Sicherungsübereignung als auflösend bedingt an, sodass gemäß § 158 II das Eigentum bei vollständiger Zahlung des Sicherungsgebers „automatisch" auf ihn „zurückfällt".

   Oder man kommt zum Ergebnis einer unbedingten Übereignung, sodass lediglich ein schuldrechtlicher **Anspruch** des Sicherungsgebers gegen den Sicherungsnehmer **auf Rückübertragung des Eigentums** entsteht.

   Die (zuletzt genannte) Rückübertragungsvariante dominiert die Praxis und ist zumindest auf dem Boden der BGH-Rechtsprechung als der Regelfall anzusehen. Wie aber geschieht dann eine solche Rückübertragung des Eigentums genau? Erst nachdenken, dann weiterlesen! Richtig, weil der Erwerber (Sicherungsgeber) bereits im Besitz der Sache ist, läuft die Angelegenheit über § 929 S. 2 (siehe dazu schon Fall 11). So einfach ist das.

6. Und was ist, wenn statt einer beweglichen Sache eine Forderung das Sicherungsgut sein soll? Dann gibt es die Möglichkeit einer Abtretung der Forderung zur Sicherheit gemäß § 398, die sogenannte **Sicherungszession**.

Fall 34

Fall 34

Großhändler G möchte bei der Bank B einen Kredit aufnehmen und bietet in diesem Zusammenhang an, einen Teil seines in einem Warenlager befindlichen Warenbestands zur Sicherung an die Bank zu übereignen. So soll es geschehen. In dem Sicherungsübereignungsvertrag werden die zu übereignenden Sachen wie folgt beschrieben: „20 original verpackte Fernsehgeräte der Marke „elede", Typ „juppi 2023", Bildschirmdiagonale 70 Zoll, befindlich in dem süd-östlich gelegenen, gesonderten Raum des Warenlagers". Nach Abschluss des Sicherungsübereignungsvertrags kommen H, dem Hausjuristen der Bank, Bedenken, ob die B wirksam Sicherungseigentum erworben hat.

Frage: Hat die Bank B Sicherungseigentum erworben?

Lösungsskizze Fall 34

- **Sicherungeigentumserwerb der B ?**

I. Eigentumserwerb der B von G gemäß §§ 929 S. 1, 930 ?
= Erwerb der B vom Berechtigten G

1. Einigung ?
= dinglicher Vertrag zwischen Veräußerer und Erwerber über den Eigentumsübergang

HIER (+) → die Einigung im Sinne des § 929 S. 1 muss sich als dingliches Rechtsgeschäft vor dem Hintergrund des Publizitätsgrundsatzes auf einzelne, bestimmt bezeichnete Sachen beziehen; für eine wirksame Übereignung muss allein anhand der Einigung erkennbar sein, an welchen zur Sicherheit zu übereignenden Sachen sich der Rechtswechsel vollziehen soll; bloße Bestimmbarkeit genügt dagegen nicht; die Vereinbarung zwischen G und B genügt dieser Anforderung; die Fernsehgeräte sind von der Art, von der Anzahl sowie vom genauen Ort der Aufbewahrung her so konkret bezeichnet, dass eine Unterscheidung von anderen – nicht zum Gegenstand der Sicherungsübereignung gemachten – Sachen ohne Weiteres anhand einfacher äußerer Merkmale möglich ist; die Sachen sind durch die Formulierung des Vertrags so konkret bestimmt, dass allein anhand der Einigung erkennbar ist, an welchen zur Sicherheit zu übereignenden Sachen sich der Rechtswechsel vollziehen soll

2. „Übergabeersatz" ?
= Voraussetzungen des § 930

a. Veräußerer ist Besitzer geblieben ?
= unmittelbarer oder mittelbarer Besitz

HIER (+) → G ist unmittelbarer Besitzer geblieben

b. Besitzmittlungsverhältnis zwischen Veräußerer und Erwerber ?
= Verhältnis i.S.d. § 868

213

Sicherungseigentum

HIER (+) → B und G haben einen Vertrag geschlossen, der es dem G erlaubt, die Waren weiterzunutzen; dadurch hat die B mittelbaren Besitz an den Sachen erlangt

c. Fremdbesitzerwillen des Veräußerers ?
= Willen, für den Erwerber zu besitzen

HIER (+) → G wollte für die B besitzen

d. also: Voraussetzungen des § 930 (+)

3. Einigsein im Zeitpunkt der Vollendung des Erwerbstatbestands ?
= keine der Willenserklärungen darf widerrufen worden sein

HIER (+) → kein Widerruf

4. Berechtigung des Veräußerers ?
= der verfügungsbefugte Eigentümer oder der Nichteigentümer, der gesetzlich verfügungsbefugt ist oder der vom Berechtigten ermächtigt ist

HIER (+) → G ist verfügungsbefugter Eigentümer

5. also: Eigentumserwerb der B vom Berechtigten G gemäß §§ 929 S. 1, 930 (+)

II. Ergebnis:
Sicherungseigentumserwerb der B (+)

Formulierungsvorschlag Fall 34

- Sicherungeigentumserwerb der B

B könnte Sicherungseigentum an den Fernsehgeräten erworben haben.

I. In Betracht kommt ein Eigentumserwerb der B vom Berechtigten G gemäß §§ 929 S. 1, 930.

1. Die Parteien müssten sich wirksam über den Eigentumsübergang geeinigt haben. Die Einigung im Sinne des § 929 S. 1 muss sich als dingliches Rechtsgeschäft vor dem Hintergrund des Publizitätsgrundsatzes auf einzelne, bestimmt bezeichnete Sachen beziehen. Für eine wirksame Übereignung muss allein anhand der Einigung erkennbar sein, an welchen zur Sicherheit zu übereignenden Sachen sich der Rechtswechsel vollziehen soll. Bloße Bestimmbarkeit genügt dagegen nicht. Fraglich ist, ob die Vereinbarung zwischen G und B dieser Anforderung genügt. Die Fernsehgeräte sind von der Art, von der Anzahl sowie vom genauen Ort der Aufbewahrung her so konkret bezeichnet, dass eine Unterscheidung von anderen – nicht zum Gegenstand der Sicherungsübereignung gemachten – Sachen ohne Weiteres anhand einfacher äußerer Merkmale möglich ist. Die Sachen sind durch die Formulierung des Vertrags so konkret bestimmt, dass allein anhand der Einigung erkennbar ist, an welchen zur Sicherheit zu übereignenden Sachen sich der Rechtswechsel vollziehen soll. Die Einigung im Sinne des § 929 S. 1 bezieht sich vor dem Hintergrund des Publizi-

Fall 34

tätsgrundsatzes auf einzelne, hinreichend bestimmt bezeichnete Sachen. Es ist von einer wirksamen Einigung der Parteien auszugehen.

2. Zudem müssten die Voraussetzungen des § 930 erfüllt sein.

a. Zunächst müsste der Veräußerer im Besitz der Sachen geblieben sein. G ist unmittelbarer Besitzer der Fernsehgeräte geblieben.

b. Außerdem müssten der Veräußerer und die Erwerberin ein Besitzmittlungsverhältnis vereinbart haben, durch das die Erwerberin den mittelbaren Besitz an den Sachen erlangt hat. Als Besitzmittlungsverhältnis kommt ein solches im Sinne des § 868 in Betracht. B und G haben einen Vertrag geschlossen, der es dem G erlaubt, die Geräte weiterzunutzen. Dadurch hat die B mittelbaren Besitz an den Sachen erlangt. Somit liegt das geforderte Besitzmittlungsverhältnis vor.

c. Letztlich müsste der Veräußerer den Willen gehabt haben, die veräußerten Sachen für die Erwerberin zu besitzen. G wollte die Geräte für die B besitzen, er hatte somit den erforderlichen Fremdbesitzerwillen.

d. Also sind die Voraussetzungen des § 930 erfüllt.

3. Die Parteien waren sich im Zeitpunkt der Vollendung des Erwerbstatbestands einig.

4. Außerdem war der ursprüngliche Eigentümer G verfügungsbefugt, also Berechtigter.

5. Demnach hat die B vom Berechtigten G gemäß §§ 929 S. 1, 930 Eigentum erworben.

II. Die B hat also Sicherungseigentum erworben.

Fazit

1. Der Fall war klar darauf zugeschnitten, eine *hinreichend bestimmte Bezeichnung* anzunehmen. Darüber hinausgehende weitere konkrete Angaben (etwa die Auflistung der jeweiligen Seriennummer der Geräte) zu verlangen, wäre eine überzogene Anforderung.

2. Im Gegensatz dazu wird es dem *Bestimmtheitserfordernis* nicht gerecht, wenn bloße Wert- oder Mengenangaben gemacht werden („Elektronik-Geräte im Verkaufswert von 40.000 €"; „10 t Zement"). Auch rein rechtliche Unterscheidungsmerkmale genügen nicht („Heizöl, soweit es im Eigentum des Sicherungsgebers steht").

3. Weitere Schwierigkeiten können bei *Warenlagern mit wechselndem Bestand* und bei der *vorweggenommenen (antizipierten) Sicherungsübereignung* entstehen. Diese zeichnet sich dadurch aus, dass sich die Übereignung (auch) auf Sachen beziehen soll, die dem Sicherungsgeber seinerseits noch gar nicht gehören. So etwas ist grundsätzlich rechtlich möglich, wirft aber gerne besondere Probleme bei der Frage nach der hinreichenden Bestimmtheit auf.

Anwartschaftsrecht
- Eine kleine Einführung

Das nicht gesetzlich geregelte aber im Grundsatz allgemein anerkannte **Anwartschaftsrecht** ist streng genommen kein dingliches Recht. Das Gesetz zählt die dinglichen Rechte nämlich abschließend auf (sogenannter Numerus clausus der dinglichen Rechte).

Als eine Art **Vorstufe zum Vollrechtserwerb** beschreibt man unter dem Begriff „Anwartschaftsrecht" eine Rechtsposition des Erwerbers, die bereits derart verfestigt ist, dass sie ihm nicht mehr durch einseitige Maßnahmen des bisherigen Vollrechtsinhabers entzogen werden kann (sogenannte Vereitelungsfestigkeit).

Das Anwartschaftsrecht ist als „wesensgleiches Minus" zum sogenannten Vollrecht zu verstehen.

Lasst euch von dem Begriff „Vollrecht" nicht irritieren. Mit dieser allgemeinen Umschreibung wird zum Ausdruck gebracht, dass sich das Anwartschaftsrecht nicht immer auf das Eigentum beziehen muss.

Das Eigentum als „Vollrecht" ist aber der Hauptanwendungsfall des Anwartschaftsrechts.

Schaut euch schon einmal § 449 I an.

Und ab dafür ...

Fall 35

Fall 35

Jurastudent E kauft bei V einen Fallschirm, kann jedoch wegen eines finanziellen Engpasses den Kaufpreis nicht sofort zahlen. Man einigt sich vor dem Hintergrund des § 449 I auf fünf Kaufpreisraten und einen Eigentumsvorbehalt. V übergibt den Fallschirm an E. Nachdem E drei Kaufpreisraten gezahlt hat, entwendet B den Fallschirm heimlich nach einem gemeinsamen Sprung. E kommt B auf die Schliche und verlangt das Gerät von ihm heraus.

Frage: Hat E gegen B einen Herausgabeanspruch aus § 985 ?

Lösungsskizze Fall 35

- E gegen B Herausgabe des Fallschirms gemäß § 985 ?

I. Anspruch entstanden ?

  1. Voraussetzungen des § 985 ?

    a. Anspruchsgegner (B) ist Besitzer ? (+)

    b. Anspruchsteller (E) ist Eigentümer ?

      aa. ursprünglich (−)

      bb. Eigentumserwerb des E von V gemäß § 929 S. 1 ?
= Erwerb des E vom Berechtigten V

        (1) Einigung ?
= dinglicher Vertrag zwischen Veräußerer und Erwerber über den Eigentumsübergang

HIER (−) → die dingliche Einigung war gemäß § 449 I aufschiebend bedingt; die Wirkung der Einigung tritt gemäß § 158 I erst mit dem Eintritt der Bedingung ein; der Bedingungseintritt liegt hier in der (vollständigen) Zahlung des Kaufpreises; es stehen aber noch zwei Kaufpreisraten aus

        (2) also: Eigentumserwerb des E vom Berechtigten V gemäß § 929 S. 1 (−)

      cc. Erwerb eines dem Eigentum als „wesensgleiches Minus" gleichzustellenden Anwartschaftsrechts ?
= gefestigte Rechtsstellung des Erwerbswilligen bezogen auf das „Vollrecht" (Eigentum)

HIER (+) → das Anwartschaftsrecht ist zwar kein dingliches Recht, aber als dem Vollrecht ähnliches „wesensgleiches Minus" allgemein anerkannt; durch die bereits gezahlten Raten hat E schon eine verfestigte

Anwartschaftsrecht

Rechtsstellung erworben; der Verkäufer V kann den Eigentumserwerb nicht (mehr) verhindern; der Eigentumserwerb liegt allein in der Hand des E, der zu diesem Zweck lediglich die verbleibenden Raten zahlen muss (§§ 449 I, 161 I 1); spräche man dem Käufer ein Anwartschaftsrecht ab, wäre er zur Wahrung seiner Rechtsposition u.U. gezwungen, den (vollständigen) Kaufpreis zu einem Zeitpunkt zu zahlen, zu dem dies vertraglich noch nicht vorgesehen ist

dd. <u>also</u>: *Anspruchsteller (E) ist Inhaber eines dem Eigentum als „wesensgleiches Minus" gleichzustellenden Anwartschaftsrechts* (+)

c. <u>also</u>: *Voraussetzungen des § 985* (+)

2. *Voraussetzungen des § 986 ?*
= Anspruchsgegner hat kein Recht zum Besitz
HIER (+)

3. <u>also</u>: *Anspruch entstanden* (+)

II. Anspruch untergegangen ? (−)

III. Anspruch durchsetzbar ? (+)

IV. Ergebnis:
E gegen B Herausgabe des Fallschirms gemäß § 985 (+)

Formulierungsvorschlag Fall 35

- **E gegen B Herausgabe des Fallschirms gemäß § 985**

E könnte gegen B einen Anspruch auf Herausgabe des Fallschirms gemäß § 985 haben.

I. Der Anspruch müsste entstanden sein.

1. Nach § 985 muss der Anspruchsteller Eigentümer und der Anspruchsgegner Besitzer der Sache sein.

a. Anspruchsgegner B ist Besitzer des Fallschirms, nachdem er ihn entwendet hat.

b. Anspruchsteller E müsste Eigentümer des Fallschirms sein.

aa. Ursprünglich war er nicht Eigentümer.

bb. E könnte jedoch Eigentum vom Berechtigten V gemäß § 929 S. 1 erworben haben.

Die Parteien müssten sich über den Eigentumsübergang geeinigt haben. Angesichts der Gestaltung des Vertragsverhältnisses als Kauf unter Eigentums-

Fall 35

vorbehalt stellt sich in diesem Zusammenhang die Frage, ob die Wirkung der dinglichen Einigung bereits eingetreten ist. Der in § 449 I beschriebenen Konstruktion des Eigentumsvorbehalts entsprechend haben die Parteien den Eigentumsübergang unter der aufschiebenden Bedingung der vollständigen Kaufpreiszahlung vereinbart. Die Wirkung der dinglichen Einigung tritt gemäß § 158 I erst mit dem Eintritt der Bedingung ein. Es stehen aber noch zwei Kaufpreisraten aus, sodass die Bedingung und mit ihr die Wirkung der dinglichen Einigung noch nicht eingetreten ist.

Demnach hat E vom Berechtigten V (noch) kein Eigentum gemäß § 929 S. 1 erworben.

cc. Der Herausgabeanspruch gemäß § 985 könnte aber auf der Grundlage eines dem Eigentum als „wesensgleiches Minus" gleichzustellenden Anwartschaftsrechts bestehen.

Für ein solches Anwartschaftsrecht – als Rechtsfigur im Sinne eines dem Vollrecht ähnlichen „wesensgleichen Minus" allgemein anerkannt – bedarf es einer gefestigten Rechtsstellung des Erwerbswilligen.

Durch die bereits gezahlten Raten hat E schon eine gefestigte Rechtsstellung erworben. Der Verkäufer V kann den Eigentumserwerb nicht (mehr) verhindern. Der Eigentumserwerb liegt allein in der Hand des E, der zu diesem Zweck lediglich mit der Ratenzahlung – so wie vertraglich vereinbart – fortfahren und auch noch die verbleibenden Raten zahlen muss (§§ 449 I, 158 I; vgl. auch § 161 I 1).

Spräche man dem Käufer eine solche, durch das Anwartschaftsrecht herbeigeführte Rechtsposition ab, wäre er u.U. gezwungen, den (vollständigen) Kaufpreis zu einem Zeitpunkt zu zahlen, zu dem dies vertraglich noch nicht vorgesehen ist. Dies aber wäre eine erkennbar unsachgerechte Benachteiligung des Käufers.

dd. Der Anspruchsteller E hat mithin ein Anwartschaftsrecht an dem Fallschirm, das dem Eigentum – hier im Rahmen des § 985 – gleichzustellen ist.

c. Damit sind die Voraussetzungen des § 985 erfüllt.

2. Der Anspruchsgegner B hat als Dieb kein Recht zum Besitz gemäß § 986.

3. Demnach ist der Anspruch entstanden.

II. Der Anspruch ist nicht untergegangen.

III. Er ist auch durchsetzbar.

IV. E hat gegen B den Anspruch auf Herausgabe des Fallschirms gemäß § 985.

Anwartschaftsrecht

Fazit

1. Hier hat euch abermals eine Konstruktion ereilt, die nicht gesetzlich geregelt ist: Das **Anwartschaftsrecht** in seiner „besten Rolle", nämlich in der Konstellation des Kaufs unter **Eigentumsvorbehalt**. Dort hat das Anwartschaftsrecht seine größte wirtschaftliche Bedeutung. In einem Atemzug mit den Stichworten „wesensgleiches Minus" und „Vereitelungsfestigkeit" hat diese Rechtsfigur schon viele Generationen von Studierenden beschäftigt.

2. Während bei der **Sicherungsübereignung** eine **auflösende Bedingung** zur Debatte stand (§ 158 II; siehe Fall 33, Fazit 5.), geht es beim Kauf unter **Eigentumsvorbehalt** um eine **aufschiebende Bedingung** (§ 158 I).

    Wenn – wie in unserem Fall – mindestens eine, aber noch nicht alle Raten gezahlt sind, befindet sich der Käufer sachenrechtlich in einer eigenartigen Zwischenposition: Er hat zwar (noch) kein Eigentum erworben, weil die Bedingung hierfür nicht eingetreten ist (§§ 449 I, 158 I). Aber er hat bereits eine geschützte Rechtsposition, wie nicht zuletzt an § 161 I 1 deutlich wird. Wenn er die schuldrechtlichen Verpflichtungen aus dem Kausalgeschäft erfüllt, wird ihm niemand mehr den Weg zum Eigentum (dem sogenannten Vollrecht) abschneiden können. Ihr könnt – ungeachtet vor allem begrifflicher Streitigkeiten im Detail – mit der Rechtsprechung und h.M. ohne Weiteres davon ausgehen, dass diese Rechtsposition des Käufers im Sinne des berühmten „wesensgleichen Minus" ebenso schutzwürdig ist wie das Eigentum selbst.

    Dann ist es in unserem Fall nur folgerichtig, dass dem E (neben dem possessorischen Anspruch aus § 861 I) auf der Grundlage seines Anwartschaftsrechts (auch) der petitorische Herausgabeanspruch gemäß § 985 zusteht. Und genau auf diesen Anspruch bezog sich die Fallfrage.

3. Das Anwartschaftsrecht ist ein **„sonstiges Recht" i.S.d. § 823 I**. Es kann – bei beweglichen Sachen – in entsprechender Anwendung der §§ 929 ff **übertragen** werden. Auch der **gutgläubige Erwerb** des Anwartschaftsrechts ist möglich.

Fall 36

Fall 36

M hat von E ein Tandem-Fahrrad gemietet, das E gehört. M gibt sich gegenüber dem Kaufinteressenten B als Eigentümer des Fahrrades aus. B kann wegen finanzieller Schwierigkeiten den Kaufpreis nicht sofort zahlen. Deshalb einigen sich M und B vor dem Hintergrund des § 449 I auf vier Kaufpreisraten und einen Eigentumsvorbehalt. Nachdem B zwei Kaufpreisraten gezahlt hat, erfährt er von E, dass M in seiner Eigenschaft als Mieter zu keinem Zeitpunkt Eigentümer des Tandems gewesen ist. E verlangt das Gefährt von B heraus.

Frage: Hat E gegen B einen Herausgabeanspruch aus § 985 ?

Lösungsskizze Fall 36

- E gegen B Herausgabe des Tandems gemäß § 985 ?

I. Anspruch entstanden ?

   1. Voraussetzungen des § 985 ?

      a. Anspruchsgegner (B) ist Besitzer ? (+)

      b. Anspruchsteller (E) ist Eigentümer ?

         aa. ursprünglich (+)

         bb. Eigentumsverlust des E durch Eigentumserwerb des B von M gemäß § 929 S. 1 ?
            = Erwerb des B vom Berechtigten M

            (1) Einigung ?
               = dinglicher Vertrag zwischen Veräußerer und Erwerber über den Eigentumsübergang

               HIER (−) → die dingliche Einigung war gemäß § 449 I aufschiebend bedingt; die Wirkung der Einigung tritt gemäß § 158 I erst mit dem Eintritt der Bedingung ein; der Bedingungseintritt liegt hier in der (vollständigen) Zahlung des Kaufpreises; es stehen aber noch zwei Kaufpreisraten aus

            (2) also: Eigentumsverlust des E durch Eigentumserwerb des B vom Berechtigten M gemäß § 929 S. 1 (−)

         cc. Eigentumsverlust des E durch Eigentumserwerb des B von M gemäß §§ 929 S. 1, 932 I 1 ?
            = Erwerb des B vom Nichtberechtigten M

            HIER (−) → der Eigentumserwerb scheitert wiederum an der fehlenden Wirkung der dinglichen Einigung

Anwartschaftsrecht

      dd. <u>also</u>: *Anspruchsteller (E) ist (nach wie vor) Eigentümer* (+)

   c. <u>also</u>: *Voraussetzungen des § 985* (+)

2. *Voraussetzungen des § 986 ?*
   = Anspruchsgegner hat kein Recht zum Besitz

   a. **Anwartschaftsrecht als Recht zum Besitz ?**
   = Recht zum Besitz i.S.d. § 986

   HIER (+) → das – allgemein anerkannte – Anwartschaftsrecht gibt dem Käufer ein dingliches Besitzrecht i.S.d. § 986, weil es sonst keine Nutzungsberechtigung und damit in bestimmten Fallkonstellationen keinen wirksamen Schutz gewährte (a.A. vertretbar; dann Lösung über Arglisteinrede zu erwägen)

   b. **Erwerb eines Anwartschaftsrechts ?**
   = gefestigte Rechtsstellung des Erwerbswilligen bezogen auf das „Vollrecht" (Eigentum)

   HIER (+) → die gefestigte Rechtsstellung des erwerbswilligen Vorbehaltskäufers liegt angesichts der bereits gezahlten Raten vor; problematisch ist allein der Umstand, dass M nicht Eigentümer der Sache ist und daher als Veräußerer nicht berechtigt gewesen ist; das Anwartschaftsrecht kann aber als „wesensgleiches Minus" zum Vollrecht (Eigentum) entsprechend §§ 929 S. 1, 932 I 1 auch gutgläubig vom Nichtberechtigten erworben werden; gemäß § 932 II ist gutgläubig, wer bis zur Vollendung des Rechtserwerbs weder positive Kenntnis vom fehlenden Eigentum des Veräußerers noch Unkenntnis infolge grober Fahrlässigkeit hatte; das Anwartschaftsrecht des Vorbehaltskäufers wird mit der Zahlung der ersten Kaufpreisrate erworben; zu diesem Zeitpunkt war B weder bekannt noch infolge grober Fahrlässigkeit unbekannt, dass der Veräußerer M nicht Eigentümer war; dies ist B erst durch die Aufklärung des E bekannt geworden; zu diesem Zeitpunkt war das Anwartschaftsrecht jedoch bereits entstanden; eine solche nachträgliche Bösgläubigkeit hindert den Rechtserwerb nicht mehr; die Sache ist auch nicht abhandengekommen, § 935 I; B hat das Anwartschaftsrecht als „wesensgleiches Minus" zum Vollrecht (Eigentum) entsprechend §§ 929 S. 1, 932 I 1 gutgläubig vom Nichtberechtigten M erworben

   c. <u>also</u>: *Recht zum Besitz* (+), *also kein Recht zum Besitz* (−)

3. <u>also</u>: *Anspruch entstanden* (−)

II. Ergebnis:
E gegen B Herausgabe des Tandems gemäß § 985 (−)

Fall 36

Formulierungsvorschlag Fall 36

- E gegen B Herausgabe des Tandems gemäß § 985

E könnte gegen B einen Anspruch auf Herausgabe des Tandems gemäß § 985 haben.

I. Der Anspruch müsste entstanden sein.

1. Nach § 985 muss der Anspruchsteller Eigentümer und der Anspruchsgegner Besitzer der Sache sein.

a. Anspruchsgegner B ist Besitzer des Tandems.

b. Anspruchsteller E müsste Eigentümer des Tandems sein.

aa. Ursprünglich war er Eigentümer.

bb. Er hätte jedoch sein Eigentum verloren, wenn B seinerseits Eigentum erworben hat. In Betracht kommt ein Eigentumserwerb des B vom Berechtigten M gemäß § 929 S. 1.

Die Parteien müssten sich wirksam über den Eigentumsübergang geeinigt haben. Dazu müssten sie einen dinglichen Vertrag über den Eigentumsübergang geschlossen haben. Angesichts der Gestaltung des Vertragsverhältnisses als Kauf unter Eigentumsvorbehalt stellt sich in diesem Zusammenhang die Frage, ob die Wirkung der dinglichen Einigung bereits eingetreten ist. Der in § 449 I beschriebenen Konstruktion des Eigentumsvorbehalts entsprechend haben die Parteien den Eigentumsübergang unter der aufschiebenden Bedingung der vollständigen Kaufpreiszahlung vereinbart. Die Wirkung der dinglichen Einigung tritt gemäß § 158 I erst mit dem Eintritt der Bedingung ein. Es stehen aber noch zwei Kaufpreisraten aus, sodass die Bedingung und mit ihr die Wirkung der dinglichen Einigung noch nicht eingetreten ist.

Demnach hat B nicht vom Berechtigten M gemäß § 929 S. 1 Eigentum erworben. E hat also auf diesem Wege sein Eigentum nicht verloren.

cc. Mangels Wirkung der dinglichen Einigung zwischen B und M scheidet ein Eigentumserwerb des B vom Nichtberechtigten M gemäß §§ 929 S. 1, 932 I 1 ebenfalls aus. Auch auf diese Weise hat E also sein Eigentum nicht verloren.

dd. Somit ist der Anspruchsteller E nach wie vor Eigentümer des Tandems.

c. Damit sind die Voraussetzungen des § 985 erfüllt.

2. Der Anspruchsgegner B dürfte kein Recht zum Besitz gemäß § 986 haben. Zwischen B und dem Anspruchsteller E besteht kein Vertragsverhältnis. Deshalb kommt hier nur ein Recht zum Besitz in Form eines sogenannten Anwartschaftsrechts in Betracht. Ein Anwartschaftsrecht des Vorbehaltskäufers ist als Rechtsfigur im Sinne eines dem Vollrecht ähnlichen „wesensgleichen Minus" allgemein anerkannt.

a. Das Anwartschaftsrecht als solches könnte ein Recht zum Besitz beinhalten. Der Anwartschaftsberechtigte muss wirksamen Schutz auch in den Konstellationen genießen, in denen – wie hier – mangels vertraglicher Beziehungen kein

Anwartschaftsrecht

schuldrechtliches Recht zum Besitz in Betracht kommt. Dem Anwartschaftsrecht wohnt auch eine Nutzungsberechtigung und damit ein Recht zum Besitz inne. Wollte man dem Anwartschaftsberechtigten ein solches Recht zum Besitz absprechen, käme man nicht über § 986, sondern allenfalls über die Arglisteinrede gegenüber dem Herausgabeanspruch aus § 985 dazu, unsachgerechte Ergebnisse zu vermeiden. Eine derartige Lösung auf der Ebene der Durchsetzbarkeit des Anspruchs kann jedoch nicht überzeugen, weil die Pflicht des Eigentümers zur sofortigen Rückgabe beim Vorbehaltskauf im Stadium des Anwartschaftsrechts von dem Bedingungseintritt abhängt und damit gerade (noch) nicht feststeht. Nach alledem beinhaltet das Anwartschaftsrecht ein Recht zum Besitz im Sinne des § 986.

b. B müsste ein solches Anwartschaftsrecht an der herausverlangten Sache erworben haben, damit ihm ein Recht zum Besitz zusteht. Die gefestigte Rechtsstellung des erwerbswilligen Vorbehaltskäufers liegt angesichts der bereits gezahlten Raten vor. Problematisch ist hier allein der Umstand, dass M nicht Eigentümer der Sache ist und daher als Veräußerer nicht berechtigt gewesen ist. Allerdings kann das Anwartschaftsrecht als „wesensgleiches Minus" zum Vollrecht (Eigentum) entsprechend §§ 929 S. 1, 932 I 1 auch gutgläubig vom Nichtberechtigten erworben werden. Gemäß § 932 II ist gutgläubig, wer bis zur Vollendung des Rechtserwerbs weder positive Kenntnis von dem fehlenden Eigentum des Veräußerers noch Unkenntnis infolge grober Fahrlässigkeit hat. Das Anwartschaftsrecht des Vorbehaltskäufers wird mit der Zahlung der ersten Kaufpreisrate erworben. Zum Zeitpunkt der Zahlung der ersten Kaufpreisrate war B weder bekannt noch infolge grober Fahrlässigkeit unbekannt, dass der Veräußerer M nicht Eigentümer war. Dies ist B erst durch die Aufklärung des E bekannt geworden. Zu diesem Zeitpunkt war das Anwartschaftsrecht jedoch bereits entstanden. Eine solche nachträgliche Bösgläubigkeit hindert den Rechtserwerb nicht mehr. Die Sache ist dem Eigentümer auch nicht abhandengekommen, § 935 I. B hat das Anwartschaftsrecht als „wesensgleiches Minus" zum Vollrecht (Eigentum) entsprechend §§ 929 S. 1, 932 I 1 gutgläubig vom Nichtberechtigten M erworben.

c. B ist Anwartschaftsberechtigter und hat in dieser Eigenschaft ein Recht zum Besitz, § 986.

3. Demnach besteht der Herausgabeanspruch nicht.

II. E hat gegen B keinen Anspruch auf Herausgabe des Tandems gemäß § 985.

Fazit

1. Der Fall unterscheidet sich – selbstverständlich gezielt – in zwei wesentlichen Punkten vom vorangegangenen Fall zum Anwartschaftsrecht.

   Zum einen hatte ihr es hier mit einem nichtberechtigten Vorbehaltsverkäufer zu tun, was zum gutgläubigen Erwerb des Anwartschaftsrechts führt.

Fall 36

Zum anderen war das Anwartschaftsrecht im Rahmen des § 986 zu prüfen. Der Anwartschaftsberechtigte war nicht Anspruchsteller (so in Fall 35) sondern Anspruchsgegner. Doch der Reihe nach:

2. In dieser Konstellation ist der **gutgläubige Erwerb des Anwartschaftsrechts** vom Nichtberechtigen entsprechend §§ 929 S. 1, 932 I 1 letztlich unproblematisch. Ist das Anwartschaftsrecht einmal entstanden, schadet nachträgliche Bösgläubigkeit nicht. Im Grunde ist das nicht anders als beim Eigentumserwerb. Da wir hier aber das Anwartschaftsrecht als solches prüfen, bezieht sich auch der **Zeitpunkt der Gutgläubigkeit** auf die Entstehung eben dieses Anwartschaftsrechts. Es kommt nicht etwa auf eine Gutgläubigkeit zum Zeitpunkt des Bedingungseintritts an (vgl. abermals § 449 I).

    Fortgedacht bedeutet das für unseren Fall, dass B mit der Zahlung der letzten Kaufpreisrate an M Eigentümer werden wird, obwohl er inzwischen bösgläubig ist. Das Anwartschaftsrecht schützt den Vorbehaltskäufer.

3. Hiervon zu unterscheiden sind Situationen, in denen sich der nichtberechtigte Veräußerer als Inhaber eines Anwartschaftsrechts ausgibt und dieses auf den Erwerber übertragen will.

    In diesem Bereich gibt es viele weitere Detailprobleme. Grobe Linie ist hier: Tatsächlich bestehende Anwartschaftsrechte, die nur nicht dem Veräußerer zustehen, können so wie sie sind gutgläubig erworben werden (Irrtum des Erwerbers mit Blick auf die Person des Berechtigten). Dagegen kann nicht etwa ein überhaupt nicht bestehendes Anwartschaftsrecht gleichsam durch gutgläubigen Erwerb erst entstehen.

4. Streitig ist, ob der Schutz des Anwartschaftsrechts so weit geht, dass es als Recht zum Besitz im Sinne des § 986 anzusehen ist.

    Vorsicht: Die Frage wird nur bei besonderen Fallgestaltungen relevant! Wenn nämlich der Verkäufer zugleich der Eigentümer ist, ist der Vorbehaltskäufer schon aufgrund des schuldrechtlichen Vertragsverhältnisses im Sinne des § 986 zum Besitz berechtigt. Auf das Anwartschaftsrecht kommt es dann insoweit nicht an.

    Wir haben mit der herrschenden Lehre angenommen, dass das **Anwartschaftsrecht des Vorbehaltskäufers** ein **Recht zum Besitz** im Sinne des § 986 gibt.

    Der BGH verneint ein solches Recht, hat aber – wie im Formulierungsvorschlag angedeutet – in einem vergleichbaren Fall zum Sicherungseigentum auf dogmatisch durchaus fragwürdigem Weg über die sogenannte Arglisteinrede zum selben Ergebnis gefunden. Ganz kurz zur Arglisteinrede, die dann auf im Prüfungspunkt „III. Anspruch durchsetzbar?" zu prüfen gewesen wäre. Der Gedanke ist der folgende: Es kann nicht mit Erfolg herausverlangt werden, was ohnehin umgehend wieder zurückgegeben werden müsste. In Fachkreisen ist das als „dolo-agit-Einrede" bekannt. Diese „Idee" wird euch in Theorie und Praxis immer wieder begegnen.

    Unsere Lösung über ein Recht zum Besitz (§ 986) erscheint im Vergleich „solider".

225

Eigentümer-Besitzer-Verhältnis (EBV)
- Eine kleine Einführung

Selbst durchaus gelassene Studierende werden oft blass, wenn vom *Eigentümer-Besitzer-Verhältnis* die Rede ist (in der allgemein üblichen Abkürzung kurz „EBV"). *Hauptanspruch* ist der euch inzwischen wohlbekannte Herausgabeanspruch aus § *985*, der als solcher ja nicht gar so problematisch ist. Im engeren Sinne werden unter dem *EBV* allerdings nur die Nebenansprüche aus §§ *987 ff* verstanden.

Zugegeben: Das EBV ist zumindest auf den ersten Blick etwas unübersichtlich.

Es gibt **Nebenansprüche** des **Eigentümers gegen** den **Besitzer** (sogenannte Nutzungsherausgabe und Schadensersatz), aber umgekehrt auch **Nebenansprüche** des **Besitzers gegen** den **Eigentümer** (Verwendungsersatz).

Es gibt weiter einen *„Ausschließlichkeitsgrundsatz"* (§ 993 I Hs. 2), von dem aber so viele Ausnahmen zu machen sind, dass so mancher Autor es für besser hält, sich gleich ganz von diesem Grundsatz zu verabschieden.

Aber: „Bange machen gilt nicht" und das EBV ist nun einmal traditionell von beachtlicher Prüfungsrelevanz, trotz oder gerade wegen seiner relativ komplexen Strukturen und Regel-Ausnahme-Verhältnisse.

Erfreulicherweise lichtet sich der Dschungel, wenn man die anfängliche Scheu ablegt und sich etwas näher mit der Materie beschäftigt.

Das EBV bietet schließlich auch insofern eine Chance, als erfahrungsgemäß die Kenntnisse und Fähigkeiten gerade hier bei vielen „Mitstreitern" nicht sonderlich ausgeprägt sind. Wenn die Sonne tief steht, werfen bekanntlich auch Zwerge lange Schatten.

Also: Frohen Mutes auf in den Kampf!

Fall 37

Fall 37

E verleiht sein Rennrad für die Dauer eines Tages an seinen Freund F, damit dieser an dem legendären Rennen „Rund um Finsterwalde" teilnehmen kann. F verleiht das Rennrad jedoch nach dem Wettkampf für die Dauer von drei Wochen weiter an seinen Bruder B. E will nunmehr seinerseits mit dem Rad an einem „Tagesklassiker" teilnehmen und verlangt es deshalb von B heraus. B beruft sich jedoch darauf, dass im Verhältnis zu seinem Vertragspartner (F) die Frist zur Rückgabe noch nicht abgelaufen sei.

Frage: Hat E gegen B einen Herausgabeanspruch aus § 985 ?

Lösungsskizze Fall 37

- **E gegen B Herausgabe des Rennrades gemäß § 985 ?**

I. Anspruch entstanden ?

   1. Voraussetzungen des § 985 ?

      a. Anspruchsgegner (B) ist Besitzer ? (+)

      b. Anspruchsteller (E) ist Eigentümer ? (+)

      c. <u>also</u>: Voraussetzungen des § 985 (+)

   2. Voraussetzungen des § 986 ?
   = Anspruchsgegner hat kein Recht zum Besitz

     HIER (+) → Anspruchsgegner B leitet sein (vermeintliches) Recht zum Besitz von F ab; F ist aber (unabhängig von Bedenken mit Blick auf § 603 S. 2) seinerseits gegenüber E nicht mehr zum Besitz berechtigt (§ 986 I 1), weil seine Leihzeit abgelaufen ist (vgl. § 604 I)

   3. <u>also</u>: Anspruch entstanden (+)

II. Anspruch untergegangen ? (–)

III. Anspruch durchsetzbar ? (+)

IV. Ergebnis:
   E gegen B Herausgabe des Rennrades gemäß § 985 (+)

Eigentümer-Besitzer-Verhältnis

Formulierungsvorschlag Fall 37

- E gegen B Herausgabe des Rennrades gemäß § 985

E könnte gegen B einen Anspruch auf Herausgabe des Rennrades gemäß § 985 haben.

I. Dazu müsste der Anspruch entstanden sein.

1. Nach § 985 muss der Anspruchsteller Eigentümer und der Anspruchsgegner Besitzer der Sache sein.

   a. Anspruchsgegner B ist unmittelbarer Besitzer des Rennrades, nachdem er es von F erhalten hat.

   b. Anspruchsteller E ist Eigentümer der Sache.

   c. Also liegen die Voraussetzungen des § 985 vor.

2. Der Anspruchsgegner dürfte zudem kein Recht zum Besitz gemäß § 986 haben. B könnte jedoch E gegenüber ein Recht zum Besitz haben.

Als Recht zum Besitz kommt das Leihvertragsverhältnis (§ 598) zwischen B und F in Betracht. Ein solches Recht wäre gegenüber dem Eigentümer E jedoch kein unmittelbares Recht zum Besitz, sondern ein abgeleitetes Recht. In einer solchen Konstellation besteht ein Recht zum Besitz dem Eigentümer gegenüber gemäß § 986 I 1 nur, wenn der mittelbare Besitzer – hier also F – ihm (hier E) gegenüber zum Besitz berechtigt ist.

E hat F das Rennrad nur für einen Tag leihweise überlassen. Unabhängig von Bedenken mit Blick auf § 603 S. 2 ist also die Leihzeit im Vertragsverhältnis des F zu E abgelaufen.

F ist seinerseits gegenüber E nicht (mehr) zum Besitz berechtigt, sodass im Verhältnis des B zu E nach dem oben Gesagten ebenfalls kein Recht zum Besitz besteht.

B ist gegenüber dem Anspruchsteller E nicht zum Besitz berechtigt.

3. Demnach ist der Anspruch entstanden.

II. Der Anspruch ist nicht untergegangen.

III. Er ist auch durchsetzbar.

IV. E hat gegen B den Anspruch auf Herausgabe des Rennrades gemäß § 985.

Fall 37

Fazit

1. Das war ein relativ einfacher Fall zum Einstieg in das „weite Feld" des Eigentümer-Besitzer-Verhältnisses, das üblicherweise und auch von uns im Folgenden kurz als „EBV" bezeichnet wird (§§ 985 ff, insbesondere 987 ff).

   Vom Prüfungsaufbau her brachte der Fall eigentlich nichts Neues. Das Schema eines auf § 985 basierenden Anspruchs prägt – bestimmt durch die entsprechende Fallfrage – die Mehrzahl der Fälle in diesem Buch.

   Der Bezug zum EBV liegt darin, dass eben das bekannte Zusammenspiel von § 985 und § 986 die Grundlage für das gesetzliche Schuldverhältnis bildet, aus dem sich die in §§ 987 ff geregelten Nebenansprüche ableiten. Diese Basis nennt man *Vindikationslage*. Der Begriff beschreibt nichts anderes als die rechtliche Situation zwischen dem Eigentümer und dem nach §§ 985, 986 herausgabepflichtigen – also nicht zum Besitz berechtigten – Besitzer. Wenn während des Bestehens der Vindikationslage Veränderungen an der Sache eintreten, können die Nebenansprüche aus §§ 987 ff relevant werden.

2. Die Vindikationslage war bei der Frage nach dem *Recht zum Besitz (§ 986)* problematisch.

   Zur Lösung des Falles konntet ihr durch exakte Anwendung des § 986 I 1 kommen. Hier kamen keine ungeregelten Rechtsfiguren zum Zuge, kein Meinungsstreit wurde entscheidungsrelevant. Die Bedeutung der und die Fähigkeit zur bloßen Gesetzesanwendung solltet ihr nicht unterschätzen!

   Der Fall zeigt den Unterschied zwischen dem Sachenrecht und dem Schuldrecht besonders auf. Das *Schuldrecht* orientiert sich an *Rechtssubjekt*en (typischerweise an Vertragsparteien), während sich das *Sachenrecht* auf ein *Rechtsobjekt* (die Sache) bezieht. Das Schuldrecht hat dementsprechend relativen Charakter, das Sachenrecht absoluten Charakter: Im Fall ist F dem B gegenüber zwar vertraglich zur (weiteren) Überlassung des Rennrades verpflichtet. Die persönliche (relative) Rechtsbeziehung des B zu F schlägt aber unter den gegebenen Umständen sachenrechtlich gemäß § 986 I 1 nicht auf E als Eigentümer durch.

3. *§ 986* ist nach heute ganz herrschender Meinung eine *Einwendung* im Sinne einer *negativen Anspruchsvoraussetzung*. Das Recht zum Besitz ist damit nicht etwa nur dann zu beachten und zu prüfen, wenn sich der Anspruchsgegner im Einzelfall ausdrücklich oder sinngemäß auf § 986 beruft. So wäre es aber bei einer Einrede.

   Diese Betrachtung („negative Anspruchsvoraussetzung") kommt in unserem Prüfungsschema zum Ausdruck und kann von euch – jedenfalls in Klausuren – ohne Weiteres als Ergebnis einer nicht zu problematisierenden allgemeinen Auffassung betrachtet werden.

   Die praktischen Auswirkungen dessen sind allerdings durchaus beachtlich: So kann § 986 im Prozess etwa dem Erlass eines Versäumnisurteils gegen den Beklagten entgegenstehen (vgl. § 331 ZPO). Bei einer Einrede (z.B. bei der Einrede der Verjährung, § 214 I) wäre das nicht der Fall.

Eigentümer-Besitzer-Verhältnis

4. Den **Nebenansprüchen** aus **§§ 987 ff (EBV im engeren Sinne)** werden wir uns anhand der folgenden Fälle näher zuwenden. Schon jetzt weisen wir aber darauf hin, dass strukturell nach Anspruchszielen zu unterscheiden ist. Was will also der Anspruchsteller im Einzelfall?

   Geht es aus der Sicht des Eigentümers als Anspruchsteller um sogenannte **Nutzungen**, kommen die **§§ 987 f** zum Zuge.

   Die **Schadensersatz**pflicht des Besitzers gegenüber dem Eigentümer ist in **§§ 989 ff** geregelt.

   Schließlich können auch Ansprüche des Besitzers gegen den Eigentümer bestehen, nämlich gerichtet auf **Ersatz** für bestimmte **Verwendungen, §§ 994 ff**.

5. Für das Grundverständnis wichtig und deshalb schon an dieser Stelle hervorzuheben ist die **Privilegierung** des sogenannten unverklagten gutgläubigen Besitzers in **§ 993 I Hs. 2** (lesen!). Die Formulierung („im Übrigen ist er weder ... noch ... verpflichtet") lässt darauf schließen, dass das EBV für die Schadensersatzpflichten des unrechtmäßigen Besitzers als erschöpfende Sonderregelung zu verstehen ist. Dann aber kann in einer solchen Konstellation (Stichwort „Vindikationslage"; s.o.) nicht auf die §§ 823 ff zurückgegriffen werden.

   So, das soll für den vorläufigen Überblick genügen ...

Fall 38

Fall 38

V hat dem E ein Notebook gestohlen und gibt sich gegenüber dem Kaufinteressenten B als Eigentümer aus. B kauft das Notebook, bekommt es von V ausgehändigt und nutzt es fortan. Mehr als ein Jahr nach der Weitergabe des Geräts an B erkennt E zufällig das Notebook bei B wieder und verlangt nun – neben der Herausgabe – Wertersatz für die Gebrauchsvorteile, die B durch die zwischenzeitliche Nutzung des Notebooks hatte. Zähneknirschend sieht B ein, dass er unter den gegebenen Umständen zur Herausgabe verpflichtet ist. Er ist jedoch nicht bereit, für die Nutzung Geld an E zu zahlen.

Frage: Hat E gegen B einen Wertersatzanspruch aus § 987 ?

Lösungsskizze Fall 38

- **E gegen B Wertersatz (Herausgabe der Nutzungen) gemäß § 987 ?**

I. Anspruch entstanden ?

1. Vindikationslage ?
= Eigentümer gegenüber dem nach §§ 985, 986 herausgabepflichtigen Besitzer

a. Voraussetzungen des § 985 ?

aa. Anspruchsgegner (B) ist Besitzer ? (+)

bb. Anspruchsteller (E) ist Eigentümer ?

(1) ursprünglich (+)

(2) Eigentumsverlust des E durch Eigentumserwerb des B von V gemäß § 929 S. 1 ?
= Erwerb des B vom Berechtigten V

(a) Einigung ?
= dinglicher Vertrag zwischen Veräußerer und Erwerber über den Eigentumsübergang
HIER (+)

(b) Übergabe ?
= Veräußerer verliert Besitz und Erwerber erlangt Besitz
HIER (+)

(c) Einigsein im Zeitpunkt der Vollendung des Erwerbstatbestands ?
= keine der Willenserklärungen darf widerrufen worden sein
HIER (+) → kein Widerruf

231

Eigentümer-Besitzer-Verhältnis

(d) Berechtigung des Veräußerers ?
= der verfügungsbefugte Eigentümer oder der Nichteigentümer, der gesetzlich verfügungsbefugt ist oder der vom Berechtigten ermächtigt ist

HIER (−) → V ist weder Eigentümer noch Ermächtigter nach § 185; eine sonstige Verfügungsbefugnis ist nicht ersichtlich

(e) also: Eigentumsverlust des E durch Eigentumserwerb des B vom Berechtigten V gemäß § 929 S. 1 (−)

(3) Eigentumsverlust des E durch Eigentumserwerb des B von V gemäß §§ 929 S. 1, 932 I 1 ?
= Erwerb des B vom Nichtberechtigten V

(a) Einigung ? (+), s.o.

(b) Übergabe ? (+), s.o.

(c) Einigsein im Zeitpunkt der Vollendung des Erwerbstatbestands ? (+), s.o.

(d) „Berechtigungsersatz" ?
= Voraussetzungen des § 932 und kein Ausschluss nach § 935 I

(aa) Rechtsgeschäftlicher Erwerb ?
= nicht durch gesetzlichen Erwerb

HIER (+)

(bb) Verkehrsgeschäft ?
= bei Güteraustausch zwischen zwei Personen; nicht bei persönlicher oder wirtschaftlicher Identität des Übereignenden mit dem Erwerber

HIER (+)

(cc) Legitimation des Verfügenden als Berechtigter ?
= beim gutgläubigen Erwerb nach §§ 929 S. 1, 932 I 1: Übergabe der Sache

HIER (+) → V hat die Sache an B übergeben

(dd) Gutgläubigkeit des Erwerbers ?
= keine positive Kenntnis oder grob fahrlässige Unkenntnis vom Nichteigentum des Veräußerers bis zur Vollendung des Rechtserwerbs, § 932 II

HIER (+) → B war bezüglich der Eigentümerstellung des V gutgläubig

(ee) kein Abhandenkommen der Sache, § 935 I ?
= kein unfreiwilliger Verlust des unmittelbaren Besitzes

HIER (−) → unfreiwilliger Besitzverlust des (ursprünglichen) Eigentümers E durch den Diebstahl des V

(ff) also: zwar Voraussetzungen des § 932 (+), aber kein Ausschluss nach § 935 I (−)

Fall 38

(e) also: Eigentumsverlust des E durch Eigentumserwerb des B vom Nichtberechtigten V gemäß §§ 929 S. 1, 932 I 1 (–)

(4) also: Anspruchsteller (E) ist Eigentümer (+)

cc. *also: Voraussetzungen des § 985 (+)*

b. **Voraussetzungen des § 986 ?**
= Anspruchsgegner hat kein Recht zum Besitz
HIER (+)

c. *also: Vindikationslage (+)*

2. **zusätzliche Voraussetzungen für den Anspruch auf Herausgabe der Nutzungen ?**
= nach Eintritt der Rechtshängigkeit (§ 987 I) oder Bösgläubigkeit (§ 990 I 1 i.V.m. § 987 I)

a. **(entweder) nach Eintritt der Rechtshängigkeit ?**
= Erhebung der Klage mit Zustellung der Klageschritt (§§ 261 I, 253 I ZPO)
HIER (–)

b. **(oder) Bösgläubigkeit ?**
= Kenntnis oder grob fahrlässige Unkenntnis (hier) des fehlenden Rechts zum Besitz und damit zur Nutzung (§§ 990 I, 932 II)

HIER (–) → B ging davon aus und konnte mangels anderweitiger Anhaltspunkte auch davon ausgehen, dass er das Notebook von V als dem Berechtigten erworben hatte und dementsprechend zum Besitz und zur Nutzung berechtigt war

c. *also: zusätzliche Voraussetzungen für den Anspruch auf Herausgabe der Nutzungen (–)*

3. *also: Anspruch entstanden (–)*

II. Ergebnis:
E gegen B Wertersatz (Herausgabe der Nutzungen) gemäß § 987 (–)

Formulierungsvorschlag Fall 38

- E gegen B Wertersatz (Herausgabe der Nutzungen) gemäß § 987

E könnte gegen B einen Anspruch auf Herausgabe der Nutzungen gemäß § 987 haben. Die empfangenen Gebrauchsvorteile können als solche nicht herausgegeben werden. Ein etwaiger Anspruch aus § 987 Anspruch erstreckt sich daher auf Wertersatz.

I. Der Anspruch müsste entstanden sein.

1. Dazu müsste zunächst während der Zeit der Nutzung des Notebooks durch B eine sogenannte Vindikationslage bestanden haben.

Eigentümer-Besitzer-Verhältnis

E müsste im Verhältnis zu B die Rechtsposition des Eigentümers gegenüber dem nach §§ 985, 986 herausgabepflichtigen Besitzer innegehabt haben.

a. Zunächst müssten die Voraussetzungen des § 985 gegeben sein.

aa. Anspruchsgegner B ist während der Zeit der Nutzung des Notebooks Besitzer der Sache gewesen.

bb. Anspruchsteller E müsste in diesem Zeitraum Eigentümer gewesen sein.

(1) Ursprünglich war er Eigentümer.

(2) Er hätte jedoch sein Eigentum verloren, wenn B seinerseits Eigentum erworben hat. In Betracht kommt ein Eigentumserwerb des B vom Berechtigten V gemäß § 929 S. 1.

Die Parteien haben sich wirksam über den Eigentumsübergang geeinigt.

Das Notebook ist von V an B übergeben worden.

V und B waren sich auch noch im Zeitpunkt der Vollendung des Erwerbstatbestands einig.

V müsste Berechtigter gewesen sein. Berechtigt ist der verfügungsbefugte Eigentümer oder der Nichteigentümer, der gesetzlich verfügungsbefugt ist oder der vom Berechtigten ermächtigt ist. V war als Dieb weder Eigentümer noch Ermächtigter nach § 185. Eine sonstige Verfügungsbefugnis ist nicht ersichtlich. Somit fehlte die Berechtigung des V.

Demnach hat B nicht vom Berechtigten V gemäß § 929 S. 1 Eigentum erworben. E hat also auf diesem Wege sein Eigentum nicht verloren.

(3) E hätte jedoch sein Eigentum verloren, wenn B seinerseits Eigentum vom Nichtberechtigten V gemäß §§ 929 S. 1, 932 I 1 erworben hat.

Die Parteien haben sich wirksam über den Eigentumsübergang geeinigt.

Die Sache ist übergeben worden.

Die Parteien waren sich auch noch im Zeitpunkt der Vollendung des Erwerbstatbestands einig.

Fraglich ist, ob die Voraussetzungen des § 932 vorliegen und der gutgläubige Erwerb nicht nach § 935 I ausgeschlossen ist.

Es hat ein rechtsgeschäftlicher Erwerb stattgefunden.

Außerdem liegt ein Verkehrsgeschäft vor.

Die im Rahmen des gutgläubigen Erwerbs nach §§ 929 S. 1, 932 I 1 erforderliche Übergabe der Sache durch den Veräußerer an den Erwerber ist erfolgt.

Weiterhin war der Erwerber B im Zeitpunkt des Rechtserwerbs gutgläubig, § 932 II.

Darüber hinaus dürfte die Sache dem Eigentümer nicht abhandengekommen sein, § 935 I. Abhandengekommen ist eine Sache beim unfreiwilligen Verlust des unmittelbaren Besitzes. Das Notebook war dem ursprünglichen Eigentümer E von V gestohlen worden. Dies ist ein unfreiwilliger Besitzverlust und

Fall 38

damit – wie die beispielhafte Aufzählung in § 935 I 1 zeigt – ein typischer Fall des Abhandenkommens.

Also liegen zwar die Voraussetzungen des § 932 vor, der gutgläubige Erwerb ist aber nach § 935 I ausgeschlossen.

Demnach hat B auch nicht vom Nichtberechtigten V gemäß §§ 929 S. 1, 932 I 1 Eigentum erworben. Auch auf diese Weise hat E also sein Eigentum nicht verloren.

(4) Somit ist der Anspruchsteller E während der Zeit der Nutzung der Sache Eigentümer gewesen.

cc. Also liegen die Voraussetzungen des § 985 vor.

b. Der Anspruchsgegner B hatte kein Recht zum Besitz gemäß § 986.

c. E hatte im Verhältnis zu B die Rechtsposition des Eigentümers gegenüber dem nach §§ 985, 986 herausgabepflichtigen Besitzer inne. Es bestand eine Vindikationslage.

2. Für den Anspruch auf Herausgabe der Nutzungen bedarf es jedoch – über die Vindikationslage hinaus – der Erfüllung weiterer Voraussetzungen. Die Nutzungen müssen entweder nach dem Eintritt der Rechtshängigkeit (§ 987 I) gezogen worden sein oder der Besitzer muss bösgläubig gewesen sein (§ 990 I 1 i.V.m. § 987 I).

a. Rechtshängigkeit tritt gemäß §§ 261 I, 253 I ZPO durch Erhebung der Klage mit Zustellung der Klageschrift ein. E hat keine Herausgabeklage gegen B erhoben. Ein Prozessrechtsverhältnis bestand zwischen E und B nicht. Die Nutzungen sind also nicht nach Rechtshängigkeit gezogen worden.

b. B wäre gemäß §§ 990 I, 932 II bei dem Besitzerwerb (oder auch nachträglich, § 990 I 2) bösgläubig gewesen, wenn er Kenntnis von dem fehlenden Recht zum Besitz und damit dem Recht zur Nutzung gehabt hätte (§§ 990 I, 932 II). Bei dem Besitzerwerb (§ 990 I 1) schadet dem Besitzer gemäß § 932 II auch grob fahrlässige Unkenntnis. B ging davon aus und konnte mangels anderweitiger Anhaltspunkte auch verständlicherweise davon ausgehen, dass er das Notebook von V als dem Berechtigten erworben hatte und dementsprechend zum Besitz und zur Nutzung berechtigt war. B war nicht bekannt oder infolge grober Fahrlässigkeit unbekannt, dass ihm in Wahrheit kein Recht zum Besitz zugestanden hat. Er war nicht im maßgeblichen Sinne bösgläubig.

c. Nach alledem hat in dem fraglichen Zeitraum zwar eine Vindikationslage vorgelegen. Es fehlt aber an der Erfüllung der weiteren Voraussetzungen für einen Anspruch auf Herausgabe der Nutzungen (§§ 987 I, 990 I).

3. Demnach ist der Anspruch nicht entstanden.

II. E hat gegen B keinen Anspruch auf Wertersatz (Herausgabe der Nutzungen) gemäß § 987.

Eigentümer-Besitzer-Verhältnis

Fazit

1. Hier war nicht nach dem Herausgabeanspruch aus § 985 gefragt, sondern nach einem der **Nebenansprüche des EBV**.
   Die etwas „sperrige" Formulierung auf der Rechtsfolgenseite des **§ 987 I** („Nutzungen herauszugeben") bedeutet – wie in unserem Fall, so auch in der Praxis – regelmäßig **Wertersatz für die Gebrauchsvorteile**. Darauf läuft es hinaus, weil die Vorteile als solche naturgemäß nicht herausgegeben werden können.
   Übrigens: Für das Bereicherungsrecht ist das in § 818 II geregelt.

2. Dass der Besitzer in der Konstellation unseres Falls nicht zum Wertersatz verpflichtet ist, entspricht hoffentlich auch eurem Rechtsgefühl. B durfte auf sein Recht zum Besitz vertrauen, weil er – kurz gesagt – **gutgläubig unverklagter (redlicher) Eigenbesitzer** war. Er musste nicht damit rechnen, dass er die Sache wieder herauszugeben hat. Das Herausgabeverlangen des E traf ihn „aus heiterem Himmel". Weniger schutzwürdig ist der **unentgeltliche Besitzer**, der gemäß **§ 988** in Verbindung mit dem Bereicherungsrecht auch dann haftet, wenn er redlich ist. § 988 wird von der Rechtsprechung auf die Fälle rechtsgrundlos erworbenen Besitzes und auch auf den entgeltlich erlangten aber unentgeltlich fortgesetzten Besitz analog angewandt.

3. Es sollte für euch keine allzu große Herausforderung (mehr) gewesen sein, die Vindikationslage zu prüfen. Wegen § 935 I 1 konnte der gutgläubige B kein Eigentum erwerben. Wir haben die Prüfung bewusst nicht „komprimiert", sondern sie des Wiederholungseffektes wegen ebenso ausführlich gebracht, wie schon in den Fällen 7 und 22. In einer Klausur mit diversen Problemschwerpunkten kann es aber durchaus angebracht sein, an einer solchen Stelle etwas zu straffen, etwa indem man gleich auf den deutlich näher liegenden Erwerb vom Nichtberechtigten „springt". Vernachlässigt dabei aber zumindest gedanklich nie die Grundstrukturen!

4. Ergänzen wir unseren Ausgangsfall wie folgt: Das Notebook ist dem B versehentlich heruntergefallen, sodass das Gehäuse jetzt eine Bruchstelle aufweist. Kann E dann von B nach den Regeln des EBV mit Erfolg **Schadensersatz** verlangen?

   § 989 stellt – wie § 987 – auf den Eintritt der Rechtshängigkeit ab. Auch für den Schadensersatzanspruch aus § 989 gilt § 990 I.

   B ist also – wiederum in seiner Eigenschaft als gutgläubiger unverklagter Eigenbesitzer – gegenüber einem solchen Schadensersatzverlangen ebenfalls geschützt.

   B ist auch in diesem Bereich „schutzwürdig": Er hat sich für den Eigentümer gehalten (deshalb Eigenbesitzer, § 872) und ist also davon ausgegangen, er könne mit der Sache „tun und lassen, was er will" (vgl. § 903 S. 1).

   Spätestens jetzt sollte euch klar geworden sein, was konkret mit der **Privilegierung des § 993 I Hs. 2** gemeint ist (siehe dazu schon Fazit 5. des vorangegangenen Falles). Ihr solltet euch bereits jetzt mit dem Gedanken anfreunden, dass es von dem **„Ausschließlichkeitsgrundsatz"** (§ 993 I Hs. 2) – wie könnte es anders sein – wichtige Ausnahmen gibt.

Fall 39

Fall 39

E ist Fachhändler für Elektronikgeräte und muss entsetzt feststellen, dass ihm ein Dieb über Nacht den gesamten Laden ausgeräumt hat. Der Dieb D hat unter anderem eine Kiste mitgehen lassen, die mit wertvollen – dem E gehörenden – Digitalkameras gefüllt ist. D bietet die Kameras dem B – einem Konkurrenten des E – „hinter vorgehaltener Hand" im „Gesamtpaket" zu einem Preis an, der weit unter der Hälfte der Summe der regulären Händlereinkaufspreise liegt. B ahnt, dass es dabei „nicht mit rechten Dingen zugehen" und es sich um „heiße Ware" handeln könnte, zumal D für die Übergabe eine einsame Stelle am Waldesrand vorgeschlagen hat. B geht diesen Bedenken jedoch nicht weiter nach und erwirbt die Digitalkameras von D. B lädt die Kiste mit den Kameras in den Kofferraum seines Wagens. Er ist so begeistert von dem günstigen Geschäft, dass er sich in seiner Stammkneipe hemmungslos betrinkt. Auf dem Weg nach Hause gerät der B vor lauter Übermut durch einen alkoholisierungsbedingten Fahrfehler von der Straße ab. Der Wagen versinkt in einem Baggersee. B kann sich mit letzter Kraft ans Ufer retten, die Kameras sind jedoch zerstört. Hiervon erfährt schließlich E durch Informationen der ermittelnden Polizei.

Frage: Hat E gegen B einen Schadensersatzanspruch aus §§ 989, 990 I 1 ?

Lösungsskizze Fall 39

- **E gegen B Schadensersatz gemäß §§ 989, 990 I 1 ?**

I. Anspruch entstanden ?

   1. Vindikationslage ?
     = Eigentümer gegenüber dem nach §§ 985, 986 herausgabepflichtigen Besitzer

    a. Voraussetzungen des § 985 ?

      aa. Anspruchsgegner (B) ist Besitzer ? (+)

      bb. Anspruchsteller (E) ist Eigentümer ?

        (1) ursprünglich (+)

        (2) Eigentumsverlust des E durch Eigentumserwerb des B von D gemäß § 929 S.1 ?
        = Erwerb des B vom Berechtigten D

          (a) Einigung ?
          = dinglicher Vertrag zwischen Veräußerer und Erwerber über den Eigentumsübergang
          HIER (+)

Eigentümer-Besitzer-Verhältnis

(b) Übergabe ?
= Veräußerer verliert Besitz und Erwerber erlangt Besitz
HIER (+)

*(c) Einigsein im Zeitpunkt
der Vollendung des Erwerbstatbestands ?*
= keine der Willenserklärungen darf widerrufen worden sein
HIER (+) → kein Widerruf

(d) Berechtigung des Veräußerers ?
= der verfügungsbefugte Eigentümer oder der Nichteigentümer, der gesetzlich verfügungsbefugt ist oder der vom Berechtigten ermächtigt ist

HIER (−) → D ist weder Eigentümer noch Ermächtigter nach § 185; eine sonstige Verfügungsbefugnis ist nicht ersichtlich

(e) <u>also</u>: Eigentumsverlust des E durch Eigentumserwerb des B vom Berechtigten D gemäß § 929 S.1 (−)

(3) Eigentumsverlust des E durch Eigentumserwerb des B von D gemäß §§ 929 S.1, 932 I 1 ?
= Erwerb des B vom Nichtberechtigten D

(a) Einigung ? (+), s.o.

(b) Übergabe ? (+), s.o.

*(c) Einigsein im Zeitpunkt
der Vollendung des Erwerbstatbestands ?* (+), s.o.

(d) „Berechtigungsersatz" ?
= Voraussetzungen des § 932 und kein Ausschluss nach § 935 I

(aa) Rechtsgeschäftlicher Erwerb ?
= nicht durch gesetzlichen Erwerb
HIER (+)

(bb) Verkehrsgeschäft ?
= bei Güteraustausch zwischen zwei Personen; nicht bei persönlicher oder wirtschaftlicher Identität des Übereignenden mit dem Erwerber
HIER (+)

(cc) Legitimation des Verfügenden als Berechtigter ?
= beim gutgläubigen Erwerb nach §§ 929 S.1, 932 I 1:
Übergabe der Sache
HIER (+) → D hat die Sache an B übergeben

(dd) Gutgläubigkeit des Erwerbers ?
= keine positive Kenntnis oder grob fahrlässige Unkenntnis vom Nichteigentum des Veräußerers bis zur Vollendung des Rechtserwerbs, § 932 II

Fall 39

HIER (−) → B hatte zwar keine positive Kenntnis davon, dass der Veräußerer D nicht Eigentümer der Kameras war; es liegt aber grob fahrlässige Unkenntnis vor; grob fahrlässig handelt der Erwerber, wenn er die im Verkehr erforderliche Sorgfalt in ungewöhnlich großem Maße verletzt und dasjenige unbeachtet lässt, was im gegebenen Fall jedem hätte einleuchten müssen; es gibt zwar keine allgemeine Nachforschungspflicht über das Eigentum des Veräußerers; besondere Umstände können es aber dringend nahelegen, sich über die Eigentumsverhältnisse zu informieren; solche Umstände liegen hier in der Art der Ware, dem außergewöhnlich geringen Kaufpreis und nicht zuletzt in der Person des Veräußerers, der sichtlich um „Heimlichkeit" bei der Geschäftsanbahnung und -abwicklung bemüht war

(ee) <u>also</u>: (bereits) Voraussetzungen des § 932 (−)

(e) <u>also</u>: Eigentumsverlust des E durch Eigentumserwerb des B vom Nichtberechtigten D gemäß §§ 929 S. 1, 932 I 1 (−)

(4) <u>also</u>: Anspruchsteller (E) ist Eigentümer (+)

cc. <u>also</u>: Voraussetzungen des § 985 (+)

b. Voraussetzungen des § 986 ?
= Anspruchsgegner hat kein Recht zum Besitz

HIER (+)

c. <u>also</u>: Vindikationslage (+)

2. zusätzliche Voraussetzungen für den Anspruch auf Schadensersatz ?
= (hier) Bösgläubigkeit des Besitzers, der durch Verschlechterung der Sache oder Unmöglichkeit der Herausgabe schuldhaft einen ersatzfähigen Schaden verursacht (§ 990 I 1 i.V.m. § 989)

a. (hier) Bösgläubigkeit ?
= Kenntnis oder grob fahrlässige Unkenntnis (hier) des fehlenden Rechts zum Besitz und damit zur Nutzung (§§ 990 I, 932 II)

HIER (+) → auch insoweit liegt grob fahrlässige Unkenntnis vor (s.o. unmittelbar zu § 932 II)

b. (hier) Unmöglichkeit der Herausgabe ?
= Untergang der Sache oder anderer Grund für die Unmöglichkeit der Herausgabe

HIER (+) → Untergang durch Zerstörung der Kameras

c. Verschulden ?
= Vorsatz oder Fahrlässigkeit (§ 276 I 1)

HIER (+) → B hat die Unmöglichkeit der Herausgabe fahrlässig herbeigeführt; er hat die im Verkehr erforderliche Sorgfalt außer Acht gelassen (§ 276 II), indem er alkoholisiert gefahren ist und ihm daher der maßgebliche Fahrfehler unterlaufen ist

Eigentümer-Besitzer-Verhältnis

d. ersatzfähiger Schaden ? (+)

e. also: zusätzliche Voraussetzungen für den Anspruch auf Schadensersatz (+)

3. *also:* Anspruch entstanden (+)

II. Anspruch untergegangen ? (–)

III. Anspruch durchsetzbar ? (+)

IV. Ergebnis:
E gegen B Schadensersatz gemäß §§ 989, 990 I 1 (+)

Formulierungsvorschlag Fall 39

- E gegen B Schadensersatz gemäß §§ 989, 990 I 1

E könnte gegen B wegen der Zerstörung der Kameras einen Anspruch auf Schadensersatz gemäß §§ 989, 990 I 1 haben.

I. Der Anspruch müsste entstanden sein.

1. Dazu müsste zunächst zum Zeitpunkt der Zerstörung der Kameras eine sogenannte Vindikationslage bestanden haben.

E müsste im Verhältnis zu B die Rechtsposition des Eigentümers gegenüber dem nach §§ 985, 986 herausgabepflichtigen Besitzer innegehabt haben.

a. Zunächst müssten die Voraussetzungen des § 985 gegeben sein.

aa. Anspruchsgegner B ist Besitzer der Kameras gewesen.

bb. Anspruchsteller E müsste Eigentümer gewesen sein.

(1) Ursprünglich war er Eigentümer.

(2) Er hätte jedoch sein Eigentum verloren, wenn B seinerseits Eigentum erworben hat. In Betracht kommt ein Eigentumserwerb des B vom Berechtigten D gemäß § 929 S. 1.

Die Parteien haben sich wirksam über den Eigentumsübergang geeinigt.

Die Kameras sind von D an B übergeben worden.

D und B waren sich auch noch im Zeitpunkt der Vollendung des Erwerbstatbestands einig.

D müsste Berechtigter gewesen sein. Berechtigt ist der verfügungsbefugte Eigentümer oder der Nichteigentümer, der gesetzlich verfügungsbefugt ist oder der vom Berechtigten ermächtigt ist. D war als Dieb weder Eigentümer noch

Fall 39

Ermächtigter nach § 185. Eine sonstige Verfügungsbefugnis ist nicht ersichtlich. Somit fehlte die Berechtigung des D.

Demnach hat B nicht vom Berechtigten D gemäß § 929 S. 1 Eigentum erworben. E hat also auf diesem Wege sein Eigentum nicht verloren.

(3) E hätte jedoch sein Eigentum verloren, wenn B seinerseits Eigentum vom Nichtberechtigten D gemäß §§ 929 S. 1, 932 I 1 erworben hat.

Die Parteien haben sich wirksam über den Eigentumsübergang geeinigt.

Die Sachen sind übergeben worden.

Die Parteien waren sich auch noch im Zeitpunkt der Vollendung des Erwerbstatbestands einig.

Fraglich ist, ob die Voraussetzungen des § 932 vorliegen und der gutgläubige Erwerb nicht nach § 935 I ausgeschlossen ist.

Es hat ein rechtsgeschäftlicher Erwerb stattgefunden.

Außerdem liegt ein Verkehrsgeschäft vor.

Die im Rahmen des gutgläubigen Erwerbs nach §§ 929 S. 1, 932 I 1 erforderliche Übergabe der Sache durch den Veräußerer an den Erwerber ist erfolgt.

Weiterhin muss der Erwerber im Zeitpunkt des Rechtserwerbs gutgläubig gewesen sein. Diesbezüglich schadet gemäß § 932 II positive Kenntnis oder grob fahrlässige Unkenntnis vom Nichteigentum des Veräußerers. B wusste zu keinem Zeitpunkt positiv, dass der Veräußerer D nicht Eigentümer der Sache war. Fraglich ist daher, ob die Unkenntnis des B die Folge grober Fahrlässigkeit gewesen ist, § 932 II. Grob fahrlässig handelt der Erwerber, wenn er die im Verkehr erforderliche Sorgfalt in ungewöhnlich großem Maße verletzt und dasjenige unbeachtet lässt, was im gegebenen Fall jedem hätte einleuchten müssen. Es ginge zwar zu weit, eine allgemeine Nachforschungspflicht über das Eigentum des Veräußerers zu konstruieren. Besondere Umstände können es aber dringend nahelegen, sich über die Eigentumsverhältnisse zu informieren. Das Geschäft zwischen D und B ist in mehrfacher Hinsicht ungewöhnlich. Allein der Umstand, dass viele gleichartige Geräte zu einem außergewöhnlich günstigen Preis verkauft werden sollen, wirft bei lebensnaher Betrachtung Fragen auf. Zudem war D bereits bei der Geschäftsanbahnung und auch bei der Geschäftsabwicklung auffällig um „Heimlichkeit" bemüht. Dazu hätte bei einem „sauberen Geschäft" kein Anlass bestanden. Aufgrund der beschriebenen besonderen Umstände hätte es dringend nahegelegen, sich über die Eigentumsverhältnisse zu informieren. B hat die im Verkehr erforderliche Sorgfalt in ungewöhnlich großem Maße verletzt und dasjenige unbeachtet gelassen, was im gegebenen Fall jedem hätte einleuchten müssen. Er hat als Erwerber grob fahrlässig gehandelt. B war somit nicht gutgläubig.

Also liegen mangels Gutgläubigkeit bereits die Voraussetzungen des § 932 nicht vor, sodass es auf § 935 I 1 nicht ankommt.

Mithin hat B auch nicht vom Nichtberechtigten D gemäß §§ 929 S. 1, 932 I 1 Eigentum erworben. Auch auf diese Weise hat E also sein Eigentum nicht verloren.

Eigentümer-Besitzer-Verhältnis

(4) Somit ist der Anspruchsteller E im Zeitpunkt der Zerstörung der Kameras Eigentümer der Sachen gewesen.

cc. Also liegen die Voraussetzungen des § 985 vor.

b. Der Anspruchsgegner B hatte kein Recht zum Besitz gemäß § 986.

c. E hatte im Verhältnis zu B die Rechtsposition des Eigentümers gegenüber dem nach §§ 985, 986 herausgabepflichtigen Besitzer inne. Es bestand eine Vindikationslage.

2. Für den Anspruch auf Schadensersatz bedarf es jedoch – über die Vindikationslage hinaus – der Erfüllung weiterer Voraussetzungen. B müsste im Sinne des § 990 I 1 bösgläubig gewesen sein, als er schuldhaft durch Verschlechterung der Sachen oder Unmöglichkeit der Herausgabe einen ersatzfähigen Schaden verursacht hat.

a. Bösgläubigkeit bedeutet wiederum Kenntnis oder grob fahrlässige Unkenntnis, hier allerdings bezogen auf das fehlende Recht zum Besitz und damit zur Nutzung (§§ 990 I, 932 II). B war – entsprechend dem oben unmittelbar zu § 932 II Gesagten – auch im Sinne der §§ 990 I, 932 II bösgläubig.

b. Durch die Zerstörung der Kameras sind die Sachen untergegangen. Ihre Herausgabe ist unmöglich.

c. B müsste die Unmöglichkeit der Herausgabe schuldhaft herbeigeführt haben. Gemäß § 276 I 1 kommen insoweit Vorsatz oder Fahrlässigkeit in Betracht. B hat die Kameras nicht vorsätzlich zerstört. Fahrlässig handelt gemäß § 276 II, wer die im Verkehr erforderliche Sorgfalt außer Acht lässt. B ist alkoholisiert gefahren, als ihm deshalb der maßgebliche Fahrfehler unterlaufen ist. Damit hat er die im Verkehr erforderliche Sorgfalt außer Acht gelassen. Er hat fahrlässig gehandelt und mithin die Unmöglichkeit der Herausgabe schuldhaft herbeigeführt.

d. Dadurch ist schließlich auch ein ersatzfähiger Schaden entstanden.

e. Also liegen die zusätzlichen Voraussetzungen für den Schadensersatzanspruch gemäß §§ 989, 990 I 1 vor.

3. Demnach ist der Anspruch entstanden.

II. Der Anspruch ist nicht untergegangen.

III. Er ist auch durchsetzbar.

IV. E hat gegen B wegen der Zerstörung der Kameras einen Anspruch auf Schadensersatz aus §§ 989, 990 I 1.

Fall 39

Fazit

1. Hatten wir es im vorangegangenen Fall noch mit dem auf sogenannte Nutzungsherausgabe gerichteten Anspruch zu tun (§ 987 I), ging es hier um einen anderen **Nebenanspruch des Eigentümers**, nämlich den **Schadensersatzanspruch, § 989**.

2. Dieser Fall war eindeutig auf den bösgläubigen Besitzer zugeschnitten. Die Kernaufgabe bestand darin, die grob fahrlässige Unkenntnis des B herauszuarbeiten und dabei die Angaben im Sachverhalt zu „verwerten" (vgl. bereits Fazit 5. zu Fall 7 und Fazit 2. zu Fall 8).

3. Wie in Fall 38 wäre auch hier der gutgläubige Erwerb „spätestens" an § 935 I 1 gescheitert. Allerdings kommt man gar nicht bis zu diesem Punkt, wenn man – wie wir es getan haben – dem Schema folgt und den gutgläubigen Erwerb bereits über § 932 I 1, II kippt. Ihr solltet dann allerdings kurz andeuten, dass ihr § 935 I 1 durchaus bedacht habt. Im Formulierungsvorschlag haben wir den Gesichtspunkt daher mit einen kleinen „Schlenker" berücksichtigt („... sodass es auf § 935 I 1 nicht ankommt.").

   Weil es in diesem Bereich keinen zwingenden Vorrang bestimmter Prüfungspunkte und damit auch keine zwingende Prüfungsreihenfolge gibt, halten wir es für vertretbar, dass man in einer solchen Konstellation § 935 I 1 auch im Gutachtenstil „vorzieht" und sich an der Stelle noch nicht mit der Frage der Bösgläubigkeit befasst. Diese Aufbauvariante hat hier einen gewissen dramaturgischen Charme, weil dann im Rahmen des § 990 I 1 „die Musik spielt" und man dort nicht lediglich auf das oben unmittelbar zu § 932 II Gesagte Bezug nehmen muss.

4. Der sogenannte **redliche Besitzer** (unverklagt und gutgläubig) haftet hingegen nicht gemäß §§ 989, 990 und entgeht über § 993 I Hs. 2 auch einer Haftung aus anderen Anspruchsgrundlagen. Er ist – wie bereits hervorgehoben – zumindest im Grundsatz privilegiert.

5. Naturgemäß schlechte Karten hat aber der sogenannte **deliktische Besitzer**. Er profitiert nicht vom EBV, sondern sieht sich der vollen Haftung aus §§ 823 ff ausgesetzt (§ 992).

Eigentümer-Besitzer-Verhältnis

Fall 40

B hat vom Eigentümer E für die Dauer von zwei Jahren einen Boot-Anhänger gemietet. Da B nach Ablauf der Mietzeit weiterhin Bedarf für den Trailer hat, gibt er ihn in dem Bewusstsein der Überschreitung der vertraglich vereinbarten Nutzungsdauer erst verspätet an E zurück. E ist darüber verärgert und verlangt von B Zahlung für die über den zeitlichen Rahmen des Mietvertrags hinausgehenden Gebrauchsvorteile.

Frage: Hat E gegen B einen Wertersatzanspruch aus § 987?

Lösungsskizze Fall 40

- **E gegen B   Wertersatz (Herausgabe der Nutzungen) gemäß § 987?**

I. Anspruch entstanden?

1. *Vindikationslage?*
   = Eigentümer gegenüber dem nach §§ 985, 986 herausgabepflichtigen Besitzer

   a. *Voraussetzungen des § 985?*

      aa. *Anspruchsgegner (B) ist Besitzer? (+)*

      bb. *Anspruchsteller (E) ist Eigentümer? (+)*

      cc. <u>also</u>: *Voraussetzungen des § 985 (+)*

   b. *Voraussetzungen des § 986?*
      = Anspruchsgegner hat kein Recht zum Besitz

      HIER (+) → mit dem Ablauf der Mietzeit (§ 535 I 1) hat kein Recht zum Besitz mehr bestanden; B war ab diesem Zeitpunkt gemäß § 546 I zur Rückgabe des Trailers verpflichtet; dass vormals mit dem Mietvertrag ein Recht zum Besitz bestanden hat, ändert auch mit Blick auf die Nebenfolgen der Vindikation (§§ 987 ff; hier Prüfung eines Anspruches aus § 987 I) nichts an der Anwendbarkeit der Vorschriften über das Eigentümer-Besitzer-Verhältnis; vertragliche Rückabwicklungsansprüche verdrängen diese Normen nicht etwa, sondern stehen grundsätzlich mit den Ansprüchen aus §§ 985 ff in Konkurrenz (a.A. vertretbar)

   c. <u>also</u>: *Vindikationslage (+)*

2. *zusätzliche Voraussetzungen für den Anspruch auf Herausgabe der Nutzungen?*
   = nach Eintritt der Rechtshängigkeit (§ 987 I) oder Bösgläubigkeit (§ 990 I 1 i.V.m. § 987 I)

Fall 40

a. (hier) Bösgläubigkeit ?
= Kenntnis oder grob fahrlässige Unkenntnis (hier) des fehlenden Rechts zum Besitz und damit zur Nutzung (§§ 990 I, 932 II)

HIER (+) → B hat die Mietzeit bewusst überschritten

b. also: zusätzliche Voraussetzungen für den Anspruch auf Herausgabe der Nutzungen (+)

3. *also:* Anspruch entstanden (+)

II. Anspruch untergegangen ? (−)

III. Anspruch durchsetzbar ? (+)

IV. Ergebnis:
E gegen B Wertersatz (Herausgabe der Nutzungen) gemäß § 987 (+)

Formulierungsvorschlag Fall 40

- E gegen B Wertersatz (Herausgabe der Nutzungen) gemäß § 987

E könnte gegen B einen Anspruch auf Herausgabe der Nutzungen gemäß § 987 haben. Die empfangenen Gebrauchsvorteile können als solche nicht herausgegeben werden. Ein etwaiger Anspruch aus § 987 erstreckt sich daher auf Wertersatz.

I. Der Anspruch müsste entstanden sein.

1. Dazu müsste zunächst während der über die Mietzeit hinausgehenden Dauer der Nutzung des Trailers durch B eine sogenannte Vindikationslage bestanden haben.

E müsste im Verhältnis zu B die Rechtsposition des Eigentümers gegenüber dem nach §§ 985, 986 herausgabepflichtigen Besitzer innegehabt haben.

a. Zunächst müssten die Voraussetzungen des § 985 gegeben sein.

aa. Anspruchsgegner B ist während der gesamten Zeit der Nutzung des Boot-Anhängers Besitzer der Sache gewesen.

bb. Anspruchsteller E ist und war in diesem Zeitraum Eigentümer.

cc. Also liegen die Voraussetzungen des § 985 vor.

b. Der Anspruchsgegner B dürfte im fraglichen Zeitraum − nämlich nach Ablauf der Mietzeit − kein Recht zum Besitz im Sinne des § 986 gehabt haben. Während der Mietzeit hatte B ein Recht zum Besitz aus dem Mietvertrag in Verbindung mit § 535 I 1. Nach Ablauf der vereinbarten Mietzeit war B hingegen gemäß § 546 I zur Rückgabe des Trailers verpflichtet. Von dem Zeitpunkt an hat kein Recht zum Besitz mehr bestanden. Fraglich ist, ob in dieser Konstellation des vormals aufgrund eines vertraglichen Überlassungsverhältnisses berech-

245

Eigentümer-Besitzer-Verhältnis

tigten Besitzers, der lediglich nicht mehr berechtigt ist, die §§ 985 ff – insbesondere die Nebenansprüche des Eigentümer-Besitzer-Verhältnisses gemäß §§ 987 ff – Anwendung finden. Zu denken ist in diesem Zusammenhang an die Möglichkeit eines abschließenden Vorrangs der schuldrechtlichen Abwicklungsansprüche gegenüber dem Eigentümer-Besitzer-Verhältnis. Das erscheint auf den ersten Blick plausibel, weil der Eigentümer selbst ja sein absolutes Recht durch die spezielle schuldrechtliche Vereinbarung relativiert hat. Bei näherer Betrachtung besteht jedoch kein Anlass, dem Eigentümer die Ansprüche aus dem Eigentümer-Besitzer-Verhältnis zu verwehren, nur weil der Besitzer in der Vergangenheit einmal zum Besitz berechtigt gewesen war. Das erloschene Recht zum Besitz gibt dem Besitzer keine aktuellen Befugnisse. Im Ergebnis werden die §§ 985 ff also nicht etwa von vertraglichen Rückabwicklungsansprüchen verdrängt. Es besteht vielmehr grundsätzlich Anspruchskonkurrenz.

c. E hatte im Verhältnis zu B die Rechtsposition des Eigentümers gegenüber dem nach §§ 985, 986 herausgabepflichtigen Besitzer inne. Es bestand eine Vindikationslage.

2. Für den Anspruch auf Herausgabe der Nutzungen bedarf es jedoch – über die Vindikationslage hinaus – der Erfüllung weiterer Voraussetzungen. Die Nutzungen müssen entweder nach dem Eintritt der Rechtshängigkeit (§ 987 I) gezogen worden sein oder der Besitzer muss bösgläubig gewesen sein (§ 990 I 1 i.V.m. § 987 I).

a. B wäre gemäß §§ 990 I, 932 II bei dem Besitzerwerb (oder auch nachträglich, § 990 I 2) bösgläubig gewesen, wenn er Kenntnis von dem fehlenden Recht zum Besitz und damit dem Recht zur Nutzung gehabt hätte (§§ 990 I, 932 II). B hat sich bewusst über die vertraglich vereinbarte Mietzeit hinweggesetzt und damit Kenntnis vom Wegfall des Rechts zum Besitz mit dem Ablauf der Mietzeit gehabt. B war im maßgeblichen Sinne bösgläubig.

b. Damit liegen die weiteren Voraussetzungen für den Anspruch auf Herausgabe der Nutzungen vor.

3. Demnach ist der Anspruch entstanden.

II. Der Anspruch ist nicht untergegangen.

III. Er ist auch durchsetzbar.

IV. E hat gegen B den Anspruch auf Wertersatz (Herausgabe der Nutzungen) gemäß § 987.

Fall 40

Fazit

1. Der Fall greift die Konstellation des „*Nicht-mehr-Berechtigten*" auf.

   Hier stellt sich die Frage nach dem Konkurrenzverhältnis vertraglicher Rückabwicklungsansprüche einerseits und dem EBV andererseits. Unsere Lösung entspricht der ganz herrschenden Meinung, was natürlich von der Überzeugungskraft her für sich genommen noch nichts heißen muss. Wir haben das Problem übrigens am Anfang des Buches schon einmal im Zusammenhang mit dem Herausgabeanspruch aus § 985 „angerissen" (Fall 2, Fazit 1.).

2. Fassen wir noch einmal zusammen: Nach deutlich herrschender Auffassung sind die §§ 987 ff auch auf den „Nicht-mehr-Berechtigten" anwendbar (siehe näher Formulierungsvorschlag).

   Das sollte aber nicht den Blick dafür verstellen, dass selbstverständlich aus der Sicht des E schuldrechtliche Anspruchsgrundlagen viel näher liegen als das EBV. Zu denken ist in erster Linie an vertragliche Ansprüche aus § 546a.

3. Werft bitte noch einmal einen Blick in § 993 I Hs. 2. Ihr erkennt hoffentlich, dass die Norm in einem gewissen Spannungsfeld zu der soeben aufgezeigten Anspruchskonkurrenz zwischen vertraglichen Rückabwicklungsverhältnissen und dem EBV steht. § 993 I Hs. 2 „duldet" ja gerade keine Konkurrenz. Man kann sich wie gesagt mit gutem Grund die Frage stellen, ob die vertraglichen Ansprüche das EBV verdrängen. Sicher ist aber, dass jedenfalls umgekehrt das EBV nicht die vertraglichen Ansprüche verdrängt.

   Wir haben es also auch beim *„Nicht-mehr-Berechtigten"* – auf dem Boden der h.M. – mit einer **Ausnahme von *§ 993 I Hs. 2*** zu tun.

4. Eine **weitere** wichtige **Ausnahme von** der Privilegierung gemäß *§ 993 I Hs. 2* ist der sogenannte **Fremdbesitzerexzess**.

   Gehen wir abermals von dem Rechtsverhältnis zwischen dem vermietenden Eigentümer und dem Mieter als Besitzer aus.

   Der Mieter ist sogenannter Fremdbesitzer (§ 872). Das EBV gilt grundsätzlich auch für den Fremdbesitzer, wie § 991 zeigt (ganz h.M.).

   Denken wir uns nun in einen Fall hinein, bei dem der Mieter die Sache fahrlässig beschädigt. Es bestehen schuldrechtliche Schadensersatzansprüche, nämlich vertragliche Ansprüche (vgl. § 280 I) und deliktische Ansprüche (§ 823 I).

   Und wie gestaltet sich die Situation, wenn der Mietvertrag – aus welchen Gründen auch immer – unwirksam ist? Dann besteht kein Recht zum Besitz und wir landen im EBV. Der gutgläubige unverklagte Besitzer haftet nicht gemäß §§ 989, 990 (siehe insbesondere Fall 39, Fazit 4.). Wenn dem Besitzer die Privilegierung gemäß § 993 I Hs. 2 zugutekäme, stünde er haftungsrechtlich im Ergebnis klar besser als bei einem wirksamen Mietvertrag.

   Das aber wäre ein offensichtlich unsachgerechtes Ergebnis, das nach einhelliger Auffassung vermieden werden muss. Im Ergebnis „sperrt" hier das EBV nicht. Streit besteht allerdings bei der dogmatischen Konstruktion (Einschrän-

Eigentümer-Besitzer-Verhältnis

kung des in § 993 I Hs. 2 geregelten „Ausschließlichkeitsgrundsatzes" / Rechtsgedanke des § 991 II).

5. Und noch etwas: Die Überschreitung eines bestehenden Besitzrechts ändert nichts daran, dass der Besitzer grundsätzlich zum Besitz berechtigt ist. Daraus schließt die ganz h.M. konsequent, dass mangels Vindikationslage das EBV im Falle des *„Nicht-so-Berechtigten"* nicht anwendbar ist (z.B. bei nichtberechtigter Untervermietung).

Dieses traditionelle Problem hat wegen inzwischen einheitlicher Verjährungsfristen an praktischer Bedeutung verloren.

Fall 41

Fall 41

E ist Eigentümer einer Betonmischmaschine, die ihm von D gestohlen wird. D veräußert die Maschine alsbald an den gutgläubigen M, der sie an B vermietet. B erkennt sofort, dass es sich um die dem E gestohlene Maschine handelt. Nach einiger Zeit wird E zugetragen, wo sich sein Mischer befindet. Er verlangt ihn erfolgreich von B heraus. B ist jedoch nicht bereit, für die Nutzung Geld an E zu zahlen.

Frage: Hat E gegen B einen Wertersatzanspruch aus § 987?

Lösungsskizze Fall 41

- E gegen B Wertersatz (Herausgabe der Nutzungen) gemäß § 987?

I. Anspruch entstanden?

   1. Vindikationslage?
      = Eigentümer gegenüber dem nach §§ 985, 986 herausgabepflichtigen Besitzer

      a. Voraussetzungen des § 985?

         aa. Anspruchsgegner (B) ist Besitzer? (+)

         bb. Anspruchsteller (E) ist Eigentümer?

            (1) ursprünglich (+)

            (2) Eigentumsverlust des E durch Eigentumserwerb des M von D gemäß § 929 S. 1?
            = Erwerb des M vom Berechtigten D

            (a) Einigung?
            = dinglicher Vertrag zwischen Veräußerer und Erwerber über den Eigentumsübergang
            HIER (+)

            (b) Übergabe?
            = Veräußerer verliert Besitz und Erwerber erlangt Besitz
            HIER (+)

            (c) Einigsein im Zeitpunkt der Vollendung des Erwerbstatbestands?
            = keine der Willenserklärungen darf widerrufen worden sein
            HIER (+) → kein Widerruf

Eigentümer-Besitzer-Verhältnis

(d) Berechtigung des Veräußerers ?
= der verfügungsbefugte Eigentümer oder der Nichteigentümer, der gesetzlich verfügungsbefugt ist oder der vom Berechtigten ermächtigt ist

HIER (−) → D ist weder Eigentümer noch Ermächtigter nach § 185; eine sonstige Verfügungsbefugnis ist nicht ersichtlich

(e) also: Eigentumsverlust des E durch Eigentumserwerb des M vom Berechtigten D gemäß § 929 S. 1 (−)

(3) Eigentumsverlust des E durch Eigentumserwerb des M von D gemäß §§ 929 S. 1, 932 I 1 ?
= Erwerb des M vom Nichtberechtigten D

(a) Einigung ? (+), s.o.

(b) Übergabe ? (+), s.o.

(c) Einigsein im Zeitpunkt der Vollendung des Erwerbstatbestands ? (+), s.o.

(d) „Berechtigungsersatz" ?
= Voraussetzungen des § 932 und kein Ausschluss nach § 935 I

(aa) Rechtsgeschäftlicher Erwerb ?
= nicht durch gesetzlichen Erwerb

HIER (+)

(bb) Verkehrsgeschäft ?
= bei Güteraustausch zwischen zwei Personen; nicht bei persönlicher oder wirtschaftlicher Identität des Übereignenden mit dem Erwerber

HIER (+)

(cc) Legitimation des Verfügenden als Berechtigter ?
= beim gutgläubigen Erwerb nach §§ 929 S. 1, 932 I 1: Übergabe der Sache

HIER (+) → D hat die Sache an M übergeben

(dd) Gutgläubigkeit des Erwerbers ?
= keine positive Kenntnis oder grob fahrlässige Unkenntnis vom Nichteigentum des Veräußerers bis zur Vollendung des Rechtserwerbs, § 932 II

HIER (+) → M war bezüglich der Eigentümerstellung des D gutgläubig

(ee) kein Abhandenkommen der Sache, § 935 I ?
= kein unfreiwilliger Verlust des unmittelbaren Besitzes

HIER (−) → unfreiwilliger Besitzverlust des (ursprünglichen) Eigentümers E durch den Diebstahl des D

Fall 41

(ff) also: zwar Voraussetzungen des § 932 (+), aber kein Ausschluss nach § 935 I (−)

(e) also: Eigentumsverlust des E durch Eigentumserwerb des M vom Nichtberechtigten D gemäß §§ 929 S.1, 932 I 1 (−)

(4) also: Anspruchsteller (E) ist Eigentümer (+)

cc. *also: Voraussetzungen des § 985 (+)*

b. *Voraussetzungen des § 986 ?*

= Anspruchsgegner hat kein Recht zum Besitz

HIER (+) → Anspruchsgegner B leitet sein (vermeintliches) Recht zum Besitz von M ab; M ist aber seinerseits gegenüber E nicht zum Besitz berechtigt (§ 986 I 1)

c. *also: Vindikationslage (+)*

2. *zusätzliche Voraussetzungen für den Anspruch auf Herausgabe der Nutzungen ?*

= nach Eintritt der Rechtshängigkeit (§ 987 I) oder Bösgläubigkeit (§ 990 I 1 i.V.m. § 987 I)

a. *(entweder) nach Eintritt der Rechtshängigkeit ?*

= Erhebung der Klage mit Zustellung der Klageschritt (§§ 261 I, 253 I ZPO)

HIER (−)

b. *(oder) Bösgläubigkeit ?*

= Kenntnis oder grob fahrlässige Unkenntnis (hier) des fehlenden Rechts zum Besitz und damit zur Nutzung (§§ 990 I, 932 II)

HIER (+) → B hat sofort erkannt, dass es sich bei der zu überlassenden Sache um eine gestohlene Sache handelt; er war damit bösgläubig; zwar gilt gemäß § 991 I ein Besitzer als gutgläubig, wenn der mittelbare Besitzer, von dem der Besitzer sein Recht zum Besitz ableitet, seinerseits gutgläubig (und nicht verklagt) ist; tatsächlich war M auch gutgläubig (und nicht verklagt), sodass B nach § 991 I als gutgläubig gelten müsste; die Regelung des § 991 I will jedoch den mittelbaren Besitzer schützen, der bei einer Haftung des unmittelbaren Besitzers aus §§ 987 ff diesem gegenüber regresspflichtig würde; bei einer Haftung des unmittelbaren Besitzers B aus §§ 987, 990 I wäre der mittelbare Besitzer M jedoch nicht regresspflichtig; ein grundsätzlich denkbarer Schadensersatzanspruch gemäß § 536a ist nach § 536b ausgeschlossen; B wusste positiv, dass M nicht Eigentümer der Sache war; insofern läuft der beabsichtigte Schutz des § 991 I leer; deshalb erscheint es sinnvoll, § 991 I nur für Fälle gelten zu lassen, in denen der mittelbare Besitzer tatsächlich regresspflichtig ist; weil M gegenüber B nicht regresspflichtig ist, darf der bösgläubige B entgegen dem Wortlaut des § 991 I nicht als gutgläubig gelten (a.A. vertretbar)

c. *also: zusätzliche Voraussetzungen für den Anspruch auf Herausgabe der Nutzungen (+)*

Eigentümer-Besitzer-Verhältnis

3. *also:* Anspruch entstanden (+)

II. Anspruch untergegangen ? (−)

III. Anspruch durchsetzbar ? (+)

IV. Ergebnis:
E gegen B Wertersatz (Herausgabe der Nutzungen) gemäß § 987 (+)

Formulierungsvorschlag Fall 41

- E gegen B Wertersatz (Herausgabe der Nutzungen) gemäß § 987

E könnte gegen B einen Anspruch auf Herausgabe der Nutzungen gemäß § 987 haben. Die empfangenen Gebrauchsvorteile können als solche nicht herausgegeben werden. Ein etwaiger Anspruch aus § 987 erstreckt sich daher auf Wertersatz.

I. Der Anspruch müsste entstanden sein.

1. Dazu müsste zunächst während der Zeit der Nutzung der Betonmischmaschine durch B eine sogenannte Vindikationslage bestanden haben.

E müsste im Verhältnis zu B die Rechtsposition des Eigentümers gegenüber dem nach §§ 985, 986 herausgabepflichtigen Besitzer innegehabt haben.

a. Zunächst müssten die Voraussetzungen des § 985 gegeben sein.

aa. Anspruchsgegner B ist während der Zeit der Nutzung der Maschine Besitzer der Sache gewesen.

bb. Anspruchsteller E müsste in diesem Zeitraum Eigentümer gewesen sein.

(1) Ursprünglich war er Eigentümer.

(2) Er hätte jedoch sein Eigentum verloren, wenn B seinerseits Eigentum erworben hat. In Betracht kommt ein Eigentumserwerb des M vom Berechtigten D gemäß § 929 S. 1.

Die Parteien haben sich wirksam über den Eigentumsübergang geeinigt.

Die Maschine ist von D an M übergeben worden.

D und M waren sich auch noch im Zeitpunkt der Vollendung des Erwerbstatbestands einig.

D müsste Berechtigter gewesen sein. Berechtigt ist der verfügungsbefugte Eigentümer oder der Nichteigentümer, der gesetzlich verfügungsbefugt ist oder der vom Berechtigten ermächtigt ist. D war als Dieb weder Eigentümer noch Ermächtigter nach § 185. Eine sonstige Verfügungsbefugnis ist nicht ersichtlich. Somit fehlte die Berechtigung des D.

Demnach hat M nicht vom Berechtigten D gemäß § 929 S. 1 Eigentum erworben. E hat also auf diesem Wege sein Eigentum nicht verloren.

Fall 41

(3) E hätte jedoch sein Eigentum verloren, wenn M seinerseits Eigentum vom Nichtberechtigten D gemäß §§ 929 S. 1, 932 I 1 erworben hat.

Die Parteien haben sich wirksam über den Eigentumsübergang geeinigt.

Die Sache ist übergeben worden.

Die Parteien waren sich auch noch im Zeitpunkt der Vollendung des Erwerbstatbestands einig.

Fraglich ist, ob die Voraussetzungen des § 932 vorliegen und der gutgläubige Erwerb nicht nach § 935 I ausgeschlossen ist.

Es hat ein rechtsgeschäftlicher Erwerb stattgefunden.

Außerdem liegt ein Verkehrsgeschäft vor.

Die im Rahmen des gutgläubigen Erwerbs nach §§ 929 S. 1, 932 I 1 erforderliche Übergabe der Sache durch den Veräußerer an den Erwerber ist erfolgt.

Weiterhin war der Erwerber M im Zeitpunkt des Rechtserwerbs gutgläubig, § 932 II.

Darüber hinaus dürfte die Sache dem Eigentümer nicht abhandengekommen sein, § 935 I. Abhandengekommen ist eine Sache beim unfreiwilligen Verlust des unmittelbaren Besitzes. Die Maschine war dem ursprünglichen Eigentümer E von D gestohlen worden. Dies ist ein unfreiwilliger Besitzverlust und damit – wie die beispielhafte Aufzählung in § 935 I 1 zeigt – ein typischer Fall des Abhandenkommens.

Also liegen zwar die Voraussetzungen des § 932 vor, der gutgläubige Erwerb ist aber nach § 935 I ausgeschlossen.

Demnach hat M auch nicht vom Nichtberechtigten D gemäß §§ 929 S. 1, 932 I 1 Eigentum erworben. Auch auf diese Weise hat E also sein Eigentum nicht verloren.

(4) Somit ist der Anspruchsteller E während der Zeit der Nutzung der Sache Eigentümer gewesen.

cc. Also liegen die Voraussetzungen des § 985 vor.

b. Der Anspruchsgegner dürfte zudem kein Recht zum Besitz gemäß § 986 gehabt haben. Anspruchsgegner B leitet sein (vermeintliches) Recht zum Besitz von M ab. M ist jedoch seinerseits gegenüber E nicht zum Besitz berechtigt (§ 986 I 1). Also ist auch B nicht zum Besitz berechtigt. Damit steht § 986 dem Anspruch auf Herausgabe nicht entgegen.

c. E hatte im Verhältnis zu B die Rechtsposition des Eigentümers gegenüber dem nach §§ 985, 986 herausgabepflichtigen Besitzer inne. Es bestand während der Zeit der Nutzung eine Vindikationslage.

2. Für den Anspruch auf Herausgabe der Nutzungen bedarf es jedoch – über die Vindikationslage hinaus – der Erfüllung weiterer Voraussetzungen. Die Nutzungen müssen entweder nach dem Eintritt der Rechtshängigkeit (§ 987 I) gezogen worden sein oder der Besitzer muss bösgläubig gewesen sein (§ 990 I 1 i.V.m. § 987 I).

Eigentümer-Besitzer-Verhältnis

a. Rechtshängigkeit tritt gemäß §§ 261 I, 253 I ZPO durch Erhebung der Klage mit Zustellung der Klageschrift ein. E hat keine Herausgabeklage gegen B erhoben. Ein Prozessrechtsverhältnis bestand zwischen E und B nicht. Die Nutzungen sind also nicht nach Rechtshängigkeit gezogen worden.

b. B wäre gemäß §§ 990 I, 932 II bei dem Besitzerwerb (oder auch nachträglich, § 990 I 2) bösgläubig gewesen, wenn er Kenntnis von dem fehlenden Recht zum Besitz und damit dem Recht zur Nutzung gehabt hätte (§§ 990 I, 932 II). Bei dem Besitzerwerb (§ 990 I 1) schadet dem Besitzer gemäß § 932 II auch grob fahrlässige Unkenntnis. B hat sofort erkannt, dass es sich bei der zu überlassenden Sache um eine gestohlene Sache handelt. Er war damit bösgläubig. Zwar gilt gemäß § 991 I ein Besitzer als gutgläubig, wenn der mittelbare Besitzer, von dem der Besitzer sein Recht zum Besitz ableitet, seinerseits gutgläubig (und nicht verklagt) ist. Tatsächlich war M auch gutgläubig (und nicht verklagt), sodass B nach § 991 I als gutgläubig gelten müsste. Die Regelung des § 991 I will jedoch den mittelbaren Besitzer schützen, der bei einer Haftung des unmittelbaren Besitzers aus §§ 987 ff diesem gegenüber regresspflichtig würde. Bei einer Haftung des unmittelbaren Besitzers B aus §§ 987, 990 I wäre der mittelbare Besitzer M jedoch nicht regresspflichtig. Ein grundsätzlich denkbarer Schadensersatzanspruch gemäß § 536a ist nach § 536b ausgeschlossen. B wusste positiv, dass M nicht Eigentümer der Sache war. Insofern läuft der beabsichtigte Schutz des § 991 I leer. Deshalb erscheint es sinnvoll, § 991 I nur für Fälle gelten zu lassen, in denen der mittelbare Besitzer tatsächlich regresspflichtig ist. Weil M gegenüber B nicht regresspflichtig ist, darf der bösgläubige B entgegen dem Wortlaut des § 991 I nicht als gutgläubig gelten. Mithin bleibt es im Ergebnis bei der Bösgläubigkeit des B.

c. Damit liegen die zusätzlichen Voraussetzungen für einen Anspruch auf Herausgabe der Nutzungen (§§ 987 I, 990 I) vor.

3. Demnach ist der Anspruch entstanden.

II. Der Anspruch ist nicht untergegangen.

III. Er ist auch durchsetzbar.

IV. E hat gegen B den Anspruch auf Wertersatz (Herausgabe der Nutzungen) gemäß § 987.

Fazit

1. Der Einstieg in den Fall dürfte euch – nach der Bearbeitung der vorangegangenen Fälle – nicht allzu schwergefallen sein. Insbesondere die Prüfung der Vindikationslage war zwar umfangreich angelegt, aber ohne besondere Tücken.

Solltet ihr bei der Prüfung der Vindikationslage dennoch Probleme gehabt haben, mag das daran liegen, dass ihr noch nicht gänzlich mit den unterschiedlichen Arten des Eigentumserwerbs vertraut seid. Dann empfehlen wir die Erarbeitung der Fälle 1 ff. Es hilft!

Fall 41

2. Das eigentliche Problem lauerte innerhalb der Prüfung der *„zusätzlichen Voraussetzungen für den Anspruch auf Herausgabe der Nutzungen"*.

   Nach dem Sachverhalt war klar von einer **Bösgläubigkeit** (§§ 990 I, 932 II) des Anspruchsgegners B auszugehen. Denn B wusste positiv, dass es sich bei der zu überlassenden Sache um eine gestohlene Sache handelt.

   Gemäß *§ 991 I* gilt jedoch ein Besitzer als gutgläubig, wenn der mittelbare Besitzer (hier M), von dem der Besitzer (hier B) sein Recht zum Besitz ableitet, seinerseits gutgläubig (und nicht verklagt) ist. Das war im Fall so. Der bösgläubige B müsste somit als gutgläubig gelten.

   Sinn und Zweck des § 991 I ist allerdings der Schutz des gutgläubigen mittelbaren Besitzers. Denn dieser ist u.U. regresspflichtig, wenn der unmittelbare Besitzer selbst aus §§ 987 ff haftet.

   Es erscheint sinnvoll, den bösgläubigen Besitzer nur dann gemäß § 991 I als gutgläubig gelten zu lassen, wenn der mittelbare Besitzer tatsächlich einem *Regress* ausgesetzt ist (a.A. vertretbar). Das ist im Einzelfall zu prüfen. Hier muss M keinen Schadensersatz leisten. Der mit Blick auf einen Rechtsmangel denkbare Anspruch aus § 536a ist durch § 536b ausgeschlossen.

Eigentümer-Besitzer-Verhältnis

Fall 42

E ist Eigentümer einer Dampframme, die ihm von D gestohlen wird. D veräußert die Dampframme alsbald an den gutgläubigen M, der sie an B vermietet. B kann nicht erkennen, dass es sich bei der Ramme um eine gestohlene Sache handelt. Nach einiger Zeit wird dem E zugetragen, wo sich seine Dampframme befindet. Er verlangt sie erfolgreich von B heraus. Zusätzlich verlangt er Schadensersatz für eine Beschädigung, die B leicht fahrlässig verursacht hat.

Frage: Hat E gegen B einen Schadensersatzanspruch aus §§ 987 ff ?

Lösungsskizze Fall 42

- E gegen B Schadensersatz gemäß § 989 ?

I. Anspruch entstanden ?

   1. Vindikationslage ?
   = Eigentümer gegenüber dem nach §§ 985, 986 herausgabepflichtigen Besitzer

     a. Voraussetzungen des § 985 ?

       aa. Anspruchsgegner (B) ist Besitzer ? (+)

       bb. Anspruchsteller (E) ist Eigentümer ?

         (1) ursprünglich (+)

         (2) Eigentumsverlust des E durch Eigentumserwerb des M von D gemäß § 929 S. 1 ?
         = Erwerb des M vom Berechtigten D

           (a) Einigung ?
           = dinglicher Vertrag zwischen Veräußerer und Erwerber über den Eigentumsübergang
           HIER (+)

           (b) Übergabe ?
           = Veräußerer verliert Besitz und Erwerber erlangt Besitz
           HIER (+)

           (c) Einigsein im Zeitpunkt der Vollendung des Erwerbstatbestands ?
           = keine der Willenserklärungen darf widerrufen worden sein
           HIER (+) → kein Widerruf

Fall 42

(d) Berechtigung des Veräußerers?
= der verfügungsbefugte Eigentümer oder der Nichteigentümer, der gesetzlich verfügungsbefugt ist oder der vom Berechtigten ermächtigt ist

HIER (−) → D ist weder Eigentümer noch Ermächtigter nach § 185; eine sonstige Verfügungsbefugnis ist nicht ersichtlich

(e) also: Eigentumsverlust des E durch Eigentumserwerb des M vom Berechtigten D gemäß § 929 S. 1 (−)

(3) Eigentumsverlust des E durch Eigentumserwerb des M von D gemäß §§ 929 S. 1, 932 I 1?
= Erwerb des M vom Nichtberechtigten D

(a) Einigung? (+), s.o.

(b) Übergabe? (+), s.o.

(c) Einigsein im Zeitpunkt der Vollendung des Erwerbstatbestands? (+), s.o.

(d) „Berechtigungsersatz"?
= Voraussetzungen des § 932 und kein Ausschluss nach § 935 I

(aa) Rechtsgeschäftlicher Erwerb?
= nicht durch gesetzlichen Erwerb

HIER (+)

(bb) Verkehrsgeschäft?
= bei Güteraustausch zwischen zwei Personen; nicht bei persönlicher oder wirtschaftlicher Identität des Übereignenden mit dem Erwerber

HIER (+)

(cc) Legitimation des Verfügenden als Berechtigter?
= beim gutgläubigen Erwerb nach §§ 929 S. 1, 932 I 1: Übergabe der Sache

HIER (+) → D hat die Sache an M übergeben

(dd) Gutgläubigkeit des Erwerbers?
= keine positive Kenntnis oder grob fahrlässige Unkenntnis vom Nichteigentum des Veräußerers bis zur Vollendung des Rechtserwerbs, § 932 II

HIER (+) → M war bezüglich der Eigentümerstellung des D gutgläubig

(ee) kein Abhandenkommen der Sache, § 935 I?
= kein unfreiwilliger Verlust des unmittelbaren Besitzes

HIER (−) → unfreiwilliger Besitzverlust des (ursprünglichen) Eigentümers E durch den Diebstahl des D

257

Eigentümer-Besitzer-Verhältnis

(ff) also: zwar Voraussetzungen des § 932 (+), aber kein Ausschluss nach § 935 I (−)

(e) also: Eigentumsverlust des E durch Eigentumserwerb des M vom Nichtberechtigten D gemäß §§ 929 S. 1, 932 I 1 (−)

(4) also: Anspruchsteller (E) ist Eigentümer (+)

cc. also: Voraussetzungen des § 985 (+)

b. Voraussetzungen des § 986 ?

= Anspruchsgegner hat kein Recht zum Besitz

HIER (+) → Anspruchsgegner B leitet sein (vermeintliches) Recht zum Besitz von M ab; M ist aber seinerseits gegenüber E nicht zum Besitz berechtigt (§ 986 I 1)

c. also: Vindikationslage (+)

2. zusätzliche Voraussetzungen für den Anspruch auf Schadensersatz ?

= die Rechtshängigkeit ist eingetreten (§ 989) oder der Besitzer ist bösgläubig (§ 990 I 1 i.V.m. § 989) und hat schuldhaft durch Verschlechterung der Sache oder Unmöglichkeit der Herausgabe einen ersatzfähigen Schaden verursacht (§ 989)

a. nach Eintritt der Rechtshängigkeit ?

= Erhebung der Klage mit Zustellung der Klageschritt (§§ 261 I, 253 I ZPO)

HIER (−)

b. Bösgläubigkeit ?

= Kenntnis oder grob fahrlässige Unkenntnis (hier) des fehlenden Rechts zum Besitz (§§ 990 I, 932 II)

HIER (−) → B konnte nicht erkennen, dass die gemietete Sache gestohlen war

c. also: zusätzliche Voraussetzungen für den Anspruch auf Schadensersatz (−)

3. also: Anspruch entstanden (−)

II. Ergebnis:
E gegen B Schadensersatz gemäß (§ 990 I 1 i.V.m.) § 989 (−)

- E gegen B Schadensersatz gemäß §§ 991 II, 989 ?

I. Anspruch entstanden ?

1. Vindikationslage ?

= Eigentümer gegenüber dem nach §§ 985, 986 herausgabepflichtigen Besitzer

HIER (+) → s.o.

Fall 42

2. zusätzliche Voraussetzungen für den Anspruch auf Schadensersatz ?
= Besitzer war beim Besitzerwerb in gutem Glauben, besitzt für einen mittelbaren Besitzer und hat diesem gegenüber einen Schaden an der Sache zu vertreten

   a. Gutgläubigkeit bei Besitzerwerb ?
   HIER (+) → B konnte nicht erkennen, dass die gemietete Sache gestohlen war

   b. Besitz für einen mittelbaren Besitzer ?
   HIER (+) → B besitzt die Sache aufgrund eines Mietverhältnisses für den Vermieter M

   c. Verschulden ?
   = Vorsatz oder Fahrlässigkeit (§ 276 I 1)
   HIER (+) → B hat die Beschädigung leicht fahrlässig herbeigeführt

   d. ersatzfähiger Schaden ? (+)

   e. <u>also</u>: zusätzliche Voraussetzungen für den Anspruch auf Schadensersatz (+)

3. <u>also</u>: Anspruch entstanden (+)

II. Anspruch untergegangen ? (−)

III. Anspruch durchsetzbar ? (+)

IV. Ergebnis:
E gegen B Schadensersatz gemäß §§ 991 II, 989 (+)

Formulierungsvorschlag Fall 42

- E gegen B Schadensersatz gemäß § 989

E könnte gegen B wegen der Beschädigung der Dampframme einen Anspruch auf Schadensersatz gemäß § 989 haben.

I. Der Anspruch müsste entstanden sein.

1. Dazu müsste zunächst zum Zeitpunkt der Beschädigung der Dampframme eine sogenannte Vindikationslage bestanden haben.

E müsste im Verhältnis zu B die Rechtsposition des Eigentümers gegenüber dem nach §§ 985, 986 herausgabepflichtigen Besitzer innegehabt haben.

a. Zunächst müssten die Voraussetzungen des § 985 gegeben sein.

aa. Anspruchsgegner B ist Besitzer der Ramme gewesen.

259

Eigentümer-Besitzer-Verhältnis

bb. Anspruchsteller E müsste Eigentümer gewesen sein.

(1) Ursprünglich war er Eigentümer.

(2) Er hätte jedoch sein Eigentum verloren, wenn B seinerseits Eigentum erworben hat. In Betracht kommt ein Eigentumserwerb des M vom Berechtigten D gemäß § 929 S. 1.

Die Parteien haben sich wirksam über den Eigentumsübergang geeinigt.

Die Dampframme ist von D an M übergeben worden.

D und M waren sich auch noch im Zeitpunkt der Vollendung des Erwerbstatbestands einig.

D müsste Berechtigter gewesen sein. Berechtigt ist der verfügungsbefugte Eigentümer oder der Nichteigentümer, der gesetzlich verfügungsbefugt ist oder der vom Berechtigten ermächtigt ist. D war als Dieb weder Eigentümer noch Ermächtigter nach § 185. Eine sonstige Verfügungsbefugnis ist nicht ersichtlich. Somit fehlte die Berechtigung des D.

Demnach hat M nicht vom Berechtigten D gemäß § 929 S. 1 Eigentum erworben. E hat also auf diesem Wege sein Eigentum nicht verloren.

(3) E hätte jedoch sein Eigentum verloren, wenn M seinerseits Eigentum vom Nichtberechtigten D gemäß §§ 929 S. 1, 932 I 1 erworben hat.

Die Parteien haben sich wirksam über den Eigentumsübergang geeinigt.

Die Sache ist übergeben worden.

Die Parteien waren sich auch noch im Zeitpunkt der Vollendung des Erwerbstatbestands einig.

Fraglich ist, ob die Voraussetzungen des § 932 vorliegen und der gutgläubige Erwerb nicht nach § 935 I ausgeschlossen ist.

Es hat ein rechtsgeschäftlicher Erwerb stattgefunden.

Außerdem liegt ein Verkehrsgeschäft vor.

Die im Rahmen des gutgläubigen Erwerbs nach §§ 929 S. 1, 932 I 1 erforderliche Übergabe der Sache durch den Veräußerer an den Erwerber ist erfolgt.

M war bezüglich der Eigentümerstellung des D gutgläubig.

Darüber hinaus dürfte die Sache dem Eigentümer nicht abhandengekommen sein, § 935 I 1. Abhandengekommen ist eine Sache beim unfreiwilligen Verlust des unmittelbaren Besitzes. Die Dampframme war dem ursprünglichen Eigentümer E von D gestohlen worden. Dies ist ein unfreiwilliger Besitzverlust und damit – wie die beispielhafte Aufzählung in § 935 I 1 zeigt – ein typischer Fall des Abhandenkommens.

Also liegen zwar die Voraussetzungen des § 932 vor, der gutgläubige Erwerb ist aber nach § 935 I ausgeschlossen.

Demnach hat M nicht vom Nichtberechtigten D gemäß §§ 929 S. 1, 932 I 1 Eigentum erworben. Auch auf diese Weise hat E also sein Eigentum nicht verloren.

Fall 42

(4) Somit ist der Anspruchsteller E im Zeitpunkt der Beschädigung der Ramme Eigentümer der Sache gewesen.

cc. Also liegen die Voraussetzungen des § 985 vor.

b. Der Anspruchsgegner dürfte zudem kein Recht zum Besitz gemäß § 986 gehabt haben. Anspruchsgegner B leitet sein (vermeintliches) Recht zum Besitz von M ab. M ist jedoch seinerseits gegenüber E nicht zum Besitz berechtigt (§ 986 I 1). Also ist auch B nicht zum Besitz berechtigt. Damit steht § 986 dem Anspruch auf Herausgabe nicht entgegen.

c. E hatte im Verhältnis zu B die Rechtsposition des Eigentümers gegenüber dem nach §§ 985, 986 herausgabepflichtigen Besitzer inne. Es bestand eine Vindikationslage.

2. Für den Anspruch auf Schadensersatz bedarf es jedoch – über die Vindikationslage hinaus – der Erfüllung weiterer Voraussetzungen. Der Schaden muss entweder nach dem Eintritt der Rechtshängigkeit entstanden sein (§ 989) oder der Besitzer muss bösgläubig gewesen sein (§ 990 I 1 i.V.m. § 989), als er schuldhaft durch Verschlechterung der Sache oder Unmöglichkeit der Herausgabe einen ersatzfähigen Schaden verursacht hat.

a. Rechtshängigkeit tritt gemäß §§ 261 I, 253 I ZPO durch Erhebung der Klage mit Zustellung der Klageschrift ein. E hat keine Herausgabeklage gegen B erhoben. Ein Prozessrechtsverhältnis bestand zwischen E und B nicht. Der Schaden ist also nicht nach dem Eintritt der Rechtshängigkeit entstanden.

b. B wäre gemäß §§ 990 I, 932 II bei dem Besitzerwerb (oder auch nachträglich, § 990 I 2) bösgläubig gewesen, wenn er Kenntnis von dem fehlenden Recht zum Besitz gehabt hätte (§§ 990 I, 932 II). Bei dem Besitzerwerb (§ 990 I 1) schadet dem Besitzer gemäß § 932 II auch grob fahrlässige Unkenntnis. B hat nicht erkannt, dass die gemietete Sache gestohlen war und konnte dies auch nicht erkennen. Damit war er nicht bösgläubig.

c. Also fehlt es an einer zusätzlichen Voraussetzungen für den Schadensersatzanspruch gemäß §§ 989, 990 I 1.

3. Demnach ist der Anspruch nicht entstanden.

IV. E hat gegen B wegen der Beschädigung der Dampframme keinen Anspruch auf Schadensersatz aus (§ 990 I 1 i.V.m.) § 989.

- E gegen B Schadensersatz gemäß §§ 991 II, 989

E könnte aber gegen B wegen der Beschädigung der Dampframme einen Anspruch auf Schadensersatz gemäß §§ 991 II, 989 haben.

I. Der Anspruch müsste entstanden sein.

1. Zum Zeitpunkt der Beschädigung der Dampframme bestand eine sogenannte Vindikationslage (s.o.).

2. Für den Anspruch auf Schadensersatz bedarf es jedoch – über die Vindikationslage hinaus – der Erfüllung weiterer Voraussetzungen. Der Besitzer muss

261

Eigentümer-Besitzer-Verhältnis

beim Besitzerwerb in gutem Glauben gewesen sein, für einen mittelbaren Besitzer besessen haben und diesem gegenüber einen Schaden an der Sache zu vertreten haben.

- **a.** B konnte nicht erkennen, dass die gemietete Sache gestohlen war. Er war gutgläubig.
- **b.** B hat die Sache aufgrund eines Mietverhältnisses für den Vermieter M besessen, also für einen mittelbaren Besitzer.
- **c.** B müsste die Beschädigung der Sache schuldhaft herbeigeführt haben. Gemäß § 276 I 1 kommen insoweit Vorsatz oder Fahrlässigkeit in Betracht. B hat den Schaden leicht fahrlässig herbeigeführt und somit schuldhaft gehandelt.
- **d.** Dadurch ist schließlich auch ein ersatzfähiger Schaden entstanden.
- **e.** Also liegen die zusätzlichen Voraussetzungen für den Schadensersatzanspruch gemäß §§ 991 II, 989 vor.

3. Demnach ist der Anspruch entstanden.

II. Der Anspruch ist nicht untergegangen.

III. Er ist auch durchsetzbar.

IV. E hat gegen B wegen der Beschädigung der Dampframme den Anspruch auf Schadensersatz aus §§ 991 II, 989.

Fazit

1. Grundsätzlich ist nur der verklagte bzw. bösgläubige Besitzer gemäß § 989 bzw. §§ 989, 990 I schadensersatzpflichtig.

2. Aber auch der gutgläubige Besitzer haftet ausnahmsweise nach ***§§ 991 II, 989*** auf ***Schadensersatz***.

§ 991 II greift den Umstand auf, dass ein Besitzmittler im Rahmen des Besitzmittlungsverhältnisses gegenüber dem mittelbaren Besitzer haftet, wenn er etwa die Sache beschädigt. Insofern muss die Haftung auch gegenüber dem Eigentümer gelten. Der Besitzer (hier B) ist gegenüber dem Eigentümer (hier E) nicht schutzwürdig.

3. Die im Rahmen der Prüfung des Anspruchs aus §§ 991 II, 989 geforderte ***Gutgläubigkeit*** und das ***Verschulden*** (hier leichte Fahrlässigkeit) waren im Sachverhalt vorgegeben.

Mit diesen Rechtsbegriffen habt ihr euch bereits in anderen Fällen dieses Buches näher beschäftigen dürfen.

Fall 43

Fall 43

V hat dem E ein Geländemotorrad gestohlen und gibt sich gegenüber dem Kaufinteressenten B unter Vorlage einer geschickt gefälschten EU-Zulassungsbescheinigung Teil II (Fahrzeugbrief) als Eigentümer aus. B kauft das Motorrad, bekommt es von V ausgehändigt und nutzt die Maschine fortan. Wegen eines Defekts am Vergaser lässt B das Motorrad in einer Fachwerkstatt reparieren. Später erkennt E das Motorrad bei B wieder und verlangt nun die Herausgabe. B ist dazu bereit, möchte aber die Reparaturkosten von E ersetzt haben.

Frage: Hat B gegen E einen Ersatzanspruch aus § 994 I ?

Lösungsskizze Fall 43

- B gegen E Verwendungsersatz (Reparaturkosten) gemäß § 994 I ?

I. Anspruch entstanden ?

   1. Vindikationslage ?
     = Eigentümer gegenüber dem nach §§ 985, 986 herausgabepflichtigen Besitzer

   a. Voraussetzungen des § 985 ?

     aa. Anspruchsteller (B) ist Besitzer ? (+)

     bb. Anspruchsgegner (E) ist Eigentümer ?

       (1) ursprünglich (+)

       (2) Eigentumsverlust des E durch Eigentumserwerb des B von V gemäß § 929 S. 1 ?
       = Erwerb des B vom Berechtigten V

         (a) Einigung ?
         = dinglicher Vertrag zwischen Veräußerer und Erwerber über den Eigentumsübergang
         HIER (+)

         (b) Übergabe ?
         = Veräußerer verliert Besitz und Erwerber erlangt Besitz
         HIER (+)

         (c) Einigsein im Zeitpunkt der Vollendung des Erwerbstatbestands ?
         = keine der Willenserklärungen darf widerrufen worden sein
         HIER (+) → kein Widerruf

Eigentümer-Besitzer-Verhältnis

(d) Berechtigung des Veräußerers?
= der verfügungsbefugte Eigentümer oder der Nichteigentümer, der gesetzlich verfügungsbefugt ist oder der vom Berechtigten ermächtigt ist

HIER (–) → V ist weder Eigentümer noch Ermächtigter nach § 185; eine sonstige Verfügungsbefugnis ist nicht ersichtlich

(e) also: Eigentumsverlust des E durch Eigentumserwerb des B vom Berechtigten V gemäß § 929 S. 1 (–)

(3) Eigentumsverlust des E durch Eigentumserwerb des B von V gemäß §§ 929 S. 1, 932 I 1?
= Erwerb des B vom Nichtberechtigten V

(a) Einigung? (+), s.o.

(b) Übergabe? (+), s.o.

(c) Einigsein im Zeitpunkt der Vollendung des Erwerbstatbestands? (+), s.o.

(d) „Berechtigungsersatz"?
= Voraussetzungen des § 932 und kein Ausschluss nach § 935 I

(aa) Rechtsgeschäftlicher Erwerb?
= nicht durch gesetzlichen Erwerb

HIER (+)

(bb) Verkehrsgeschäft?
= bei Güteraustausch zwischen zwei Personen; nicht bei persönlicher oder wirtschaftlicher Identität des Übereignenden mit dem Erwerber

HIER (+)

(cc) Legitimation des Verfügenden als Berechtigter?
= beim gutgläubigen Erwerb nach §§ 929 S. 1, 932 I 1: Übergabe der Sache

HIER (+) → V hat die Sache an B übergeben

(dd) Gutgläubigkeit des Erwerbers?
= keine positive Kenntnis oder grob fahrlässige Unkenntnis vom Nichteigentum des Veräußerers bis zur Vollendung des Rechtserwerbs, § 932 II

HIER (+) → B war bezüglich der Eigentümerstellung des V gutgläubig; die lediglich in Betracht kommende Unkenntnis des B über die fehlende Berechtigung des V als Folge grober Fahrlässigkeit scheidet aus; grob fahrlässig handelt der Erwerber, wenn er die im Verkehr erforderliche Sorgfalt in ungewöhnlich großem Maße verletzt und dasjenige unbeachtet lässt, was im gegebenen Fall jedem hätte einleuchten müssen; für den Bereich des Erwerbs gebrauchter Kraftfahrzeuge ist anerkannt, dass der Erwerber grob fahrlässig handelt, wenn er sich vom

Fall 43

Veräußerer nicht die EU-Zulassungsbescheinigung Teil II vorlegen lässt; B hat sich aber die Bescheinigung vorlegen lassen; angesichts der geschickten Fälschung hat auch kein Anlass zu Zweifeln an der Eigentümerstellung des V bestanden; Verdachtsmomente sind nicht ersichtlich

(ee) kein Abhandenkommen der Sache, § 935 I ?
= kein unfreiwilliger Verlust des unmittelbaren Besitzes

HIER (-) → unfreiwilliger Besitzverlust des (ursprünglichen) Eigentümers E durch den Diebstahl des V

(ff) <u>also</u>*: zwar Voraussetzungen des § 932 (+), aber kein Ausschluss nach § 935 I (-)*

(e) <u>also</u>*: Eigentumsverlust des E durch Eigentumserwerb des B vom Nichtberechtigten V gemäß §§ 929 S. 1, 932 I 1 (-)*

(4) <u>also</u>*: Anspruchsgegner (E) ist Eigentümer (+)*

cc. <u>also</u>*: Voraussetzungen des § 985 (+)*

b. Voraussetzungen des § 986 ?
= Anspruchsteller hat kein Recht zum Besitz

HIER (+)

c. <u>also</u>*: Vindikationslage (+)*

2. zusätzliche Voraussetzungen für den Verwendungsersatzanspruch gemäß § 994 I ?
= notwendige Verwendungen auf die Sache und keine Einschränkung gemäß § 994 I 2

a. notwendige Verwendungen auf die Sache ?

aa. Verwendungen auf die Sache ?
= Vermögensaufwendungen, die der Sache zugutekommen

HIER (+) → die Reparaturkosten dienten dazu, die Funktionsfähigkeit des Motorrades wiederherzustellen

bb. Notwendigkeit der Verwendungen ?
= objektiv erforderlich, nicht nur Sonderzwecken des Besitzers dienend

HIER (+) → die Reparatur des Vergasers war objektiv erforderlich, um das Motorrad wieder seinem Zweck entsprechend nutzen zu können

cc. <u>also</u>*: notwendige Verwendungen auf die Sache (+)*

b. keine Einschränkung gemäß § 994 I 2 ?
= nicht lediglich gewöhnliche Erhaltungskosten

HIER (+) → anders als etwa Inspektionskosten zählen die Reparaturkosten nicht zu den lediglich gewöhnlichen Erhaltungskosten

c. <u>also</u>*: zusätzliche Voraussetzungen für den Verwendungsersatzanspruch gemäß § 994 I (+)*

Eigentümer-Besitzer-Verhältnis

3. *also: Anspruch entstanden (+)*
II. Anspruch untergegangen ? (-)
III. Anspruch durchsetzbar ? (+)
IV. Ergebnis:
B gegen E Verwendungsersatz (Reparaturkosten) gemäß § 994 I (+)

Formulierungsvorschlag Fall 43

- B gegen E Verwendungsersatz (Reparaturkosten) gemäß § 994 I

B könnte gegen E einen Anspruch auf Ersatz der Reparaturkosten gemäß § 994 I haben.

I. Der Anspruch müsste entstanden sein.

1. Dazu müsste eine sogenannte Vindikationslage bestanden haben.

E müsste im Verhältnis zu B die Rechtsposition des Eigentümers gegenüber dem nach §§ 985, 986 herausgabepflichtigen Besitzer innegehabt haben.

a. Zunächst müssten die Voraussetzungen des § 985 gegeben sein.

aa. B ist Besitzer des Motorrades gewesen.

bb. E müsste Eigentümer gewesen sein.

(1) Ursprünglich war er Eigentümer.

(2) Er hätte jedoch sein Eigentum verloren, wenn B seinerseits Eigentum erworben hat. In Betracht kommt ein Eigentumserwerb des B vom Berechtigten V gemäß § 929 S. 1.

Die Parteien haben sich wirksam über den Eigentumsübergang geeinigt.

Das Motorrad ist von V an B übergeben worden.

V und B waren sich auch noch im Zeitpunkt der Vollendung des Erwerbstatbestands einig.

V müsste Berechtigter gewesen sein. Berechtigt ist der verfügungsbefugte Eigentümer oder der Nichteigentümer, der gesetzlich verfügungsbefugt ist oder der vom Berechtigten ermächtigt ist. V war als Dieb weder Eigentümer noch Ermächtigter nach § 185. Eine sonstige Verfügungsbefugnis ist nicht ersichtlich. Somit fehlte die Berechtigung des V.

Demnach hat B nicht vom Berechtigten V gemäß § 929 S. 1 Eigentum erworben. E hat also auf diesem Wege sein Eigentum nicht verloren.

(3) E hätte jedoch sein Eigentum verloren, wenn B seinerseits Eigentum vom Nichtberechtigten V gemäß §§ 929 S. 1, 932 I 1 erworben hat.

Fall 43

Die Parteien haben sich wirksam über den Eigentumsübergang geeinigt.
Die Sache ist übergeben worden.

Die Parteien waren sich auch noch im Zeitpunkt der Vollendung des Erwerbstatbestands einig.

Fraglich ist, ob die Voraussetzungen des § 932 vorliegen und der gutgläubige Erwerb nicht nach § 935 I ausgeschlossen ist.

Es hat ein rechtsgeschäftlicher Erwerb stattgefunden.

Außerdem liegt ein Verkehrsgeschäft vor.

Die im Rahmen des gutgläubigen Erwerbs nach §§ 929 S. 1, 932 I 1 erforderliche Übergabe der Sache durch den Veräußerer an den Erwerber ist erfolgt.

Weiterhin muss der Erwerber im Zeitpunkt des Rechtserwerbs gutgläubig gewesen sein. Diesbezüglich schadet gemäß § 932 II positive Kenntnis oder grob fahrlässige Unkenntnis vom Nichteigentum des Veräußerers. Ernsthaft in Betracht kommt lediglich die Unkenntnis des B über die fehlende Berechtigung des V als Folge grober Fahrlässigkeit. Grob fahrlässig handelt der Erwerber, wenn er die im Verkehr erforderliche Sorgfalt in ungewöhnlich großem Maße verletzt und dasjenige unbeachtet lässt, was im gegebenen Fall jedem hätte einleuchten müssen. Vor allem vor dem Hintergrund der im Wirtschaftsleben üblichen Sicherungsübereignung ist für den Bereich des Erwerbs gebrauchter Kraftfahrzeuge anerkannt, dass der Erwerber grob fahrlässig handelt, wenn er sich nicht von dem Veräußerer die EU-Zulassungsbescheinigung Teil II vorlegen lässt. B hat sich jedoch die Bescheinigung vorlegen lassen. Angesichts der geschickten Fälschung hat auch kein Anlass zu Zweifeln an der Eigentümerstellung des V bestanden. Verdachtsmomente sind nicht ersichtlich. B hat die im Verkehr erforderliche Sorgfalt jedenfalls nicht in ungewöhnlich großem Maße verletzt und nicht dasjenige unbeachtet gelassen, was im gegebenen Fall jedem hätte einleuchten müssen. Seine Unkenntnis hat nicht auf grober Fahrlässigkeit beruht. B war gutgläubig im Sinne des § 932 II.

Darüber hinaus dürfte die Sache dem Eigentümer nicht abhandengekommen sein, § 935 I 1. Abhandengekommen ist eine Sache beim unfreiwilligen Verlust des unmittelbaren Besitzes. Das Motorrad war dem ursprünglichen Eigentümer E von V gestohlen worden. Dies ist ein unfreiwilliger Besitzverlust und damit – wie die beispielhafte Aufzählung in § 935 I 1 zeigt – ein typischer Fall des Abhandenkommens.

Also liegen zwar die Voraussetzungen des § 932 vor, der gutgläubige Erwerb ist aber nach § 935 I ausgeschlossen.

Mithin hat B auch nicht vom Nichtberechtigten V gemäß §§ 929 S. 1, 932 I 1 Eigentum erworben. Auch auf diese Weise hat E also sein Eigentum nicht verloren.

(4) E war und ist Eigentümer der Sache.
cc. Also liegen die Voraussetzungen des § 985 vor.
b. B hatte kein Recht zum Besitz gemäß § 986.

Eigentümer-Besitzer-Verhältnis

c. E hatte im Verhältnis zu B die Rechtsposition des Eigentümers gegenüber dem nach §§ 985, 986 herausgabepflichtigen Besitzer inne. Es bestand eine Vindikationslage.

2. Für den Anspruch des Besitzers auf Verwendungsersatz bedarf es jedoch – über die Vindikationslage hinaus – der Erfüllung weiterer Voraussetzungen. Der Ersatzanspruch muss seine Grundlage in notwendigen Verwendungen auf die Sache haben. Zudem darf sich keine Einschränkung aus § 994 I 2 ergeben.

a. Es müsste sich um notwendige Verwendungen auf die Sache gehandelt haben.

aa. Verwendungen auf die Sache sind Vermögensaufwendungen, die der Sache zugutekommen. Die Reparaturkosten dienten dazu, die Funktionsfähigkeit des Motorrades wiederherzustellen, kamen also der Sache zugute. Es hat sich um Verwendungen auf die Sache gehandelt.

bb. Notwendig sind die Verwendungen, wenn sie objektiv erforderlich sind und nicht etwa nur Sonderzwecken des Besitzers dienen. Die Reparatur am Vergaser war objektiv erforderlich, um das Motorrad wieder seinem Zweck entsprechend nutzen zu können. Sie diente nicht lediglich Sonderzwecken des B.

cc. Also handelte es sich um notwendige Verwendungen auf die Sache.

b. Eine Einschränkung des Anspruches ergibt sich im Falle des § 994 I 2 für lediglich gewöhnliche Erhaltungskosten. Anders als etwa Inspektionskosten zählen die Reparaturkosten nicht zu den lediglich gewöhnlichen Erhaltungskosten. Der Anspruch ist also auch nicht durch § 994 I 2 eingeschränkt.

c. Die zusätzlichen Voraussetzungen für den Verwendungsersatzanspruch gemäß § 994 I sind somit erfüllt.

3. Demnach ist der Anspruch entstanden.

II. Der Anspruch ist nicht untergegangen.

III. Er ist auch durchsetzbar.

IV. B hat gegen E einen Anspruch auf Ersatz der Reparaturkosten gemäß § 994 I 1.

Fazit

1. Im Fall ging es ausnahmsweise um einen Anspruch des Besitzers gegen den Eigentümer. Der sogenannte **Verwendungsersatz** ist sehr differenziert in den **§§ 994 ff** geregelt.

   Vielleicht erinnert ihr euch: Wir hatten diesen Aspekt im weiteren Zusammenhang mit dem Werkunternehmerpfandrecht schon einmal kurz angesprochen (Fall 31, Fazit 3.).

   Es ist nicht ganz einfach, hier den Überblick zu behalten: Die Unterschiede ergeben sich aus einer Gesamtbetrachtung zweier Ebenen, nämlich der Schutz-

Fall 43

würdigkeit des jeweiligen Besitzers einerseits und der Art der Verwendungen andererseits.

2. Dem sogenannten **redlichen Besitzer** (unser Fall; unverklagt und gutgläubig) steht Ersatz für die **notwendigen Verwendungen** zu (§ 994 I 1 / Ausnahme bzw. Einschränkung wie gesehen in § 994 I 2). Darüber hinaus kann der redliche Besitzer mit Erfolg sonstige wertsteigernde Aufwendungen – sogenannte **nützliche Aufwendungen** – ersetzt verlangen (§ 996).

   Auch für den redlichen Besitzer **nicht** ersatzfähig sind hingegen die sogenannten **Luxusaufwendungen** (Beispiel: Vergolden des Auspuffes).

3. Der **verklagte oder bösgläubige Besitzer** bekommt gemäß § 994 II **nur notwendige Verwendungen** ersetzt, wenn – und das ist eine weitere Voraussetzung – eine Geschäftsführung ohne Auftrag vorgelegen hat (§§ 677 ff, 683, 670, 684, 818).

4. Was die Geltendmachung von Verwendungsersatzansprüchen des Besitzers angeht, so stehen diese Ansprüche natürlich in engem Zusammenhang mit dem jeweiligen Herausgabeanspruch des Eigentümers. Lest dazu die §§ 1000 bis 1003 und beachtet zusätzlich das Wegnahmerecht des Besitzers gemäß § 997.

5. Hattet ihr bei § 932 II das nötige Problembewusstsein? Im Ergebnis war grob fahrlässige Unkenntnis hier klar zu verneinen. Anders als bei Fall 39 enthält der Sachverhalt nämlich keine Verdachtsmomente. Zudem wird die EU-Zulassungsbescheinigung Teil II als „geschickt gefälscht" beschrieben. Lest wegen der besonderen Bedeutung dieses Bereichs zur Abrundung unbedingt (noch einmal) das Fazit zu Fall 25.

6. So, das war's im Groben. Man kann auch im Bereich des Verwendungsersatzes noch wesentlich weiter in die Tiefe gehen. Das aber widerspräche dem Konzept des Buches, das sich ja gezielt weitgehend auf die Grundlagen konzentriert.

7. Und jetzt dürft ihr euch loben und stolz sein. Ihr habt durchgehalten. Ihr habt (fast) das gesamte Buch durchgearbeitet. Das Sachenrecht hat damit sicherlich seine ersten Schrecken verloren.

SCHEMATA – Eigentum

Aufbauschemata

Eigentum - Erwerb durch Rechtsgeschäft

Im Folgenden wird jeweils im Prüfungspunkt „*b. Anspruchsteller ist Eigentümer?*" weiter in die Prüfungsunterpunkte „*aa. ursprünglich (–)*" und „*bb. Eigentumserwerb gemäß ... ?*" differenziert. Dieser Aufbau geht erkennbar davon aus, dass der Anspruchsteller ursprünglich nicht Eigentümer der Sache war. Dann wird geprüft, ob er Eigentum erworben hat.

Es gibt aber auch Aufgabenstellungen, in denen der Anspruchsteller ursprünglich Eigentümer war. Dann ist zu prüfen, ob er sein Eigentum verloren hat. Verloren hat er sein Eigentum, wenn eine andere Person Eigentum erworben hat. Deshalb ist in einer solchen Konstellation im Prüfungspunkt „*b. Anspruchsteller ist Eigentümer?*" weiter in die Prüfungsunterpunkte „*aa. ursprünglich (+)*" und „*bb. Eigentumsverlust des ... durch Eigentumserwerb des ... gemäß ... ?*" zu gliedern.

- Herausgabe, § 985
hier: **Eigentumserwerb vom Berechtigten gemäß § 929 S. 1**

I. Anspruch entstanden ?

   1. Voraussetzungen des § 985 ?

      a. Anspruchsgegner ist Besitzer ?
      = tatsächliche Gewalt über die Sache

         → der Anspruchsgegner kann unmittelbarer Besitzer (§ 854 I, II) oder mittelbarer Besitzer (§ 868), Eigenbesitzer oder Fremdbesitzer (§ 872), Alleinbesitzer oder Mitbesitzer (§ 866) sein; nicht Besitzer ist der sogenannte Besitzdiener (§ 855).
         → zur Besitzbegründung siehe § 854 I und II
         → der Besitzer darf den Besitz nicht verloren haben, vgl. § 856 I
         → die lediglich vorübergehende Hinderung, die Sachherrschaft auszuüben (z.B. Schließfach, Tresor), führt nicht zur Besitzbeendigung, § 856 II

      b. Anspruchsteller ist Eigentümer ?

         aa. ursprünglich (–)

         bb. Eigentumserwerb des Anspruchstellers
         gemäß § 929 S. 1 ?
         = Erwerb vom Berechtigten

Eigentum – SCHEMATA

(1) Einigung ?
= dinglicher Vertrag zwischen Veräußerer und Erwerber über den Eigentumsübergang

- zwei wirksame Willenserklärungen ?
= keine Nichtigkeitsgründe und keine wirksame Anfechtung einer Willenserklärung

→ Achtung: u.U. erfasst ein Nichtigkeitsgrund oder die Anfechtung nur das zugrunde liegende Kausalgeschäft (Abstraktionsprinzip)
→ der Widerruf einer Willenserklärung beseitigt nicht deren Wirksamkeit; der Widerruf hat allenfalls Auswirkungen auf das Einigsein im Zeitpunkt der Übergabe

(2) Übergabe ?
= Veräußerer verliert Besitz und Erwerber erlangt Besitz

→ wenn der Veräußerer vorübergehend an der Ausübung der Gewalt verhindert ist, ist er trotzdem Besitzer (vgl. § 856 II); zur Übergabe ist nicht die Erlangung der tatsächlichen Sachherrschaft erforderlich (§ 854 I); eine rechtsgeschäftliche Einigung über den Erwerb des Besitzes i.S.d. § 854 II genügt für die Übergabe
→ auf der Veräußerer- und/oder Erwerberseite kann ein Besitzdiener (§ 855) oder eine sogenannte Geheißpersonen eingeschaltet sein

(3) Einigsein im Zeitpunkt der Vollendung des Erwerbstatbestands ?
= keine der Willenserklärungen darf widerrufen worden sein

→ die Einigung muss bis zur Vollendung des Erwerbstatbestands fortbestehen, bei der Übereignung nach § 929 S. 1 also bis zur Übergabe; bis zu diesem Zeitpunkt ist die Einigung nach überwiegender Ansicht frei widerrufbar (Umkehrschluss aus § 873 II; a.A. vertretbar)
→ wenn eine der Parteien nach der Einigung, aber noch vor der Übergabe (bzw. der Erfüllung des Übergabesurrogates) stirbt oder geschäftsunfähig wird, ist in entsprechender Anwendung des § 130 II nach wie vor von einem Einigsein auszugehen; für die Erben / den gesetzlichen Vertreter besteht die Möglichkeit des Widerrufs der Einigung

(4) Berechtigung des Veräußerers ?
= der verfügungsbefugte Eigentümer oder der Nichteigentümer, der gesetzlich verfügungsbefugt ist oder der vom Berechtigten ermächtigt ist

→ der Veräußerer muss grundsätzlich bis zum Zeitpunkt der Vollendung des Rechtserwerbs berechtigt sein, bei der Übereignung nach § 929 S. 1 also bis zur Übergabe

2. Voraussetzungen des § 986 ?
= Anspruchsgegner hat kein Recht zum Besitz

→ § 986 ist nach heute ganz herrschender Meinung eine Einwendung im Sinne einer negativen Anspruchsvoraussetzung; das Recht zum Besitz ist nicht et-

271

SCHEMATA – Eigentum

wa nur dann zu prüfen, wenn sich der Anspruchsgegner – ausdrücklich oder sinngemäß – auf § 986 beruft
→ ein eigenes Recht zum Besitz (§ 986 I 1 Var. 1) hat etwa der Pfandgläubiger, der Nießbraucher, der Mieter, der Pächter, der Entleiher, solange das Verhältnis besteht; ein abgeleitetes Recht zum Besitz (§ 986 I 1 Var. 2) hat etwa der Untermieter, der die Sache erlaubterweise vom Mieter erhalten hat

II. Anspruch untergegangen ?

III. Anspruch durchsetzbar ?

IV. Ergebnis

- Herausgabe, § 985
hier: Eigentumserwerb vom Nichtberechtigten
gemäß §§ 929 S. 1, 932 I 1

I. Anspruch entstanden ?

1. Voraussetzungen des § 985 ?

a. Anspruchsgegner ist Besitzer ?
= tatsächliche Gewalt über die Sache

→ der Anspruchsgegner kann unmittelbarer Besitzer (§ 854 I, II) oder mittelbarer Besitzer (§ 868), Eigenbesitzer oder Fremdbesitzer (§ 872), Alleinbesitzer oder Mitbesitzer (§ 866) sein; nicht Besitzer ist der sogenannte Besitzdiener (§ 855).
→ zur Besitzbegründung siehe § 854 I und II
→ der Besitzer darf den Besitz nicht verloren haben, vgl. § 856 I
→ die lediglich vorübergehende Hinderung, die Sachherrschaft auszuüben (z.B. Schließfach, Tresor), führt nicht zur Besitzbeendigung, § 856 II

b. Anspruchsteller ist Eigentümer ?

aa. ursprünglich (–)

bb. Eigentumserwerb des Anspruchstellers
gemäß § 929 S. 1 ?
= Erwerb vom Berechtigten

(1) Einigung ?
= dinglicher Vertrag zwischen Veräußerer und Erwerber über den Eigentumsübergang

- zwei wirksame Willenserklärungen ?
= keine Nichtigkeitsgründe und keine wirksame Anfechtung einer Willenserklärung

→ Achtung: u.U. erfasst ein Nichtigkeitsgrund oder die Anfechtung nur das zugrunde liegende Kausalgeschäft (Abstraktionsprinzip)

Eigentum – SCHEMATA

→ der Widerruf einer Willenserklärung beseitigt nicht deren Wirksamkeit; der Widerruf hat allenfalls Auswirkungen auf das Einigsein im Zeitpunkt der Übergabe

(2) Übergabe ?
= Veräußerer verliert Besitz und Erwerber erlangt Besitz

→ wenn der Veräußerer vorübergehend an der Ausübung der Gewalt verhindert ist, ist er trotzdem Besitzer (vgl. § 856 II); zur Übergabe ist nicht die Erlangung der tatsächlichen Sachherrschaft erforderlich (§ 854 I); eine rechtsgeschäftliche Einigung über den Erwerb des Besitzes i.S.d. § 854 II genügt für die Übergabe

→ auf der Veräußerer- und/oder Erwerberseite kann ein Besitzdiener (§ 855) oder eine sogenannte Geheißpersonen eingeschaltet sein

(3) Einigsein im Zeitpunkt der Vollendung des Erwerbstatbestands ?
= keine der Willenserklärungen darf widerrufen worden sein

→ die Einigung muss bis zur Vollendung des Erwerbstatbestands fortbestehen, bei der Übereignung nach § 929 S. 1 also bis zur Übergabe; bis zu diesem Zeitpunkt ist die Einigung frei widerrufbar (Umkehrschluss aus § 873 II; a.A. vertretbar)

→ wenn eine der Parteien nach der Einigung, aber noch vor der Übergabe stirbt oder geschäftsunfähig wird, ist in entsprechender Anwendung des § 130 II nach wie vor von einem Einigsein auszugehen; für die Erben / den gesetzlichen Vertreter besteht die Möglichkeit des Widerrufs der Einigung

(4) Berechtigung des Veräußerers ?
= der verfügungsbefugte Eigentümer oder der Nichteigentümer, der gesetzlich verfügungsbefugt ist oder der vom Berechtigten ermächtigt ist

→ der Veräußerer muss grundsätzlich bis zum Zeitpunkt der Vollendung des Rechtserwerbs berechtigt sein, bei der Übereignung nach § 929 S. 1 also bis zur Übergabe
→ hier immer (–)

cc. Eigentumserwerb des Anspruchstellers gemäß §§ 929 S. 1, 932 I 1 ?
= Erwerb vom Nichtberechtigten

(1) Einigung ? → s.o.

(2) Übergabe ? → s.o.

(3) Einigsein ... ? → s.o.

(4) „Berechtigungsersatz" ?
= beim Erwerb nach § 929 S. 1:
Voraussetzungen des § 932 und kein Ausschluss nach § 935 I

(a) Rechtsgeschäftlicher Erwerb ?
= nicht durch gesetzlichen Erwerb

→ z.B. nicht bei Erbfolge

SCHEMATA – Eigentum

(b) Verkehrsgeschäft ?
= bei Güteraustausch zwischen zwei Personen; nicht bei persönlicher oder wirtschaftlicher Identität des Übereignenden mit dem Erwerber

(c) Legitimation des Verfügenden als Berechtigter ?
= beim gutgläubigen Erwerb nach §§ 929 S. 1, 932 I 1:
Übergabe der Sache

(d) Gutgläubigkeit des Erwerbers ?
= keine positive Kenntnis oder grob fahrlässige Unkenntnis vom Nichteigentum des Veräußerers bis zur Vollendung des Rechtserwerbs, § 932 II

→ Vollendung des Rechtserwerbs beim Erwerb nach §§ 929 S. 1, 932 I 1 = Übergabe der Sache

→ grundsätzlich ist nur der gute Glaube an die Eigentümerstellung des Veräußerers geschützt und nicht etwa der gute Glaube an die Vertretungsmacht, an die Verfügungsbefugnis oder an die Geschäftsfähigkeit; ausnahmsweise ist der gute Glaube an die Verfügungsbefugnis des Veräußerers geschützt, vgl. § 366 I HGB

→ wenn auf der Seite des Erwerbers ein Vertreter handelt, ist nach § 166 I bezüglich des guten Glaubens auf den Vertreter abzustellen und nicht auf den Chef (Geschäftsherrn); wenn umgekehrt der Chef bösgläubig ist und seinen gutgläubigen Vertreter vorschickt, ist nach § 166 II hinsichtlich des guten Glaubens auf den Chef abzustellen

(e) kein Abhandenkommen der Sache, § 935 I ?
= kein unfreiwilliger Verlust des unmittelbaren Besitzes

→ falls der Eigentümer unmittelbarer Besitzer ist, darf die Sache nicht ihm abhandengekommen sein; falls der Eigentümer mittelbarer Besitzer ist, darf die Sache gemäß § 935 I 2 nicht dem unmittelbaren Besitzer abhandengekommen sein

→ wird der Besitzer durch Täuschung oder Irrtum zur Besitzaufgabe beeinflusst, handelt es sich um einen unfreiwilligen Verlust; umstritten ist, ob die Weggabe einer Sache unter Drohung einen unfreiwilligen Verlust darstellt

→ Abhandenkommen ist gegeben, wenn der Besitzdiener (§ 855) die Sache eigenmächtig aus dem Herrschaftsbereich des (eigentlichen) Besitzers entfernt, um sie für sich zu verwenden

→ Abhandenkommen ist nicht gegeben, wenn die Sache mit Wissen und Wollen des Eigentümers dem unmittelbaren Besitzer ohne dessen Willen weggenommen wird

→ die Weggabe der Sache durch einen bzw. die Wegnahme bei einem Geschäftsunfähigen stellt nach h.M. ein Abhandenkommen dar

→ nach § 935 II finden die Vorschriften des § 935 I keine Anwendung u.a. auf Geld

Eigentum – SCHEMATA

2. Voraussetzungen des § 986 ?
= Anspruchsgegner hat <u>kein</u> Recht zum Besitz

→ § 986 ist nach heute ganz herrschender Meinung eine Einwendung im Sinne einer <u>negativen</u> Anspruchsvoraussetzung; das Recht zum Besitz ist nicht etwa nur dann zu prüfen, wenn sich der Anspruchsgegner – ausdrücklich oder sinngemäß – auf § 986 beruft

→ s.o. Eigentumserwerb vom Berechtigten gemäß § 929 S. 1

II. Anspruch untergegangen ?

III. Anspruch durchsetzbar ?

IV. Ergebnis

- Herausgabe, § 985
hier: Eigentumserwerb vom Berechtigten gemäß § 929 S. 2

I. Anspruch entstanden ?

1. Voraussetzungen des § 985 ?

  a. Anspruchsgegner ist Besitzer ?
  = tatsächliche Gewalt über die Sache

  → s.o. Eigentumserwerb vom Berechtigten gemäß § 929 S. 1

  b. Anspruchsteller ist Eigentümer ?

   aa. ursprünglich (–)

   bb. Eigentumserwerb des Anspruchstellers gemäß § 929 S. 2 ?
   = Erwerb vom Berechtigten

   (1) Einigung ?
   = dinglicher Vertrag zwischen Veräußerer und Erwerber über den Eigentumsübergang

   - zwei wirksame Willenserklärungen ?
   = keine Nichtigkeitsgründe und keine wirksame Anfechtung einer Willenserklärung

   → s.o. Eigentumserwerb vom Berechtigten gemäß § 929 S. 1

   (2) „Übergabeersatz" ?
   = Voraussetzung des § 929 S. 2

   - Erwerber war zum Zeitpunkt der Einigung bereits Besitzer ?
   = unmittelbarer oder mittelbarer Besitz

275

SCHEMATA – Eigentum

(3) Einigsein im Zeitpunkt der Vollendung des Erwerbstatbestands?
= keine der Willenserklärungen darf widerrufen worden sein

→ Achtung: weil der nach § 929 S. 2 Erwerbende bereits Besitzer ist, ist zum Eigentumserwerb lediglich die Einigung erforderlich; da der Einigung nichts nachfolgt, ist für einen Widerruf (rechtlich) kein Raum; sollte dennoch eine Willenserklärung „widerrufen" werden, muss hier die entsprechende Klarstellung erfolgen

(4) Berechtigung des Veräußerers?
= der verfügungsbefugte Eigentümer oder der Nichteigentümer, der gesetzlich verfügungsbefugt ist oder der vom Berechtigten ermächtigt ist

→ der Veräußerer muss grundsätzlich bis zum Zeitpunkt der Vollendung des Rechtserwerbs berechtigt sein, bei der Übereignung nach § 929 S. 2 also (nur) bis zur Einigung, weil der Erwerber sich bereits im Besitz der Sache befindet

2. *Voraussetzungen des § 986?*
= Anspruchsgegner hat kein Recht zum Besitz

→ s.o. Eigentumserwerb vom Berechtigten gemäß § 929 S. 1

II. Anspruch untergegangen?
III. Anspruch durchsetzbar?
IV. Ergebnis

- Herausgabe, § 985
hier: **Eigentumserwerb vom Nichtberechtigten gemäß §§ 929 S. 2, 932 I 2**

I. Anspruch entstanden?

1. *Voraussetzungen des § 985?*

   a. Anspruchsgegner ist Besitzer?
   = tatsächliche Gewalt über die Sache

   → s.o. Eigentumserwerb vom Berechtigten gemäß § 929 S. 1

   b. Anspruchsteller ist Eigentümer?

   aa. ursprünglich (–)

   bb. Eigentumserwerb des Anspruchstellers gemäß § 929 S. 2?
   = Erwerb vom Berechtigten

Eigentum – SCHEMATA

(1) Einigung ?
= dinglicher Vertrag zwischen Veräußerer und Erwerber über den Eigentumsübergang

- *zwei wirksame Willenserklärungen ?*
= keine Nichtigkeitsgründe und keine wirksame Anfechtung einer Willenserklärung

→ s.o. Eigentumserwerb vom Berechtigten gemäß § 929 S. 1

(2) „Übergabeersatz" ?
= Voraussetzung des § 929 S. 2

- *Erwerber war zum Zeitpunkt der Einigung bereits Besitzer ?*
= unmittelbarer oder mittelbarer Besitz

(3) Einigsein im Zeitpunkt der Vollendung des Erwerbstatbestands ?
= keine der Willenserklärungen darf widerrufen worden sein

→ Achtung: weil der nach § 929 S. 2 Erwerbende bereits Besitzer ist, ist zum Eigentumserwerb lediglich die Einigung erforderlich; da der Einigung nichts nachfolgt, ist für einen Widerruf (rechtlich) kein Raum; sollte dennoch eine Willenserklärung „widerrufen" werden, muss hier die entsprechende Klarstellung erfolgen

(4) Berechtigung des Veräußerers ?
= der verfügungsbefugte Eigentümer oder der Nichteigentümer, der gesetzlich verfügungsbefugt ist oder der vom Berechtigten ermächtigt ist

→ der Veräußerer muss grundsätzlich bis zum Zeitpunkt der Vollendung des Rechtserwerbs berechtigt sein, bei der Übereignung nach § 929 S. 2 also (nur) bis zur Einigung, weil der Erwerber sich bereits im Besitz der Sache befindet
→ hier immer (−)

cc. Eigentumserwerb des Anspruchstellers gemäß §§ 929 S. 2, 932 I 2 ?
= Erwerb vom Nichtberechtigten

(1) Einigung ? → s.o.

(2) „Übergabeersatz" ?
= Voraussetzungen des § 929 S. 2 → s.o.

(3) Einigsein ... ? → s.o.

(4) „Berechtigungsersatz" ?
= beim Erwerb nach § 929 S. 2:
Voraussetzungen des § 932 und kein Ausschluss nach § 935 I

(a) Rechtsgeschäftlicher Erwerb ?
= nicht durch gesetzlichen Erwerb

→ z.B. nicht bei Erbfolge

SCHEMATA – Eigentum

(b) Verkehrsgeschäft ?
= bei Güteraustausch zwischen zwei Personen; nicht bei persönlicher oder wirtschaftlicher Identität des Übereignenden mit dem Erwerber

(c) Legitimation des Verfügenden als Berechtigter ?
= beim gutgläubigen Erwerb nach §§ 929 S. 2, 932 I 2: Erwerber muss den Besitz vom Veräußerer erlangt haben

(d) Gutgläubigkeit des Erwerbers ?
= keine positive Kenntnis oder grob fahrlässige Unkenntnis vom Nichteigentum des Veräußerers bis zur Vollendung des Rechtserwerbs, § 932 II

→ s.o. Eigentumserwerb vom Nichtberechtigten gemäß §§ 929 S. 1, 932 I 1
→ Vollendung des Rechtserwerbs beim Erwerb nach §§ 929 S. 1, 932 I 2 = bereits mit der Einigung

(e) kein Abhandenkommen der Sache, § 935 I ?
= kein unfreiwilliger Verlust des unmittelbaren Besitzes

→ s.o. Eigentumserwerb vom Nichtberechtigten gemäß §§ 929 S. 1, 932 I 1

2. Voraussetzungen des § 986 ?
= Anspruchsgegner hat kein Recht zum Besitz

→ s.o. Eigentumserwerb vom Berechtigten gemäß § 929 S. 1

II. Anspruch untergegangen ?
III. Anspruch durchsetzbar ?
IV. Ergebnis

Eigentum – SCHEMATA

- Herausgabe, § 985
hier: Eigentumserwerb vom Berechtigten gemäß §§ 929 S. 1, 930

I. Anspruch entstanden?

1. Voraussetzungen des § 985?

a. Anspruchsgegner ist Besitzer?
= tatsächliche Gewalt über die Sache

→ s.o. Eigentumserwerb vom Berechtigten gemäß § 929 S. 1

b. Anspruchsteller ist Eigentümer?

aa. ursprünglich (–)

bb. Eigentumserwerb des Anspruchstellers gemäß §§ 929 S. 1, 930?
= Erwerb vom Berechtigten

(1) Einigung?
= dinglicher Vertrag zwischen Veräußerer und Erwerber über den Eigentumsübergang

- zwei wirksame Willenserklärungen?
= keine Nichtigkeitsgründe und keine wirksame Anfechtung einer Willenserklärung

→ s.o. Eigentumserwerb vom Berechtigten gemäß § 929 S. 1

(2) „Übergabeersatz"?
= Voraussetzungen des § 930

(a) Veräußerer ist Besitzer geblieben?
= unmittelbarer oder mittelbarer Besitz

(b) Besitzmittlungsverhältnis zwischen Veräußerer u. Erwerber?
= Verhältnis i.S.d. § 868

→ die in der Norm explizit aufgeführten Verhältnisse (insb. Pacht, Miete, Verwahrung) oder ein ähnliches Verhältnis (insb. Leihe); das Verhältnis darf sogar unwirksam sein, solange irgendein Herausgabeanspruch besteht

→ bereits bevor der Veräußerer Eigentümer und/oder Besitzer ist, kann er sich mit dem Erwerber vorab über den Eigentumsübergang einigen und vorab ein Besitzmittlungsverhältnis vereinbaren (vorweggenommenes Besitzmittlungsverhältnis)

→ wenn bereits ein gesetzliches Verhältnis (z.B. eheliche Lebensgemeinschaft, vgl. § 1353) existiert, aufgrund dessen eine Person für eine andere besitzt, reicht der Wille der Parteien, dass die veräußernde Person aufgrund des Verhältnisses Besitzmittler sein soll (gesetzliches Besitzmittlungsverhältnis)

SCHEMATA – Eigentum

　　　(c) Fremdbesitzerwillen des Veräußerers ?
　　　= Willen, für den Erwerber zu besitzen

　　(3) Einigsein im Zeitpunkt der Vollendung des Erwerbstatbestands ?
　　= keine der Willenserklärungen darf widerrufen worden sein

　　　→ s.o. Eigentumserwerb vom Berechtigten gemäß § 929 S. 1
　　　→ der Erwerbstatbestand ist bei der Übereignung nach §§ 929 S. 1, 930 – mangels einer Übergabe – vollendet, wenn die Parteien das in § 930 geforderte Besitzmittlungsverhältnis vereinbart haben

　　(4) Berechtigung des Veräußerers ?
　　= der verfügungsbefugte Eigentümer oder der Nichteigentümer, der gesetzlich verfügungsbefugt ist oder der vom Berechtigten ermächtigt ist

　　　→ der Veräußerer muss grundsätzlich bis zum Zeitpunkt der Vollendung des Rechtserwerbs berechtigt sein, bei der Übereignung nach §§ 929 S. 1, 930 also bis zur Vereinbarung des Besitzmittlungsverhältnisses

　2. Voraussetzungen des § 986 ?
　= Anspruchsgegner hat kein Recht zum Besitz

　　　→ s.o. Eigentumserwerb vom Berechtigten gemäß § 929 S. 1

II. Anspruch untergegangen ?

III. Anspruch durchsetzbar ?

IV. Ergebnis

- Herausgabe, § 985
hier: Eigentumserwerb vom Nichtberechtigten
gemäß §§ 929 S. 1, 930, 933

I. Anspruch entstanden ?

　1. Voraussetzungen des § 985 ?

　　a. Anspruchsgegner ist Besitzer ?
　　= tatsächliche Gewalt über die Sache

　　　→ s.o. Eigentumserwerb vom Berechtigten gemäß § 929 S. 1

　　b. Anspruchsteller ist Eigentümer ?

　　　aa. ursprünglich (–)

　　　bb. Eigentumserwerb des Anspruchstellers gemäß §§ 929 S. 1, 930 ?
　　　= Erwerb vom Berechtigten

Eigentum – SCHEMATA

(1) Einigung ?
= dinglicher Vertrag zwischen Veräußerer und Erwerber über den Eigentumsübergang

- *zwei wirksame Willenserklärungen ?*
= keine Nichtigkeitsgründe und keine wirksame Anfechtung einer Willenserklärung

→ s.o. Eigentumserwerb vom Berechtigten gemäß § 929 S. 1

(2) „Übergabeersatz" ?
= Voraussetzungen des § 930

(a) Veräußerer ist Besitzer geblieben ?
= unmittelbarer oder mittelbarer oder Mitbesitz

(b) Besitzmittlungsverhältnis zwischen Veräußerer u. Erwerber ?
= Verhältnis i.S.d. § 868; gesetzlich reicht

→ die in der Norm explizit aufgeführten Verhältnisse (insb. Pacht, Miete, Verwahrung) oder ein ähnliches Verhältnis (insb. Leihe); das Verhältnis darf sogar unwirksam sein, solange irgendein Herausgabeanspruch besteht

→ bereits bevor der Veräußerer Eigentümer und/oder Besitzer ist, kann er sich mit dem Erwerber vorab über den Eigentumsübergang einigen und vorab ein Besitzmittlungsverhältnis vereinbaren (vorweggenommenes Besitzmittlungsverhältnis)

→ wenn bereits ein gesetzliches Verhältnis (z.B. eheliche Lebensgemeinschaft, vgl. § 1353) existiert, aufgrund dessen eine Person für eine andere besitzt, reicht der Wille der Parteien, dass die veräußernde Person aufgrund des Verhältnisses Besitzmittler sein soll (gesetzliches Besitzmittlungsverhältnis)

(c) Fremdbesitzerwillen des Veräußerers ?
= Willen, für den Erwerber zu besitzen

(3) Einigsein im Zeitpunkt der Vollendung des Erwerbstatbestands ?
= keine der Willenserklärungen darf widerrufen worden sein

→ s.o. Eigentumserwerb vom Berechtigten gemäß § 929 S. 1
→ der Erwerbstatbestand ist bei der Übereignung nach §§ 929 S. 1, 930 – mangels einer Übergabe – vollendet, wenn die Parteien das in § 930 geforderte Besitzmittlungsverhältnis vereinbart haben

(4) Berechtigung des Veräußerers ?
= der verfügungsbefugte Eigentümer oder der Nichteigentümer, der gesetzlich verfügungsbefugt ist oder der vom Berechtigten ermächtigt ist

→ der Veräußerer muss grundsätzlich bis zum Zeitpunkt der Vollendung des Rechtserwerbs berechtigt sein, bei der Übereignung nach §§ 929 S. 1, 930 also bis zur Vereinbarung des Besitzmittlungsverhältnisses
→ hier immer (–)

SCHEMATA – Eigentum

cc. Eigentumserwerb des Anspruchstellers gemäß §§ 929 S. 1, 930, 933 ?
= Erwerb vom Nichtberechtigten

(1) Einigung ? → s.o.

(2) „Übergabeersatz" ?
= Voraussetzungen des § 930 → s.o.

(3) Einigsein ... ? → s.o.

(4) „Berechtigungsersatz" ?
= beim Erwerb nach §§ 929 S. 1, 930:
Voraussetzungen des § 933 und kein Ausschluss nach § 935 I

(a) Rechtsgeschäftlicher Erwerb ?
= nicht durch gesetzlichen Erwerb

→ z.B. nicht bei Erbfolge

(b) Verkehrsgeschäft ?
= bei Güteraustausch zwischen zwei Personen; nicht bei persönlicher oder wirtschaftlicher Identität des Übereignenden mit dem Erwerber

(c) Legitimation des Verfügenden als Berechtigter ?
= beim gutgläubigen Erwerb nach §§ 929 S. 1, 930, 933:
Übergabe der Sache an den Erwerber

(d) Gutgläubigkeit des Erwerbers ?
= keine positive Kenntnis oder grob fahrlässige Unkenntnis vom Nichteigentum des Veräußerers bis zur Vollendung des Rechtserwerbs, § 932 II

→ s.o. Eigentumserwerb vom Nichtberechtigten
gemäß §§ 929 S. 1, 932 I 1
→ Vollendung des Rechtserwerbs beim Erwerb
nach §§ 929 S. 1, 930, 933 = Übergabe der Sache an den Erwerber

(e) kein Abhandenkommen der Sache, § 935 I ?
= kein unfreiwilliger Verlust des unmittelbaren Besitzes

→ s.o. Eigentumserwerb vom Nichtberechtigten
gemäß §§ 929 S. 1, 932 I 1

2. Voraussetzungen des § 986 ?
= Anspruchsgegner hat kein Recht zum Besitz

→ s.o. Eigentumserwerb vom Berechtigten gemäß § 929 S. 1

II. Anspruch untergegangen ?
III. Anspruch durchsetzbar ?
IV. Ergebnis

Eigentum – SCHEMATA

- Herausgabe, § 985
hier: Eigentumserwerb vom Berechtigten
gemäß §§ 929 S. 1, 931

I. Anspruch entstanden ?

   1. Voraussetzungen des § 985 ?

     a. Anspruchsgegner ist Besitzer ?
     = tatsächliche Gewalt über die Sache

     → s.o. Eigentumserwerb vom Berechtigten gemäß § 929 S. 1

     b. Anspruchsteller ist Eigentümer ?

       aa. ursprünglich (-)

       bb. Eigentumserwerb des Anspruchstellers gemäß §§ 929 S. 1, 931 ?
       = Erwerb vom Berechtigten

       (1) Einigung ?
       = dinglicher Vertrag zwischen Veräußerer und Erwerber über den Eigentumsübergang

        - zwei wirksame Willenserklärungen ?
        = keine Nichtigkeitsgründe und keine wirksame Anfechtung einer Willenserklärung

        → s.o. Eigentumserwerb vom Berechtigten gemäß § 929 S. 1

       (2) „Übergabeersatz" ?
       = Voraussetzungen des § 931

        (a) Dritter ist Besitzer der Sache ?
        = unmittelbarer oder mittelbarer Besitz

        (b) Abtretung des Herausgabeanspruchs gegen den Dritten an den Erwerber ?

        → bezüglich der Abtretung gelten die §§ 398 ff
        → abtretbare Herausgabeansprüche ergeben sich insbesondere aus Verträgen, in denen der (jetzige) Veräußerer einem Dritten den Gebrauch an der (jetzt zu veräußernden) Sache gestattet hat; denn die Sache ist zum Ende der Gebrauchszeit regelmäßig an den Gebrauchsüberlasser und jetzigen Veräußerer zurückzugeben; ein Rückgabeanspruch ergibt sich etwa bei der Miete aus § 546, bei der Pacht aus §§ 581, 546, bei der Leihe aus § 604, bei der Verwahrung aus § 695

       (3) Einigsein im Zeitpunkt der Vollendung des Erwerbstatbestands ?
       = keine der Willenserklärungen darf widerrufen worden sein

       → s.o. Eigentumserwerb vom Berechtigten gemäß § 929 S. 1

SCHEMATA – Eigentum

→ der Erwerbstatbestand ist bei der Übereignung nach §§ 929 S. 1, 931 – mangels einer Übergabe – vollendet, wenn die in § 931 geforderte Abtretung des Herausgabeanspruchs erfolgt ist

(4) Berechtigung des Veräußerers ?
= der verfügungsbefugte Eigentümer oder der Nichteigentümer, der gesetzlich verfügungsbefugt ist oder der vom Berechtigten ermächtigt ist

→ der Veräußerer muss grundsätzlich bis zum Zeitpunkt der Vollendung des Rechtserwerbs berechtigt sein, bei der Übereignung nach §§ 929 S. 1, 931 also bis zur Abtretung des Herausgabeanspruchs

2. *Voraussetzungen des § 986 ?*
= Anspruchsgegner hat kein Recht zum Besitz

→ s.o. Eigentumserwerb vom Berechtigten gemäß § 929 S. 1

II. Anspruch untergegangen ?

III. Anspruch durchsetzbar ?

IV. Ergebnis

– Herausgabe, § 985
hier: Eigentumserwerb vom Nichtberechtigten gemäß §§ 929 S. 1, 931, 934 Var. 1 / Var. 2

I. Anspruch entstanden ?

1. *Voraussetzungen des § 985 ?*

   a. Anspruchsgegner ist Besitzer ?
   = tatsächliche Gewalt über die Sache

   → s.o. Eigentumserwerb vom Berechtigten gemäß § 929 S. 1

   b. Anspruchsteller ist Eigentümer ?

   aa. ursprünglich (–)

   bb. Eigentumserwerb des Anspruchstellers gemäß §§ 929 S. 1, 931 ?
   = Erwerb vom Berechtigten

   (1) Einigung ?
   = dinglicher Vertrag zwischen Veräußerer und Erwerber über den Eigentumsübergang

   - zwei wirksame Willenserklärungen ?
   = keine Nichtigkeitsgründe und keine wirksame Anfechtung einer Willenserklärung

   → s.o. Eigentumserwerb vom Berechtigten gemäß § 929 S. 1

Eigentum – SCHEMATA

(2) „Übergabeersatz"?
= Voraussetzungen des § 931

(a) Dritter ist Besitzer der Sache?
= unmittelbarer oder mittelbarer oder Mitbesitz

(b) Abtretung des Herausgabeanspruchs gegen den Dritten an den Erwerber?

→ bezüglich der Abtretung gelten die §§ 398 ff
→ abtretbare Herausgabeansprüche ergeben sich insbesondere aus Verträgen, in denen der (jetzige) Veräußerer einem Dritten den Gebrauch an der (jetzt zu veräußernden) Sache gestattet hat; denn die Sache ist zum Ende der Gebrauchszeit regelmäßig an den Gebrauchsüberlasser und jetzigen Veräußerer zurückzugeben; ein Rückgabeanspruch ergibt sich etwa bei der Miete aus § 546, bei der Pacht aus §§ 581, 546, bei der Leihe aus § 604, bei der Verwahrung aus § 695

(3) Einigsein im Zeitpunkt der Vollendung des Erwerbstatbestands?
= keine der Willenserklärungen darf widerrufen worden sein

→ s.o. Eigentumserwerb vom Berechtigten gemäß § 929 S. 1
→ der Erwerbstatbestand ist bei der Übereignung nach §§ 929 S. 1, 931 – mangels einer Übergabe – vollendet, wenn die in § 931 geforderte Abtretung des Herausgabeanspruchs erfolgt ist

(4) Berechtigung des Veräußerers?
= der verfügungsbefugte Eigentümer oder der Nichteigentümer, der gesetzlich verfügungsbefugt ist oder der vom Berechtigten ermächtigt ist

→ der Veräußerer muss grundsätzlich bis zum Zeitpunkt der Vollendung des Rechtserwerbs berechtigt sein, bei der Übereignung nach §§ 929 S. 1, 931 also bis zur Abtretung des Herausgabeanspruchs
→ hier immer (−)

cc. Eigentumserwerb des Anspruchstellers gemäß §§ 929 S. 1, 931, 934?
= Erwerb vom Nichtberechtigten

(1) Einigung? → s.o.

(2) „Übergabeersatz"?
= Voraussetzungen des § 931 → s.o.

(3) Einigsein ... ? → s.o.

(4) „Berechtigungsersatz"?
= beim Erwerb nach §§ 929 S. 1, 931:
Voraussetzungen des § 934 und kein Ausschluss nach § 935 I

(a) Rechtsgeschäftlicher Erwerb?
= nicht durch gesetzlichen Erwerb

→ z.B. nicht bei Erbfolge

SCHEMATA – Eigentum

(b) Verkehrsgeschäft ?
= bei Güteraustausch zwischen zwei Personen; nicht bei persönlicher oder wirtschaftlicher Identität des Übereignenden mit dem Erwerber

(c) Legitimation des Verfügenden als Berechtigter ?
= beim gutgläubigen Erwerb nach §§ 929 S. 1, 931, *934 Var. 1*: wenn der Veräußerer mittelbarer Besitzer der Sache ist mit Einigung und Abtretung des Herausgabeanspruchs

oder
= beim gutgläubigen Erwerb nach §§ 929 S. 1, 931, *934 Var. 2*: wenn der Veräußerer nicht mittelbarer Besitzer der Sache ist mit Erlangung der Sache vom Dritten

(d) Gutgläubigkeit des Erwerbers ?
= keine positive Kenntnis oder grob fahrlässige Unkenntnis vom Nichteigentum des Veräußerers bis zur Vollendung des Rechtserwerbs, § 932 II

→ s.o. Eigentumserwerb vom Nichtberechtigten gemäß §§ 929 S. 1, 932 I 1
→ Vollendung des Rechtserwerbs beim Erwerb nach §§ 929 S. 1, 931, 934 = mit Abtretung des Herausgabeanspruchs (Var. 1) / mit Erlangung der Sache vom Dritten (Var. 2)

(e) kein Abhandenkommen der Sache, § 935 I ?
= kein unfreiwilliger Verlust des unmittelbaren Besitzes

→ s.o. Eigentumserwerb vom Nichtberechtigten gemäß §§ 929 S. 1, 932 I 1

2. Voraussetzungen des § 986 ?
= Anspruchsgegner hat kein Recht zum Besitz

→ s.o. Eigentumserwerb vom Berechtigten gemäß § 929 S. 1

II. Anspruch untergegangen ?

III. Anspruch durchsetzbar ?

IV. Ergebnis

Eigentum – SCHEMATA

Eigentum - Erwerb kraft Gesetzes

Die Aufbauschemata innerhalb des Abschnittes „Eigentum – Erwerb kraft Gesetzes" beinhalten nicht alle möglichen Arten des gesetzlichen Eigentumserwerbs, sondern nur die wichtigsten, in unseren Fall-Lösungen unmittelbar relevanten Erwerbsarten.

Im Folgenden wird jeweils im Prüfungspunkt „*b. Anspruchsteller ist Eigentümer?*" weiter in die Prüfungsunterpunkte „*aa. ursprünglich (–)*" und „*bb. Eigentumserwerb gemäß ... ?*" differenziert. Dieser Aufbau geht erkennbar davon aus, dass der Anspruchsteller ursprünglich nicht Eigentümer der Sache war. Dann wird geprüft, ob er Eigentum erworben hat.

Im Bereich des gesetzlichen Erwerbs ereilen euch jedoch oft Aufgabenstellungen, in denen der Anspruchsteller ursprünglich Eigentümer war. Dann ist zu prüfen, ob er sein Eigentum verloren hat. Verloren hat er sein Eigentum, wenn eine andere Person Eigentum erworben hat. Deshalb ist in einer solchen Konstellation im Prüfungspunkt „*b. Anspruchsteller ist Eigentümer?*" weiter in die Prüfungsunterpunkte „*aa. ursprünglich (+)*" und „*bb. Eigentumsverlust des ... durch Eigentumserwerb des ... gemäß ... ?*" zu gliedern.

Den zuletzt beschriebenen Aufbau haben wir im Rahmen der AUFBAUSCHEMATA direkt gewählt, wenn bei der konkreten Erwerbsart eine derartige Konstellation eher wahrscheinlich ist oder eine Konstellation, in der der Anspruchsteller ursprünglich nicht Eigentümer der Sache war, für Prüfungsaufgaben praktisch auszuschließen ist.

SCHEMATA – Eigentum

- Herausgabe, § 985
hier: Eigentumserwerb durch Ersitzung
gemäß § 937

I. Anspruch entstanden ?

1. *Voraussetzungen des § 985 ?*

    a. *Anspruchsgegner ist Besitzer ?*
    = tatsächliche Gewalt über die Sache
    → der Anspruchsgegner kann unmittelbarer Besitzer (§ 854 I, II) oder mittelbarer Besitzer (§ 868), Eigenbesitzer oder Fremdbesitzer (§ 872), Alleinbesitzer oder Mitbesitzer (§ 866) sein; nicht Besitzer ist der sogenannte Besitzdiener (§ 855).
    → zur Besitzbegründung siehe § 854 I und II
    → der Besitzer darf den Besitz nicht verloren haben, vgl. § 856 I
    → die lediglich vorübergehende Hinderung, die Sachherrschaft auszuüben (z.B. Schließfach, Tresor), führt nicht zur Besitzbeendigung, § 856 II

    b. *Anspruchsteller ist Eigentümer ?*

      aa. *ursprünglich* (+)

      bb. *Eigentumsverlust des Anspruchstellers durch Eigentumserwerb des Anspruchsgegners gemäß § 937 (Ersitzung) ?*

      (1) zehn Jahre Eigenbesitz einer beweglichen Sache, § 937 I ?
      = bewegliche Sache über zehn Jahre hinweg als ihm gehörend besessen (§ 872)

      (2) Gutgläubigkeit, § 932 I während der zehnjährigen Besitzdauer, § 937 II ?
      = keine positive Kenntnis oder grob fahrlässige Unkenntnis des „Ersitzers" davon, dass er (vor der Vollendung des Ersitzungstatbestandes) nicht Eigentümer geworden ist

2. *Voraussetzungen des § 986 ?*
   = Anspruchsgegner hat kein Recht zum Besitz

   → § 986 ist nach heute ganz herrschender Meinung eine Einwendung im Sinne einer <u>negativen</u> Anspruchsvoraussetzung; das Recht zum Besitz ist nicht etwa nur dann zu prüfen, wenn sich der Anspruchsgegner – ausdrücklich oder sinngemäß – auf § 986 beruft
   → ein eigenes Recht zum Besitz (§ 986 I 1 Var. 1) hat etwa der Pfandgläubiger, der Nießbraucher, der Mieter, der Pächter, der Entleiher, solange das Verhältnis besteht; ein abgeleitetes Recht zum Besitz (§ 986 I 1 Var. 2) hat etwa der Untermieter, der die Sache erlaubterweise vom Mieter erhalten hat

II. Anspruch untergegangen ?

III. Anspruch durchsetzbar ?

IV. Ergebnis

Eigentum – SCHEMATA

- Herausgabe, § 985
hier: Eigentumserwerb durch Verbindung mit einem Grundstück gemäß § 946

I. Anspruch entstanden?

    1. Voraussetzungen des § 985?

        a. Anspruchsgegner ist Besitzer?
        = tatsächliche Gewalt über die Sache
        → s.o. Eigentumserwerb durch Ersitzung gemäß § 937

        b. Anspruchsteller ist Eigentümer?

            aa. ursprünglich (+)

            bb. Eigentumsverlust des Anspruchstellers durch Eigentumserwerb des Anspruchsgegners gemäß § 946 (Verbindung mit einem Grundstück)?

                (1) bewegliche Sache wird durch Verbindung wesentlicher Bestandteil eines Grundstückes (§§ 93 ff, 94)?

                    → meist werden bewegliche Sachen in ein Gebäude eingefügt; sie werden gemäß § 94 II wesentliche Bestandteile des Gebäudes; das Gebäude wiederum ist gemäß § 94 I 1 wesentlicher Bestandteil des Grundstücks

                    → weder bei dem Gebäude noch bei den eingefügten beweglichen Sachen darf es sich um Scheinbestandteile nach § 95 handeln

                (2) Erwerber ist Eigentümer des Grundstücks?

                    → je nach Fallkonstellation ist an dieser Stelle gegebenenfalls zu prüfen, ob der Anspruchsgegner, der ursprünglich nicht Eigentümer war, Eigentum am Grundstück erworben hat oder als ursprünglicher Eigentümer des Grundstücks sein Eigentum wieder verloren hat

    2. Voraussetzungen des § 986?
    = Anspruchsgegner hat kein Recht zum Besitz
    → s.o. Eigentumserwerb durch Ersitzung gemäß § 937

II. Anspruch untergegangen?

III. Anspruch durchsetzbar?

IV. Ergebnis

SCHEMATA – Eigentum

> **- Herausgabe, § 985**
> hier: **Eigentumserwerb durch Verarbeitung
> gemäß § 950 I 1**

I. Anspruch entstanden ?
   1. Voraussetzungen des § 985 ?
      a. Anspruchsgegner ist Besitzer ?
      = tatsächliche Gewalt über die Sache
      → s.o. Eigentumserwerb durch Ersitzung gemäß § 937
      b. Anspruchsteller ist Eigentümer ?
        aa. ursprünglich (+)
        bb. Eigentumsverlust des Anspruchstellers durch Eigentumserwerb des Anspruchsgegners gemäß § 950 I 1 (Verarbeitung) ?
          (1) Herstellung einer neuen beweglichen Sache ?
          = Ergebnis der Verarbeitung wird von der Verkehrsauffassung als neue Sache angesehen

          (2) Erwerber ist Hersteller ?
          = derjenige, in dessen Namen und in dessen wirtschaftlichem Interesse die Herstellung stattfindet

          → entscheidend ist, in wessen Interesse die neue Sache hergestellt wird und nicht, wer tatsächlich daran arbeitet; deshalb ist der Werkunternehmer (§ 631) nicht Hersteller im Sinne des § 950 I 1; anders der „Unternehmer" beim Werklieferungsvertrag (§ 650); er stellt die Sache im eigenen Interesse her, wenn auch mit dem Ziel der Lieferung an den Besteller

          → § 950 wird weitgehend als sogenanntes zwingendes Recht angesehen, sodass nicht wirksam etwas Abweichendes vereinbart werden kann; dennoch lässt die herrschende Meinung und die Rechtsprechung eine Vereinbarung darüber zu, wer als Hersteller im Sinne des § 950 anzusehen ist (relevant für die sogenannte Verarbeitungsklausel)

          (3) Wert der zur Herstellung aufgewendeten Arbeit (Verarbeitungswert) ist nicht erheblich geringer als der Stoffwert ?
          = Verkehrswertvergleich

          → der Stoffwert ermittelt sich aus der Summe der Werte der einzelnen Teile; der Verarbeitungswert ist der Gesamtwert der neuen Sache abzüglich des Stoffwertes

   2. Voraussetzungen des § 986 ?
   = Anspruchsgegner hat kein Recht zum Besitz
   → s.o. Eigentumserwerb durch Ersitzung gemäß § 937

Eigentum – SCHEMATA

II. Anspruch untergegangen ?
III. Anspruch durchsetzbar ?
IV. Ergebnis

- Herausgabe, § 985
hier: Eigentumserwerb an der EU-Zulassungsbescheinigung
Teil II / am Kfz-Brief entsprechend § 952 II

I. Anspruch entstanden ?
  1. Voraussetzungen des § 985 ?
    a. Anspruchsgegner ist Besitzer ?
    = tatsächliche Gewalt über die Sache

    → s.o. Eigentumserwerb durch Ersitzung gemäß § 937

    b. Anspruchsteller ist Eigentümer ?

    aa. ursprünglich (–)

    bb. Eigentumserwerb (auch) an der EU-Zulassungsbescheinigung Teil II / am Kfz-Brief in entsprechender Anwendung des § 952 II durch Eigentumserwerb an dem Kfz ?

      (1) Möglichkeit eines derartigen Erwerbs ?

        → das Eigentum an einer EU-Zulassungsbescheinigung Teil II / an einem Kfz-Brief folgt dem Eigentum an dem entsprechenden Kraftfahrzeug; es entspricht der Funktion der EU-Zulassungsbescheinigung Teil II / des Fahrzeugbriefs und ist allgemein anerkannt, dass dieser Zusammenhang in analoger Anwendung des § 952 II besteht

      (2) Eigentumserwerb des Anspruchstellers gemäß ..... ?

        → hier ist je nach Fallkonstellation ein Eigentumserwerb zu prüfen
        → es kommen alle unterschiedlichen Erwerbsarten in Betracht, also insbesondere auch die Arten zum Eigentumserwerb durch Rechtsgeschäft (§§ 929 ff; s.o.)

  2. Voraussetzungen des § 986 ?
    = Anspruchsgegner hat kein Recht zum Besitz
    → s.o. Eigentumserwerb durch Ersitzung gemäß § 937

II. Anspruch untergegangen ?
III. Anspruch durchsetzbar ?
IV. Ergebnis

SCHEMATA – Eigentum

- **Herausgabe, § 985**
  hier: **Eigentumserwerb durch Trennung gemäß § 956 I 1**

I. Anspruch entstanden ?
  1. *Voraussetzungen des § 985 ?*
     a. *Anspruchsgegner ist Besitzer ?*
        = tatsächliche Gewalt über die Sache
        → s.o. Eigentumserwerb durch Ersitzung gemäß § 937
     b. *Anspruchsteller ist Eigentümer ?*
        aa. *ursprünglich* (+)
        bb. *Eigentumsverlust des Anspruchstellers durch Eigentumserwerb des Anspruchsgegners gemäß § 956 I 1 (Trennung) ?*
           = Trennung bei Besitz des persönlich Berechtigten und Gestattung der Aneignung durch den Eigentümer
           (1) Trennung der Bestandteile ?
           (2) Besitz des persönlich Berechtigten ?
              → der Besitz des persönlich Berechtigten gründet oftmals auf einem schuldrechtlichen Vertrag, etwa der Pacht
           (3) Gestattung der Aneignung ?
              → die Aneignungsgestattung beruht oft auf einer schuldrechtlichen Verpflichtung, wie etwa auf dem Pachtvertrag (§§ 585, 581 I 1)
              → die Aneignungsgestattung kann auch auf § 957 beruhen
  2. *Voraussetzungen des § 986 ?*
     = Anspruchsgegner hat kein Recht zum Besitz
     → s.o. Eigentumserwerb durch Ersitzung gemäß § 937

II. Anspruch untergegangen ?
III. Anspruch durchsetzbar ?
IV. Ergebnis

Eigentum – SCHEMATA

- Herausgabe, § 985
hier: Eigentumserwerb durch Aneignung gemäß § 958 I

I. Anspruch entstanden?

   1. Voraussetzungen des § 985?

     a. Anspruchsgegner ist Besitzer?
     = tatsächliche Gewalt über die Sache
     → s.o. Eigentumserwerb durch Ersitzung gemäß § 937

     b. Anspruchsteller ist Eigentümer?

       aa. ursprünglich (–)

       bb. Eigentumserwerb gemäß § 958 I?
       = Begründung von Eigenbesitz an einer herrenlosen beweglichen Sache

         (1) bewegliche Sache?

         (2) herrenlos?
         = in niemandes Eigentum stehend

           → herrenlos wird eine Sache durch Eigentumsaufgabe gemäß § 959; Tiere sind oder werden herrenlos nach §§ 960 und 961

         (3) Begründung von Eigenbesitz?
           → vgl. §§ 854, 872

         (4) kein Ausschluss nach § 958 II?
         = kein gesetzliches Aneignungsverbot und keine Verletzung eines Aneignungsrechts

           → als gesetzliches Verbot genügt eine Polizeiverordnung
           → als (verletztes) Aneignungsrecht ist an die Jagd- oder Fischereiberechtigung zu denken

   2. Voraussetzungen des § 986?
   = Anspruchsgegner hat kein Recht zum Besitz
     → s.o. Eigentumserwerb durch Ersitzung gemäß § 937

II. Anspruch untergegangen?

III. Anspruch durchsetzbar?

IV. Ergebnis

SCHEMATA – Eigentum

- **Herausgabe, § 985**
  hier: Eigentumserwerb durch Fund
  gemäß §§ 973 I, 965

I. Anspruch entstanden ?
  1. *Voraussetzungen des § 985 ?*
     a. *Anspruchsgegner ist Besitzer ?*
        = tatsächliche Gewalt über die Sache
        → s.o. Eigentumserwerb durch Ersitzung gemäß § 937
     b. *Anspruchsteller ist Eigentümer ?*
        aa. *ursprünglich* (+)

        bb. *Eigentumsverlust des Anspruchstellers durch Eigentumserwerb des Anspruchsgegners gemäß §§ 973 I, 965 (Ersitzung)* ?
        = Eigentumserwerb des Finders einer verlorenen Sache sechs Monate nach Anzeige bei der zuständigen Behörde bei unbekannt gebliebenem Empfangsberechtigten

        (1) verlorene Sache ?
        = Besitzlosigkeit aufgrund Besitzverlustes des ursprünglichen Besitzers ohne dessen Willen

        → niemand darf Besitz an der Sache haben, sie muss besitzlos sein
        → nicht besitzlos ist sie, wenn ein Besitzerwerb aufgrund generellen Besitzwillens anzunehmen ist (z.B. Pakete in der Postfiliale)

        (2) Finder ?
        = derjenige, der die verlorene Sache in seine Obhut nimmt; nicht notwendigerweise derjenige, der sie entdeckt hat

        → meist nimmt der „Chef" die verlorene Sache in seine Obhut, nicht der entdeckende Untergebene

        (3) sechs Monate nach der Anzeige bei der zuständigen Behörde verstrichen ?

        (4) kein Empfangsberechtigter bekannt geworden ?
  2. *Voraussetzungen des § 986 ?*
     = Anspruchsgegner hat kein Recht zum Besitz
     → s.o. Eigentumserwerb durch Ersitzung gemäß § 937

II. Anspruch untergegangen ?
III. Anspruch durchsetzbar ?
IV. Ergebnis

# Pfandrecht

Die AUFBAUSCHEMATA innerhalb des Abschnittes „Pfandrecht" beinhalten nicht alle Varianten, in denen ein Pfandrecht auftauchen kann. Insbesondere sind nicht alle möglichen Arten des rechtsgeschäftlichen Pfandrechtserwerbs, sondern nur die wichtigsten, in unseren Fall-Lösungen unmittelbar relevanten Erwerbsarten berücksichtigt.

Bei der Prüfung des *originären Erwerbs des vertraglichen Pfandrechts* an einer beweglichen Sache *vom Berechtigten* gemäß §§ 1204, 1205 gibt es weitreichende *Parallelen zum Eigentumserwerb* vom Berechtigten. Vieles basiert auf dem Baukastenprinzip (§ 1205 I 1 wie § 929 S. 1 / § 1205 I 2 wie § 929 S. 2). Es gibt aber auch einige Besonderheiten im Detail, wie der Vergleich von § 1205 II und § 931 zeigt (zusätzliche Wirksamkeitsvoraussetzung: Mitteilung an den Besitzer; lest auch § 1206). Der (gutgläubige) *Pfandrechtserwerb vom Nichtberechtigten* ist ebenfalls vorgesehen. § 1207 verweist ausdrücklich auf die §§ 932, 934 und 935.

Außerdem sei die Möglichkeit des *derivativen (abgeleiteten) Erwerbs des Pfandrechts* erwähnt. Das – bereits bestehende – Pfandrecht ist im Verhältnis zur gesicherten Forderung akzessorisch (= angelehnt / abhängig) und kann daher nicht für sich allein übertragen werden. Wenn die gesicherte Forderung übertragen wird (§ 398), „klebt" das Pfandrecht quasi an der Forderung. Das Pfandrecht geht dann kraft Gesetzes mit über (§§ 1250, 401; siehe auch § 1251).

- **Herausgabe, §§ 1227, 985**
  hier: **Originärer Erwerb des vertraglichen Pfandrechts an einer beweglichen Sache vom Berechtigten gemäß §§ 1204, 1205**

I. Anspruch entstanden ?

   1. Voraussetzungen der §§ 1227, 985 ?

      a. Anspruchsgegner ist Besitzer ?
         = tatsächliche Gewalt über die Sache
         → s.o. Eigentumserwerb vom Berechtigten gemäß § 929 S. 1

      b. Anspruchsteller ist Pfandgläubiger ?
         - *originärer Erwerb des vertraglichen Pfandrechts an einer beweglichen Sache vom Berechtigten gemäß §§ 1204, 1205 ?*

            (1) Einigung über die Bestellung eines Pfandrechts ?
               = dinglicher Vertrag zwischen Veräußerer und Erwerber

SCHEMATA – Pfandrecht

- *zwei wirksame Willenserklärungen ?*
= keine Nichtigkeitsgründe und keine wirksame Anfechtung einer Willenserklärung

→ s.o. Eigentumserwerb vom Berechtigten gemäß § 929 S. 1

(2) Übergabe der (beweglichen) Pfandsache ?
= Pfandrechtsbesteller verliert Besitz und Erwerber erlangt Besitz

→ s.o. Eigentumserwerb vom Berechtigten gemäß § 929 S. 1

(3) Einigsein über die Belastung des Eigentums zum Zeitpunkt der Übergabe ?
= keine der Willenserklärungen darf widerrufen worden sein

→ s.o. Eigentumserwerb vom Berechtigten gemäß § 929 S. 1

(4) Berechtigung des Verfügenden ?
= der verfügungsbefugte Eigentümer der Pfandsache oder der Nichteigentümer, der gesetzlich verfügungsbefugt ist oder der vom Berechtigten ermächtigt ist

→ s.o. Eigentumserwerb vom Berechtigten gemäß § 929 S. 1

(5) zu sichernde Forderung ?
= Forderung, die eine Geldforderung ist oder in eine solche übergehen kann (vgl. § 1228 II 2)

→ meist die Geldforderung gegen den Darlehensnehmer (§ 488 I 2)

2. *Voraussetzungen des § 986 ?*
= Anspruchsgegner hat kein Recht zum Besitz

→ s.o. Eigentumserwerb vom Berechtigten gemäß § 929 S. 1

II. Anspruch untergegangen ?
III. Anspruch durchsetzbar ?
IV. Ergebnis

Pfandrecht – SCHEMATA

- Herausgabe, §§ 1227, 985
hier: Erwerb des Pfandrechts an einer beweglichen Sache durch dingliche Surrogation gemäß § 1287 S. 1

I. Anspruch entstanden?

1. *Voraussetzungen der §§ 1227, 985?*

    a. *Anspruchsgegner ist Besitzer?*
    = tatsächliche Gewalt über die Sache
    → s.o. Eigentumserwerb vom Berechtigten gemäß § 929 S. 1

    b. *Anspruchsteller ist Pfandgläubiger?*
    - *Erwerb eines Pfandrechts (an der Sache) gemäß § 1287 S. 1?*

        (1) Pfandrecht an einer Forderung (§§ 1273, 1274, 1279 ff)?
        = Bestellung eines Pfandrechts an einer übertragbaren Forderung
        → z.B. Forderung auf Übereignung der Kaufsache gemäß § 433 I 1

        (2) wirksame Leistung des Schuldners der gesicherten Forderung?
        → bei der Forderung gemäß § 433 I 1: Übergabe der Kaufsache und Eigentumsverschaffung unter Beachtung der §§ 1279 ff

        (a) Übergabe?
        = Verkäufer verliert Besitz und Käufer erlangt Besitz

        (b) Eigentumsverschaffung?
        = Übereignung der Sache
        → hier sind gegebenenfalls alle Arten des Eigentumserwerbs gemäß §§ 929 ff zu prüfen; s.o.

        (c) unter Beachtung der §§ 1279 ff?

2. *Voraussetzungen des § 986?*
= Anspruchsgegner hat kein Recht zum Besitz
→ s.o. Eigentumserwerb vom Berechtigten gemäß § 929 S. 1

II. Anspruch untergegangen?

III. Anspruch durchsetzbar?

IV. Ergebnis

SCHEMATA – Pfandrecht

- Herausgabe, § 985
hier: Eigentumserwerb durch rechtmäßige Veräußerung des Pfandes an einer beweglichen Sache gemäß § 1242 I 1

I. Anspruch entstanden?

   1. Voraussetzungen des § 985?

      a. Anspruchsgegner ist Besitzer?
      = tatsächliche Gewalt über die Sache
      → s.o. Eigentumserwerb vom Berechtigten gemäß § 929 S. 1

      b. Anspruchsteller ist Eigentümer?

        aa. ursprünglich (+)

        bb. Eigentumsverlust des Anspruchstellers durch Eigentumserwerb des Anspruchsgegners gemäß § 1242 I 1?
        = rechtmäßige Veräußerung des Pfandes; Pfandrecht muss bestanden haben

          (1) Pfandrecht?
          = wirksame Verpfändung durch den Eigentümer der Sache (§§ 1204, 1205) oder durch den Nichtberechtigten (§ 1207)

          → an dieser Stelle ist zu prüfen, ob in der Vergangenheit an einer beweglichen Sache ein Pfand bestellt worden ist
          → in Betracht kommen alle Arten des Erwerbs gemäß §§ 1204 ff, also alle möglichen Arten des Erwerbs vom Berechtigten und vom Nichtberechtigten

          (2) rechtmäßige Veräußerung?

          → in der öffentlichen Versteigerung (vgl. §§ 1235 ff): der Kaufvertrag kommt durch Zuschlag (§ 156) zustande; die Übereignung erfolgt gemäß §§ 929 ff
          → beim freihändigen Verkauf statt der Versteigerung (vgl. §§ 1235 II, 1221): es wird ein normaler Kaufvertrag geschlossen; die Übereignung erfolgt gemäß §§ 929 ff

   2. Voraussetzungen des § 986?
   = Anspruchsgegner hat kein Recht zum Besitz
   → s.o. Eigentumserwerb vom Berechtigten gemäß § 929 S. 1

II. Anspruch untergegangen?
III. Anspruch durchsetzbar?
IV. Ergebnis

Pfandrecht – SCHEMATA

- Herausgabe, § 985
hier: Eigentumserwerb durch Veräußerung des Pfandes an einer beweglichen Sache bei fehlendem Pfandrecht gemäß § 1244

I. Anspruch entstanden ?

   1. Voraussetzungen des § 985 ?

      a. Anspruchsgegner ist Besitzer ?
      = tatsächliche Gewalt über die Sache

      → s.o. Eigentumserwerb vom Berechtigten gemäß § 929 S. 1

      b. Anspruchsteller ist Eigentümer ?

      aa. ursprünglich (+)

      bb. Eigentumsverlust des Anspruchstellers durch Eigentumserwerb des Anspruchsgegners gemäß § 1244 ?
      = bei fehlendem Pfandrecht des Veräußerers Veräußerung unter Beachtung der in § 1244 a.E. genannten Minimalanforderungen an gutgläubigen Erwerber (§ 935 gilt hier nicht)

      (1) <u>kein</u> Pfandrecht des Veräußerers ?

      → an dieser Stelle ist zu prüfen, ob in der Vergangenheit an einer beweglichen Sache ein Pfand bestellt worden ist, die Bestellung aber fehlgeschlagen ist
      → in Betracht kommen bei der Erwerbsprüfung alle Arten des Erwerbs gemäß §§ 1204 ff, also alle möglichen Arten des Erwerbs vom Berechtigten und vom Nichtberechtigten

      (2) Veräußerung des Pfandes nach § 1233 II oder Beachtung des § 1235 oder des § 1240 II ?

      (3) Gutgläubigkeit des Erwerbers ?

   2. Voraussetzungen des § 986 ?
   = Anspruchsgegner hat kein Recht zum Besitz

   → s.o. Eigentumserwerb vom Berechtigten gemäß § 929 S. 1

II. Anspruch untergegangen ?

III. Anspruch durchsetzbar ?

IV. Ergebnis

SCHEMATA – Sicherungseigentum

Sicherungseigentum

Das folgende SCHEMA zum *(Sicherungs-)Eigentumserwerb vom Berechtigten* gemäß §§ 929 S. 1, 930 ist bis auf einige Detailbesonderheiten identisch mit dem weiter vorne unter „Eigentum – Erwerb durch Rechtsgeschäft" aufgeführten SCHEMA zum Eigentumserwerb vom Berechtigten gemäß §§ 929 S. 1, 930. Vergleicht bitte selbst ...

Und: Es gibt auch einen *(Sicherungs-)Eigentumserwerb vom Nichtberechtigten* gemäß §§ 929 S. 1, 930, 933. Vergleicht dazu bitte das entsprechende SCHEMA beim rechtsgeschäftlichen Eigentumserwerb.

- Herausgabe, § 985
hier: (Sicherungs-)Eigentumserwerb vom Berechtigten
gemäß §§ 929 S. 1, 930

I. Anspruch entstanden ?

   1. Voraussetzungen des § 985 ?

     a. Anspruchsgegner ist Besitzer ?
     = tatsächliche Gewalt über die Sache

       → s.o. Eigentumserwerb vom Berechtigten gemäß § 929 S. 1

     b. Anspruchsteller ist Eigentümer ?

       aa. ursprünglich (–)

       bb. Eigentumserwerb des Anspruchstellers
       gemäß §§ 929 S. 1, 930 ?
       = Erwerb vom Berechtigten

       (1) Einigung ?
       = dinglicher Vertrag zwischen Veräußerer und Erwerber über den Eigentumsübergang

         - zwei wirksame Willenserklärungen ?
         = keine Nichtigkeitsgründe und keine wirksame Anfechtung einer Willenserklärung

           → s.o. Eigentumserwerb vom Berechtigten gemäß § 929 S. 1
           → die Einigung muss sich als dingliches Rechtsgeschäft vor dem Hintergrund des Publizitätsgrundsatzes auf einzelne, bestimmt bezeichnete Sachen beziehen; bloße Bestimmbarkeit genügt dagegen nicht
           → die hinreichende Bestimmtheit ist problematisch bei Warenlagern mit wechselndem Bestand und bei der vorweggenommenen (antizipierten) Sicherungsübereignung

Sicherungseigentum – SCHEMATA

(2) „Übergabeersatz"?
= Voraussetzungen des § 930

(a) Veräußerer ist Besitzer geblieben?
= unmittelbarer oder mittelbarer Besitz

(b) Besitzmittlungsverhältnis zwischen Veräußerer u. Erwerber?
= Verhältnis i.S.d. § 868

→ bei der Sicherungsübereignung üblicherweise ein Vertrag, der es dem Sicherungsgeber erlaubt, die (zu übereignende) Sache weiterzunutzen; dadurch hat der Sicherungsnehmer mittelbaren Besitz an der Sache erlangt
→ der Vertrag muss keinem bestimmten Typus des BGB entsprechen

(c) Fremdbesitzerwillen des Veräußerers?
= Willen, für den Erwerber zu besitzen

(3) Einigsein im Zeitpunkt der Vollendung des Erwerbstatbestands?
= keine der Willenserklärungen darf widerrufen worden sein

→ s.o. Eigentumserwerb vom Berechtigten gemäß § 929 S. 1
→ der Erwerbstatbestand ist bei der Übereignung nach §§ 929 S. 1, 930 – mangels einer Übergabe – vollendet, wenn die Parteien das in § 930 geforderte Besitzmittlungsverhältnis vereinbart haben

(4) Berechtigung des Veräußerers?
= der verfügungsbefugte Eigentümer oder der Nichteigentümer, der gesetzlich verfügungsbefugt ist oder der vom Berechtigten ermächtigt ist

→ der Veräußerer muss grundsätzlich bis zum Zeitpunkt der Vollendung des Rechtserwerbs berechtigt sein, bei der Übereignung nach §§ 929 S. 1, 930 also bis zur Vereinbarung des Besitzmittlungsverhältnisses

2. Voraussetzungen des § 986?
= Anspruchsgegner hat kein Recht zum Besitz

→ die Parteien haben – als eine der Grundlagen der erfolgten Sicherungsübereignung – eine schuldrechtliche Sicherungsabrede getroffen; aus dieser ist gegebenenfalls ein Recht zum Besitz abzuleiten; der Sicherungsnehmer kann die zur Sicherung übereignete Sache nicht mit Erfolg herausverlangen, solange der Sicherungsgeber seine Pflichten (z.B. vereinbarte Ratenzahlungen) erfüllt; etwas anderes (kein Recht zum Besitz) gilt nur im sogenannten Verwertungsfall

II. Anspruch untergegangen?
III. Anspruch durchsetzbar?
IV. Ergebnis

SCHEMATA – Anwartschaftsrecht

Anwartschaftsrecht

Neben dem im folgenden SCHEMA aufgeführten *Erwerb eines Anwartschaftsrechts vom Berechtigten* ist auch der *Erwerb eines Anwartschaftsrechts vom Nichtberechtigten* möglich.

Das folgende Schema geht von der Konstellation aus, dass der Anspruchsteller, der noch nicht Eigentümer, aber vielleicht schon Anwartschaftsberechtigter ist, die Sache von einem Dritten, etwa einem Dieb herausverlangt.

Wenn sich der Herausgabeanspruch gemäß § 985 allerdings gegen einen potenziell Anwartschaftsberechtigten wendet, ist im Rahmen des Prüfungspunkts „Voraussetzungen des § 986" zu ermitteln, ob der Anspruchsgegner ein Anwartschaftsrecht erworben hat. Das Anwartschaftsrecht ist nach h.M. ein Recht zum Besitz.

- Herausgabe, § 985
 hier: Erwerb eines dem Eigentum als „wesensgleiches Minus" gleichzustellenden Anwartschaftsrechts

---

I. Anspruch entstanden ?

  1. Voraussetzungen des § 985 ?

    a. Anspruchsgegner ist Besitzer ?
    = tatsächliche Gewalt über die Sache

    → s.o. Eigentumserwerb vom Berechtigten gemäß § 929 S. 1

    b. Anspruchsteller ist Eigentümer ?

      aa. ursprünglich (–)

      bb. Eigentumserwerb des E von V gemäß § 929 S. 1 ?
      = Erwerb vom Berechtigten

      - Einigung ?
      = dinglicher Vertrag zwischen Veräußerer und Erwerber über den Eigentumsübergang

      → hier immer (–)

      → in derartigen Konstellationen ist die dingliche Einigung gemäß § 449 I aufschiebend bedingt; die Wirkung der Einigung tritt gemäß § 158 I erst mit dem Eintritt der Bedingung ein; der Bedingungseintritt liegt üblicherweise in der (vollständigen) Zahlung des Kaufpreises, die erst teilweise erfolgt ist (z.B. noch zusätzliche Raten)

Anwartschaftsrecht – SCHEMATA

    cc. Erwerb eines dem Eigentum als „wesensgleiches Minus" gleichzustellenden Anwartschaftsrechts?
    = gefestigte Rechtsstellung des Erwerbswilligen bezogen auf das „Vollrecht" (Eigentum)

    → das Anwartschaftsrecht ist zwar kein dingliches Recht, aber als dem Vollrecht ähnliches „wesensgleiches Minus" allgemein anerkannt
    → wenn von mehreren vereinbarten Raten bereits mindestens eine Rate gezahlt ist, hat der potenzielle Erwerber eine verfestigte Rechtsstellung erworben; der Verkäufer kann den Eigentumserwerb nicht (mehr) verhindern; der Eigentumserwerb liegt allein in der Hand des Erwerbers, der zu diesem Zweck lediglich die verbleibenden Raten zahlen muss (§§ 449 I, 161 I 1)

2. Voraussetzungen des § 986?
= Anspruchsgegner hat kein Recht zum Besitz

II. Anspruch untergegangen?

III. Anspruch durchsetzbar?

IV. Ergebnis

SCHEMATA – Eigentümer-Besitzer-Verhältnis

Eigentümer-Besitzer-Verhältnis

Dieser Abschnitt erfasst die wichtigsten, aber nicht alle Anspruchsgrundlagen aus dem Bereich der Nebenansprüche im Eigentümer-Besitzer-Verhältnis.

- Herausgabe der Nutzungen (i.d.R. Wertersatz), **§ 987 oder §§ 987, 990 I**

I. Anspruch entstanden ?

   1. Vindikationslage ?
   = Eigentümer gegenüber dem nach §§ 985, 986 herausgabepflichtigen Besitzer

    a. Voraussetzungen des § 985 ?

      aa. Anspruchsgegner ist Besitzer ?
      = tatsächliche Gewalt über die Sache

      → s. dazu: Eigentumserwerb vom Berechtigten gemäß § 929 S. 1
      → Achtung: maßgeblich ist der Zeitpunkt der Ziehung der Nutzungen

      bb. Anspruchsteller ist Eigentümer ?

      → Achtung: maßgeblich ist der Zeitpunkt der Ziehung der Nutzungen
      → entweder war der Anspruchsteller nicht Eigentümer; dann kann er Eigentum erworben haben
      → oder er war Eigentümer; dann kann er Eigentum verloren haben
      → hier können alle Arten des Eigentumserwerbs (s.o.) relevant werden!!!

    b. Voraussetzungen des § 986 ?
    = Anspruchsgegner hat kein Recht zum Besitz

      → s.o. Eigentumserwerb vom Berechtigten gemäß § 929 S. 1

   2. zusätzliche Voraussetzungen für den Anspruch auf Herausgabe der Nutzungen ?
   = nach Eintritt der Rechtshängigkeit (§ 987 I) oder Bösgläubigkeit (§ 990 I 1 i.V.m. § 987 I)

    a. (entweder) nach Eintritt der Rechtshängigkeit ?
    = Erhebung der Klage mit Zustellung der Klageschritt (§§ 261 I, 253 I ZPO)

Eigentümer-Besitzer-Verhältnis – SCHEMATA

b. (oder) Bösgläubigkeit ?
= Kenntnis oder grob fahrlässige Unkenntnis (hier) des fehlenden Rechts zum Besitz und damit zur Nutzung (§§ 990 I, 932 II)
→ der bösgläubige Besitzer gilt nach § 991 I als gutgläubig, wenn der mittelbare Besitzer, von dem der Besitzer sein Recht zum Besitz ableitet, seinerseits gutgläubig (und nicht verklagt) ist
→ § 991 I will den mittelbaren Besitzer schützen, der bei einer Haftung des unmittelbaren Besitzers aus §§ 987 ff diesem gegenüber regresspflichtig würde; entgegen dem Wortlaut des § 991 I darf der bösgläubige Besitzer nicht als gutgläubig gelten, wenn eine solche Regresspflicht des mittelbaren Besitzers nicht besteht (a.A. vertretbar)

II. Anspruch untergegangen ?
III. Anspruch durchsetzbar ?
IV. Ergebnis

- Schadensersatz,
§ 989 oder §§ 989, 990 I

I. Anspruch entstanden ?

1. Vindikationslage ?
= Eigentümer gegenüber dem nach §§ 985, 986 herausgabepflichtigen Besitzer

a. Voraussetzungen des § 985 ?

aa. Anspruchsgegner ist Besitzer ?
= tatsächliche Gewalt über die Sache

→ s. dazu: Eigentumserwerb vom Berechtigten gemäß § 929 S. 1
→ Achtung: maßgeblich ist der Zeitpunkt des schädigenden Ereignisses

bb. Anspruchsteller ist Eigentümer ?

→ Achtung: maßgeblich ist der Zeitpunkt des schädigenden Ereignisses
→ entweder war der Anspruchsteller nicht Eigentümer; dann kann er Eigentum erworben haben
→ oder er war Eigentümer; dann kann er Eigentum verloren haben
→ hier können alle Arten des Eigentumserwerbs (s.o.) relevant werden!!!

b. Voraussetzungen des § 986 ?
= Anspruchsgegner hat kein Recht zum Besitz

→ s.o. Eigentumserwerb vom Berechtigten gemäß § 929 S. 1

SCHEMATA – Eigentümer-Besitzer-Verhältnis

   2. *zusätzliche Voraussetzungen für den Anspruch auf Schadensersatz ?*
   = nach Eintritt der Rechtshängigkeit (§ 989) oder Bösgläubigkeit (§ 990 I 1 i.V.m. § 989) und Besitzer verursacht durch Verschlechterung der Sache oder Unmöglichkeit der Herausgabe schuldhaft einen ersatzfähigen Schaden

   a. *(entweder) nach Eintritt der Rechtshängigkeit ?*
   = Erhebung der Klage mit Zustellung der Klageschritt (§§ 261 I, 253 I ZPO)

   b. *(oder) Bösgläubigkeit ?*
   = Kenntnis oder grob fahrlässige Unkenntnis (hier) des fehlenden Rechts zum Besitz und damit zur Nutzung (§§ 990 I, 932 II)

   c. *Verschlechterung der Sache oder Unmöglichkeit der Herausgabe ?*
   = Beschädigung der Sache oder Untergang der Sache oder anderer Grund für die Unmöglichkeit der Herausgabe

   d. *Verschulden ?*
   = Vorsatz oder Fahrlässigkeit (§ 276 I 1)

   e. *ersatzfähiger Schaden ?*

II. Anspruch untergegangen ?

III. Anspruch durchsetzbar ?

IV. Ergebnis

Eigentümer-Besitzer-Verhältnis – SCHEMATA

- Verwendungsersatz, § 994 I

I. Anspruch entstanden ?

1. Vindikationslage ?
= Eigentümer gegenüber dem nach §§ 985, 986 herausgabepflichtigen Besitzer

a. Voraussetzungen des § 985 ?

aa. Anspruchsteller ist Besitzer ?
= tatsächliche Gewalt über die Sache

→ s. dazu: Eigentumserwerb vom Berechtigten gemäß § 929 S. 1
→ Achtung: maßgeblich ist der Zeitpunkt der Verwendung auf die Sache

bb. Anspruchsgegner ist Eigentümer ?

→ Achtung: maßgeblich ist der Zeitpunkt der Verwendung auf die Sache
→ entweder war der Anspruchsteller nicht Eigentümer; dann kann er Eigentum erworben haben
→ oder er war Eigentümer; dann kann er Eigentum verloren haben
→ hier können <u>alle Arten des Eigentumserwerbs</u> (s.o.) relevant werden!!!

b. Voraussetzungen des § 986 ?
= Anspruchsgegner hat kein Recht zum Besitz

→ s.o. Eigentumserwerb vom Berechtigten gemäß § 929 S. 1

2. zusätzliche Voraussetzungen für den Anspruch auf Verwendungsersatz gemäß § 994 I ?
= notwendige Verwendungen auf die Sache und keine Einschränkung gemäß § 994 I 2

a. notwendige Verwendungen auf die Sache ?

aa. Verwendungen auf die Sache ?
= Vermögensaufwendungen, die der Sache zugutekommen

bb. Notwendigkeit der Verwendungen ?
= objektiv erforderlich, nicht nur Sonderzwecken des Besitzers dienend

b. keine Einschränkung gemäß § 994 I 2 ?
= nicht lediglich gewöhnliche Erhaltungskosten

II. Anspruch untergegangen ?

III. Anspruch durchsetzbar ?

IV. Ergebnis

Gesetzesverzeichnis

Das Verzeichnis bezieht sich auf <u>Fallziffern</u>.
Hervorhebungen weisen auf Fundstellen im jeweiligen Prüfungsobersatz hin !!!

BGB

§ 90a	26, 27
§ 93	23, 26
§ 94	23, 26
§ 95	23
§ 99	26
§ 101	26
§ 104	2
§ 105 II Var. 2	3
§ 130 I	6
§ 130 II	6
§ 158 I	35, 36
§ 161 I 1	35
§ 166 I	8
§ 166 II	8
§ 185	1
§§ 185 I, 183 analog	31
§ 249 I	18, 29
§ 249 II	29
§ 276	39, 42
§ 280 I	40
§ 398	17, 29
§ 433	1, 3, 10, 14, 32
§ 449	8, 24, 33-36
§ 488 I 2	29
§ 535	1, 15, 16, 40
§ 536a	41
§ 536b	41
§ 546 I	1, 2, 17, 40
§ 546a	40
§ 562 ff	29
§ 581	17, 26
§ 585	26
§ 598	13
§ 604	5, 17, 19, 37
§ 631	24
§ 647	29, 31
§ 650	24
§§ 677 ff	43
§ 688	14, 20
§ 695	17, 20
§ 704	29
§ 812 I 1 Alt. 1	3
§ 823	18, 29, 39, 40
§ 854 I	2, 4, 28
§ 854 II	2, 4
§ 855	2, 4, 9, 11, 25
§ 856 II	2, 4, 26
§ 858	2, 9
§ 861 I	2, 9, 21, 29
§ 862 I	2
§ 865	2
§ 866	2
§ 868	2, 4, 9, 13-16, 20, 33, 34
§ 870	2
§ 871	2
§ 872	2, 22, 27
§ 873 I	4
§ 873 II	6
§ 892	7
§ 903 S. 1	2
§ 929 S. 1	1-6, 25, 27
§§ 929 S. 1, 930	13-15, 33, 34
§§ 929 S. 1, 930, 933	15, 16
§§ 929 S. 1, 931	17-19
§§ 929 S. 1, 931, 934	19-21
§§ 929 S. 1, 932 I 1	7-10, 13, 22, 38, 39
§§ 929 S. 1, 932 I 1 entsprechend	36
§ 929 S. 2	11, 12
§§ 929 S. 2, 932 I 2	12
§ 930	13-16, 20, 33, 34
§ 931	17-21
§ 932 I	7, 22, 29
§ 932 II	8, 11, 25, 39, 43
§ 933	15, 16, 29
§ 934	10, 19, 20, 29
§ 934 Var. 1	19-21
§ 934 Var. 2	21
§ 935	7, 9, 10, 13, 21, 22, 24, 26, 29, 36, 38
§ 935 I 1	9, 13
§ 935 I 2	9, 13
§ 935 II	9
§ 937	22
§ 939	22
§ 942	22
§ 943	22
§ 945	22
§ 946	23
§ 947	23, 24
§ 948	23

Gesetzesverzeichnis

Das Verzeichnis bezieht sich auf Fallziffern.
Hervorhebungen weisen auf Fundstellen im jeweiligen Prüfungsobersatz hin !!!

§ 950	24
§ 951	23
§ 952 II analog	25
§ 953	26
§ 954	26
§ 955	26
§ 956	6, 26
§ 958	27
§ 959	27
§ 960	27
§ 970	28
§ 971	28
§§ 973 I, 965	28
§ 976	28
§ 977	28
§ 978	28
§ 984	28
§ 985	*1-4, 6-23, 25-28, 30, 31, 33, 35-37*
§ 986	1, 17, 31, 33, 36, 37, 40-42
§ 986 I 2	2
§ 987	*38, 40, 41*
§ 988	38
§ 989	38, *42*
§§ 989, 990 I 1	*39*
§§ 990 I, 932 II	38-41
§ 991 I	41
§§ 991 II, 989	*42*
§ 992	39
§ 993 I Hs. 2	38-40
§ 994 I	*43*
§ 994 II	43
§ 996	43
§§ 1000, 994	31
§ 1006	10, 22
§ 1007	2, 29
§ 1065	29
§§ 1204, 1205	29, 30, 32
§ 1207	30
§§ 1227, 985	*29, 32*
§ 1228	29
§ 1228 II 2	29
§ 1235	30
§ 1242 I 1	30
§ 1244	30
§ 1257	29, 31
§§ 1273, 1274, 1279 ff	32
§ 1287 S.1	32
§ 1353	14

FZV

§ 11	25
§ 12	25

HGB

§ 366	8, 31

InsO

§ 80	1

StGB

§ 242	18, 27, 28
§ 289	29

ZPO

§§ 261 I, 253 I	38
§ 331	37
§ 804	29
§ 886	2

Sachverzeichnis

Das Verzeichnis bezieht sich auf die jeweiligen Seitenzahlen !!!

$

$-Anhänger 140

A

Abfallcontainer 182
Abgeleiteter Erwerb des Pfandrechts 193
Abhandenkommen
.... 69, 76, 78, 82, 102, 150, 156, 232
- beim unmittelbaren Besitzer 150
Abholung der Sache 119
Ablauf der Mietzeit 244
Abstraktes Gemälde 107
Abstraktionsprinzip 41, 42, 48, 51, 205
Abtretbarkeit 132
Abtretung des Herausgabeanspruchs 125,
127, 129, 130, 132, 136, 139, 140, 142, 149
Abtretung des Rückgabeanspruchs
.... 59, 125, 134, 135, 136
Akademisches Glasperlenspiel 46
Akzessorietät 193
Alkohol 237, 239
Alleineigentum 93
Altkanzler 168
Altkleidersammlung 182
Altvertrag 80
Amphibienfahrzeug 148
Aneignung 179, 182
- Gesetzliche Verbote der 183
Aneignungsgestattung 174, 176
Anfechtung 41
Angela 107
Anhänger in Form eines Paragrafen 184
Ansichnahme 185, 187
Anspruch auf Rückübereignung 50
Anspruch auf Wiedereinräumung
des Besitzes 148, 149
Anspruchsgrundlagen 12
Anspruchskonkurrenz 247
Anspruchsstruktur 40
Antizipierte Einigung 63
Antizipierte Sicherungsübereignung 215
Anwartschaftsrecht 217, 220
Anweisung 57, 60, 81
Anwendbarkeit des EBV 244

Arbeits-Audi 93
Arglisteinrede 225
Asien 70
Aufgabe der Besitzposition 52
Aufgabe des Besitzes 79
Aufschiebend bedingte Einigung
.... 217, 220, 221
Aufwendungen, nützliche 269
Auseinanderfallen
von Eigentum und Besitz 160
Aushilfskraft 184
Ausschließlichkeitsgrundsatz 236
Ausübung der Sachherrschaft 43

B

Badeinsel 48
Baggersee 237
Bauchschmerzen 50, 148
Bedingte Übereignung 74
Bedingungseintritt 74, 217, 221
Begriff des Besitzes 46
Begründung tatsächlicher Herrschaft 43
Begründung von Eigenbesitz 179, 182
Beherrschbare Sphäre 184
Berechtigung des Veräußerers 41, 102
Berechtigungsersatz 68, 99, 112, 116, 139
Besitz 43, 46, 52, 55, 178
- mittelbarer 46, 76, 78, 103
- unmittelbarer 46, 76, 78, 103
Besitzaufgabe 179
Besitzaufgabe
- durch Drohung 79
- durch Irrtum 79
- durch Täuschung 79
Besitzbegründungswillen, genereller 184
Besitzdiener 46, 56, 79, 93, 173
- Übereignung an 93
Besitzer, deliktischer 243
Besitzergreifung 117, 119, 122, 123
Besitzerlangung als Legitimation 150, 151
Besitzerwerb 52
Besitzlose Sache 187
Besitzloses gesetzliches Pfandrecht 200
Besitzlosigkeit 184
Besitzmittler 56, 79

310

Sachverzeichnis

Das Verzeichnis bezieht sich auf die jeweiligen Seitenzahlen !!!

Besitzmittlungsverhältnis 46, 101, 106, 108, 109, 110, 141, 209, 213, 262
Besitzmittlungsverhältnis
- gesetzliches 110
- vorweggenommenes 110
Besitzposition, Aufgabe der 52
Besitzübertragung
- durch bloße Einigung 55
- freiwillige 150
Besitzverlust 43, 184
Besitzverschaffung, eigenmächtige 153
Besitzwillen, genereller 187
Besondere Form der Übergabe 109
Bestand, wechselnder 215
Bestandteil, wesentlicher 161, 163
Bestandteile 176
Bestimmbarkeit 213
Bestimmtheit 213, 215
Betonmischer 249
Bezeichnung, eigenständige 167
Bloße Einigung
- bei der Besitzübertragung 55
- über den Eigentumsübergang 133
Boot 165
Boot-Anhänger 244
Bootsrumpf 165
Bösgläubig gilt als gutgläubig 255
Bösgläubigkeit
.... 233, 239, 243, 245, 251, 255
- des Chefs (Geschäftsherrn) 74
- des Vertreters 74
- nachträgliche 222, 225
Briefkasten 184
Bulldog 52

C

CDs 100
Clubhaus 43
Containern 182
Country-Punk 155

D

Dampframme 256

Darlehen 190
Datenträger 168
Deliktischer Besitzer 243
Dereliktion 182
Derivativer Erwerb des Pfandrechts 193
Digitalkameras 237
Dingliche Surrogation 206
Dinglicher Vertrag 41
Dingliches Erfüllungsgeschäft
.... 41, 48, 51, 205
Dolo-agit-Einrede 225
Drauflosschreiben 12
Drittelregel 13
Drohung 79
Dumpstern 182
Durchgangserwerb 110
DVD-Kamera 194

E

Echte Übergabe 56
Eheliche Lebensgemeinschaft 110
Eichhörnchen 183
Eichkatze 183
Eigenbesitz 46, 160, 179, 182
- zehn Jahre 157
Eigenbesitzer, redlicher 236
Eigenbesitznachfolge 160
Eigenmacht, verbotene 47, 79
Eigenmächtige Besitzverschaffung 153
Eigenständige Bezeichnung 167
Eigentumsaufgabe 179, 182
Eigentumserwerb
- am Kfz-Brief 169, 172, 173
- an der EU-Zulassungs-
  bescheinigung Teil II 169, 172, 173
- bei fehlendem Pfandrecht 194
- durch Aneignung 179
- durch Ersitzung 159
- durch Fund 184
- durch Trennung 174
- durch Verarbeitung 165
- durch Veräußerung des Pfandes 194
- durch Verbindung
  mit einem Grundstück 161

311

Sachverzeichnis

Das Verzeichnis bezieht sich auf die jeweiligen Seitenzahlen !!!

Eigentumserwerb vom Berechtigten
gemäß § 929 S.1
.... 38, 43, 48, 52, 57, 60, 81, 169
Eigentumserwerb vom Berechtigten
gemäß § 929 S.2 .... 89, 92
Eigentumserwerb vom Berechtigten
gemäß §§ 929 S.1, 930
.... 100, 105, 107, 208, 213
Eigentumserwerb vom Berechtigten
gemäß §§ 929 S.1, 931
.... 124, 127, 129, 132
Eigentumserwerb vom Nichtberechtigten
gemäß §§ 929 S.1, 930, 933
.... 112, 115, 118
Eigentumserwerb vom Nichtberechtigten
gemäß §§ 929 S.1, 931, 934
.... 135, 139, 142, 149
Eigentumserwerb vom Nichtberechtigten
gemäß §§ 929 S.1, 932 I 1
.... 65, 68, 70, 73, 76, 81, 102, 156
Eigentumserwerb vom Nichtberechtigten
gemäß §§ 929 S.2, 932 I 2 .... 95, 98, 99
Eigentumsübergang,
Bloße Einigung über den 133
Eigentumsverschaffung 206
Eigentumsvorbehalt ... 74, 167, 212, 217, 220
Einigsein 41, 61, 63, 89, 92, 106
Einigung 41, 48, 51, 80, 217, 221
- antizipierte 63
- Vollzug der 55
- vorweggenommene 63
- über Besitzerwerb 52
- über die Bestellung eines
  Pfandrechts 202
Einrede 229
Eintragung im Grundbuch 63
Eintritt
- der Bedingung 74
- der Rechtshängigkeit 233
- der Sonderrechtsfähigkeit 176
Einwendung 229
Embryo 177
Empfangsvorrichtung 184, 187
Entdeckung der verlorenen Sache 185
Erbe 63
Erfüllungsgeschäft 41, 48, 51, 205
Erheblicher Zeitablauf 159
Erlangung
- der tatsächlichen Sachherrschaft 52
- des Besitzes 150
Erlöschen des Pfandrechts 193

Ernte 174
Erpresste Weggabe 79
Ersitzung 157, 159, 160
Ersteigerer 194, 196
Erwerb
- des Anwartschaftsrechts 217
- des Anwartschaftsrechts vom
  Nichtberechtigten 220, 222, 225
- des Pfandrechts vom
  Nichtberechtigten 193
EU-Zulassungsbescheinigung
.... 74, 169, 172, 173, 211, 263, 265, 269

F

Fahrlässigkeit, grobe 264
Fahrzeugbrief 74, 169, 172, 173, 211, 263
Fahrzeugpapiere 172, 173
Fallbezogene Subsumtion 18
Fallschirm 217
Faustpfandrecht 193, 198
Faustrecht der Prärie 47
Feld 52
Fensterrahmen 161
Ferrari 93
Finder 185, 187
Flucht 148
Forderung, zu sichernde 190
Framus 155
Freier Zugang 52
Freiwillige Besitzübertragung 76, 150
Fremdbesitz 46
Fremdbesitzerexzess 247
Fremdbesitzerwillen 101, 106
Fremdheit der Sache 182
Frucht 177
Frührentner 75
Fund 184, 187

G

Galerie 107
Gebrauchsgestattung 127
Gebrauchsüberlassung 45
Gebrauchsvorteile 231, 236
Gebrauchtwagenerwerb 172, 173

Sachverzeichnis

Das Verzeichnis bezieht sich auf die jeweiligen Seitenzahlen !!!

Gefälschte Kfz-Papiere 263
Geheißerwerb 57, 58, 59, 60, 63, 81
Geheißperson 56, 57, 58, 60, 81
Geistestätigkeit, Störung der 48, 51
Geld 79
Gemälde 107
Genereller Besitzbegründungswillen 184
Genereller Besitzwillen 187
Genereller Gewahrsamswillen 188
Geschäftsbetrieb, Übertragung des -s 80
Geschäftsunfähigkeit 46, 63, 79
Gesetzliche Pfandrechte 192
Gesetzliche Verbote der Aneignung 183
Gesetzlicher Vertreter 63
Gesetzliches Besitzmittlungsverhältnis ... 110
Gesetzliches Pfandrecht,
  gutgläubiger Erwerb 198, 200
Gestattung
  - der Aneignung 174, 176
  - des Gebrauchs 127
Getreide 174
Gewahrsamswillen, genereller 188
Gewalt über die Sache 178
Gewöhnung an den Menschen 179
Gezähmtes Tier 179, 183
Ghostwriter 168
Gitarre 155
Glasperlenspiel 46
Goldkette 140
Golfprofi 43
Grenze 161
Grob fahrlässige Unkenntnis
  .... 74, 172, 173, 239, 243
Grobe Fahrlässigkeit 172, 173, 264
Großer Vorsitzender 57
Grundstück 174
Gutachtenstil 14
Guter Glaube
  - an die Eigentümerstellung 74
  - an die Geschäftsfähigkeit 74
  - an die Verfügungsbefugnis 74
  - an die Vertretungsmacht 74
  - des Chefs (Geschäftsherrn) 74
  - des Vertreters 74
Gutglaubenswirkung 82
Gutgläubiger Erwerb
  eines gesetzlichen Pfandrechts 198, 200

Gutgläubigkeit 69, 71, 73,
          74, 98, 172, 173, 238, 255, 264
  - des mittelbaren Besitzers 255
  - während der Besitzdauer 157

H

Hauptsache 164
Hausbesitzer 46
Haustier 179
Hemmung 160
Herausgabeanspruch
  - Abtretung des 125, 127, 129, 130
  - aus § 861 I 79
  - aus dem Verwahrungsvertrag ... 127, 142
  - petitorischer 47
  - possessorischer 47
Herrenlos 179, 182, 183
Herrschaftsrecht 46
Hersteller 165, 167
Herstellung einer neuen Sache 165, 167
Hinderung der Ausübung
  der Sachherrschaft 43
Hinreichend bestimmte Bezeichnung 215
Historische Prüfung 40, 50, 68, 80, 106
Holzlatten 80
Hovercraft 148
Hubschrauber 198
Hund 178
Hüpfburg 111

I

Informationen, Speichern von 168
Inhaberpapiere 79
Insolvenz 41
Instrument 129
Interesse, wirtschaftliches 165
Irrtum 79

J

Jägerzaun 80

Sachverzeichnis

Das Verzeichnis bezieht sich auf die jeweiligen Seitenzahlen !!!

Joschka 48
Justitia-Statue 124

K

Kalb 176
Kappe 60
Kaufinteressent 79
Kausalgeschäft, schuldrechtliches 205
Kenntnis 74
Kfz-Brief 74, 169, 172, 173, 211, 263
Kfz-Papiere 172, 173
Kill-Billy-T-Shirt 94
Kölner Dom 194
Kohl 168
Kommode 202
Kredit 190, 208
Kuh 176

L

Lanz Bulldog 52
Lastenfreier Erwerb 160
Lebensgemeinschaft 110
Lebensmittel 182
Legitimation
... 69, 99, 113, 116, 119, 122, 139, 142, 150
Leihe 101, 102, 106, 150
Leninist 60
Lex specialis 167
Liegerad 75
Lkw-Fahrer 100
Longa manu traditio 55
Lure 129
Luxusaufwendungen 269

M

Maoist 57
Maserati 190
Massive Goldkette 140
Meinungsstreitigkeiten 18
Miete 46, 76, 125
Mietvertrag, unwirksamer 247

Mietzeit, Ablauf der 244
Mitbesitz 46
Mitbesitzer, Übereignung an 93
Miteigentum 93
Miteigentum an der Gesamtsache 164
Mittelbarer Besitz 46, 76, 78, 103, 150
Möbelhaus-Hasser 94
Möglichkeit der Abholung 119
Motor-Skateboard 117
Motorrad 169, 263
Müllcontainer 182
Mülltauchen 182
Mütze 57

N

Nachbar 161
Nachforschungspflicht 239
Nachträgliche Bösgläubigkeit 222, 225
Nähe 56
Naturalrestitution 192
Nebenansprüche aus dem EBV 230, 236
Nebensache 164
Negative Anspruchsvoraussetzung 229
Nicht-mehr-Berechtigter 247
Nicht-so-Berechtigter 248
Nichtigkeit 48, 51
Nichtigkeitsgründe 41
Nießbrauch 176, 192
Notebook 231
Notwendige Verwendungen 265, 269
Nützliche Aufwendungen 269
Nutzungsherausgabe 231, 244, 249

O

Originärer Erwerb des Pfandrechts
.... 190, 202

P

Pacht 174
Paketannahmeraum 187
Palette 161

Sachverzeichnis

Das Verzeichnis bezieht sich auf die jeweiligen Seitenzahlen !!!

Petitorischer Herausgabeanspruch 47
Pfand 190
Pfandrecht
- an der Sache 196
- an einer Forderung 202, 206
Pfandrecht (Fortsetzung)
- Erlöschen des -s 193
- Erwerb vom Nichtberechtigten 193
Pfandrechte
- gesetzliche 192
- vertragliche 192, 193
Pfandreife 193
Pfändungspfandrechte 192
Philosophische Texte 100
Pink 87
Pistolen 38, 64
Pizza 208
Plakattafel und Plakat 164
Plexiglas-Schildkröte 87
Positive Kenntnis 74
Possessorischer Herausgabeanspruch 47
Postfiliale 187
Privilegierung des unverklagten gutgläubigen Besitzers 230, 236, 243, 247
Probefahrt 79
Publizitätsgrundsatz 213
Publizitätsprinzip 55
Punk 155

R

Ratenzahlung 208, 217, 220, 221
Räucherstäbchen 70
Räumliche Nähe 56
Realakt 55
Recht an dem Papier 172
Recht aus dem Papier 172
Recht zum Besitz 42, 61, 63, 198, 209, 212, 222, 227, 229, 244
Rechtfertigungsgrund 47
Rechtsgedanke des § 934 82
Rechtsgeschäftliche Einigung
 über den Besitzerwerb 52
Rechtsgeschäftlicher Erwerb 68
Rechtsscheintatbestand 82
Redlicher Eigenbesitzer 236
Regel-Ausnahme-Struktur 176

Regresspflicht 251, 255
Reise in die Karibik 190
Rennrad 227
Reparatur 198, 201
Rotes Kreuz 182
Rückgabe
- der Leihsache 59, 134, 135, 136, 227
- der Mietsache 244
Rückgabeanspruch 125
- bei der Leihe 127
- bei der Miete 127
- bei der Pacht 127
Rückgewähranspruch 45
- vertraglicher 40
Rückübereignung 50
Rückübertragung des Eigentums 212
Rumpf 165
Rund um Finsterwalde 227

S

Sache des Bestellers 198
Sachenrechtliches Publizitätsprinzip 55
Sachherrschaft, Ausübung der 43
Sammelgut 182
Sammlung 38, 64
Sauklaue 14
Schadensersatzanspruch im EBV
 .... 236, 237, 243, 256, 258, 262
Schatzsucher 188
Scheinbestandteil 161, 163
Schildkröte 87
Schläger 43
Schließfach 43
Schuldrechtlicher Anspruch
 auf Herausgabe 130, 132
Schuldrechtlicher Vertrag 41
Schuldrechtliches Kausalgeschäft 205
Schuldrechtliches
 Verpflichtungsgeschäft 41, 48, 51
Selbsthilfe 47
Sicherung der Rückzahlungsforderung ... 202
Sicherungsabrede 209, 211, 212
Sicherungseigentum 211
Sicherungsmittel 193
Sicherungsübereignung
 .... 105, 193, 208, 213

315

Sachverzeichnis

Das Verzeichnis bezieht sich auf die jeweiligen Seitenzahlen !!!

Sicherungsübereignung (Fortsetzung)
- antizipierte 215
- vorweggenommen 215
Sicherungszession 212
Skateboard 117
Sonderrechtsfähigkeit 176
Sondersituation des Besitzerwerbs 55
Sonstiges Recht 220
Soziale Einstellung 182
Spaßbad 184
Speedboot 165
Speichern von Informationen 168
Sperrmüll 182
Stammkneipe 237
Statue 124
Stoffwert 165
Störung der Geistestätigkeit 48, 51
Struktur eines Anspruchs 40
Subsumtion, fallbezogene 18
Supermarkt 182

T

T-Shirt 94
Tandem 221
Tatsächliche Gewalt über die Sache 178
Tatsächliche Herrschaft 43
Tatsächliche Sachherrschaft 52
Täuschung 79, 83, 86
Teilbesitz 46
Terrasse 148
Tier 179, 182, 183
- als Sache 177, 178, 181
Tod 63
Tonbänder 168
Trabant de Luxe 208
Trächtige Kuh 176
Trailer 244
Traktor 52
Trennung 174, 176
Typenzwang des Sachenrechts 211

U

Überbrückungskredit 190

Übereignung (Begriff) 51
- an Besitzdiener 93
- an Mitbesitzer 93
- bedingte 74
- kurzer Hand 92
Übereignungsangebot 182
Übergabe 52, 55, 57, 58, 60, 81, 94, 108, 113, 117, 119, 142
- „langer Hand" 55
- besondere Form der 109
- echte 56
- und Besitzergreifung ... 117, 119, 122
Übergabeersatz
.... 92, 101, 106, 127, 130, 209, 213
Überschreitung der Mietzeit 244
Übertragung der gesicherten Forderung
.... 193
Übertragung des Besitzes
- auf Anweisung 57, 60, 81
- auf Geheiß 57, 60, 81
- freiwillige 76
Übertragung des Geschäftsbetriebs 80
Umkehrschluss aus § 873 II 61, 63
Umkleide 184
Ungerechtes Ergebnis 148
Unkenntnis 74
- grob fahrlässige 172, 173, 239
Unmittelbarer Besitz 46, 76, 78, 103
Unmöglichkeit der Leistung 109
Unterbrechung 160
Unternehmer 167
Unwirksamer Mietvertrag 247
Urteilsstil 15

V

Verarbeitung 165, 167
Verarbeitungsklausel 167
Verarbeitungswert 165
Veräußererseite 59
Veräußerung (Begriff) 51
Verbindung
- beweglicher Sachen miteinander 164
- mit einem Grundstück 161, 163
Verbotene Eigenmacht 47, 79
Vereinbarung bezüglich
    der Herstellereigenschaft 167

Sachverzeichnis

Das Verzeichnis bezieht sich auf die jeweiligen Seitenzahlen !!!

Vereitelungsfestigkeit 220
Verfestigte Rechtsstellung 217
Verkauf (Begriff) 51
Verkehrsgeschäft 68
Verkehrswertvergleich 165
Verlorene Sache 184, 187
Verlust des Besitzes 43
Vermengung 164
Vermieter 46
Vermischung 164
Verpfänder 197
Verpflichtungsgeschäft 41, 48, 51
Verschulden 239
Vertrag
 - dinglicher 41
 - schuldrechtlicher 41
Vertragliche Pfandrechte 192, 193
Vertraglicher Rückgewähranspruch 40
Vertreter 74
Verwahrung 108, 109, 141, 142
Verwendungen, notwendige 265, 269
Verwendungsersatz 263, 268
Verwertungsreife 193
Vindikationslage
 .... 229, 231, 237, 244, 249, 256, 263
Vollendung des Rechtserwerbs 71, 74
Vollzug der Einigung 55
Vorbehaltskäufer 201
Vorübergehende Hinderung
 der Ausübung der Sachherrschaft 43
Vorübergehende Störung
 der Geistestätigkeit 48, 51
Vorübergehender Zweck 163
Vorweggenommene Einigung 63
Vorweggenommene
 Sicherungsübereignung 215
Vorweggenommenes
 Besitzmittlungsverhältnis 110

W

Wagenpapiere 172, 173
Warenlager 213
 - mit wechselndem Bestand 215
Wasserpistolen 38, 64
Wechselnder Bestand 215

Weggabe
 - der Sache 79
 - erpresste 79
Weggeworfene Lebensmittel 182
Wegnahme 79, 188
 - Einverständnis mit der 119, 123
Wer von wem was woraus 16
Werft 165
Werklieferungsvertrag 167
Werkstatt 198
Werkunternehmer 167, 201
Werkunternehmerpfandrecht 198, 201
Wert 165
Wertangabe 188
Wertersatz 231, 236, 244, 249
Wesensgleiches Minus 217, 220, 222
Wesentlicher Bestandteil
 - des Gebäudes 161, 163
 - des Grundstücks 161, 163
Widerruf 61, 63, 87, 89, 92
Wiedereinräumung des Besitzes 148, 149
Wildes Tier 179, 182
Wille zur Besitzaufgabe 179
Wirtschaftliches Interesse 165

Z

Zahmes Tier 179, 183
Zehn Jahre Eigenbesitz 157
Zeitablauf, erheblicher 159
Zeiteinteilung 12
Zeitpunkt der Gutgläubigkeit 225
Zeppelin 134
Zerschlagung von Vermögenswerten ... 163
Zu sichernde Forderung 190
Zugänglichkeit 52
Zulassungsbescheinigung (EU)
 .... 74, 169, 172, 173, 211, 263, 265, 269
Zurückbehaltungsrecht 201
Zustimmung mit der Wegnahme 119
Zweck, vorübergehender 163
Zwingendes Recht 167
Zwischenposition 220

317

Die drittletzte Seite

Ask your local dealer ...

Bisher im Fall-Fallag erschienen:

Dräger / Rumpf-Rometsch
**Das Recht
Ein Basisbuch**
Arbeitstechnik, Sprache,
Grundbegriffe, Fallbeispiele
Gratis-Download!!!
unter www.fall-fallag.de

Rumpf-Rometsch
Die Fälle
BGB AT
Allgemeiner Teil

Dräger / Rumpf-Rometsch
Die Fälle
Strafrecht AT
Allgemeiner Teil

Rumpf-Rometsch
Die Fälle
BGB Schuldrecht AT
Unmöglichkeit, Verzug,
Pflichtverletzung vor/im Vertrag

Dräger / Rumpf-Rometsch
Die Fälle
Strafrecht BT 1
Nichtvermögensdelikte

Rumpf-Rometsch
Die Fälle
BGB Schuldrecht BT 1
Mängel im Kaufrecht und in
anderen Rechtsbereichen

Dräger / Rumpf-Rometsch
Die Fälle
Strafrecht BT 2
Vermögensdelikte

Rumpf-Rometsch / Dräger
Die Fälle
BGB Schuldrecht BT 2
GoA, Deliktsrecht und
Bereicherungsrecht

Rumpf-Rometsch u.a
Die Fälle
Verwaltungsrecht
Klagearten und
Allgemeines Verwaltungsrecht

Rumpf-Rometsch / Dräger
Die Fälle
BGB Sachenrecht 1
Mobiliarsachenrecht
Grundlagen

Rumpf-Rometsch
Die Fälle
Grundrechte
Verfassungsbeschwerde
und mehr

Rumpf-Rometsch
Die Fälle
BGB Sachenrecht 2
Immobiliarsachenrecht
Grundlagen

Dräger / Rumpf-Rometsch
Die Fälle
Staatsrecht
Verfahren vor dem Bundes-
verfassungsgericht und
Staatsorganisationsrecht

und für Referendare ...

Dräger / Rumpf-Rometsch
**Das Urteil
in Zivilsachen**
Urteilstechnik und Urteilsstil
Arbeit am Sachverhalt
Übungen
Verständnisfragen
Rubrum, Tenor, Tatbestand,
Entscheidungsgründe

Die jeweils aktuellen Auflagen, ISBN,
Preise, Neuerscheinungen, Infos,
Leseproben und und und ...

www.fall-fallag.de

Finito

Freut euch. Jauchzet. Frohlocket.
Denn für Referendare gibt es ...

Dräger / Rumpf-Rometsch

Das Urteil in Zivilsachen

Urteilstechnik und Urteilsstil
Arbeit am Sachverhalt
Übungen
Verständnisfragen
Rubrum, Tenor, Tatbestand,
Entscheidungsgründe

ISBN, Preis, Leseprobe und und und ...

www.fall-fallag.de